靜觀與心禱

改革宗靈修神學與天主教密契傳統契合

王志勇 著

✝
題 獻

感謝維吉尼亞美國長老會主恩基督教會眾弟兄姊妹！
感謝上帝帶領 2010 年至 2025 年共同的事奉與成長！

感謝香港播道會陳黔開牧師、譚潔清傳道的厚愛與支持！
感謝香港差傳事工聯會總幹事洪雪良牧師的教導和友誼！
紀念香港雅和博聖約書院 2010 年至 2019 年之宣教事奉！

一種人致力於對真理的靜觀和反省，
他們有閒卻不懶惰；
另外一種就是忙於完成各種人類事務的生活，
而第三種則是二者的結合。
——奧古斯丁，《上帝之城》，19 卷 2 章。

神學家考察的是與靈魂相關的人的本質，
而不是與肉體相關的人的本質，
當然也不排除對與肉體有關的肉體的考察。
因此，我們考察的首要目標將是靈魂。
——阿奎那，《神學大全》，1.75; 1:363

我們的智慧，可以被算為可靠而扎實的智慧，
幾乎完全由兩部分組成：認識上帝和認識我們自己。
——加爾文，《敬虔生活原理》，1 卷 1 章 1 節

我們的靈魂如同一座城堡，
完全由鑽石，或非常明亮的水晶造成的，
其中有許多房間，就像天堂上有許多的住所。
進入這座城堡的門是祈禱和深思細想。
——大德蘭，《靈心城堡》，1 章 1-7 節

目　錄

序一：得救有路，靈修有門／陳祖幸　　9
序二：從改革宗神學看天主教密契傳統／陳佐人　　15
自序：內聖與外王　　33

緒論　靜觀心禱與積極行動　　71

第一章　靜觀與行動　　79
　一、靜觀與內在生活　　82
　二、行動與外在生活　　102
　三、知與行合一的操練　　113
　四、靜觀的超脫與行動的執著　　124
　五、個人靈修與社會行動的合一　　132
　六、靜觀、行動與基督徒的靈婚　　140
　七、基督徒的靜觀與東方神祕主義的不同　　143
　八、靜觀、密契主義與改革宗正統神學　　146

第二章　靈修三大階段　　155
　一、道路、階段與次第　　158
　二、煉路、理性修與初習階段　　163
　三、明路、情感修與成熟階段　　182
　四、合路、意志修與完全階段　　197
　五、靈修三大階段的交叉性　　212

第三章　靜修兩大模式　219

一、靜修與靜觀　220
二、宣講式靜修　223
三、輔導式靜修　225
四、靈修過程中的安慰　232
五、靈修過程中的枯乾　239

第四章　靈心城堡七重住所　255

一、大德蘭的生平、教訓和影響　257
二、第一重住所：決志進入——初習者　268
三、第二重住所：持續前行——初習者　274
四、第三重住所：學習敬畏——初習者　279
五、第四重住所：超脫之愛——成熟者　286
六、第五重住所：與主結合——完全者　297
七、第六重住所：內在聽覺——完全者　308
八、第七重住所：全然平安——完全者　329
九、從邪情私欲走向真正的純靈性的愛　356

第五章　靜觀心禱四個階段　373

一、禱告與靈修　374
二、祈禱與靜觀心禱　378
三、靜觀心禱三大預備　386
四、第一個階段：觀心式祈禱　394
五、第二個階段：收心式祈禱　403
六、第三個階段：靜心式祈禱　413
七、第四個階段：合心性祈禱　421
八、如何進行靜觀心禱：從觀心到合心　433

第六章 《國度禱文》與靜觀心禱　　　　　　　　　445
　一、《國度禱文》及其重要性　　　　　　　　　448
　二、祈禱與心靈的仰望　　　　　　　　　　　　452
　三、祈禱與心靈的順服　　　　　　　　　　　　457
　四、祈禱與上帝的同在：「我們在天上的父」　　460
　五、第一大願望：「願人都尊你的名爲聖」　　　465
　六、第二大願望：「願你的國降臨」　　　　　　468
　七、第三大願望：「願你的旨意行在地上」　　　472
　八、第一大祈求：「我們日用的飲食」　　　　　474
　九、第二大祈求：「免我們的債」　　　　　　　479
　十、第三大祈求：「不叫我們遇見試探」　　　　485
　十一、第四大祈求：「救我們脫離兇惡」　　　　491
　十二、信心的宣告：「國度、權柄、榮耀全是你的」　495
　十三、信心的宣誓：「阿們」　　　　　　　　　498

附錄一　耶穌基督師尊歌　　　　　　　　　　　　501
附錄二　雅和博心齋證道歌十首　　　　　　　　　503
附錄三　靈魂與靈修　　　　　　　　　　　　　　519
附錄四　靈魂與身體　　　　　　　　　　　　　　525
附錄五　心靈與意識　　　　　　　　　　　　　　533
附錄六　清教徒論靈修與靈命　　　　　　　　　　549
王志勇牧師事奉與著述簡介　　　　　　　　　　　571

加爾文時時地地所關注的就是確保基督的代贖之工。不管他怎樣敬佩密契主義路徑中那種令人驚歎的靈修工夫，他認爲，一旦這種靈修的工夫把聖經中所強調的唯獨通過信心才能領受的贖罪轉向愛中的靜觀，就越過了聖經啓示的核心內容。

　　當然，必須重重地強調的就是，對贖罪的強調與靜觀的路徑的重視，二者並不是必然對立的，二者可以也應當和平共存。一些主張靜觀傳統的人，已經把二者結合起來，正如在改革宗傳統中一樣。

　　如果不強調代贖是我們認識上帝的途徑，唯獨強調神祕性的靜觀，那就不那麼合乎聖經所啓示的對於上帝的認識。改革宗基督徒在靜觀傳統中所尋求的就是這種平衡，可惜，他們並不認爲自己總是聽到足夠清晰的解釋。

——美國改革宗神學家傅格森

✝ 序 一

得救有路，靈修有門

陳祖幸 [1]

　　蒙上帝的引領，十七年前我就認識志勇牧師了。我們同是北大校友，同是恩福文化宣教基金會所支持的神學生，更重要的是，我們同是上帝的僕人，被上帝呼召服事祂的教會和國度。

　　我感謝上帝為華人的教會興起志勇牧師這樣一位不可多得的學者型牧者，有扎實的神學裝備，有勤勉好學的精神，有祭司的悲憫，有先知性眼光，有君王的勇敢，更有敬虔美好的靈性。

　　上個月我出差到美東探望恩福家人[2]，其中一站就是志勇牧師所居住的維吉尼亞州。感謝上帝，志勇牧師和師母熱情地打開家門接待我，讓我賓至如歸。我在他們充滿書香的家裡住了兩個晚上，有機會跟志勇牧師在林中漫步，在主裡促膝暢談。三天兩夜

---

[1] 作者現任恩福文化宣教使團牧養與培訓主任。

[2] 恩福文化宣教基金會所支持的神學生和畢業生，以及恩福的董事，同工統稱恩福家人。

的時間轉瞬即逝，但因爲聖靈的同在，我眞實地體會到大衛王在詩篇 133 篇所描述的那種主內肢體之間承載生命深交的甜美。

對於這次探訪，志勇牧師還賦詩一首，記念我們共度的美好時光。

> 陳牧探訪話眞道，山林扶杖共逍遙。
> 教會諸事有萬般，主內相愛最重要。
> 促膝長談到深宵，長歎教牧多寂寥。
> 研究靈修與牧靈，天路同行主恩膏。[3]

承蒙志勇牧師錯愛，邀請我爲他的這本《靜觀與心禱》寫序，我雖然覺得自己學識淺薄，實在不足以承受如此重託，但我仍然答應了志勇牧師的請求，原因有二：一是這本書所談論的主題多年來一直是我的興趣所在——打從信主開始，我就孜孜以求，希望爲自己也爲教會的弟兄姐妹找到行之有效的靈性更新之路；二是上個月的探訪讓我感受到志勇牧師的眞誠、良善與慷慨。人心都是肉長的，我無法拒絕這樣一位可敬可愛的生命的一個謙卑請求，所謂盛情難卻，卻之不恭！

感謝上帝讓我通過閱讀志勇牧師這本《靜觀與心禱》，再次認眞思考如何有效帶領弟兄姐妹與主密契這個重要的課題，我有幾點感想與回應：

---

[3] 王志勇牧師詩作《天路同行主恩膏：紀念恩福家人陳祖幸牧師 10 月 22 日至 24 日來訪》，寫於 2022 年 10 月 26 日。

第一、志勇牧師有一份難得的牧者情懷，他愛上帝的教會，他深知教會的軟弱，他為教會的現況憂心，他是帶著對教會深度的愛來寫作。拳拳牧者之心在他的禱告裡呈現，令我淚目，心裡也有強烈的共鳴：「主啊，多少基督徒在教會中流離失所啊，得不到安慰和引領！求祢興起發光，求祢的大愛大光臨到我們，使得我們能夠深入地進入祢的同在，親自從祢領受真理的確信，成為祢所使用的聖愛的器皿。阿們！」求主垂聽！

第二、志勇牧師從來沒有掩飾自己的神學立場，他花了多年的時間全面而深入地研究加爾文改革宗思想，他是加爾文改革宗思想的傳承者和大力推廣者。加爾文改革宗神學在華語界的介紹與傳播，志勇牧師功勳卓著，有目共睹。感謝上帝，志勇牧師不是盲目地推崇加爾文主義，而是對加爾文神學體系的不足有深刻的認識，並力圖匡正。而本書的寫作本身就是一種匡正。志勇牧師誠實而沉痛地指出：歐洲宗教改革時期（這種）對教義的片面強調和對靈修的整個忽略，使得教會開始在表達教義的字句上錙銖必較，甚至有些許不同，就大打出手，睚眥必報，整個歐洲因此而陷入宗教戰爭的戰火之中。[4] 作為一個扛大旗的人，他的這份清醒非常難能可貴。

第三、我非常同意志勇牧師的觀點：我們向西方學習改革宗神學，絕不能食洋不化，食古不化。我們必須明白，真正的改革宗神學絕不是橫空出世，從無到有的，甚至整個宗教改革和中世紀基督教的大傳統在連貫性和一致性上遠遠大於中斷性和不同

4　見 33 頁。

性。即使我們強調宗教改革所強調的因信稱義的教義,我們也不能把這個教義的重要性抬舉到比上帝三位一體、耶穌基督神人二性更高的地位!另外,在對宗教改革的繼承上,我們絕不能侷限於現代教會中一時盛行的人物、學說和潮流,而是要追本溯源,承接教會的大傳統、正統和主流的教訓。比如在上帝論上,我們必須以三一上帝為中心,而不能片面地強調以一個位格為中心;在歷史進程上,我們必須強調創造、救贖與成全的直線性歷史觀,不能片面地以救贖為歷史的中心;在宣教和事奉的樣式上,我們必須回到聖經中所啓示、《海德堡教理問答》所強調的「律法一福音一律法」的經典模式,而不是宗教口號式的「以福音為中心」。因此,華人教會要真正歸正復興,不僅要在教義教政上歸正,還要學習、繼承從教父時期到中世紀時期長期盛行的修道與靜觀的靈修傳統,使得我們的生命本身得到徹底的反轉,而這本書就是這樣的嘗試。[5]

第四、志勇牧師重新把中世紀基督教會靜觀靈修的傳統引進華人教會,勇氣可嘉,而且意義重大。志勇牧師觀察到:不管我們怎樣在教理上強調唯獨通過信心才能領受的贖罪,沒有愛中的靜觀,基督徒的心靈仍然得不到安頓。尤其是在教牧實踐中,我們不能總是乾巴巴地向弟兄姐妹宣講因信稱義的教理,而是應當踏踏實實地教導弟兄姐妹如何過一種確實可行的分別為聖的生活。

5　見 35 頁。

在浩瀚的靈修神學著作中，志勇牧師慧眼識珠，發現迦密山修會大德蘭（St. Teresa of Avila, 1515-1582 年）寫的《靈心城堡》乃是曠世傑作，這是她在六十二歲靈修上達到圓滿成熟狀態時撰寫的不朽之作，解釋通過祈禱而與主結合中最深的奧祕。志勇牧師經過十多年的潛心閱讀、研究、思考與個人靈修實踐，驗證了《靈心城堡》的真理性和可行性，遂決定系統地向華人教會介紹大德蘭的七重住所，不是生搬硬套，而是將它本色化，處境化。難能可貴的是，志勇牧師在介紹這七重住所的時候，不時剖析自己的生命，也痛斥當今教會的軟弱，既有牧者愛的關切，也有先知的真理性啟示，犀利，入木三分。對我來說，志勇牧師就像一個專業的、稱職的、博學的導遊，帶領著我們進入神奇的靈性更新之旅。甚願讀者們都能鍥而不捨，堅持到底，登峰造極，享受與主密契的甜美。

志勇牧師在本書的最後還參照大德蘭的另一本論及禱告的書《全德之路》，逐一解釋祈禱的四個階段，並以《國度禱文》為框架詳盡地講解靜觀心禱的具體步驟。

鑒於志勇牧師在華人改革宗神學領域的領袖性地位，由他來撰寫本書實在是最佳人選。「焉知你得了王后的位分不是為現今的機會嗎？」（斯 4:14b）相信本書的出版必然能夠幫助很多弟兄姐妹在靈修方面找到具體的路徑，從而在根本上解決目前教會中「得救有路，靈修無門」的困境。

第五、志勇牧師在本書中強調個人的醫治，就是通過內在生命的操練不斷得蒙聖靈的光照，得到內在的醫治和自由。這種醫治的信息是今日保守性教會所缺乏的，但上帝藉著先知以賽亞宣告：「差遣我醫好傷心的人。」（賽 61:1）本書充分吸收晨曦會

福音戒毒的經驗，強調基督徒靈修的精義就是經歷福音的大能，通過煉路的操練而治死罪習罪癮，通過明路的經歷來培養良習美德，最終得蒙全人的醫治和實現，就是完全與上帝在愛中合一。[6]

願上帝大大地使用志勇牧師的這本嘔心瀝血之作，讓上帝的兒女回歸「操練敬虔」的聖經教訓，重拾失落的靜觀與祈禱課題，憑著上帝豐沛的恩典，依靠聖靈的大能，在各樣的處境與主連結，從而進入上帝所應許的豐盛生命的實際，用屬天的喜樂、安息、自由、和平，向在這個物欲橫流的世界裡盲目追求的芸芸眾生，見證尊主為大的生活之尊貴與榮美。

「我們務要認識耶和華，竭力追求認識（YADA）[7]祂。祂出現確如晨光；祂必臨到我們像甘雨，像滋潤田地的春雨。」（何6:3）

6　見37頁。

7　「יָדַע」（yada）這個詞在舊約希伯來文聖經中出現了800多次，是一個及物動詞，賓語可以是人／神，或者事物，中文《和合本》翻譯為「認識」或者「知道」。如果賓語是人或者神，其含意不只是頭腦上的認知，更指經歷上的，親密的認識，如同夫妻同房那種的親密，是生命的連結、深交甚至契合。上帝渴望我們這些被祂創造，被祂救贖的人跟祂建立個人化的，親密的，穩定的、日益更新的關係。我們對上帝的認識不能停留在頭腦上、書本上、教義上，或者神學上，我們也要在經歷上認識祂。

✝

序 二

從改革宗神學看天主教密契傳統

生平與歷史背景

亞維拉的德蘭,史稱大德蘭(Teresa of Avila,特雷莎・德肋撒)生於 1515 年,兩年後馬丁路德掀起了他的改教運動,當時加爾文是一名生活在法國北部努瓦永鎮年僅八歲的小孩。依納爵・羅耀拉已經是二十四歲的青年人,1517 年他正式成為中世紀低層貴族的騎士,四年後依納爵在戰爭中重傷,經歷了他的神祕主義經驗。1540 年是依納爵和大德蘭二人關鍵性的一年。1534 年在巴黎蒙馬特山丘的教會裡,依納爵和方濟・沙勿略一同起誓成為傳道同伴,1540 年耶穌會成立。同年大德蘭在重病後開始經歷屬靈的異象與神祕經驗。五年後天特會議召開,十六世紀的羅馬天主教會全面開展反改教運動。

1540 年代的羅馬天主教蓄勢待發,準備反擊如燎原之火的改教運動。路德面對著日益嚴峻德國貴族的內亂,他親筆撰寫《施

馬爾卡爾登信條》（1537），卻反對德國貴族的軍事聯盟，充分反映了晚年路德的馬基雅維利式的政治辯證思維。1541年加爾文重回日內瓦，以後的十五年辛苦經營這座法語城邦，使之成為了改教運動的中心。1545年天特會議在北義大利召開，揭開了羅馬天主教反改教運動的序幕，這時期也是大德蘭與依納爵二人大展身手的時代。1546年馬丁路德去世，維滕堡的舊世界隨著路德而死去。南歐的西班牙王國進入了黃金時代，大德蘭與依納爵二人被捲進了這風雲變色的時代，他們振興了羅馬天主教，成為反宗教改革運動的標誌性人物。

2009年是加爾文出生的五百週年紀念，2015年是大德蘭逝世五百週年，之後的2017年世界各地慶祝路德張貼九十五條的五百週年。這些週年紀念產生了許多學術研討會，出版了無數的神學論文集。在2015年有關大德蘭的神學研討會中，許多歷史神學學者和研究大德蘭的專家，不約而同地對大德蘭的歷史地位與思想影響作出重新評估，發表了很多重要的學術報告，再次引發我們以新的角度來重新認識這位十六世紀的西班牙女性教會人物的歷史地位。[8]

除了聖經中的女性人物，大德蘭是西方教會史（不包括東正教）中最著名的女性，但她的名字幾乎只流傳在羅馬天主教中，一般華人基督新教徒可能連她的名字也沒有聽過，大德蘭的名字也甚少出現在華人神學院的課程中，這是十分奇特的現像。我們或許可以歸因於她被同時代一群像北斗星一樣的歷史人物所

---

[8] 大德蘭五百週年研討會文集，可參《大德蘭的神祕神學與屬靈傳統：迦密山修會傳統》（*Teresa of Avila: Mystical Theology and Spirituality in the Carmelite Tradition.* Routledge, 2017.）

掩蓋：馬丁・路德，約翰・加爾文，依納爵・羅耀拉。最經常與大德蘭相提並論的西方基督教的女性人物是錫耶納的聖加大利納（Catherine of Siena, 1347-1380），也有譯作聖凱瑟琳。[9] 她們二人相差一個半世紀，分屬義大利與法國兩個不同的文化處境。她們二人在 1970 年由教宗保祿六世封為天主教會的聖師（Doctor），奠定了二人在天主教歷史中無可比擬的地位。

天主教兩位最著名的女神祕主義者都是在危急存亡之秋的時代被封為聖人。義大利錫耶納聖凱瑟琳一生最傳奇的事蹟是在 1376 年從義大利，漫長的旅途，她在阿維尼翁逗留了三個月力勸額我略十一世（Gregory XI），使他將聖座由法國阿維尼翁遷回羅馬。在 1377 年結束了長達七十年的維尼翁教宗時期。大德蘭不單具有聖凱瑟琳的教會外交家的才華，她的著作《靈心城堡》（*Interior Castle*）更成為西方基督教文學的經典之作，與塞凡提斯《唐吉訶德》同被列為最具代表性的的西班牙文學。

大德蘭與亞維拉古城

研究大德蘭生平的學者常被分為兩類別：研究亞維拉大德蘭本人，或研究大德蘭生活的古城亞維拉。[10] 大德蘭的《自傳》提

---

9 有關錫耶納的聖加大利納可參：聖女加大利納《聖女加大利納對話錄》，多明我出版社，2011。Catherine of Siena, *The Dialogue*. Paulist Press, 1980，收於西方靈修文學經典文集（*Classics of Western Spirituality*），此系列也出版了依納爵・羅耀拉與十架約翰的著作，也收錄了路德與加爾文的靈修著作。

10 《大德蘭的亞維拉：一個十六世紀城市的宗教改革》（Jodi Bilinkoff, *The Avila of St. Teresa: Religious Reform in a Sixteenth-Century City*. Cornell University Press, 1989.）

供了足夠的線索給學者們來爬梳她生平的大小事情與時空的交錯關係，但人口不足一萬人的亞維拉古城可能比《自傳》更引人入勝，這座古城屬於卡斯蒂利亞（Castilla）地區，位處十六世紀的西班牙的中部，這是當時的政治文化中心，這也解釋了為何亞維拉可以為女性提供教育，使大德蘭成為少數可以自己寫作的女神祕主義者，其他像聖凱瑟琳大多是口述筆錄，而且筆錄者還是她們的告解者，天主教翻譯為神師，即使大德蘭可以自己寫作，但她仍然難逃那些告解者神父的審查。大德蘭是在宗教裁判所的陰影下完成的她一生的寫作。[11]

聖凱瑟琳要等八十年後才能封聖，大德蘭則在死後四十年於1622年被一位只在任兩年的教宗額我略十五世（Gregory XV）封為聖人，同年被封聖的有創立耶穌會的依納爵・羅耀拉和方濟・沙勿略。1970年教宗保祿六世冊封聖凱瑟琳和大德蘭二人為教會聖師（Doctor），成為天主教史上極為罕見的創舉。[12] 1970年是標

---

[11] 大德蘭的告解者來自不同修會，除了她所屬的加爾默羅會（Carmelites，又名迦密會），還有道明會及耶穌會。Gillian T.W. Ahlgren，《大德蘭與神聖的政治事物的政治》（*Teresa of Avila and the Politics of Sanctity*. Cornell University Press, 1996.）第173-174頁列出了宗教裁判所對大德蘭著作的審查記錄表。《自傳》中曾說：「神父啊！即使你們馬上燒掉了它〔自傳書稿〕，我覺得我也算得了報酬，然而我卻高興我的書經過了三個人的審查，你知道這三個人過去或現在是我的神師〔告解者〕，如果這冊書是不好的，他們三位失去對我的敬重，這是好的。」《聖女大德蘭自傳》，台北星火文化出版，2019年。第348-349頁。簡稱《自傳》。

[12] 天主教的中世紀女聖徒大多為著名的女性神祕主義者，天主教的聖師則以著名的教父為主，女聖師是少數，因此大德蘭具有獨特地位。將她相比十架約翰（St. John of the Cross），他死於1591年，要在1726年才被封聖，相隔一百三十多年，所以大德蘭的封聖是快速的。但十架約翰是在1926年被封為教會聖師。從封聖到聖師相距

榜與時代共進的梵蒂崗第二次大公會議的時代，冊封兩位女聖徒為教會聖師，一方面看似是迎合了當時高漲的女性主義，卻同時以兩位女聖師的傳奇來鞏固梵蒂崗的權威。兩位教會博士與教師分別代表了義法兩大天主教國家，也是反映了權衡輕重的考慮。其後梵蒂崗在 2022 年舉行特別典禮，慶祝 1622 年大德蘭和依納爵封聖的四百週年紀念。大德蘭是在歐洲三十年宗教戰爭（1618-1648）的時代被封聖，在梵二大公會議的時代被封為聖師，她與聖凱瑟琳都是在天主教面對極大歷史動盪和轉型時期的精神人物。[13]

如果教宗的選舉代表了梵蒂崗在政治上的硬實力，那歷任教宗冊封的聖人是羅馬天主教的軟實力。按立聖徒既是內政也是外交，聖徒對內衍生了對天主教徒的感召力，對外代表了天主教的信仰告白。基督新教沒有教宗也沒有聖人，東正教既沒有教宗制，也沒有天主教式的聖人制。但全球基督新教的宗派林立，在教制中有權威領袖的制度，也有對歷史人物的尊崇。東正教有牧首制度，也有尊崇的聖徒。當然羅馬天主教的聖人制度是獨一無二的，在天主教的聖人中往往以女性最為突出，中古的女聖徒大

二百年。大德蘭卻要待至梵二的 1970 年才被封為聖師，差不多是三世紀後才被認可。天主教譯為聖十字若望。大德蘭與十架約翰均是猶太血統。

[13] 另一次同樣看似權衡輕重的封聖是教宗方濟各在 2014 年一次冊封兩位教宗：教宗若望二十三世與教宗若望保祿二世，這次封聖常被解讀為方濟各為了協調羅馬天主教不同路線之爭，將開放的義大利若望來配對保守的波蘭若望保祿，但這觀點有過於簡化之嫌，畢竟兩位教宗都是屬於梵二時代的教宗，他們都是改革派的領袖，而且在社會議題和生命倫理上採取相當一致的立場。或許值得注意的是來自美國的現任教宗會否封聖一些傳奇的美國天主教人物為聖徒。

多是像大德蘭一般的女性神祕主義者,這些女性神祕家的出現往往是在教會的多事之秋,她們以獨特的神祕經驗使天主教重振旗鼓,並且對外可以抵抗教會分裂的攻擊和世俗力量的狂飆。

大德蘭便是一位身兼數職的女神祕家,她在 1562 年創辦聖約瑟隱修院,開啓了赤足迦密會,後來十架約翰加入了這團隊,在西班牙境內推動改革運動。大德蘭在 1582 年去世時,她已經建立了十四座修道院。[14] 義大利的聖凱瑟琳化解了教會被擄於巴比倫的亞維農教廷,大德蘭復興了中世紀的修道主義,使日漸衰微的修道生活重獲生機。幾乎所有研究大德蘭的英語學術著作都以反宗教改革運動(Counter Reformation)來描述她的時代,相反地越來越多的教會史卻以天主教改革運動來命名那時代。[15] 一正一反的學術名稱明顯有不同的視角。研究大德蘭的學者不約而同強調三位西班牙的領軍人物的處境是充滿張力的反改教運動,這是十六世紀西班牙的獨特處境,自然是有別於教會史學者所描繪的宏觀式天主教的回應。十六世紀的馬丁路德與大德蘭,分別代表了兩極化的宗教改革運動,一正一反,形成鮮明對比。大德蘭沒有像羅耀拉創辦耶穌會,她是改良與改革了原有的修會。她的《靈心城堡》沒有依納爵軍事紀律式的《神操》(*Spiritual*

---

14 大德蘭,《靈心城堡》,Teresa of Avila, *The Interior Castle.* Paulist Press, 1979,收於西方靈修文學經典文集(*Classics of Western Spirituality*),第 5 頁。

15 參「天主教的改革運動」,阿利斯特·麥格拉思,《宗教改革運動思潮》,中國社會科學出版社,2008,第 10-11 頁。有英文學報直接稱呼西班牙的聖徒為反改教運動的聖人,〈如何產生反改教運動的聖人〉("How to be a Counter-Reformation Saint." In *Religion and Society in Early Modern Europe, 1500-1800.* George Allen & Unwin, 1984.)

Exercises)。但是大德蘭細水長流的神祕經驗的論述卻成為了神學史上的里程碑。[16]

基督教歷史三大傳統分為羅馬天主教與基督新教,還有我們經常忽視的東正教。許多人較為熟悉改教家路德和加爾文,或許也會注意同時代的天主教神學家,像依納爵·羅耀拉和十架約翰,但往往忽略了像大德蘭一樣的重要天主教女性人物。大德蘭有點像聖經中的女性人物,有意無意間被我們邊緣化而視之。我們若重視改教運動,甚至將將改教歷史看作是我們的當代史,我們也應該將反改教運動置於我們的視野之內,其中最引人注目的人物必定包括這位在心靈迷宮與城堡中漫步冥思的大德蘭。[17]

著作與神祕主義

大德蘭在四十七歲才開始寫作(1562),她的三本作品是在其後的二十年內完成。三本作品都經過嚴格的審查,《自傳》完成後一直在審查中,直至她死後才得以歸還。西方古代的自傳都不具有現代傳記的意識,在生前出版自傳更是匪夷所思。《自傳》(西班牙語是 *Libro de la vita*)的寫作時期是 1562 至 1565 年。大德蘭還留下了大批信件,成為了歷史學家的珍貴檔案。

相比於義大利的聖凱瑟琳,大德蘭是少數接受了基本教育的

---

16 另外有學者將羅耀拉相比於加爾文,可參《加爾文與羅耀拉的見證》(Brendan McConvery, *The Witness of John Calvin and Ignatius Loyola: Living in Union with Christ in Today's World*. Veritas, 2012.)
17 英國劍橋大學神學家羅雲·威廉斯在他的序言中指出大德蘭的宗教世界中的反改教運動與宗教裁判所,可以關聯及從二戰到今天充滿矛盾與危機的時代。Rowan Williams, *Teresa of Avila*. Continuum, 1991, ix.

西方教會史中的女性人物。她生長的西班牙是當時最富庶的歐洲帝國，歷史家通常以發現新大陸的哥倫布在 1492 年的啟航作為西班牙黃金時代的序幕，這時期橫跨十六與十七世紀。大德蘭在 1562 年開始寫她的傳記，這年份極富歷史意義，兩年後加爾文離世。從雲淡風輕的亞維拉遠眺日內瓦，更正教的改教運動逝者如斯，西班牙的反改教熱潮方興未艾。[18]

《自傳》是她的第一本作品，《全德之路》（*Perfection*, 1565）卻是她第一本出版的著作。之後她寫了記載創立修院的《基礎》（*Foundation*, 1573），最後寫成了《靈心城堡》（1577）。她另外寫了一些默想雅歌的筆記，但卻被告解神父禁止出版，幸虧保存下來。大德蘭在《靈心城堡》的序言中曾經語帶雙關地提及《自傳》：「因為我的記憶很差，要是能重覆，也會令我很愉悅，萬一記不得我曾說過的，可以再好好地述說。」[19] 大德蘭以「我曾說過的」來暗指她的《自傳》的手稿被扣在宗教法庭。

《自傳》全書有四十章，每一章均為短篇。最著名的是第九章述及她閱讀《懺悔錄》的經過，此章引發了無數學者的好奇，在其中進行忙亂的知識考古學，務要找出這位亞維拉修女的神祕經驗是否源於希波主教。對於大德蘭學的專家來說，第九章《自傳》差不多等同《懺悔錄》的第八章的米蘭花園的傳奇性，也像其後的第九章中奧古斯丁與母親的神祕經驗。當然這過分的比較，令人有南橘北枳之感。很多學者喜歡將《自傳》與《懺悔錄》

18　雷蒙德・卡爾，《西班牙史》，東方出版中心，2023。《西班牙文學──黃金世紀》，陳眾議編著，譯林出版社，2018。書中將大德蘭譯為特雷莎・德・赫蘇斯（第八章）。

19　《靈心城堡》，第 74 頁。

並排而讀,因為大德蘭在第九章很生動地描述了她閱讀《懺悔錄》後的蛻變。「我一開始閱讀《懺悔錄》立刻就看出來這正是代表我,我也立刻將我託付給這位光榮的聖人。在讀到他說在園子裡所聽到的聲音,因而回頭改過的那段敘述時,我彷彿也聽到天主用同樣的聲音召喚我」[20]。奧古斯丁在米蘭花園中聽到小孩子的聲音:「拿著!讀吧!」相比於奧古斯丁,大德蘭是直接聽到基督的說話。

學者至今仍未能整理出一種女性的基督教神祕主義的模式,但不可否認的是西方中古的女性神祕主義者的書寫與很多西方教父的神祕主義著作有明顯的不同。其中最明顯的對比是比較《靈心城堡》與十架約翰的《心靈的黑夜》[21],他們二人的相似性遠遠大於他們與耶穌會相似的屬歷操練。十架約翰是向外式的攀登迦密山的靈程,大德蘭是內心性的默觀與默禱。十架約翰經歷了感官的黑夜與靈魂的黑夜,大德蘭遊行於七層內心的城堡,另外《自傳》(11-22章)中也排列了四重禱告的階段:默想,安靜禱告,神人合一與魂遊象外。[22] 十架約翰的文字是詩意與神學性的,

---

20 《自傳》,第 107 頁。芝加哥大學的麥金(Bernard McGinn)教授特別專注於大德蘭與奧古斯丁在神學上的可能淵源。這位專治西方神祕主義的著名學者的書大多沒有中譯,唯一中譯本是《敵基督:人類兩千年之邪惡迷思》,香港道風書社,2016。

21 十架約翰的《心靈的黑夜》深受兩本否定神學的經典之作的影響:十四世紀英語神祕文學的《未知之雲》(*Cloud of Unknowing*),與託名狄奧尼修斯的《神祕神學》(*Mystical Theology*)。這書的中譯本收於早期的歷代基督教文獻集。譯為丟尼修《冥契神學》。文集成書於二十世紀五,六十年代,全套書大部份是古代教父與改教家,似乎沒有女性作者。大德蘭與十架約翰沒有被收集在文庫中。託名狄奧尼修斯,《神祕神學》,商務印書館,2012。

22 《自傳》,第 11 章至 22 章。第 114-207 頁。

大德蘭的文筆是對話式與實用性的。二人的異與同發人深省，我們應該避免不必要的對立面，不要掉進世俗社會科學式的誤區。

像水晶一樣的《靈心城堡》

這是大德蘭的傳世之作，大德蘭在五十七歲時（1577）開始動筆，五年後她離世。同年義大利耶穌會會士利瑪竇（Matteo Ricci）程遠赴中國，時值萬曆五年。利瑪竇在中國傳教時撰寫了一本有關記憶法的小書，書名為《西國記法》。這是十六世紀歐洲流行的教育法，憑藉物件與房屋的位置來幫助人的記憶力。足見以城堡，房子與空間作為寫作的藍圖是十六世紀歐洲的文人時尚，而利瑪竇的記憶之宮卻成了大德蘭心禱的水晶殿。[23]

《靈心城堡》（*Interior Castle*）全書分為七大部分，共有27章，從第一城堡到第三住所，平均每住所有一至二章，第四住所有三章，第五住所有四章。第六部共有十一章是全書最長的住所，第七住所以四章作結。書的開首語成為了經典之言，簡潔語句是大德蘭別具一格的文風：「設想我們的靈魂如同一座城堡，完全由鑽石，或非常明亮的水晶造成，其中有許多房間，就像天堂裡有許多住所。」[24] 全書貫徹了開首語的意境，以房間與住所的建築形像，再加上水，光和火的意像。《自傳》中著名的四種水的意像也出現在《靈心城堡》第四章，使兩書彼此連貫。

23　利瑪竇，《西國記法》（Matteo Ricci, *Treatise on Mnemonic Arts.*）史景遷，《利瑪竇傳》，陝西人民出版社，2011。書名可譯為利瑪竇的記憶之宮。Jonathan Spence, *The Memory Palace of Matteo Ricci*. Yale University Press, 1985.

24　《靈心城堡》，序言，第76頁。

大德蘭的內心城堡是屬於靈程式（Itinerary）作品，十三世紀聖文德（St. Bonaventure）的《心靈邁向天主的旅程》便是心靈旅程的最著名的經典。十架約翰的《攀登迦密山》（*The Ascent of Mount Carmel*）也是靈程式的神祕主義的著作。[25] 東正教教父尼撒的格列高利（Gregory of Nyssa）的《摩西的生平》（*The Life of Moses*）亦是以摩西的生平（Vita）來展現的靈程，其中以摩西攀登西乃山遇見上帝在黑暗中的顯現為最高境界。[26] 西方神祕主義者亦像利瑪竇一樣，擅長運用數字：十架約翰的兩個黑夜，尼撒的格列高利的三重神聖的顯現，大德蘭《自傳》中的四種禱告。

　　然而大德蘭內心的城堡卻是有別於教父們的西乃山或迦密山，大德蘭是要走進城堡，但教父們卻是向外和向上登高。大德蘭的內心世界的情境往往缺乏教父們的架構與層階，而她也不刻意訴諸於文字來補捉這形而上的屬靈境界。雖然大德蘭接受了基本教育，能讀能寫，她的著作均是親筆的寫作，有別於聖凱瑟琳的口述筆錄。不過她沒有受過寫作訓練，她的文筆十分口語化，幾乎好像是口述筆錄的形式，有時讀來婉似聖凱瑟琳《對話錄》

25　《攀登加爾默羅山》，台北星火文化出版，2019 年。St. John of the Cross, *The Ascent of Mount Carmel*. Doubleday, 1958. 另參羅雲・威廉斯，《知識的傷痕：從新約到路德與十架約翰的靈修》，校園書房出版社，2014。（Rowan Williams, *Wound of Knowledge: Christian Spirituality from the New Testament to St. John of the Cross*. Darton, Longman and Todd Ltd., 1979.）博學如羅雲・威廉斯竟然在全書中沒有包括一位女性神祕主義者，本書初版於 1979，1990 年修訂，難怪後來作者出版了大德蘭的專書：Rowan Williams, *Teresa of Avila*. Continuum, 1991.

26　東正教教父尼撒的格列高利，《摩西的生平》，石敏敏譯，三聯書店，2010。

（*The Dialogue*）的感覺。但起碼這仍然是她的文筆，學者形容大德蘭的文筆為自然、直接、多彩、尖銳（natural, direct, colorful, and incisive.）。[27] 大德蘭在她每本著作的開頭常會自謙她的文字粗陋，如同使徒保羅說自己言語粗俗。接著她會簡單說明本書是因應她的告解神父的要求而寫，最後強調全書的信仰純正，都是按著羅馬天主教的教義和教規而寫成。在《靈心城堡》的序言，她形容此書是「服從命令」而寫成，她甘心樂意來提筆，但寫作卻是使「她的本性覺得苦惱極了」。[28] 這樣呈現作者意識的語句是大德蘭所獨有的，使她有別於其他在告解神父監護下口述筆錄的女神祕主義者。大德蘭在字裡行間常常表現了她的女性作者的主體性，確立了她在基督教神學思想史上的地位。[29]

美國芝加哥大學麥金教授認為《靈心城堡》的七住所是相應於《自傳》中的四類禱告[30]，第一至三住所是人能力可達致的禱告，大德蘭的重點是第四至七住所，是只能藉神聖恩典才可促成的禱告，而第四至七的靈程是對照四階段的禱告。最關鍵性的是從第五過渡到第六住所，第五層是禱告的合一與密契，第六層是靈婚的合一與密契。第六住所共有十一章，佔了全書三分之一。一方面因這是靈程的高峰，另一方面可能是告解神父的要求，要大德蘭仔細解說她的神祕經驗。最後，大德蘭在第七住所描述

27　《靈心城堡》英文版，*The Interior Castle*，第 10 頁。
28　《靈心城堡》，序言，第 73-74 頁。
29　《大德蘭與女性修辭學》（Alison Weber, *Teresa of Avila and the Rhetoric of Femininity.* Princeton University Press, 1996.）
30　《西班牙黃金時期神祕主義》（Bernard McGinn, *Mysticism in the Golden Age of Spain, 1500-1650.* Crossroad, 2017.）第 187 頁。

了她的三一神祕主義與密契經驗。大德蘭最後在結語說：「我的修女們，我的結論是，我們不要建造沒有地基的塔。上主不是那麼看工作的偉大，祂看的是工作時懷有的愛，及我們盡所能地去做。」[31] 麥金教授特別指出我們不應將大德蘭看作一位神祕經驗的修女，她所描說的只是一種屬靈經驗，是許多基督徒在日常生活中因著依靠上帝與基督而產生的屬靈體會與經歷。[32]

在西方漫長的神學思想史與神祕主義史中，的確存在了大量的女性神祕主義者的著作，她們的著作甚至可以自成一體，成為獨特的思想領域，雖然無法與眾多教父的浩瀚巨著分庭抗禮，但事實上我們無法否認在西方基督教源流中，的確存在了獨特的女性神學思維與神祕經驗的體會，儘管學者們無法整理與定義什麼是女性神祕主義的本質和元素。大德蘭所描繪的靈心城堡卻沒有一般教父靈程文學嚴謹的結構性，甚至是一種沒有層階性或階段性的靈程。《靈心城堡》最教人困惑的其中特色之一是七個心靈的住所，不一定是一所嚴密結構的建築，但這或許是女性神祕主義者與教父之間的差異之一。正因為女性神祕主義者的開放性，往往成為教父靈光一閃的啟迪。

如何解讀大德蘭一直是無數牧者與學者關心的問題。許多學者嘗試將她的著作加以系統化的詮釋，大多無功而返。相比於西方最重要的教父，像聖文德的心靈旅程《未知之雲》[33]，埃克哈特

---

31 《靈心城堡》。第七住所第四章，第 239 頁。
32 《西班牙黃金時期神祕主義》，第 207-208 頁。
33 《不知之雲》，光啟出版社，2004。*The Cloud of Unknowing*. Paulist Press, 1981. 收於西方靈修文學經典文集（*Classics of Western Spirituality*）。

（Meister Eckhart）的講章集 [34]，都是有跡可循的神學論述，甚至看似沒有大綱的《懺悔錄》仍然可以從現代學術的眼光來作出理性的分析。但很多人對解讀大德蘭的心靈之宮卻如同走進了迷宮，無法有出路。我們可以作簡短的結語：一方面我們要避免對像大德蘭這樣的中世紀女性神祕主義者進行武斷的分析與評價，另一方面我們可以大膽地將她們與中世紀的主要教父和神祕主義者作比較，嘗試從中得出一些可行的神學端倪。我們不必強行將她們的靈修心得加以過份的系統化，但我們需要看重她們靈光一閃的心思，將她們的著作與教父們的作品同等看待。

本書的價值與貢獻

王志勇牧師的這本上乘之作意義重大，首先是補了中國教會對西班牙神祕主義研究的空白，特別是在普及的層面與在基督新教的圈子。對大德蘭的翻譯幾乎是由台灣的加爾默羅聖衣會獨力承擔，這是難能可貴的貢獻，另也有許多台灣天主教學者發表了許多有價值的論文。不過對大德蘭的研究仍然不多見於一般學術界，也未普及於華人基督新教的傳統中。作者作為一位基督教改革宗的學者與牧師，可以跨界線地去研究與推廣一位西班牙反改教運動中的主要女性人物，這是十分罕見的智性之旅和信仰的對話。本書不是一本普通的神學與靈修著作，如果你是有心探索基

---

[34] 埃克哈特，《埃克哈特大師文集》，商務印書館，2010。埃克哈特因為閱讀了瑪格麗特‧波雷特（Marguerite Porete）的《單純靈魂之鏡》而受影響，發展出激烈的否定神學。這是中世紀女性神祕主義者的思想影響教父的另一例子。相比之下，大德蘭與十架約翰二人的互動比較正面，沒有遭受宗教法庭的審判。

督新教與羅馬天主教的對話，也想一瞥那異常的十六世紀西班牙神祕面紗之後的大德蘭，這是你不可錯過的佳作。

在神學上本書具有許多發人深省的獨特見解。本書首三章是綜覽靜觀和靈修的階段與模式。第四與第五章深入探討大德蘭的靈心城堡和禱告的四階段，第六章是按照主禱文分析禱告的精髓。因為靜觀與禱告是極為廣闊的神學與靈修的課題，本書涉獵範圍相當廣泛。首先在引介大德蘭生平與她所處的極為複雜的十六世紀西班牙的歷史背景，王志勇牧師的引文是極為提綱挈領，他指出天主教的反改教運動是一種羅馬天主教內部的變革，其中重點之一是在靜觀心禱的承傳。他點出大德蘭在改革迦密山修會上的努力是順應十六世紀的改革精神。當時路德喚起的改革熱潮乘風破浪，席捲歐洲。羅馬天主教內部也湧現了改革更新的呼聲。他也介紹了伊比利亞半島的獨特氣候地理如何締造了西班牙王國持續三世紀的黃金時期，稱霸海洋。他也畫龍點睛地指出大德蘭是出生於上層社會的猶太望族，由此而開展了她皈信羅馬天主教並投身修道主義不平凡的一生。

這本書分別以兩章的篇幅探討大德蘭兩本經典之作：《自傳》與《靈心城堡》。因為大德蘭在《自傳》中提及她閱讀奧古斯丁《懺悔錄》而引發了她在靈修中的突破，作者特別比較了大德蘭與希波主教的修道主義，這是精彩的對比。作者對奧古斯丁有深度的研究，可以全面而中肯地作出比較。王志勇牧師對《靈心城堡》所開展的七重住所作出了獨特的詮釋，坊間有不少有關的著作都是以天主教觀點寫成，甚少是以基督教改革宗的角度，再加上自己牧會與靈修的體會來解讀這所內心的城堡，相信很多華人信徒可以從中獲得許多的啟迪與心得。在第七重住所中，王志勇

牧師提及柏拉圖在《斐德羅篇》中說及神聖瘋狂的著名段落，這是我在閱讀華人神學著作中，特別是有關靈修與禱告的探討中，罕見地將基督教的靈修上溯至主前五世紀的黃金時代的雅典。

除了大德蘭之外，西班牙黃金時代產生了羅耀拉與十架約翰，王志勇牧師在第三章〈靜修兩大模式〉中，比較了羅耀拉與十架約翰二位的神祕主義，他指出耶穌會的創立者的靈修是迎向光明，十架約翰的靈修是迎向晦暗。這對照是相當有意思，考慮到耶穌會強調上帝的榮耀，故以光明為目標。《心靈的黑夜》的作者「教導人安處晦暗，並在晦暗汲取上帝的恩澤」。作者也在第四章中論及大德蘭生平時提及「大德蘭與十架約翰的情誼」，值得一讀。我在研究院時曾經看過一本比較加爾文與羅耀拉的著作，當時很不以為然，覺得二人是無法比較。想不到事隔二十寒暑，今天因王牧師的專書使我再次思想西班牙神祕主義者與改革宗在靈性操練上的異同，真是難能可貴的一次心靈之旅。

本書最精彩之處是作者對羅馬天主教與基督新教的對比，在第一章的第七節中，王志勇牧師分析了「基督徒的靜觀與東方神祕主義的不同」，在第八節中進一步說明靜觀，密契主義與改革宗正統神學的區別。他指出加爾文主義式的對贖罪的強調可以與靜觀的路線並存，對此我深有同感。基督教的三大傳統在靈命體會的層面是有許多的共通點。在第五章〈靜觀心禱四個階段〉，作者提出「天主教在禱告方面的錯誤」，真正的對話包括了批評，在學術領域中的批評辯論是常見的，但在基督教的中文著作中仍然少見。作者是神學學者也是牧者，這雙重身分使他可以在理論與實踐中作出全面的反思與評價。在第四章論及靈心城堡時，作者強調「不必完全贊同大德蘭的主張和做法」，特別是敬

拜聖母與尊崇聖人，這些都是中肯的忠告。

　　本書旁徵博引，論述廣闊。這本書不單會爲你提供很多神學上的眞知灼見，還在屬靈操練與靈命成長上提出許多前人的規模，以作參考。我稱這書爲一本神學與靈修的指南，相信許多華人基督徒會從書中得到幫助！

陳佐人
西雅圖大學神學及宗教系副教授

自 序

內聖與外王

> 「萬軍之耶和華說:不是倚靠勢力,
> 不是倚靠才能,乃是倚靠我的靈方能成事。」
> (亞 4:6)。

雅和博經學的精髓就是:一心開二門,內聖與外王。[35] 這一精髓乃是我們效法基督、道成肉身、分別爲聖的基督徒生活的綜述。「一心」指向我們的心靈,基督徒得蒙救贖在於上帝賜給我們新心新靈,基督徒分別爲聖在於我們保守自己的心靈。「二門」是指基督徒靈修中的兩大指向,第一大指向就是我們的內心世界,我們要通過靜觀心禱進入自己的內心世界,與住在我們心中的上帝相遇相識、相知相契,這就是基督徒「內聖」的精義,關鍵在於經歷那種我們在基督裡達成的與上帝的生命的合一;第二大指向是通過定志以行動的方式進入周圍的外部世界,參與上帝爲我們在這個世界中預備的各樣善工,這就是基督徒「外王」的精義,關鍵在於建立合乎上帝的心意的國家與文明。

在本書所闡明的靈修神學中,包括密契神學所提倡的密契與

---

[35] 2016 年 10 月 1 日收到重慶牧之弟兄贈詩:「致遠天涯靜中參,王外聖內若幽蘭。志存高遠事翻譯,勇往直前向錫安。」我和詩為:「天地風雲經中參,死蔭之地開幽蘭。聖靈光照學中西,律法福音出錫安。」

克修神學所宣講的德修兩大部分。密契就是走進心靈的大門，與主親近，分別為聖，天人合一。因此，我們在密契中強調靜觀。因信稱義是被動地領受上帝根據祂的律法在基督裡宣布我們的稱義，靜觀心禱乃是被動地接受上帝按照祂自己所喜悅的將其大愛澆灌在我們的心中。克修就是走出心靈大門，愛人如己，治理全地，知行合一。分別為聖乃是基督徒當主動承擔的責任，克修的核心就是分別為聖，特別集中在基督徒自覺地培養美德和定志行善上。因此，我們在密契中強調靜觀，在德修中強調行動。雅和博經學所提倡的靈修就是密契與克修的合一，靜觀與行動的合一，當然也就是內聖與外王的合一。只有不斷達到這種天人合一、知行合一與內聖外王的境界，我們才能夠在信仰上達到化境，成為真正的能夠教書育人、春風化雨、承先啓後、道化天下的智者。

「內聖外王」乃是中國幾千年來古聖先賢的道德理想。對於基督徒而言，「內聖」強調的是基督徒攻克己心、成聖成賢的靈命修練，注重的是內在生命的轉化；「外王」注重的是攻克己身、齊家治國的道德實踐，強調的是社會與文化的更新。二者合在一起，則是基督徒當有的「內聖外王」的追求和造詣。儒家經典《大學》所凸顯的道德與生命理想就是「內聖外王」，正如余英時先生所考察的那樣：「依一般的理解，『內聖』是『外王』的精神核心，故必先修身有成始能齊家，齊家有成始能治國，治國有成始能平天下。」[36] 當然，因為缺乏來自上帝通過特殊啓示

36　余英時，《現代儒學論》（上海：上海人民出版社，2010 年），頁 198。

而賜予的引領，通過特殊恩典而賜予的拯救，這種內聖外王的理想最終只能流於虛幻，中國歷代仁人志士最的感歎就是：「人在江湖，身不由己」；「問君能有幾多愁？恰似一江春水向東流」。綜觀幾千年中國歷史，我們不得不說，歷代那些所謂的仁人志士最終既不能開出「內聖」，也不能開出「外王」，雖然不乏孔子、孟子、王陽明等暗夜大光，[37] 但主流文化始終在「勝者王敗者賊」、「拳頭大的是老大哥」、「槍桿子裡面出政權」、「實踐是檢驗真理的唯一標準」之類的惡性循環、成王敗寇的流氓政治中無法自拔，直到今天中國整個社會仍然沒有解決最高權力和平過渡這種最基本的社會與政治問題，這是我們必須面對的沉重的現實。

要實現「內聖外王」的生命理想，對於墮落之後的罪人而言，就像「駱駝穿過針的眼」一樣，不僅是困難的，而且在根本上是不可能的。嚴格說來，這種內聖外王的理想，靠個人是無力達成的，就連孔子本人也承認：「若聖與仁，則吾豈敢！」[38] 但是，正如耶穌基督所強調的那樣，雖然在人是不可能的，但在上帝沒有難成的事：「耶穌對門徒說：『我實在告訴你們，財主進

---

[37] 這些外邦中的先知乃是來自上帝的恩典，就是普遍性恩典，與上帝在耶穌基督裡所賜下的特殊性、拯救性的恩典無關。上帝通過這些傑出人士使得外邦文化不時得到復興，不至於徹底墮落到赤裸裸的人吃人的境地，這就是普遍恩典對人心與文化的保守性作用。我們不尊重外邦文化中的先知，不尊重外邦文化中基於普遍恩典的普遍啟示的成分，就會成為激進地徹底地否定外邦先知和文化之價值的人，最終我們否定的就是上帝的普遍恩典，當然我們自己也顯得傲慢無禮，毫無愛心，對於我們所服事的文化和人群缺乏起碼的了解和尊重。

[38] 《論語‧述而》。

天國是難的。我又告訴你們，駱駝穿過針的眼，比財主進上帝的國還容易呢！』門徒聽見這話，就希奇得很，說：『這樣誰能得救呢？』耶穌看著他們，說：『在人這是不能的，在上帝凡事都能。』」（太 19:23-26）因此，對於基督徒而言，「內聖外王」的理想能夠在基督裡得到真正的實現。事實上，「內聖」就是福音使命的核心，就是在耶穌基督裡歸於上帝，不僅罪得赦免，並且有聖靈住在我們的心中，塑造我們愛主愛人的聖徒品格；「外王」就是文化使命的核心，就是在耶穌基督裡建立「敬畏上帝，信靠基督；愛主愛人，守約守法」的國度文明，這種國度文明不僅包括個人的得救，也包括家庭、教會與國家的重建。在基督徒的救贖和生活上，我們以因信稱義為起點，轉向因信成聖，強調基督徒攻克己身，在美德和善行上精益求精，成為上帝百般恩賜的好管家，與主耶穌基督一同在恩典中「在地上執掌王權」（啟 5:10）。

　　因此，「一心分二門」之「一心」就是指我們的心靈，「二門」就是福音使命與內聖之門、文化使命與外王之門。首先是福音使命與內聖之門：這個大門是前門、正門，我們必須由此而入，進入心靈深處，領受聖靈在我們心中賜下的悔改歸信的呼召，就是在耶穌基督裡重生得救，正如耶穌基督所強調的那樣：「我實實在在地告訴你，人若不重生，就不能見上帝的國。」（約 3:3）只有經歷這樣的重生，我們才能真正登堂入室，進入上帝真理和恩典的堂奧。走進這一前門、正門，使得我們走向個人內在的心靈世界，不僅要心靈重生，並且要心意更新，從而使得我們心靈世界的秩序逐漸得以重建。

　　其次是外王與文化使命之門：這個大門乃是側門、後門，我

們由此而出，進入世界，完成上帝賜給我們的不同的天職，或者擔任教會牧職，或是進入不同的職場，在具體的工作崗位上事奉上帝，見證福音，並邀請人進入福音的大門。雖然我們各自從上帝領受的天職不同，但使命卻是同一個文化使命，核心就是走向周圍外在的道德世界，靠著上帝賜給的大愛大能，按照上帝所啓示的聖約和律法，齊家治國平天下，從而使得我們道德世界的秩序得以重建。

我們之所以強調福音使命與內聖之門是前門，是大門，目的在於強調世人都犯了罪，得救的唯一道路就是在耶穌基督裡罪得赦免。我們之所以強調文化使命與側門、後門，目的在於強調上帝在工作的天職上確實賜給我們不同的帶領，每個人的路徑都有不同之處，我們不必強求一致。這樣一來，我們在救贖上始終強調在耶穌基督裡特殊啓示與特殊恩典所具有的不可混淆、不可替代的重要性；但在基督徒的生活與靈修上，我們強調基督徒良心的自由，上帝及其啓示的基要眞理是不變的，但我們每一代人、每一個人面對的處境卻是千變萬化的，我們如何面對生活的挑戰，如何在靈修中經歷上帝，上帝確實賜給每個時代、每一個人不同的側重與路徑，基督徒之間不必互相指責，更不必因此而將對方視爲異端邪說！如何以不變應萬變，每一個基督徒在上帝面前都有充分的自由，都當通過祈禱尋求上帝的引領，然後在良心上作出自己的抉擇。

雅和博經學所提倡的內聖外王的理想的核心就是在基督裡秩序的重建，雅和博經學所宣講的就是秩序神學，其特色就是強調上帝在受造界中設立的秩序，並且強調救贖就是上帝施行的秩序的恢復和重建。我們從福音使命與內聖之門進入，也必從文化使

命與外王之門而出。福音使命與內聖所注重的是內在的超越,文化使命和外王所強調的則是外在的事工。內聖與外王的連結就是美德,內聖與外王的圓融就是品格,內生與外王的落實就是國度的事工。

不管是內聖,還是外王,最終都是因為上帝的恩典。上帝那使得我們稱義的恩典,也必然是使得我們成聖的恩典。在聖經啟示和改革宗神學中,福音與律法、稱義與成聖、福音使命與文化使命之間有著有機的聯繫和優美的平衡與和諧。因此,我們在基督徒的靈修生活中特別強調的就是聖靈內在的光照,這種光照不是在聖經啟示和教會正傳之外賜給我們新的啟示或知識,而是讓我們把我們已經領受的啟示從頭腦的知識轉化為心靈的經歷,不僅使得我們在心靈深處產生對於上帝及其真理的確信,並且我們的內在生命本身也得到醫治和轉化。

總之,基督徒的靈修關鍵不是獲取唯獨屬於自己的靈異經歷,更不是刻意追求與眾不同的個人性的異象甚至啟示,而是踏踏實實地仰望上帝在耶穌基督裡賜給的拯救之恩,循序漸進地在愛主愛人的美德上不斷成長,堅定不移地在上帝所吩咐的治理全地、建立文明的文化使命上勇猛精進(創 1:26-28)。

一、基督徒當定志成聖

不成聖賢,便成禽獸!

成聖成賢,就是在基督裡成為聖潔,愛主愛人,守約守法。

上帝對我們的旨意絕不僅僅是讓我們「信耶穌,升天堂」,而是讓我們在基督裡重新成為上帝的兒女、天國的公民,今生今世在地上效法我們的救主耶穌基督,發揮先知、祭司與君王的職

分，成爲上帝百般恩賜的好管家:「他們唱新歌，說:你配拿書卷，配揭開七印;因爲你曾被殺，用自己的血從各族、各方、各民、各國中買了人來，叫他們歸於上帝，又叫他們成爲國民，作祭司歸於上帝，在地上執掌王權。」（啓 5:9-10）

這種成聖實在是人之存在的目的、人之實現的極致、人之幸福的至善！當然也是上帝拯救我們的目的:「上帝召我們，本不是要我們沾染污穢，乃是要我們成爲聖潔」（帖前 4:7）;「上帝的教會，就是在基督耶穌裡成聖、蒙召作聖徒的，以及所有在各處求告我主耶穌基督之名的人。基督是他們的主，也是我們的主」（林前 1:2）。沒有這種成聖成賢之心，我們就與禽獸無異，甚至禽獸不如，因爲禽獸也在遵守上帝爲牠們而設立的法度！「空中的鸛鳥知道來去的定期；斑鳩燕子與白鶴也守候當來的時令;我的百姓卻不知道耶和華的法則」（耶 8:7）。

今日基督教缺乏卓絕的聖徒，就是因爲那些自以爲是基督徒的人根本沒有成聖成賢的追求和願望，他們所想所信的只是「信耶穌，升天堂」;他們所領受的神學也是支離破碎、殘缺不全的個人感受，而不是聖經啓示、教會保守的整全的聖而公的眞理體系。這種膚淺、錯謬的信仰和神學根本不足以建立基督徒當有的聖徒品格，當然更不能抵擋伊斯蘭教、共產主義等異教哲學的全方位的滲透和攻擊。

二十世紀乃是基督教大崩潰的世紀，以羅馬爲代表的天主教被踐踏在以墨索里尼爲代表的法西斯政權之下，以俄羅斯爲代表的東正教淪落在以史達林爲代表的共產主義的鐵蹄之下，以德國爲代表的基督教新教則是徹底淪爲以希特勒爲代表的納粹政權的工具！

二十一世紀的基督徒必須全面反思基督教信仰，全面回到聖經啓示和教會正傳，經過深刻的悔改才能得到徹底的更新。可惜，承認和正視二十世紀基督教之慘敗的基督徒神學家少之又少！對於大多數基督徒而言，在種種錯誤神學的影響下，我們就像得了大痲瘋病的人，已經喪失了疼痛的感覺。

　　各種僞基督教、僞神學、假弟兄的共同特徵就是不追求敬虔，不熱愛上帝的律法，沒有分別爲聖的心志，只想滿足自己的願望。勞威廉坦率地指出：「我們的問題不在於：我們雖然願意成爲良善，變得完全，卻由於生來軟弱而達不到。眞正問題在於：我們不夠敬虔，不願意竭盡全力行善，不願意凡事都討上帝喜悅。」[39] 要成聖成賢，必須首先拷問自己的靈魂是否具有這種內在的渴慕。孔子尚且「十有五有志於學」[40]，基督徒心中倘若沒有這種追求聖潔和完全的渴慕，就說明我們的心中沒有聖靈的內住，我們的心靈本身還沒有得到眞正的重生。上帝的旨意就是讓我們成爲聖潔，凡是心中有聖靈之火在燃燒的人必然渴慕聖潔。既然渴慕聖潔，就當付諸行動，自覺地離棄我們自己的罪；要離棄自己的罪，就必須定志攻克己心，信靠耶穌基督，深信耶穌基督是我們的中保和救主：「所以我對你們說，你們要死在罪中。你們若不信我是基督，必要死在罪中。」（約8:24）

　　當然，要信靠耶穌基督，關鍵不在於口頭上的認信或決志，而是在心靈深處得蒙聖靈的光照，經歷到聖靈澆灌在心中的大愛（羅5:5），眞正認識獨一的眞上帝，並且認識祂所差來的耶穌基

39　勞威廉，《敬虔與聖潔生活的嚴肅呼召》，楊基譯（北京：三聯，2013年），頁17。

40　《論語・爲政》。

督,這就是真正的永生(約 17:3)。這種認識絕不僅僅是書本上的知識,甚至也不僅僅是頭腦中的認知,而是心靈深處經過聖靈光照而帶來的刻骨銘心、改變品格的生命經歷。這種經歷必然伴隨著深度的心靈醫治與重建。基督徒的靈修就是在重生的基礎上繼續體驗、加深這種生命經歷,最終使得我們能夠在耶穌基督裡經歷到生命的徹底轉化。終極而言,這種徹底轉化不是我們自己改變自己的生命,乃是我們的生命在上帝的榮光中被上帝改變。「主就是那靈;主的靈在哪裡,那裡就得以自由。我們眾人既然敞著臉得以看見主的榮光,好像從鏡子裡返照,就變成主的形狀,榮上加榮,如同從主的靈變成的」(林後 3:17-18)。

二、成聖首先要靠聖靈的工作

因信稱義,分別為聖!

成聖的關鍵是聖靈之工,今日基督徒需要更多地向聖靈敞開。當然,針對目前教會內極端靈恩派的氾濫,我們在雅和博經學中強調聖靈做工的兩大標記:一是光照我們,使得我們發自內心地認識並承認耶穌基督是道成肉身的耶和華上帝,是我們個人和世界的君王與救主(約一 4:1-6;徒 5:31);二是把上帝的神聖律法刻在我們的心版上,使得我們甘心樂意地遵守上帝的律法,在我們的心靈的花園中栽植美德的果子(加 5:22-23)。

非常可惜的是,那些在神學上自詡正統的人,沒有牧養、看顧靈魂之心,他們的心中沒有來自聖靈的愛火,只是到處販賣他們的博士學位和理論,他們所謂的正統不過是「死正統」而已;那些自稱聖靈充滿的人,沉迷在個人奇異的經歷之中,他們的火熱往往是來自邪靈的凡火,雖然熱心傳道牧靈,但往往使人誤入

歧途。聖靈使得我們頭腦冷靜，心裡火熱；魔鬼使得我們頭腦發熱，心裡冷酷！唯獨聖靈連結我們的頭腦和心靈，使得我們心靈的知識變成心靈的經歷，正如耶穌當初在迦南的婚宴上使得清水變成美酒一樣。

基督徒的成聖有著自己的責任和參與，但最終而言卻是聖靈在我們心中的雕琢轉化之工。因此，我們首先注重的就是聖靈的工作，基督徒的成聖首先是聖靈在我們心中展開的工作。基督徒靈修與儒生修身養性的根本性的不同之處就在於此。迪亞倫指出：「靈修神學研究的領域是靈修學，靈修學本身關注的是聖靈。聖靈把上帝在基督裡所作成的工作，豐滿地帶入我們個體生命以及教會群體生活之中。」[41] 因此，靈修學乃是集中在聖靈與聖徒的成聖上。

沒有聖靈的重生之工，就沒有任何真正的基督徒，因為沒有任何人能夠靠著自己的能力來按照上帝的旨意認罪悔改。沒有聖靈的默示，就沒有聖經的成典，我們也就沒有任何普世都可以接受的判斷善惡的基本標準；沒有聖靈的光照，就沒有聖徒的成聖，聖徒若不是靠著聖靈所賜給的大能大力就無法勝過自身的敗壞；沒有自覺而深刻的內在生命的操練，就沒有自願而全面的國度事奉的投入。基督徒只有通過深刻的內在生命的修練和塑造，與上帝建立密切的關係，才能勇敢地走向世界，面對挑戰，甚至甘心樂意、無怨無悔地擺上自己的生命。我們首先需要的不是慷慨就義的英雄，而是分別為聖的聖徒。今日教會首先需要的不

41　迪亞倫，《當靈修遇見神學》，王建國譯（美國：更新傳道會，2011年），頁 33。

是一大批的碩士、博士,而是真正的願意為上帝和教會捨命的烈士!那些一心要做英雄之人,還沒有擺脫個人的名利之心,也無法成為真正意義上的英雄,無非是趁機作亂、亂中取利的梟雄而已。得見永生上帝,洞察心性本體的人,必然能夠義無反顧,靠著上帝賜給的大能大力,脫穎而出,為光為鹽,在這彎曲悖謬的時代像明光照耀。

我們必須確知,上帝對我們的呼召就是讓我們成為聖潔,聖靈的工作的目的就在於使我們成聖,我們不能停留在庸俗的以自我為中心的所謂的得救或稱義上。路德因為強調稱義的純潔性,就忽視了成聖和善工的重要性,妄稱「罪無法把我們與上帝分離,即使我們一天謀殺、姦淫上千次」[42]!沒有成聖的果子,缺乏屬靈的美德和善行,不管個人自我感覺如何,不管從事什麼樣的轟轟烈烈的事工,不管我們有什麼樣的神學理論來使我們的行動合理化,我們所謂的基督徒的生命、信仰都不過是自欺欺人而已。成聖是聖靈之工,也是每個基督徒的責任。基督徒若不成聖,這個世界就一片腐敗和黑暗!我們必須關心自己的靈魂狀況,勝於關心家庭、教會和國家的一切危機!正是因為我們靈魂深處的幽暗和敗壞,才造成了家國天下的黑暗腐敗!基督徒當深刻地省察自己,是否是真正的聖徒?是否已經認罪悔改、重生得救?有沒有敬畏上帝、守約守法的心志?有沒有離棄罪惡、愛主愛人的追求?有沒有為主捨命、為義受苦的情懷?有沒有在心靈深處得見上帝的榮美?有沒有在上帝的大愛中得到深刻的滿足?

---

[42] Cited in Friedrich Heer, *The Intellectual History of Europe* (Cleveland: World Publishing Company [1953], 1966), p. 221.

倘若我們沒有進入自己心中的聖殿，尋求聖靈的同在和感動，我們就不能在其他任何地方找到上帝！我們必須離開世俗的奢華和感官的放縱，走入自己的內心和靈魂深處，在我們心靈深處的城堡中，與上帝相遇、相知、相通、相合。這是我們在本書中所提倡的大德蘭之靜觀與行動相結合的克修密契的精義。

不管是聖經的成典與正解，還是基督徒的重生和成聖，我們都特別需要強調聖靈的恩典的工作。「萬軍之耶和華說：不是倚靠勢力，不是倚靠才能，乃是倚靠我的靈方能成事」（亞 4:6）。聖靈帶領我們與上帝同行，與上帝同工；愛上帝之所愛，恨上帝之所恨。唯獨完全依靠聖靈的工作，我們才能擺脫罪惡的捆綁、專制的奴役和懦弱的轄制。專制的本質就是試圖通過自己的力量來控制和改變他人；懦弱的本質就是因為不信靠聖靈的大能大力能夠裝備我們成就上帝所悅納的一切，所以就不思進取，苟且偷生，要安全不要自由，正如當初倒斃在曠野的一代以色列人一樣，他們心中一直思念的就是埃及的「肉鍋」！

個人的罪惡則是最終造成懦弱和專制的根本，尤其是芸芸眾生那種不辨善惡、明哲保身、隨波逐流的平庸之惡，更是少數人肆意實行暴政的土壤。正如倪柝聲先生所強調的那樣：「我們的穩當乃是在聖靈裡。完全願意受教，十分恐懼稍微隨從肉體，喜歡降服基督，信靠聖靈要將基督死的生命，用神的能力掌治我們的生命，而生活出來，乃是平穩的道路。肉體本來如何充滿我們，我們也當讓聖靈如何充滿我們。讓聖靈掌權，完全推翻肉體的勢力，好叫祂自己作我們的新生命，顯明基督為我們的生命。那時，我們才能說：『我如今在肉體活著，不再是我，乃是基督在我裡面活著』；然而，這生命尚是根據在『我已經和基督同釘

十字架』之上（加 2:20）！」⁴³

基督徒要過得勝的生活，避免像當初老一代以色列人那樣在曠野中四十年漂流倒斃的慘劇，就當立定心志，義無反顧地遵守上帝的約法，以上帝所啟示的神聖約法來挑戰、磨礪我們的心性，靠著上帝的恩典和聖靈的大能治死自己過去不討上帝喜悅的罪惡習慣，培養合乎上帝旨意的美好習慣，從而培養屬靈的美德

---

43 倪柝聲，《屬靈人》（台北：台灣福音書房，2005 年），上冊，頁139。本書大量引證此書，為使讀者方便自己查閱，特別標明卷數和章數，並且注明此章的名稱，然後注明在那一冊，那一頁。需要聲明的是，筆者認為倪柝聲先生是中國教會歷史上非常重要的神學家和牧者，也是對西方基督教在中國社會和文化中本土化和處境化最有貢獻的偉人之一。筆者並不完全贊同倪柝聲所代表的聚會所的神學體系，也不贊同把靈、魂、體截然三分的傾向。但筆者確實認為倪柝聲先生的著述，尤其是《屬靈人》，具有極大的參考價值。至於倪柝聲繼承人李常受之神學，更是走向極大的偏頗，特別是在對待上帝的律法上明顯具有反律主義的傾向：「舊律法，就是較低的律法，帶人要遵行的要求，並人必須受懲罰的條件，已經過去。國度的子民是父的兒女，現在只需要憑著復活的生命，就是父永遠的生命，成全新律法，就是更高的律法，舊律法是藉摩西賜的，新律法是基督親自頒布的。關於律法，有誡命和原則兩方面。律法的誡命，因著主來得了完全和補充；律法的原則，照著神新約的經綸為信仰的原則所頂替。」《新約聖經‧恢復本》，主譯者，李常受（Anaheim, CA: Living Stream Ministry, 2000 年），頁 33。2015 年 8 月初與新加坡于明捷博士見面，他談及自己喜歡改革宗神學，但在觸及個人靈修和教會深層建造時不得不轉向聚會所求救，這對我觸動很大。確實，沒有靈修的功夫，改革宗的教義神學只能讓人自高自大，並不能充分建造人的靈命和品格。十幾年親身經歷改革宗內部的種種醜聞，筆者深信改革宗的出路在於靈修神學上的突破，這種靈修神學既要借鑒清教徒的靈修實踐，也要借鑒歐洲中世紀的靈修精華，當然也要借鑒中國教會中已有的美好傳統。在這種意義上，筆者確實認為聚會所的靈修神學有很多可供借鑒之處，求上帝賜給我們謙卑、開放和謹守之心，使我們能夠分別是非，繼往開來。

和品格,實現上帝賜給我們的天命。這種天命體現在兩個方面,一是擺脫我們個人性的罪惡對我們個人生命的轄制,也就是各種各樣的罪癮罪習對於我們的主宰性的影響,得享心靈的自由;其次就是擺脫罪人在家國天下中強加在我們身心上的專制性捆綁,也就是罪人在家庭、教會和國家生活中對於我們的欺凌、壓迫和剝奪,得享社會性的自由。

雅和博經學旗幟鮮明地強調:廢除專制,人人有責!上帝賜福,得享自由!兄弟爬山,各自努力!順天者昌,逆天者亡!那些欺凌其他具有上帝形象的個人的盜賊流氓、暴君獨夫,乃是上帝所憎惡的,當然也是我們應當藐視的!他們若不悔改,必然受到上帝可怕的審判!心中真正敬畏上帝的人也必然「眼中藐視匪類,卻尊重那敬畏耶和華的人」(詩 15:4)。我們每個人都有責任對這些作惡之人發出強烈的譴責和呼籲:「天國近了,你們應當悔改!」(太 4:17)

當然,在這個方面我們也不可一刀切,而是要在具體的環境中接受上帝的帶領,尤其當我們面對邪惡政權的打壓時,更要迫切地尋求上帝的旨意,順服在上帝賜給我們的軛下,正如加爾文所強調的那樣:「那些為了公共利益而施行統治的人才是上帝這種恩賜的真正榜樣和證明;那些以不公正和無能的方式施行統治的人是上帝所興起的懲罰人民的邪惡的工具;這兩類統治者都同樣具有上帝所賜給的合法權柄的神聖威嚴。我會提出一些明確地證明此類事情的見證,然後再進一步論述。當然,我不需要費盡百力來證明邪惡的君王是主對世人所發的忿怒(伯 34:30;何 13:11;賽 3:4;10:5),因為我相信在這個方面沒有信主的人會反對我的主張;有些君王是劫掠你的財產的強盜,有些君王是玷污

你的婚床的姦夫，有些君王是企圖殺死你的殺人犯。對於這樣的君王，我們毋庸多言。因為聖經把此類的災難都算作是來自上帝的咒詛。」[44]

更加值得我們警醒和牢記的是，我們也是吃著狼奶長大的，我們的生命中也充滿了偶像崇拜和專制暴政的毒害和影響，這種毒害已經深入到我們的骨脈經絡之中，深入到我們個人與民族的潛意識裡。尤其是我們來自中國的人，在長達半個世紀之久的共產主義意識形態和階級鬥爭的毒化之下，內心更是充滿了陰暗和扭曲，時不時地就會爆發出史達林、毛澤東式的「階級鬥爭」的狠毒來。因此，在很多時候，我們在為人處事的時候不知不覺地帶出來的仍然是異教徒那種驕傲、專橫、猥瑣、殘暴的習氣！求主憐憫、賜福、光照我們，好使我們從自身的悔改做起。基督徒的靈修就是要幫助我們對付個人心靈深處歷世歷代以來長期積累的罪惡、創傷、厚黑的積澱。這些積澱使得我們的心靈深處就如多年沒有清理的馬廄豬圈，充滿了各樣骯髒的東西，不時冒出各種令人噁心的臭味來，自己還不覺得，因為我們長期受到這類東西的浸染薰陶，已經與之同化了！

三、成聖乃是基督徒的呼召和責任

攻克己身，內聖外王。

基督徒的呼召就是蒙召為聖徒，成為在基督裡分別為聖的人。

---

44 加爾文，《敬虔生活原理》，王志勇譯（北京：三聯，2012 年），6 章 54 節，307 頁。

在強調罪人完全、唯獨靠上帝所賜給的白白恩典得救的基礎上，我們特別強調基督徒在分別為聖上的責任和參與。正如倪柝聲先生所言，人生有兩大真正有意義的成功：「一個人因為與基督有正當的關係，所以成功為一個基督徒；一個人因為與聖靈有正當的關係，所以成功為一個屬靈人。」[45] 真正的基督徒必然是屬靈人，屬乎基督的人也必然是屬乎聖靈的人。

當然，對於已經重生得救的基督徒而言，最大的成功就是與聖靈有正當的關係，也就是自覺地接受聖靈的引導，治服己心，攻克己身，勝過世界，標記就是熱愛上帝的律法，遵行上帝的誡命（出 20:6；詩 1:2）！這種對於上帝的律法的強調乃是清教徒的精神，當然也是雅和博經學所特別強調的，因為沒有上帝的律法，我們就缺乏最基本的判斷標準，我們也就無法作出任何有意義的判斷。基督徒若是自覺地靠著聖靈的大能大力，在內在生命中尊主為大，愛主愛人，守約守法，就必能在國度事工中剛強壯膽，勇猛精進。毫無疑問，只有高舉上帝所默示的無謬聖經，既自覺自願地遵守上帝的律法，也甘心樂意地傳講上帝的福音，信靠聖靈征服人心的大能，通過聖徒相通的聖約團契和國度事工，我們才能在這個彎曲悖謬的世界中發揮「地上的鹽」、「世上的光」、「山上的城」和「燈檯上的燈」的聖而公之作用（太 5:13-16）。

沒有「內聖」，就沒有「外王」！罪人依靠自己的力量和修行，既不能內聖，也不能外王，只能倒行逆施，自欺欺人，傷天害理。可惜，很多基督徒也缺乏內在生命的操練，更沒有國度事奉的追求。實際上，沒有通過自覺而長期的靈修在個人內在生命

45　倪柝聲，《屬靈人》，中冊，頁 18。

中分別為聖,自覺地成為上帝的義僕,就不能今生今世在國度事奉中與基督一同作王。基督徒只有自覺、長期、深入地通過靈修來培植個人深刻的內在生命,才能堅定不移、義無反顧地回應上帝的呼召,以愛主愛人之心遵守上帝的聖約和律法,勇敢地投入到上帝呼召我們所從事的國度性使命和事奉中去。

在基督裡攻克己身的真聖徒,必然是在基督裡勝過世界的真英雄!真聖徒和真英雄,就是基督的使徒和精兵,乃是聖雄式的人物!耶穌基督的精兵當以信望愛三德首先攻克己身,其次就是勝過世界的誘惑,第三就是勝過魔鬼撒但的攻擊。在這爭戰過程中,我們最大的仇敵並不是世界和撒但,而是我們自己那蠢蠢欲動的老我,也就是我們自身生命中殘餘的邪情私慾。李英強弟兄在談及儒家文化的基督化的時候分析說:「中國讀書人信基督之後,生命之更新極難。一種先天的儒家氣質,使得他們對於道德化、倫理化的基督教更感興趣,也更容易強調事工的果效勝過生命的翻轉和更新。大部分中國基督徒讀書人,最終消融於中國文化,而沒有能力更新文化。倒是無數讀書不多的基督徒,活出了屬天的生命,然而,在文化層面影響甚微。」[46] 我們要避免中國文化中盛行的那種把基督教道德化的傾向,也要避免目前教會中盛行的反道德、反律法、反文化的傾向。

筆者深信,雅和博經學對靈修神學的強調能夠幫助深受儒道釋文化影響的基督徒走向真正的內聖外王之道,就是在耶穌基督裡內聖外王,不僅有個人內在生命的豐盈,同時也能通過國度事

---

46 李英強,〈關於儒家的「基督化」的一些思考」〉,未出版稿,2014年12月。

奉而對周圍文化產生積極的轉化性影響。因此，雅和博經學的兩大強項就是公共神學和靈修神學，我們不僅通過解釋上帝的約法而闡明上帝對家庭、教會和國家等公共領域的藍圖和旨意，並且明確地通過效法基督、攻克己身來實現內聖外王之功，為著上帝的榮耀，參與上帝的使命，建立不朽的功業，以美德和善行吸引更多的人認罪悔改，歸向上帝及其國度，我們自己也更加具有得救的確信，享受與上帝相親相愛的關係。

中國明朝大儒王陽明強調：「破山中賊易，破心中賊難！」相比於外在的國度事奉來說，內在生命的得勝乃是何其艱難啊！在二十多年的教牧事奉中，我所遇到的最大的挑戰與困難並不是來自無神論執政者所派來的員警的騷擾與迫害，而是教會內部的嫉妒紛爭，同工團隊裡面的彼此攻擊，夫妻關係中的軟弱掙扎，更可怕的是自己心中的罪惡和剛硬，體現在各種上癮般的罪惡習慣中！明明上帝吩咐我們當「心意更新而變化」（羅 12:2），但我們卻常常以這是自己的性格為藉口而拒絕改變，甚至常常以自己的「軟弱」為藉口，不僅自己不定意改變，還要求別人更多地憐恤、關愛自己。我們的罪惡不是因為性格引發的，而是因為我們的品格導致的！上帝造我們，使我們各有不同的性格，互相補充，彼此成全。但是，如果我們在品格上有問題，我們就會假冒為善，甚至互相傷害。

我們雖然在現象上都有各種軟弱，但是我們堅持自己的毛病和錯誤的時候卻常常是堅定不移的！即使我們願意做出改變，也常常不能一步到位，更不用說我們根本不願意改變了！因此，保羅也曾發出這樣的慨歎：「立志為善由得我，只是行出來由不得我。故此，我所願意的善，我反不做；我所不願意的惡，我倒去

做。」（羅 7:18-19）保羅最後說：「我真是苦啊！誰能救我脫離這取死的身體呢？感謝上帝，靠著我們的主耶穌基督就能脫離了。」（羅 7:24-25）求主保守我們在耶穌基督裡不斷成聖，不斷得勝！求主醫治我們假冒為善、自欺欺人的愚頑，使我們常常省察自己的全然敗壞，常常記念耶穌基督的救贖之愛！

四、個人的醫治、文化的更新與文明的建造

靈魂甦醒，家國天下。

自歐洲 1517 年宗教改革以來，轉眼已經是 500 週年。與天主教相比，基督教更多地受到宗教改革的影響。通過強調唯獨聖經、唯獨恩典、唯獨信心、唯獨基督和唯獨上帝的榮耀這五大唯獨，宗教改革使得當時的教會得到極大的反轉、更新和進步。但是，正如人間任何改革一樣，宗教改革也有矯枉過正的地方，特別是在靈修上，因著對教義、教政和敬拜的強調，當初宗教改革第一代人物都在不同程度上忽略了對靈修的強調，拋棄了中世紀修道傳統，當然也就忽略了對於基督徒的靈命和品格的強調，以後各種敬虔派、貴格會、重洗派、靈恩派的興起，都是對於這種僵化的宗教體系的反彈。

歐洲宗教改革時期這種對教義的片面強調和對靈修的整個忽略，使得教會開始在表達教義的字句上錙銖必較，甚至有些許不同，就大打出手，睚眥必報，整個歐洲因此而陷入宗教戰爭的戰火之中。1529 年，瑞士改教領袖慈運理與路德在德國瑪律堡會面協商，企圖整合雙方在宗教改革思想上的分歧，會議集中討論 15 條教義，前 14 條半都達成共識，但最後討論聖餐禮時對聖餐意義的觀點卻完全不同，導致整合失敗。「路德宣布，慈運理及其

支持者絕不是基督徒。慈運理則肯定路德比羅馬教會的衛道士埃克更壞」[47]。從此很多路德宗與改革宗的人士成為仇敵，甚至大打出手！教會內部的互相殘殺不僅使得歐洲本身滿目瘡痍，也使得教會本身顯得猙獰可怕，面目可憎，很多人遠離教會而去，從此歐洲就開始進入世俗化、多元化的時期，基督教和教會在世界和文化中的影響逐漸式微。

發展到二十一世紀的今天，同性戀合法化、廢除死刑等在聖經啟示和教會歷史上匪夷所思的謬妄也開始在教會中大行其道，教會開始進入在歷史上空前軟弱和黑暗的時期，孤獨的靈魂得不到牧養，受傷的心靈得不到醫治，悖逆的文化受不到挑戰和更新，我們甚至在根本上喪失了基督教上千年一直強調的神權論和神法論，開始淡化、否定聖經啟示和教會正統一直強調和高舉的上帝的主權和律法。我們對於個體人權的強調使得我們對於上帝主權喪失了基本的敬畏之心，我們對於上帝律法的忽略使得我們不僅喪失了判斷真善美聖、假惡醜罪的絕對標準，甚至使得我們認賊作父，顛倒黑白，本末倒置，自欺欺人，不知不覺地淪落到世上各種邪情私慾、惡規惡俗的轄制之下。這是我們必須正視的。

撫今思昔，歸回聖經，我們必須重新進行「宗教改革」！尤其是我們華人教會，更是從來沒有經過教父時期正統神學的薰陶、中世紀靈修傳統的淬煉、宗教改革烈火的洗禮，在真理和靈命上空前膚淺、混亂，這是我們必須承認和面對的。當然，我們所說的「宗教改革」絕不是一切都推倒重來，而是在前人宗教改

47　威利斯頓‧沃爾克，《基督教會史》，孫善玲等譯（北京：中國社會科學出版社，1991年），410頁。

革的基礎上，繼續謙卑、開放地尋求上帝的旨意。在 2017 年 6 月美國改革宗長老會總會會議中，我對來自中國溫州的幾位牧長分享說：我們向西方學習改革宗神學，絕不能食洋不化，食古不化。我們必須明白，真正的改革宗神學絕不是橫空出世，從無到有的，甚至整個宗教改革和中世紀基督教的大傳統在連貫性和一致性上遠遠大於中斷性和不同性。即使我們強調宗教改革所強調的因信稱義的教義，我們也不能把這個教義的重要性抬舉到比上帝三位一體、耶穌基督神人二性更高的地位！

另外，在對宗教改革的繼承上，我們絕不能侷限於現代教會中一時盛行的人物、學說和潮流，而是要追本溯源，承接教會的大傳統、正統和主流的教訓。比如在上帝論上，我們必須以三一上帝為中心，而不能片面地強調以一個位格為中心；在歷史進程上，我們必須強調創造、救贖與成全的直線性歷史觀，不能片面地以救贖為歷史的中心；在宣教和事奉的樣式上，我們必須回到聖經中所啟示、《海德堡教理問答》所強調的「律法─福音─律法」的經典模式，而不是宗教口號式的「以福音為中心」。因此，華人教會要真正歸正復興，不僅要在教義教政上歸正，還要學習、繼承從教父時期到中世紀時期長期盛行的修道與靜觀的靈修傳統，使得我們的生命本身得到徹底的反轉，否則我們對於聖經啟示和正統神學的強調只能使得我們自高自大，正如雅各所警告的那樣：「你信上帝只有一位，你信的不錯；鬼魔也信，卻是戰驚。」（雅 2:19）這樣的「死正統」在上帝面前沒有價值。本書就是這樣的嘗試，我們不僅強調教理派所強調的教理的純正，文化派所注重的文化的更新，更是強調敬虔派所追尋的對於敬虔生活的操練，這樣是聖經中所強調的：「只是要棄絕那世俗的言語和老

婦荒渺的話，在敬虔上操練自己。『操練身體，益處還少；惟獨敬虔，凡事都有益處，因有今生和來生的應許。』這話是可信的，是十分可佩服的。我們勞苦努力，正是爲此，因我們的指望在乎永生的上帝；他是萬人的救主，更是信徒的救主。」（提前 4:7-10）

這種修道與靜觀的傳統注重內在的生命和醫治，然後由內及外轉向社會與文化的醫治和更新。在目前這種文化釋放、自然失衡、人心失序的困境中，正如盧雲所言，我們只有兩條道路，或者是走向內在心靈更新的密契主義的道路，注重以改變自己內心爲主的靜觀沉思；或者是走向外在變革、推牆重建的激進革命的道路，注重以改變世界爲主的積極行動。有沒有一種聖徒與英雄、革命領袖與靈性導師、靜觀沉思與積極行動相結合的中間道路？盧雲認爲「福音之路」就是這樣的道路。在耶穌基督的福音中，密契之路與革命之路並不對立，而是人類同一種「超越性的嘗試」的兩個層面。歸信耶穌基督本身就是個體性的革命，這種革命是內在性的，是神祕性的。「任何一個眞正的革命者都需要經歷奧祕性的心靈風暴，而任何一位修行的神祕主義者也都蒙召揭露人類社會的非本眞存在狀態」[48]。

要使個人和社會得到眞正的救贖，必須有內在生命的脫胎換骨，也必須有社會文化的除舊佈新，密契之路與革命之路乃是一體兩面，都是不可缺少的。「神祕主義者不可避免會成爲社會批判者，借助自身的內心和自我的反思，他們會發現這個病態社會的問題根源；同樣，革命主義者不可能不去正視自己的內心，在

48　盧雲，《負傷的醫治者》，喻書琴譯（北京：華夏出版社，2016年），頁 46。

他們為新世界的理想爭戰的過程中，他們也會發現內心在與自己本能的恐懼和虛妄的野心爭戰。無論是神祕主義者還是革命主義者，都必須從對安全感和被保護感的利己需求中抽離出來，坦然無懼地面對自身的苦境和人類的苦境」[49]。

因此，我們在本書中強調個人的醫治，就是通過內在生命的操練不斷得蒙聖靈的光照，得到內在的醫治和自由。這種醫治的欣喜是今日保守性教會所缺乏的，但上帝藉著先知以賽亞宣告：「差遣我醫好傷心的人。」（賽 61:1）在今日社會中，這種心靈的創傷尤其體現在各種毒癮上。晨曦會劉民和牧師指出三大上癮：物質類上癮、行為類上癮、情緒類上癮。「今天社會上已經證明，任何一件事，只要是誤用、亂用、濫用，都會上癮，上癮就會中毒；而吸毒上癮絕對是一個全人破壞的光景，身心靈與社會行為都遭到破壞，若要治療，需要時間與內容，單一治療行為是很難戒治成功的」。「戒毒是在戒罪，所以我們常說要理解人性、毒性、男性和女性，對戒治會有許多幫助，而戒罪不是指人犯罪的罪行而已，乃是指人與生俱來的罪性，這就是能徹底幫助人戒毒的『福音戒毒』理念」[50]。

本書充分吸收晨曦會福音戒毒的經驗，強調基督徒靈修的精義就是經歷福音的大能，通過煉路的操練而治死罪習罪癮，通過明路的經歷來培養良習美德，最終得蒙全人的醫治和實現，就是完全與上帝在愛中合一。在這個過程中，基督徒經過理性修而得享理性的醫治，就是心意的更新，勝過各種敵基督的宗教和思想

49　盧雲，《負傷的醫治者》，頁 46-47。
50　劉民和，〈看到戒癮的盼望〉，引自王倩倩，《上癮的真相：青少年上癮問題及邁向康復之路》（台北：啟示，2012 年），頁 26-27。

洗腦導致的腦殘性的思維疾病；通過情感修而得享情感的醫治，就是使得情感上所受的創傷得到醫治，情緒上的波動得到調服，勝過物欲對人的情感進行刺激所帶來的亢奮與低落交織的情感疾病；通過意志修而得享意志的醫治，就是消除意志方面的脆弱與剛硬兩大疾病，使得意志回歸正常的心靈秩序，就是降服在理性上真理的帶領、情感上聖愛的激勵之下，不再滯留在老我的陳規陋習的轄制之下。

這種在理性、情感、意志三大方面的全面醫治乃是基督徒在基督裡當得的全面的醫治，這種深度的醫治的重要性不僅勝過身體方面疾病的醫治，並且也會幫助人勝過身體的疾病的纏累與捆綁。基督徒在內在生命上的操練和得勝的過程，就是在法理上勝過罪惡、在醫學上勝過疾病的過程。當然，我們基督徒最終的盼望是「我信身體復活，我信罪得赦免，我信永生」，今生今世我們不可能在法理性的成聖上達到完全無罪的地步，也不可能在醫學性的健康上達到徹底醫治的程度，但毫無疑問，深度的靈修確實能夠幫助基督徒更加自覺地效法耶穌基督，更加榮美地活出聖徒的生命來，給周圍的個人、家庭和社會帶去醫治與祝福。

在我們自己得醫治的過程中，我們也可以成為「負傷的醫治者」，正如盧雲所強調的那樣：「無人能避免受傷。無論我們是傷在身體上、情感上、精神上或心靈上，我們都是受傷的人。我們所關心的主要問題不是『我們當如何隱藏傷口』，而是『我們如何用自己的傷口去服侍別人』。但我們的傷口從羞恥的源頭變為醫治的源頭時，我們就成了負傷的治療者。耶穌是負傷的治療者。我們因祂的鞭傷得醫治。耶穌的受苦與死亡帶來喜樂和生命；祂的卑微帶來尊榮；祂被棄絕，卻因此建立了愛的群體。作

為耶穌的追隨者，我們也可以讓自己的創傷為別人帶去醫治。」[51]

雅和博經學所要致力建造的就是這樣的聖愛的群體，我們所強調的靈修就是從上帝得到內在心靈的醫治，然後設身處地地去理解、同情、關愛這個世界上無數處於痛苦、鬱悶、絕望之中的人，使得他們也能夠因信耶穌基督而得到屬天的安慰和醫治。這樣我們就能夠逐漸更新我們周圍那種令人絕望和窒息的自私自利、互相傷害的文化，建立真正的愛主愛人、守約守法的天國文明。因此，大而言之，我們需要一種新的基督教，這種基督教所追求的不是字句上反覆推敲的完全正確，更不是捧著聖經和信條來檢查別人的認信，而是在生命上對於上帝有真實的經歷和追求，就是在內在生命中經歷上帝的觸摸和醫治，正如耶穌基督經歷死裡復活一樣。那時，祂的四肢被釘的傷口，還有祂貼近心臟的肋旁的槍傷，都得到了醫治，卻留下了傷口。所以，祂讓那心中多疑的多馬：「伸過你的指頭來，摸我的手；伸出你的手來，探入我的肋旁。不要疑惑，總要信！」（約 20:27）

要得著這樣的醫治，我們必須經歷長期的靈修；要想給周圍心靈受傷的人帶去醫治，我們自己必須首先經歷內在的醫治。因此，雅和博經學的中心就是靈修神學，雅和博經學的落實就是牧靈神學，就是自己經過一定的靈修得蒙醫治之後，讓別人來摸摸我們的手，探入我們的肋旁，使得別人從我們的生命經歷中得見上帝在耶穌基督裡的奇妙救贖和醫治，由此而生發對於上帝的信心，由此而進入真正的靈修。這種宣教與牧靈的方式，乃是真正的道成肉身的模式。今日教會需要的不是言語的說教，更不是律

---

[51] 盧雲，《負傷的醫治者》，頁 13。

法的定罪,而是道成肉身的聖徒品格和愛心事奉。沒有長期的靈修,不在敬虔上操練自己的,就不可能形成這樣的聖徒品格與愛心事奉。

那些真正跟隨過耶穌基督、從耶穌基督那裡得到完全和醫治的有血有肉、有情有義的人,才能傳講生命之道!我們傳福音絕不僅僅是傳講一個好消息,也絕不僅僅是按照文法和傳統正確地解釋聖經,而是能夠傳遞生命本身,這生命就是我們所信的救主耶穌基督本身,正如使徒約翰所見證的那樣:「論到從起初原有的生命之道,就是我們所聽見、所看見、親眼看過、親手摸過的。(這生命已經顯現出來,我們也看見過,現在又作見證,將原與父同在、且顯現與我們那永遠的生命傳給你們。)我們將所看見、所聽見的傳給你們,使你們與我們相交。我們乃是與父並他兒子耶穌基督相交的。」(約一 1:1-3)

我們必須承認我們是「負傷的先知」,更是「正在得醫治的先知」!因為我們今生今世的成聖是不完全的,我們今生今世的醫治也是不完全的,我們必須時刻回到上帝的面前,時刻在耶穌基督裡得到新的醫治。然後,繼續帶著我們的傷痕,給其他受傷的靈魂帶來心靈的醫治,最終不是我們個人給別人帶來醫治,而是通過我們自身的見證和教導,通過靈修把別人帶到上帝的面前,讓他們直接經歷上帝通過耶穌基督而賜下的引領的醫治。

基督教文明一向是「教會文明」(church civilization),教會始終是文明的建造者和維繫者,牧者在西方教會中始終承擔著「文明的傳遞者」的角色。到美國南方和中西部小城旅行的中國人都會注意到,幾萬人的小城到處有美麗、溫馨、莊嚴的教堂,甚至上百座!沒有學堂,就沒有獨立的思維;沒有教堂,就沒有

清潔的良心！華人傳統文化中靠朝廷的廟堂、民間的書院和江湖的道義所維持的良心，則是非常扭曲和脆弱的。可惜隨著西方啓蒙運動所提倡的個人主義和理性主義的滲透，教會逐漸喪失了統一的信條和行政，不僅內部四分五裂，相互吞咬，而且受到各種打著世俗化旗號的人本主義意識形態的分化、打壓和摧殘，從而使得西方基督教文明的大廈搖搖欲墜，[52] 而在華人社會中則從來沒有建立過眞正意義上的基督教文明。恩師趙天恩牧師所提倡的「文化基督化」，就是以聖經眞理全方位地轉化華人社會和文化，使其成爲眞正意義上的基督教文明。

要在華人社會中建立這樣的基督教文明，我們所需要的不僅僅是聖經、信條、神學書籍等文本性的東西，更需要培養眞正內聖外王的天國人才。雅和博經學的兩大目標就是文本的打造和人才的塑造。文本的打造是爲了人才的塑造，而人才的塑造最終則是集中在靈修上，而靈修的落實就是爲教會培養眞正的聖徒，從而使得教會重新成爲一個在主內彼此相愛、一同戰鬥的聖約共同體，使其成爲眞正的「山上之城」，在世上發揮光與鹽的作用（太 5:13-16）。因此，雖然靈修神學在雅和博經學中具有終極性的重要地位和作用，但我們的靈修絕不是「屬靈化的個人主義」（spiritualistic individualism），而是始終以先求上帝的國度和公義爲導向。這種導向不僅注重建造自由的個人，也同樣注重建造幸福的家庭、聖潔的教會和公義的國家。

---

[52] Ernst Troeltsch, *Protestantism and Progress: The Significance of Protestantism for the Rise of the Modern World*, (Beacon Press, 1966), pp. 37-38.

五、本書簡介、鳴謝與祈禱

本書最後定名為《靜觀與心禱：改革宗靈修神學與天主教密契傳統契合》，為讀者闡明走向靜觀的四種祈禱：觀心祈禱，收心祈禱，靜心祈禱，最後是合心祈禱，其精義就是主耶穌基督所強調的：「上帝是個靈，所以拜他的必須用心靈和誠實拜他。」（約 4:24）

本書選自筆者正在撰寫的《本體、境界與工夫：三路靈修與基督徒正常的生活》一書。此書正式動手寫作已經有十幾年時間，目前成稿一百五十多萬字，但仍然有許多地方需要進一步地研究和修證，恭請諸君代禱賜教，好使此書儘快完成並出版。《靜觀與心禱》後有六個附錄，前五個附錄，來自上述書稿，幫助大家了解靜觀心禱的基本理念，第六個附錄乃是我為周必克牧師《清教徒改革宗靈修神學》中譯本撰寫的序言，放在此處，幫助大家明白清教徒改革宗靈修神學的基本特徵。

本書第一章至第三章，分別澄清三組重要概念，一是靜觀與行動兩大方面；二是煉路、明路與合路三大靈修階段；三是宣講式與輔導式兩大靜修模式，主要參考耶穌會羅耀拉的祈禱方法。第四到第六章主要依據大德蘭的著述，第四章闡明靈心城堡七大住所與三大靈修階段的對接；第五章特別論述靜觀祈禱四個階段，即觀心、收心、靜心與合心；第六章以耶穌基督教導門徒祈禱的《國度禱文》（主禱文）為範式，根據聖約與國度的框架，參照加爾文與大德蘭的相關教訓，全面解析了「心禱」的精義。可以說，改革宗靈修神學與天主教密契傳統的契合主要體現在第六章。本書六章不僅連為一體，各章也具有一定的獨立性，讀者

可以分別研讀、修證。本書注重的是正面的闡述和具體的操練，詳盡辨析並闡明改革宗與天主教的異同並非本書意旨。

　　本書特別題獻給香港教會與同工。筆者於 2010 年開始在香港註冊雅和博聖約書院，作爲連接海外教會向中國宣教的平台。感謝香港播道會陳黔開牧師、譚潔清傳道的厚愛和支持；感謝香港差傳事工聯會總幹事洪雪良牧師的教導和友誼；感謝香港林慶舟與秦靜夫婦、湯佑洪與劉詠梅夫妻的鼎力相助。

　　筆者先後五次在香港雅和博研修院舉辦教牧研討會，2009 年主題是「改革宗神學與中國改革」；2011 年主題是「聖約神學與中國教會」；2013 年爲「教牧與靈修」，本書的寫作由此開始；2015 年爲「律法與福音」。這些講座推動了改革宗正統神學在中國的發展。中國目前上帝重用的諸多傳道人，黃小甯牧師、黃立華牧師、王怡牧師、董建林牧師、莊志勇牧師、彭強牧師、孫宏廣牧師、張曉峰牧師、袁靈牧師等，都曾經參加我們的研討會。如今香港已經物是人非，喪失了「港人治港」的獨立地位，香港雅和博聖約研修院也在 2023 年正式停辦，王怡牧師也身陷囹圄。求主憐憫香港，憐憫災難深重的中國！

　　感謝美國維吉尼亞主恩基督教會衆位牧長和弟兄姐妹的關愛代禱，他們愛戴牧者，注重團隊事奉，竭力協助牧師以祈禱傳道爲念，這在目前的華人教會中是少有的；感謝美國雅和博聖約研修院衆位朋友不離不棄的支持；感謝北京提摩太團契張守東教授幾十年的愛心守望；感謝廣州聖經歸正教會黃小甯牧師、成都栽拔學堂康曉蓉老師邀請我講授此書有關章節；感謝北京范亞峰弟兄一直提醒我們靈修的重要性；感謝武漢蘭波博士多方面的分享和補充，她長期研究教父與靈修神學，並在靈命輔導中提倡心禱

與醫治;感謝中國大陸高岩弟兄、武卿姊妹、劉晉牧師全家的支持;感謝恩福文化宣教使團陳祖幸牧師欣然為本書作序推薦;感謝陳宗清牧師和劉良淑師母多年的關愛支持;主流出版社鄭超睿社長在目前基督教神學書籍空前低迷的境況下,能夠鼎力出版此書,求主記念祝福。

特別感謝改革宗神學家陳佐人牧師在百忙之中斧正賜序,他在芝加哥大學攻讀神學博士時的教授之一就是當今基督教密契神學研究的頂尖大師麥金先生(Bernard McGinn,1937年—)。麥金撰述的七卷本《上帝的同在:西方基督教密契主義歷史》(*The Presence of God: A History of Western Christian Mysticism*),乃是研究西方基督教密契傳統不可不讀的集大成之作。陳牧師在為(偽)狄奧尼修斯《神祕神學》所寫的長達三十多頁的〈中譯本導言〉中,提出了「愛觀式的神祕主義者」(love-mystics)的模式,為打通教父神學、中世紀神學與宗教改革神學提供了清晰的思路。[53] 在為本書撰寫的長達萬字之巨的序言中,陳牧師以其廣博的學術素養,從改革宗神學角度,簡明扼要地介紹了西方教會上千年的密契傳統,強調「加爾文主義式的對贖罪的強調可以與靜觀的路線並存,對此我深有同感。基督教的三大傳統在靈命體會的層面是有許多的共通點」。

荷蘭新加爾文主義思想家凱波爾在談及「加爾文主義與未來」時特別訴諸神祕主義:「毫無疑問,神祕主義能夠帶來一種炙熱的情感,使人們的心靈感到溫暖,而那些教義的巨人和行為

---

53 (偽)狄奧尼修斯,《神祕神學》,包利民譯(北京:商務,2012年),xv。

的英雄有禍了!他們對於神祕主義的深度和溫柔是陌生人。上帝創造了手、頭和心。手是為了行為,頭是為了世界,而心是為了神祕主義(the hand for the deed, the head for the world, the heart for mysticism.)。君王在於行動,先知在於宣講,祭司在於心靈,人在上帝面前具有君王、先知與祭司三種職分。忽略了神祕成分的基督教就會變得冷漠而僵化。因此,無論何時,當神祕主義的氛圍籠罩我們,使得我們呼吸到春天那沁人心脾的空氣,我們都應算是幸運的。」[54]

目前台灣、中國大陸盛行的改革宗神學之所以在某些方面走向冷漠和僵化,甚至所到之處,成為以理殺人、毫無愛心的「殺人宗」,正如凱波爾所言,主要原因就是缺乏這種「神祕主義的深度和溫柔」!唯願此書的出版能夠使得被冬日的肅殺籠罩的改革宗神學帶來「春天那沁人心脾的空氣」!更深而言,筆者深信,不僅僅是基督教內部的改革宗人士,包括在東正教和天主教內部的基督徒,凡是在基督裡賴恩得救、同被一靈所感的聖徒,都會發自內心地認信:「我信聖靈;我信聖而公之教會;我信聖徒相通。」因此,教會的合一、聖徒的相通不僅體現於基要真理的認信上,更是體現於藉著聖靈的內住所達成的那種在基督裡生命的連結上,而靈修所尋求的就是這種生命的連結,正如約翰所強調的那樣:「我們將所看見、所聽見的傳給你們,使你們與我們相交。我們乃是與父並他兒子耶穌基督相交的。」(約壹 1:3)

---

54 Abraham Kuyper, *Lectures on Calvinism* (Grand Rapids: Eerdmans, [1931] 1976), p. 188.

筆者深知，改革宗內部最容易爆發教義爭議，常有人動輒就把別人定為異端邪說。涉及天主教，尤其是以靜觀心禱為核心的神祕主義（密契主義，密契傳統），對於新教內部很多人而言，更是一觸即爆的火藥桶！很多對基督教歷史缺乏研究、具有偏狹的教理派傾向的人，認為一提及神祕主義或密契傳統，就是偏離基督教，特別是改革宗正統。身為改革宗長老會之牧師，筆者毫無保留地持守 1646-47 年通過的《威斯敏斯德準則》這一教義規範中對真理體系的精準闡述，尤其是救恩論的精準界定。但在靈修或靈命體會上，筆者深切贊同陳佐人博士作為神學家的睿智洞見，作為基督徒牧師的大公情懷。

今日改革宗人士如何看待自身與天主教的關係？筆者認同凱波爾的立場，他在普林斯頓神學院講學時明確地說：「儘管宗教改革史已經在最根本層面上將我們自己與羅馬天主教劃分到了完全對立的兩方，但是，即使是現在我們也不能低估羅馬天主教在同無神論和泛神論的戰鬥中顯示出來的真實力量，這種低估乃是狹隘和短視的。只有對羅馬哲學的詳盡研究、對羅馬在社會生活領域中的成功努力缺乏認識，才會做出如此膚淺的判斷。加爾文在他所處的時代已經承認，在反對從『無底坑』冒出來的幽靈時，他將羅馬天主教信徒視為同盟軍。一位所謂的正統新教教徒，只需在自己的信條和教理問答中標出與羅馬天主教之間沒有爭議的那些宗教和道德教義，那麼他立刻能夠看到，我們與羅馬之間在基督教認信的那些基要真理上恰恰是相同的，這些基要真理目前正受到現代主義精神的激烈攻擊。」[55]

55　Abraham Kuyper, *Lectures on Calvinism*, p. 183.

凱波爾不僅把羅馬天主教信徒視為同盟軍，更是從歷史角度強調改革宗與中世紀教會的連續性，甚至毫不含糊地指出自己的許多觀點也是受教於「天主教神學家的研究」：「在當下的衝突中，羅馬天主教並不是敵人，而是站在我們這一邊，因為他們也承認並堅守三位一體、基督的神性、十字架之替代性獻祭、聖經是上帝的聖言、十誡是上帝賜給的人生準則。所以，請讓我向羅馬天主教神學家發出邀請：拿起寶劍，勇敢靈巧地抗擊現代思潮吧！這種現代思潮是我們誓死抗爭的共同敵人。從他們的闡釋中接受寶貴的幫助，不正是智慧的一部分嗎？至少加爾文本人是慣於訴諸湯瑪斯・阿奎納的作品的。就我自身而言，我絲毫不會羞於承認，我的許多觀點都是通過對羅馬天主教神學家的研究而得以澄清的。」[56] 毫無疑問，清教徒與凱波爾所提倡的改革宗神學乃是一種大公性、合一性、愛心牌的改革宗，這也是筆者所欣賞和堅持的。[57]

　　筆者回顧 1996 年信主、1997 年參加教牧事奉、1998 年開始學習改革宗神學以來的歷程，心中無限感恩。當初趙天恩牧師親口囑託我注重研究天主教的靈修神學，也曾著文直接表示：「若要深入發展門徒訓練，從生命深處的更新建造，被主摸著，天主教的避靜，是一種深入的默想過程，是一種非常好的方式。」[58] 他

56　Abraham Kuyper, *Lectures on Calvinism*, pp. 183-4.
57　See William Perkins, *A Reformed Catholic* (John Legat, Printer to the University of Cambridge, 1598); Michael Allen and Scott R. Swain, *Reformed Catholicity: The Promise of Retrieval for Theology and Biblical Interpretation* (Grand Rapids: Baker, 2015).
58　趙天恩，《中國教會史論文集》（台北：宇宙光，2006 年），頁 240。

在自己主編的《教會工人培訓手冊》所收錄的十二份資料中，有兩份資料屬於靈修神學，一是加拿大維眞神學院侯士庭教授所寫的《靈修神學發展史》，此書闡明了教會發展過程中神祕主義的正傳，也中肯地指出了某些神祕主義的錯謬。他明確強調清教徒運動本身就是「福音派的修院主義運動」，清教徒「比任何其他傳統的改革派信徒更認眞地過聖潔的生活」[59]。第二份資料就是約拿單・愛德華茲所寫的《宗教情操眞僞辨》的縮寫，愛德華茲強調基督徒眞實的信仰「主要在乎情感」，這對於當今改革宗內部那些注重教義純正和植堂事工、卻不注重弟兄情感的人也是一劑良藥！

2002 年在牛津大學訪學期間，親自聆聽我的導師麥葛福教授（Alister E. McGrath）講解大德蘭與十架約翰的靈修神學，由此開始對基督教密契神學的研究。2001 年至 2005 年主譯荷蘭改革宗神學家佈雷克四卷本巨著《基督徒理所當然的事奉》，請教呂沛淵牧師，就把這本書的副標題界定爲《改革宗靈修系統神學》。2006 年開始連結冀誠、郭晶與陳知剛三位博士，把清教徒神學院院長周必克博士所著的《清教徒改革宗靈修神學》（*Puritan Reformed Spirituality: A Practical Theological Study from Our Reformed and Puritan Heritage*）譯爲中文出版。2012 年，我在翻譯加爾文所著的 1536 版 *Institute of Christian Religion* 時更是直接建議出版社採用《基督徒敬虔學》之名，因爲加爾文所鍾意的就是針對阿奎納《神學大全》而撰寫《敬虔大全》，出版社最

---

59 《教會工人培訓手冊》（此書主要裝備中國大陸地區牧者，為了安全緣故，無出版地點和日期），1209 頁。

後以《敬虔生活原理》之名出版此書。[60] 因此，在我對改革宗與清教徒神學的研究和領受的過程中，不僅注重教理的方面，更是強調敬虔與靈修的方面。

2004 年至 2009 年在加爾文神學院五年學習，在歷史神學方面師從瑞慕勒教授（Richard A. Muller）教授研究加爾文與清教徒神學，他強調「加爾文不是加爾文主義者」。在神學研究上，他使我領受經院主義方法；在神學內容上，他使我更加全面地接受改革宗正統神學；在傳承與文本上，他不僅帶領我研讀加爾文與清教徒的作品，更使我認識到教父與中世紀傳統的重要性，尤其是湯瑪斯・阿奎納的著述更是基督徒不可不讀的神學與靈修作品。不管是歷史神學家瑞慕勒，還是改革宗哲學家阿爾文・普蘭廷格（Alvin Carl Plantinga，1932 年—），都一致承認在哲學、法學、政治學和靈修學上，加爾文並不比阿奎納更厚重。學習改革宗神學，僅僅停留在加爾文和宗教改革時期，就背離了西方基督教的大傳統。

2017 年，承蒙唐崇榮牧師及其同工團隊恩待，使我能夠有幾個星期的時間在唐牧師身邊及其帶領的教會中學習事奉。我特別就本書所涉及的內容向唐牧師本人請教，他強調神祕主義與神祕體驗乃是基督徒信仰與生命的精華。無論如何，在啟示層面上，改革宗神學強調唯獨聖經的無謬性與充分性，不可把任何人的經歷或傳統凌駕於聖經之上；在存有層面上，改革宗神學始終強調的就是造物主上帝與受造物之間本體性的不同；在救恩論上，改革宗神學始終強調稱義與成聖的不同，稱義唯獨、完全依靠基督

60　加爾文，《敬虔生活原理》（北京：三聯，2012 年）。

代贖爲我們做成的救恩，而成聖則有個人的責任和參與。對於基督徒的靈修而言，不論是靜觀還是密契，強調的都是基督徒個人在成聖過程中的追求和經歷。只要我們牢牢持守以上三個層面的不同，就不至於從根本上偏離宗教改革與改革宗神學的正傳。

6月15日校對此書，本月底我就從維吉尼亞主恩基督教會十五年主任牧師崗位上休假半年，倘若上帝帶領，2026年走向全時間宣教的新事奉。承蒙晨曦會劉民和牧師和李麗明師母厚愛，邀請我擔任晨曦會神學顧問，並於7月份到台灣和泰國晨曦會戒毒與培訓中心參與神學培訓事工。上帝帶領劉牧師從當初的「不要藥物，不憑己力，只靠禱告」的福音戒毒，轉向更加整全的「領人歸主，戒毒成功；訓練門徒，戒毒宣教，生命塑造，委身完成主的大使命」的異象、呼召與使命。劉牧師一直強調，戒毒就是戒罪，戒罪要對付心毒；幫助個人戒毒戒癮，就是造福整個社會。回想2017年8月應邀到晨曦會考察講學，期間多有學習和領受，這「促使我把西方改革宗神學所強調的法理性赦罪與東方基督教神學所強調的生命性醫治結合起來」，提出了「理性的醫治」、「情感的醫治」、「意志的醫治」、「全人的醫治」與「文明的醫治」的真理體系。[61] 這次在晨曦會圍繞「國度、教會與事奉」的主題，唯願《靜觀與心禱》一書能夠通過「心禱」的操練，幫助弟兄姊妹在基督裡更深刻、整全地經歷福音的大能，戒除「心毒」，醫治「心病」，得著「心學」，成爲我們共同救主耶穌基督國度的精兵、教會的柱石，使我們每個人的事奉都能夠更好地

61　王志勇，《上帝、聖約國度：三位一體與基督教文明論護教學》（新北市：橄欖，2019年），67頁。

「建立僕人的眼光」,「建立僕人的**靈命**」,「建立僕人的心懷」![62]

最後,特別感謝我的結髮之妻王朱素雲女士。她在 1997 年辭去工商銀行電腦工程師的工作,與我一同在北京投入全職傳道牧會的事奉,轉眼已有二十九年的時間。在這期間,她不僅代我照顧年邁的母親,教育兩個兒子長大成人,更是在教會中承擔許多義務性的探訪、輔導、陪談、教導之工。我在教會中常講:「牧師牧養教會,師母牧養牧師!」正如箴言所強調的那樣:「才德的婦人誰能得著呢?她的價值遠勝過珍珠。她丈夫心裡倚靠她,必不缺少利益;她一生使丈夫有益無損。」(箴 31:10-12)難能寶貴的是,當我在教牧事奉中遭遇不順之時,她常常用主的話語勸解我,讓我多多體恤同工的善意和辛苦,要有為父之心,並為我祈禱,陪我流淚。本書書稿也有她的校對之工。

當然,提及上述在我生命和研究中的各位恩人,絕不是要逃避我對本書的責任,而是表明筆者對於靈修神學的注重和闡述絕非臨時起意,更不是要標新立異,而是源自長期以來對改革宗神學與基督教大傳統(包括東正教、天主教)的研究和領受。我在本書中初步提出的結論就是:改革宗靈修神學與天主教的密契傳統是能夠契合的,而不是對立的。不管是當今西方改革宗神學大師傅格森博士(Sinclair Ferguson,1948 年—),還是華人改革宗神學家陳佐人牧師,都一直認為「對贖罪的強調與靜觀的路徑」二者是可以和平共存的。靈修神學博大精深,我個人在學識和體

---

[62] 劉民和,《福音戒毒的僕人事奉》(新北市:晨曦會,2014 年);劉民和、莫少珍,《福音戒毒的深度與實際》(新北市:晨曦會,2018 年),修訂版;劉民和等,《福音戒毒的七個面向的意義與論述》(新北市:晨曦會,2014 年)。

驗上都難免有限有謬，還在不斷學習和體驗的過程中，敬請主內學長不吝賜教斧正為盼（電郵：renjiaoxinxue@gmail.com）。

　　讓我們一同祈求上帝的祝福：至尊的上帝啊，慈愛的救主，感謝祢的救贖和保守！若非祢建造家室，建造的人就枉然勞力；若非祢看守城池，看守的人就枉然警醒！我們這樣軟弱、敗壞、卑微的罪人，卻能來就近祢，得蒙祢的潔淨和光照，參與祢的計畫和聖工，真是奇異的恩典！求祢繼續引領祢的僕人，使祢的僕人不僅能夠進入心靈的城堡，並且親自得見祢的聖容，享受祢的大愛，明白祢的心意，更能夠勇敢地走出熟悉的城堡，面對整個世界，傳揚祢的真道，使更多的人因為耶穌基督的救贖得享榮耀的自由！阿們！

王志勇 牧師　美國雅和博聖約研修院院長
二零二五年六月十六日修訂於維吉尼亞雅和博心齋

緒 論

靜觀心禱與積極行動
── 基督徒成聖生活兩大方面

　　靜觀心禱指向以靜觀為導向的靈修體系，是指以心禱的方式走向靜觀。靜觀指向基督徒在聖靈光照中對於上帝的凝視，心禱指向基督徒為走向靜觀過程中當經歷的四個祈禱階段。第一個階段是觀心祈禱，是指基督徒在祈禱中尋求聖靈的光照，得見自己靈命的光景；第二階段是收心祈禱，是指基督徒在祈禱中收攝心思意念，使其轉向上帝，尤其聚焦在主耶穌基督的救贖上；第三階段是指基督徒在祈禱中得蒙上帝的恩典，安靜在上帝的面前，得享上帝的眷顧和安慰；第四階段是指基督徒在祈禱中得見上帝的顯現，生命得到徹底的轉化，開始「以基督耶穌的心為心」（腓2:5）。

　　靜觀心禱是基督徒靈修的核心部分，當然正如任何寶貴的真理一樣，也是充滿誤解和爭議的部分。很多基督徒認為這種靜觀心禱乃是天主教的專利品，不曉得靜觀心禱來自聖經中的特別啟示，乃是大公教會代代傳承的基督生活與靈修必需的重要原理，

因為靜觀心禱的核心就是安靜在上帝面前，單單仰望上帝，正如耶穌基督所教導的那樣：「你禱告的時候，要進你的內屋，關上門，禱告你在暗中的父；你父在暗中察看，必然報答你。」（太6:6）基督徒經過心禱達到靜觀的境地，就能夠體會到使徒保羅之教訓的真實性：「那吩咐光從黑暗裡照出來的上帝，已經照在我們心裡，叫我們得知上帝榮耀的光顯在耶穌基督的面上。」（林後4:6）

大而言之，人的生命分為靜觀和行動兩個方面。人的一切無非就是主體性的「存有」（being, things）和「行動」（doing, action）而已。靜觀乃是直接面對存有，既包括我們個人的存有，也包括終極性、絕對性的存有，就是上帝本身，唯獨祂是萬有的本源。對於存有的靜觀，使得我們進入科學的世界，也就是認知的領域。行動乃是存有本身的活動，包括存有對其他存有的反應，既包括我們對於上帝之愛的回應，也包括我們愛人如己的行動。行動乃是價值的世界，我們人生的價值就體現、落實在行動之中，人生的意義也由此而生。

通過存有之自覺性的行動，人逐漸是實現自己的潛能，達成自身的完全和滿足。這就是受造物從「存有」經「行動」到「成有」的過程。這種「成有」（becoming, consummation）就是實現上帝賜給我們的各種潛能、達到完全、實現幸福的過程。正如橡樹的種子長成參天的大樹一樣，橡樹不會長成柳樹，柳樹也不會長成橡樹。橡樹的種子蘊含著橡樹的一切本質性要素，但本身也不是橡樹。只有經過漫長的成長的過程，橡樹種子才會實現其本身具有的各種潛能，達到完全，成為一棵真正大樹。可惜很多人或是守著橡樹的種子，或者盯著已經喪失生命的橡樹木材，他們並不

知道橡樹是由種子長成大樹的。缺乏靈修的基督徒也是如此，他們雖然心中有了永生的種子，但卻從來沒有通過靈修使種子落地生根、長大成樹；他們或者是盯著死木頭（聖經、教義或任何文本）反覆研究，卻不知道更沒有經歷像橡樹那樣成長的過程。基督徒靈命成長的目標就是「完全」，正如主耶穌基督所教訓的那樣：「你們要完全，像你們的天父完全一樣。」（太 5:48）對於基督徒而言，此種存有的完全絕非靜態與機械性之完全，乃是生命性、關係性與工作性之完全，關涉到生命與生命之間在工作過程中動態性的參與、發展和共融。因此，靜觀所強調的是人的內在的主體性的思考，是對於個人之存在和信仰的高度自覺；而行動所強調的則是外在的客體性的活動，這是人的主體性外在的體現和實現。

從靜觀到行動乃是從自覺的內在主體性到自覺的外在客體性這種主客圓融的過程。通過靜觀與行動的整合，我們為普世關注的靈性療癒問題提供了根本性的模式，在這個模式中我們不僅避免了個人與社會、律法與福音、今生與來世、信仰與生活、慈愛與公義之間對立性的衝突，也避免了兩極性的撕裂，使得個人靈魂在基督的救贖、上帝的同在的意識中得到深刻的整合與醫治，此即我們在雅和博經學中所提倡的超越與轉化之路。這種超越與轉化之路使人從對立走向統一、從衝突化為和諧、從分裂回歸整體、從愁苦轉向喜樂、從僵化走向活潑。因此，我們提倡靜觀心禱的目的非常明確，就是幫助個人實現自己的潛能，促進精神的健康，實現生命的意義，成就榮耀上帝、造福他人的聖賢人格。當然，靜觀心禱本身既不能提供信仰，也不能拯救任何人，這種靈修不過是世界各大宗教常見的修行方式。但是，對於已經認信

基督教信仰，仍然感到困頓、迷惑甚至抑鬱中的基督徒而言，靜觀心禱確實能夠幫助他們把頭腦的信仰內化為心靈的經歷，得著得救的確信與安慰，使他們受傷的心靈得到醫治，自覺地活出合乎上帝旨意的榮耀人生。

沒有冷靜的觀察和思考，我們的行動就是出於動物本能和習慣的動作，沒有獨特的方向和意義；沒有積極的行動和實踐，我們的靜觀就變成了逃避世界和責任的藉口，對他人沒有任何益處。因此，祈禱卻不行動就是試探上帝，行動卻不祈禱就是任意妄為。基督徒要愛主愛人，既需要深刻地認識獨一上帝和獨一救主耶穌基督，也需要「惟喜愛耶和華的律法，晝夜思想」（詩1:2），並且以感恩之心遵行上帝的律法，以積極的行動來完成治理全地的使命，見證福音，造福他人，正如耶穌所強調的那樣：「你們的光也當這樣照在人前，叫他們看見你們的好行為，便將榮耀歸給你們在天上的父。」（太 5:16）當下基督徒生活中最常見的兩種極端都體現在靜觀和行動方面的失衡上，正如盧德指出的那樣：「在這錯綜複雜、變化無常、又充滿懷疑與憤世妒俗的社會裡，靈修極易走向兩種極端：要麼過度認同這世界，以致熱衷其間而失去判準；要麼徹底脫離世界，只活在自我架設的空中樓閣裡。這兩種人在我們身上隨處可見，前者的問題是缺乏出世的默觀精神，後者則是缺乏入世的具實行動，總歸一句，是缺乏默觀與行動的平衡。」[63] 在雅和博經學中，我們同時強調靈修神學與政治神學。通過靈修神學及其操練，個人的心靈秩序得到重

63　盧德，〈當代靈修趨勢〉，見黃克鑣、盧德主編《基督教靈修學史》，第四冊《當代基督徒靈修》（台北：光啟，2015 年），284 頁。

建；通過政治神學及其實踐，社會的公共秩序得以重建。沒有明確的系統的靈修神學，基督徒的生命就會流於膚淺甚至虛假；沒有明確的系統的政治神學，基督徒的生活就會缺乏活力和參與。

每一個基督徒都當像馬利亞那樣安靜在耶穌的腳前，以認識上帝、親近上帝、聆聽上帝的聖言爲樂；每一個基督徒也當像馬大那樣爲耶穌忙碌做工，準備豐盛的宴席。「他們走路的時候，耶穌進了一個村莊。有一個女人，名叫馬大，接他到自己家裡。她有一個妹子，名叫馬利亞，在耶穌腳前坐著聽他的道。馬大伺候的事多，心裡忙亂，就進前來，說：『主啊，我的妹子留下我一個人伺候，你不在意嗎？請吩咐她來幫助我。』耶穌回答說：『馬大！馬大！你爲許多的事思慮煩擾，但是不可少的只有一件；馬利亞已經選擇那上好的福分，是不能奪去的。』」（路10:38-42）司布眞講解說：「要保持我們屬靈生活的平衡，這不是一件易事。不去默想，與上帝相交，沒有人可以在靈裡健康。另一方面，除非人在神聖的事奉上積極努力，否則他就沒有盡到他的本分。……我們不可積極，就忽略了與上帝的相交，也不可只是思想，而變得不切實際。」馬大是在以積極的行動事奉耶穌，馬利亞是以安靜的親近來事奉耶穌，她們在目的上是一致的，但她們在事奉的方式上互不相同。值得注意的是，耶穌並沒有責備馬大的事奉，只是責備她「爲許多的事思慮煩擾」；然而馬利亞受到主耶穌明明白白的讚許，因爲她選擇了那上好的福分。相對於積極行動而言，我們更當注重靜觀心禱，因爲永生的精義就是對於上帝與耶穌基督的直觀性認識，這種認識是只有通過靜觀心禱才能達到的。司布眞觀察說：「馬大的靈當今在上帝的教會裡非常普遍；第二，馬大的靈極大傷害了眞正的事奉；第三，馬利

亞的靈是最崇高的歸上帝為聖的表現的源頭。」[64] 如果我們喪失內在的寧靜，整個人就會無法安靜下來。沒有這樣的安靜，不管上帝賜給我們多大的恩賜和祝福，我們都無法積極地享用、有效地使用。如果事工發達，我們或者驕傲，或者擔心好景不長，我們的心裡沒有平安；如果事工蕭條，我們就會自卑沮喪，覺得自己不蒙上帝的喜悅，我們的心裡更沒有平安。無論如何，那些長期忙於事奉、缺乏靜觀的人，就會在世界和事工中迷失自己，無法進行長期的穩定的高品質的事奉，當然更重要的是自己活得也不開心，甚至陷入深度抑鬱之中。

　　在雅和博經學中，我們在堅持改革宗神學注重法理性的稱義的前提下，強調基督徒當通過愛的靜觀而等候上帝，尋求上帝的光照，經歷上帝的親近，從而不斷加強個人與上帝在生命上的連結和契合。這種連結和契合通過長期而深刻的靜觀得到堅固和更新，通過艱苦而卓絕的行動得以體現和展開。在傳統的靜觀心禱基礎上，雅和博經學特別強調上帝的聖約、律法和救贖，使得靜觀心禱在根本上具有了清教徒的特色，更加合乎聖經本身的啓示。上帝的聖約為我們提供了靜觀與行動的基本框架，上帝的律法為我們提供了靜觀和行動的基本準則，耶穌基督已經完成的代贖之工為我們提供了靜觀和行動的歷史根基，聖靈上帝大能的內住性的同在為我們的靜觀和行動提供了永不枯竭的動力源泉，而雅和博研修會所提倡的彼此相愛所建立的聖約群體則成為教會與文化更新的中堅性力量。

64　司布真講道第 921 號，〈馬大與馬利亞〉，見「古舊福音」（http://www.old-gospel.net/viewthread.php?tid=229&extra=page%3D1），2017 年 6 月 2 日查考。

在靜觀心禱上，唯願上帝賜給我們謙卑受教的心，使我們不是以教師爺和教法師的形象出現，隨隨便便地給人貼上異端邪說的標籤，而是像耶穌基督所教訓的那樣，真正進入我們的內室，關上我們的房門，殷切地尋求我們的上帝（太 5:6）！總之，我們在救恩論上始終不變地強調主耶穌基督的代贖所完成的救贖之工，但在基督徒靈修的方式方法上，我們重新強調中世紀教會所強調的卓有成效的靜觀心禱之道。

主啊，多少基督徒在教會中流離失所啊，得不到安慰和引領！求祢興起發光，求祢的大愛大光臨到我們，使得我們能夠深入地進入祢的同在，親自從祢領受真理的確信，成為祢所使用的聖愛的器皿。阿們！

第一章

靜觀與行動

「我們眾人既然敞著臉得以看見主的榮光，
好像從鏡子裡返照，
就變成主的形狀，榮上加榮，
如同從主的靈變成的」
（林後 3:18）。

　　靜觀的目的是要得見上帝，領受上帝的大愛，明白上帝的旨意。行動的目的是要順服上帝，見證上帝的大愛，活出上帝的旨意。真正的靜觀在人心靈深處點燃神聖的火焰，使人發自內心地對上帝說：「你是我的主；我的好處不在你以外。」（詩 16:2）真正的行動是人從至聖所走向世界，向全世界大聲地宣告：「地和其中所充滿的，世界和住在其間的，都屬耶和華。」（詩 24:1）

　　基督教信仰的精義絕不僅僅是停留在感覺的層面，也不僅僅是停留在口頭的認信和理性的思考上，而是通過靈修進入信仰的核心，達到與上帝的密契結合。只有在靜觀靈修之中，我們才會更加明白自己在基督身體中所佔的獨特地位和所承擔的獨特使

命,進而自覺地發現自己的天職,在自己的崗位上用上帝所賜給的恩賜來完成自己的工作,成爲在現實生活和具體行動中愛主愛人、有情有義的人。各種宗教及其內部的各種宗派相互衝突,給人的靈魂帶來極大的困擾。如何確保自己不被繁多的意見沖昏頭腦,關鍵是通過靈修經歷眞正的心靈的淨化,在這種心靈得到淨化的過程中使我們的宗教信仰從歷史性、法理性、教義性、習慣性的宗教眞正成爲心靈性、內在性、經歷性、自覺性的信仰。

　　修道運動強調通過攻克己身來克制人內心的貪欲,從而陶造像耶穌基督一般的聖徒品格,這種運動所生發的神學就是「克修神學」(ascetical theology)。値得注意的是,這種克修神學的精義絕不是苦待己身,而是甘心樂意地背起自己的十字架來跟隨主,在日常生活中不斷效法基督,治服己心,攻克己身,減少自身物質的欲求,從而更多地把時間和精力用於靈修與宣道。這種德修與操練是基督徒的學問與人生相結合的關鍵。當然,修道運動本身並不是目的,基督徒的一生也不是以修德爲最高目標,而是通過克修更多地進入上帝的同在,享受上帝的大愛,以上帝爲樂,這就是「密契神學」(mystical theology)的精義。

　　基督徒的靈修包括克修,也包括密契。不管是在克修神學中,還是在密契神學中,一致承認的前提就是人生有兩大方面或類型,就是行動的人生與靜觀的人生。早在奧古斯丁的時代,他就已經明確地認識到靜觀與行動兩大生活方式的存在,並且強調這兩種生活方式的結合與共融。所以,他認爲共有三種人生,「一種人致力於對眞理的靜觀和反省,他們有閒卻不懶惰;另外一種就是忙於完成各種人類事務的生活,而第三種則是二者的結

合」⁶⁵。用現代語言來說，「人生就像開車，不能只會踩油門，還要會踩刹車」。其實，世界無非是存有和行動的世界。⁶⁶ 靜觀是要認識存有的本質，就是認識上帝和人；行動就是實現上帝賜給我們的治理全地、愛主愛人的使命。行動的人生就是踩油門，開車上路；靜觀的人生就是踩刹車，停車安息。我們每一天、每一年、每一個人生階段，都需要時時停下來、靜下來，然後自省、觀察、調整、補充，再繼續上路，這樣就不至於偏離人生的大方向，也不至於中途疲勞入睡，發生車禍，造成車毀人亡。

　　深刻的密契操練，使得基督徒成爲眞正的思想者；堅韌的克修操練，使得基督徒成爲眞正的行動者。二者的綜合，使得基督徒成爲思想家和實幹家。因此，基督徒的思想絕不會僅僅侷限於個人靈魂的得救上，而是深入地思考上帝的旨意和計畫，通過研究、靈修和教育，把上帝的旨意和計畫傳遞給其餘的上帝的子民。基督徒的思想也絕不會僅僅侷限於思想領域，而是付諸行動，在個人、家庭、教會和社會生活的各個領域中遵行上帝的旨意，榮耀上帝，見證福音。知而行之，行而知之；以知促行，以行促知；知行合一，剛柔兼濟，最終達到天人合一、內聖外王的理想境界。因此，靜觀與行動絕不是分裂的，而是有機地結合在一起。所以，奧古斯丁把靜觀和行動稱爲「教會雙柱石」⁶⁷。其實，眞正的思考乃是心靈的行動，因此柯克強調：「人天生是行動

65　奧古斯丁，《上帝之城》，19 卷 2 章。
66　"The world can be validly construed as forum for action, or as place of things." See Jordan B. Peterson, *Maps of Meaning: The Architecture of Belief* (New York and London: Routledge, 1999), p. 1.
67　奧古斯丁，《〈約翰福音〉講道辭》，卷七第五章。

者,最高級的行動是思考。在野蠻人的國家,人很少思考。」[68] 目前教會之所以膚淺、混亂就是因爲大多數基督徒在靜觀和行動方面都存在問題。在基督徒的個人生命中,沒有深刻的靜觀;在基督徒的公共生活中,缺乏積極的參與,這樣奧古斯丁所說的「教會雙柱石」都已經倒塌,基督教文明的大廈就轟然坍塌,這就是目前歐洲各個基督教國家所面對的光景。至於在華人教會中,因爲在基督徒個人生命中缺乏靜觀,在公共生活中缺乏行動,華人基督教始終處於被動挨打、受苦賣慘的地步,一直在社會和文化中沒有上升到主流性、領導性的地位。

真正基督徒的生活,應當是何等地優美、和諧、沉靜、豐富和深刻啊!可惜,目前很多版本的基督教或者是注重膚淺的傳福音——不講律法,不重靈修,只是想方設法地讓人作出決志的禱告;或者是片面強調教會的事工和參與——缺乏個人性的深度整全的靈修,沒有亦師亦友的師徒或教牧關係,用各種教會活動來消耗聖徒的時間和生命;或者是轉向學術交流、文化更新和社會行動——既不注重聖經啓示和教會正傳的純正教義,也不注重聖徒個人與家庭的靈修與生命改變,只是想利用基督教思想來改變世界。雅和博經學所要傳遞的乃是教義研究、個人靈修與社會生活並重的整全性、圓融性眞理,求上帝憐憫、祝福。

一、靜觀與內在生活

1、靜觀與內在生命。靜觀與內在生命的操練,就是基督徒內聖的工夫。基督徒最大的缺乏就是「缺德」,就是缺乏愛主愛

---

68 柯克,《美國秩序的根基》,89頁。

人的美德！**靈修**就是修心，修心就是修德。這種修心修德就是基督徒在內在生命上分別為聖、被主聖化的過程。因此，基督徒的內聖指向基督徒個人的修養的深度、高度與精度，就是靠著上帝的恩典，通過心意更新而達成個人生命的改變。這恰恰就是耶穌基督在登山寶訓中所強調的「八福」的內容（太 5:1-12）。這八福是聖靈在選民心中做工的結果，使得人的心靈產生根本的改變，就是方向性的改變——從個人轉向上帝，從愛己轉向愛主愛人。同時，這八福也是基督徒在靈修生活中不斷提升的內在修養。

2、**靜觀與理論性智慧**。靜觀所追求的是沉思性、理論性的智慧（theoretical wisdom）。這種智慧就是認識上帝、世界與人生的本源和本質，也就是為求知而求知的求真精神。我們通過靜觀達到沉思性智慧，發自內心地經歷到上帝的同在，得蒙上帝的光照，真正明白上帝到底是什麼樣的上帝，以及我們自身在上帝面前真實的光景。這種敬虔的智慧就是加爾文在《基督徒敬虔學》一開始首先強調的：「我們所擁有的幾乎一切智慧，就是那真實與可靠的智慧，包含兩個部分，就是關乎上帝的知識和關乎我們自身的知識。」[69] 因此，我們可以說，靜觀心禱所提升的是基督徒在形而上方面的智慧，是指基督徒對於上帝作為萬有之本源的認識和體驗。沒有這種心靈的認識與體驗，不管我們閱讀多少遍聖經，不管我們掌握多少神學教義，我們的信仰始終停留在頭腦與字句的層面，並沒有深入我們的心靈。

69　加爾文，《基督徒敬虔學》，1 卷 1 章 1 節。

3、靜觀與經歷性認識。基督徒的人生首先是理論或教理的學習。理論的學習所注重的是對上帝及其旨意的認識，其中的關鍵是從靜觀的路徑來認識上帝。當然，對於基督徒而言，我們的理論或教理的學習絕不僅僅是依靠個人理性的思辨，而是我們的理性得蒙聖靈的光照而轉向上帝，認識上帝。正如阿奎那（Thomas Aquinas）所言，靜觀就是「對真理的凝視」（a simple gaze upon a truth）[70]。因此，真正的靜觀並非僅僅是理性的思考，而是聖靈光照之下的心靈的直覺性的認識。

這種對真理的凝視乃是為真理而真理，為上帝而上帝，為愛上帝而愛上帝，不存在上帝之外其他任何功利性或實用性的目的。按照斯卡拉美利（John Baptist Scaramelli, 1687-1752 年）所言，這種靜觀就是「在個人心靈深處對於同在的上帝的經歷性認識」（an experimental knowledge of God as present in the soul）[71]。這種經歷性的認識使得我們的信仰從頭腦的知識轉向心靈的經歷，正如約伯所言：「我從前風聞有你，現在親眼看見你。」（伯42:5）因此，靜觀的核心就是心靈深處得見上帝，對上帝的存有與同在得著經歷性的認識。

這種對於上帝的經歷性認識，不僅包括頭腦的認知，更是在於心靈的經歷，這乃是改革宗神學所特別強調的。[72] 如果僅僅停留在頭腦的認知上，我們對於上帝的認識始終是膚淺的，始終是字句性的，始終只是盯著蜂蜜的說明書，但從來沒有真正品嘗過

70　Thomas Aquinas, *Summa theologica*, IIa IIae, q. 180,

71　See Jordan Aumann, *Christian Spirituality in Catholic Tradition*, p. 247.

72　See William S. Plumber, *Vital Godliness: A Treaty on Experiential and Practical Piety* (Harrisonburg, Virginia: Sprinkle Publications, 1993).

蜂蜜的滋味。改革宗神學固然有著卓越、精準的教理體系，但教理體系的目的在於造就聖徒，就是提升靈命、培養美德、塑造品格，這就需要落實到靈修神學上。

因此，靈修神學才是改革宗神學的骨脈精粹。可惜，即使我們研究並認信改革宗神學的人往往也認識不到這一點。大家越是停留在教理與字句的層面，就越是互相爭競，彼此定罪，發動各種形式的宗教戰爭，把高貴可愛的改革宗變成了面目可憎的「殺人宗」！這當然不是改革宗神學本身的問題，而是有些學習改革宗神學的人成了大頭娃娃，積累的都是頭腦的知識，缺乏長期靈修所帶來的那種生命轉化。這樣領受改革宗神學的人，往往只知道所謂的對於別人的罪大發義怒，動輒就召開「教會法庭」審判別人，並不明白上帝的慈愛和憐憫，沒有那種牧者當有的為父為母的心腸。靈修的工夫不夠，見到離經叛道之事必然臉皮發青，耳朵冒煙，眼睛噴火，口中出劍，巴不得自己替天行道，把別人都滅了！正如摩西一樣，他第一次上山領受法版，下山見到以色列人在拜偶像，他就義憤填膺，大發烈怒，不僅沒有按照上帝吩咐他的去教導百姓，反倒把上帝賜給他的法版都摔碎了！不但如此，他還親自吩咐利未的子孫，當天殺死了大約三千以色列人（出 32:19-29）！

上帝是大有憐憫的上帝，他再次呼召摩西上山，耶和華親自向他宣告：「耶和華，耶和華，是有憐憫有恩典的上帝，不輕易發怒，並有豐盛的慈愛和誠實，為千萬人存留慈愛，赦免罪孽、過犯，和罪惡，萬不以有罪的為無罪，必追討他的罪，自父及子，直到三、四代。」（出 34:6-7）上帝在此強調他的憐憫和恩典，尤其強調他「不輕易發怒」，是否對摩西有所提醒呢？當

然，上帝仍然是公義的上帝，仍然是「萬不以有罪的為無罪」的上帝，上帝所懲罰的不是摩西的發怒，而是以色列人的悖逆。這也是值得我們今日只講上帝的慈愛和救贖、不講上帝的公義和審判的基督徒深思的。今日基督徒不僅需要上山學習靜觀心禱，並且需要像摩西一樣二次上山，重新領受上帝的法版，明白上帝的心意。

4、靜觀與愛心的思考。靜觀是用愛心思考，是在愛中得見上帝。「靜觀」在字面上最基本的意思就是「欽慕並思考」。這種思考始終具有三大要素：一是我們需要積極運用我們的理性進行思考。因此，真正的靜觀絕不是反理性的，而是超理性的。二是我們的理性需要得蒙上帝的光照。沒有聖靈的光照，我們就無法真正認識上帝。三是最終我們對於上帝的認識具有超越理性認知的神祕性，我們理性的認識預備我們進入超理性的境界，使我們親身經歷上帝的臨在。

廣義而言，靜觀就是安靜地觀察和思考。因此，天主教神學家甘易逢解釋說：「靜觀不是什麼抽象或超塵脫俗之事，更好說它根植於人的經驗內。我們是從自己所站立非常具體的世界，以人的官能靜觀所見、所聞、所觸及之物下面、或上面、或裡面、或四周的實體。我們所得的一切知識，乃至種種最深或最高實體的知識，也是通過我們身體的感官或內在的觸覺。神修經驗的物件，我們可能覺得是在外面或超越的遠方，但經驗本身卻在我們內。」[73] 天主教習慣用「神修」，基督教更多用「靈修」來稱之。從這個角度而言，靜觀是所有宗教和文化中都需要的方法。

73　甘易逢，《靜觀與默坐之一》，頁49。

狹義而言，靜觀則是特指靈修方面超理性的經歷和方法。對於基督徒的靈修而言，靜觀的精義就是：「在上帝的恩典的幫助和光照之下，以殷勤、關愛之心仰望理性已知已解的神聖真理。」[74] 因此，這種靜觀並不排除理性的思考，同時又高於理性的思考，是理性的思考尋求聖靈的光照。因此，我們所說的靜觀既不是佛教徒和儒教徒所主張的無神論的靜觀，也不是極端神祕主義者所強調的勿思勿欲的被動領受，而是靠著上帝的恩典，積極地運用我們的全人來認識上帝和自身，尤其是運用我們的理性和情感，當然也有著我們意志的參與。在這一過程中，既有個人主動的預備，也有上帝主權的施與。

5、默想與靜觀的關係。默想和靜觀既是祈禱的方式，也是祈禱的不同階段。「默想」一詞來自英文 meditation，而 meditation 的拉丁文字根是 *modus*，意思就是「測度」。因此，從字源上說，「默想」就是測度人、事、物、自我和一切實體的真相。根據管道的不同，測度的領域有大有小，達到的境界也有深有淺，這就產生了不同途徑與內涵的測度（默想）。

廣義而言，我們在本書中所提倡的靜觀式禱告，指向帶領人走向靜觀的整個過程，包括觀心式祈禱、收心式祈禱、靜心式祈禱和合心式祈禱四個階段，前兩者是靜觀心禱的預備階段，充分運用我們的理性來認識上帝和自己；後兩者則是靜觀心禱的兩大階段，開始進入被動式的轉化。狹義而言，觀心祈禱與收心祈禱乃是默想式的祈禱，而靜心祈禱與合心祈禱才是真正意義上的靜觀心禱。

74　See *Catholic Encyclopedia*, http://www.newadvent.org/cathen/04329a.htm.

在基督教靈修傳統上，默想最常見的用法是指把注意力集中在某些理念上，或參與一種理性運作的活動。默想者運用自己的記憶力、想像力、情感，尤其是推理思考的能力來認識上帝。[75] 對於基督徒而言，默想的中心就是用上帝的聖言來更新自己的心意，由此而更加接近上帝，更加明白上帝的旨意，正如詩篇第1篇所強調的那樣：「惟喜愛耶和華的律法，晝夜思想，這人便為有福！」（詩 1:2）

當代靈修大師默頓（Thomas Merton, 1915-1968 年）認為默想有三大功用，首先是幫助我們收斂自己的精神，集中我們的注意力，調控我們的記憶和意志；其次就是帶領人常常意識到上帝的臨在，這也是默想的真正目的；最重要的就是預備帶領我們進入一種境界，在其中以愛心來仰望上帝，深知我們的存在時刻依賴上帝的恩典，這樣就預備我們進入靜觀的境界。[76] 因此，默想和靜觀所要達到的心靈境界都是與主同在的意識，不同之處就是默想屬於人主動的參與，主要以推理的方式來明白上帝的話語和同在，而靜觀則是人被動的領受，是上帝主動施恩，帶領人用心靈而非頭腦經歷與上帝的合一。對於靜觀心禱而言，默想是要達到靜觀的基本預備，靜觀則是默想要達到的最高境界。

6、詩篇 46 篇與靜觀。詩篇一百五十首詩不僅充滿了靜觀心禱的結晶，也是教導我們靜觀心禱的指南，其中的 46 篇更是基督徒的靜觀的典範。

---

[75] 參考輔仁神學著作編譯會，《神學辭典》（台北：光啟。1998 年），頁 931-932。

[76] 默頓，《默觀生活探祕》，江炳倫譯（台北：光啟，1991 年），頁 120。

首先，我們必須認識、承認「上帝是我們的避難所，是我們的力量，是我們在患難中隨時的幫助」（詩46:1）。面對各種災難，我們首先觀察的不是災難，而是內觀我們的心中是否有上帝，我們是否確信上帝是我們的保護者和幫助者。

　　其次，我們不要忽略周圍的狀況，但更要從外在環境的喧囂回到心境的安穩：「所以，地雖改變，山雖搖動到海心，其中的水雖匉訇翻騰，山雖因海漲而戰抖，我們也不害怕。」（詩46:1-3）在險惡的環境中，我們會有一定的懼怕，此類懼怕是人自然而然的反應。但是，對於基督徒而言，關鍵不是完全沒有懼怕，而是在懼怕出現之後，我們要分析我們的懼怕。如果我們的懼怕是對於上帝的敬畏，這樣的懼怕是合理的；如果我們的懼怕是對於環境的懼怕，這樣的懼怕是我們應當通過靈修而勝過的。

　　第三，我們必須經過生命河進入上帝的聖城，就是通過耶穌基督的救贖而得享上帝的和平與同在：「有一道河，這河的分汊使上帝的城歡喜；這城就是至高者居住的聖所。」（詩46:4）此處的河是穿過耶路撒冷的西羅亞河，這河雖然不是那麼深，那麼寬，只有「緩流的水」（賽8:6-7），但也足以滿足耶路撒冷的需要。當然，這河更是指向上帝的恩約，指向聖靈賜給我們的活水：「信我的人就如經上所說：『從他腹中要流出活水的江河來。』耶穌這話是指著信他之人要受聖靈說的。那時還沒有賜下聖靈來，因為耶穌尚未得著榮耀。」（約7:38-39）上帝賜給我們的安慰雖然不是那麼轟轟烈烈，卻使我們能夠勝過世上的狂風巨浪。

　　第四，我們要通過認知和經歷而深信上帝的護理：「上帝在其中，城必不動搖；到天一亮，上帝必幫助這城。外邦喧嚷，列國動搖；上帝發聲，地便鎔化。萬軍之耶和華與我們同在；雅各

的上帝是我們的避難所！」（詩46:5-7）不管周圍如何山搖地動，上帝仍然在祂的教會之中，聖城耶路撒冷必不動搖。哪怕是國家毀滅，上帝的教會仍將存在，而且會成為國家重建的祝福。

第五，我們要學會觀看上帝的作為：「你們來看耶和華的作為，看他使地怎樣荒涼。他止息刀兵，直到地極；他折弓、斷槍，把戰車焚燒在火中。」（詩46:8-9）對於人來說，最難看透的就是上帝在歷史中的作為。大而言之，上帝對整個世界的計畫就是從創造到救贖，從救贖到成全；但在具體的人物與事件上，我們往往並不知道上帝的計畫與旨意。這就更需要我們的信心，相信上帝仍在掌管萬有，相信上帝讓萬事互相效力，讓愛主的人得益處。唯獨這樣的信心，才能使我們堅持一種歷史樂觀主義的態度。

第六，我們要安靜休息，深知、深信上帝的計畫必要成就：「你們要休息，要知道我是上帝！我必在外邦中被尊崇，在遍地上也被尊崇。」（詩46:10）我們不僅要觀看，更要休息，就是連看也不看，完全進入上帝為我們所預備的安息之中，把我們的全人、全家、整個教會、整個國家都交託在上帝的恩手之中。真正的靜觀是被動的，真正的靜觀是無我的，但真正的靜觀絕不是建立在無知或盲目的基礎上，而是深深知道上帝「是上帝」，我們不是上帝，上帝之外別無上帝，任何受造物都不是上帝，唯獨上帝是上帝，上帝確實是上帝，我們永遠都不能成為上帝！

第七，在靜觀中，最重要的就是認識、體會上帝的同在：「萬軍之耶和華與我們同在；雅各的上帝是我們的避難所！」（詩46:11）靜觀就是進入上帝的同在，正如一滴水融進大海一樣。雖然在改革宗神學中，我們始終強調上帝與人之間本體性的不同和

距離，上帝永遠是上帝，人永遠是人，上帝不可能成為人，人也永遠不可能成為上帝。但是，在密契神學所提倡的靜觀心禱中，我們與上帝確實能夠達成關係上、約法上和行動上的契合。這種契合的密切性使人變得就像安靜地燃燒的木炭一樣，雖然木炭仍然是木炭，但這燃燒的木炭在其性能上已經變得與火完全一樣。我們效法上帝，像上帝一樣完全，就是要達到這樣的轉化。

7、主動與普通靜觀。基督徒當以靜觀性的生命（contemplative life）來體證上帝、宇宙、人性和聖經，[77] 以祈禱、禁食、閱讀、施捨、隱修等靈修方式使自己更加能夠自制，對付貪吃、貪色、吝嗇、自憐、沮喪、驕傲等罪惡，從而使個人達到內在的統一和內心的純潔。這是通常意義上的靜觀，這種靜觀在靈修神學上也被稱為「主動的靜觀」（active contemplation），或「普通的靜觀」（ordinary contemplation）、「個人獲得的靜觀」（acquired contemplation）。這種靜觀的主要方式就是使用上帝賜給我們的各種普通的、常見的蒙恩之道——讀經、聽道、祈禱、領受聖餐等——來攻克己身，培養美德，促進善行，特別是運用理性來達成對上帝以及耶穌基督的認識。當然，這種理性的認識絕不排除聖靈的光照，但人在這個過程中缺乏發揮主動性的作用。

任何基督徒，只要善用這些蒙恩之道，都可以在一定的時候達到這種主動的靜觀。任何一個基督徒通過克修都能夠達到這樣的完全，這被稱為「克修的完全」（ascetical perfection）。每一個基

---

[77] 這個詞很多時候被翻譯為「默觀」，此處我們翻譯為「靜觀」。首先，contemplative 所強調的並不是言語上的沉默，而是內心的安靜。另外，我們用「靜觀」一詞，也使之與靈修神學中另外一個重要的詞彙「默想」（meditation）分開。

督徒都應當達到這樣的靜觀。海德里說:「禱告之人的目的和目標就是臻達靜觀。」[78] 在阿奎那神學中,「愛的最大標記就是進入靜觀。」[79] 使我們的心靈安靜下來,擺脫一切環境的困擾,甚至擺脫一切感官的活動,完全以心靈和真理來敬拜上帝,不帶有任何功利的追求,不附加任何條件的限制,不受任何外在環境的影響,靈魂赤裸裸地來到上帝的面光之中,放下今生今世一切的考量和憂煩,一心尋求上帝的同在,瞻仰上帝的榮美,為上帝是上帝而愛上帝,這是真正愛上帝的標記,也是基督徒當有的愛上帝的極致。

8、被動與超常靜觀。我們在本書中還會提及特殊的靜觀,在靈修神學上也被稱為「被動的靜觀」(passive contemplation),或「超常性的靜觀」(extraordinary contemplation)、「上帝注入的靜觀」(infused contemplation)。這種靜觀來自上帝在我們生命中的特殊顯現和恩賜,使得我們對上帝有特別的經歷。這種經歷不是人經過努力就能夠得到的,而是完全由上帝按照祂自己的意思賜給個人的。我們只能主動地預備自己,但最終這種經歷的出現則是完全由上帝決定的,我們只能被動地領受。

那些積極地在心智和美德上預備自己的人不一定必然能夠得到這樣的與主直接親密的經歷;也許有人沒有受過高深的教育、嚴謹的神學思考、長期的德修操練,卻得蒙上帝的恩典,具有深刻的信心和炙熱的愛慕,進入這種被動的神祕的靜觀之中。因此,這種被動的靜觀,並不是基督徒的完全所必需的。但是,當上帝特別興起人做工的時候,祂也會賜給人這種超常的靜觀,使

---

78 Hedley, *Prayer and Contemplation*, p. 42.

79 Chenu, *Aquinas and His Role in Theology*, p. 40. "There is no greater sign of love than to enter into contemplation."

人得到特別的鼓勵和預備，這是任何個人或理論都不能攔阻的，唯獨上帝的旨意成就一切。我們不能因為自己沒有這樣的經歷，就否定這樣的經歷。當然，即使我們確實有過這樣特殊的經歷，也不能大講特講，突出自己的經歷，此類高舉個人經歷的做法恰恰是假先知的標記。上帝所賜給人的特殊經歷，必然讓人更加謙卑，更有智慧和愛心，靈巧像蛇，馴良像鴿子，能夠完成上帝所賜給的特殊使命。這種完全可以被稱為「密契的完全」（mystical perfection），與「克修的完全」相對應。

9、靜觀與基督徒的文商。靜觀的生命要求我們成為「文化人」（man of letters）。我們必須加強自身在人文方面的修養。[80] 基督的門徒就是學徒，學徒就要成為師傅；要從學徒成為師傅，就一定要經過長期的學習和研究。

密契神學所提倡的絕不是反知主義，而是通過靜觀操練更加全面深刻地認識上帝、自身和世界。要完成上帝賜給我們的治理全地、建立文明的文化使命（創 1:26-28），我們自己首先要成為「文化人」、「文明人」，要有真正的高強度的「文商」（CQ—Cultural Quotient），這種文商乃是基督徒當有的智商（IQ—Intelligent Quotient）、情商（EQ—Emotional Quotient）、德商（MQ—MoraL Quotient）和靈商（SQ—Spiritual Quotient）的綜合性體現。[81]

80　Jean De Montreuil, "from James Bruce Ross and Mary Martin McLaughlin," eds., *The Portable Renaissance* (New York: Penguin Books, 1977), pp. 65-69.
81　參考王志勇《上帝、聖約與國度：三位一體與基督教文明論護教學》（新北市：橄欖，2019 年）。

在教會歷史上,靜觀是與心智發展和學術追求直接相關的。歐洲經院主義的發展就與這種靜觀有著很大程度上的關聯性。[82] 只有那些真正耐得住寂寞清貧、喜歡沉思默想的人,才能在生命的學問上不斷長進。只有這樣靜心研究的基督徒,才能成為學者型的教牧和教牧型的學者。[83]「板凳要坐十年冷,文章不寫一句空」。沒有這種為真理甘於寂寞隱修、甘於受人逼迫的心志,我們就不能作基督的門徒,更不能成為主所重用的器皿。

10、靜觀與三種知識。胡格(Hughe of St. Victor, 1097-1141)把知識分為三種,一種是象徵的知識(symbolic knowledge),二是理性的知識(rational knowledge),三是神祕的知識(mystical knowledge)。奧古斯丁認為世界就是一本書,我們一定要能夠閱讀。柏拉圖認為世界就是一面鏡子,反映的是神聖的理念。我們在世界上和聖經中首先發現的就是可見的象徵性的知識,通過有形的象徵性的知識就能上升到無形的理性知識,這種精神性的上升或轉化必須經過一定反思和默想的工夫才能得到。最終,在上帝的大愛的澆灌下,通過靜觀所得到的知識就是神祕的知識。[84]

這種神祕的知識並不違背象徵的知識和理性的知識,而是在二者的基礎上有所昇華,正如耶穌基督把水變成酒一樣經歷了本

---

82 See Jordan Aumann, *Christian Spirituality in the Catholic Tradition*, p. 118.

83 See A. D. Sertillanges, *The Intellectual Life*, trans. Mary Ryan (Fort Collins, CO: Roman Catholic Books, 1946); Thomas Philippe, *The Contemplative Life*, trans. Carmine Buonaiuto (New York: Crossroad, 1991).

84 See Jordan Aumann, *Christian Spirituality in the Catholic Tradition*, pp. 119-120.

質性的轉化。這種轉化是唯獨上帝才能做到的，我們所能做的就是殷勤地把六個石缸打滿水。我們所提倡的靈修和靜觀始終是以上帝為依靠的，完全仰賴上帝的恩典和大能。最終而言，也只有上帝能夠改變我們的生命的質素和品味。因此，明白靜觀精義的人在宣教、教導或輔導時不會咄咄逼人，試圖用高言大智說服別人，更不會用物質利誘或武力強迫讓人歸信上帝，因為他們深知唯獨上帝能夠改變人的生命，自己不過是無用的器皿而已。

11、深刻靜觀與積極行動。只有深刻的靜觀，才能使我們深刻地認識上帝和自身，才會有發自內心的積極的行動。湯瑪斯‧肯佩強調：「所有的人都有本能的求知欲（參傳 1:13)，但是若不敬畏上帝，知識與你有何益呢？實在說來，服事上帝的謙卑農夫，遠勝於一個忽略了自己卻致力於研究『天道』的驕傲的哲學家。無論何人，認識自己越清楚，就必定越自卑，也不因他人的稱讚而沾沾自喜。即使我明白世上一切事情，卻沒有愛，那將在按我們的行為審判我的上帝眼中，毫無用處。」[85]

在靜觀心禱中，我們所經歷的是上帝的大愛，正如保羅所揭示的那樣：「盼望不至於羞恥，因為所賜給我們的聖靈將上帝的愛澆灌在我們心裡。」（羅 5:5）拉朗格（Fr. Reginald Garrigou-Lagrange）強調說：「對於上帝的靜觀，使人付諸行動，並且指導人的行動，使得人的行動更具有超越性和有效性。」[86] 因此，我們對於靜觀的強調並不陷於靜觀之中，而是通過靜觀的操練和經歷使得基督徒在愛德和善行上更有深度和力量。靜觀促進的是

85　湯瑪斯‧肯佩，《效法基督》，2 章 1 節。
86　Fr. Reginald Garrigou-Lagrange, *Christian Perfection and Contemplation*, p. 25.

我們生命的深度，行動體現的是我們生命的力度，二者是不可偏頗的。

改革宗神學強調，那使我們因信稱義的恩典，也必然帶領我們因信行義。在靈修神學中，我們同樣強調，那帶領我們進入深度的靜觀的上帝，也必然賜給我們積極行動的力量，祂的恩典在我們身上絕不是徒然的，必然會成就祂定意讓我們去做的事。非常重要的是，上帝賜給我們的恩典，尤其是祂向我們顯明的奇事，目的都在於造就我們，預備我們，使得我們能夠成為上帝的國度的精兵，完成上帝賜給我們的時代性的使命。

12、教牧事奉與靜觀操練。蒙上帝呼召而參與教牧事奉的人，更需要靜觀的操練。只有在這種深刻的靜觀的操練中，牧者才能真正安靜在上帝的面前，親自從上帝那裡得到安慰和滋養，然後去安慰和滋養別人。

如果牧者把太多的時間用於教會內外各種活動，送往迎來，忙裡忙外，自己的靈命就會逐漸乾枯，就缺乏生命的活水來澆灌主的葡萄園。對於牧者而言，通過深刻的、長期的靜觀操練，就能夠生發愛心和智慧，發自內心地去關愛靈魂。伯納德（Bernard）強調，只有這樣通過靜觀而得蒙上帝諸般恩典的充滿之後，「我們才能傳遞給別人，也只有這樣我們的給予才能是出於自身內部的完全，而不是貧窮」[87]。對於牧者而言，如果我們內心沒有真理和聖靈的充滿，我們不僅缺乏事奉的動力，也會缺乏傳講的信息，只能東拼西湊，甚至鸚鵡學舌、拾人牙慧，始終不會有來自聖靈、發自心靈、感動靈魂的活潑有力的信息。許多牧

87　Bernard, *Cant.* Xviii. 6.

者之所以在預備講章上有壓力,甚至在牧會過程中精神崩潰、半途而廢,就是因為在靈修上缺乏靜觀的工夫。

因此,蒙召以祈禱和傳道為念的牧者,更需要在靜觀心禱上多下工夫。我們的祈禱要走向靜觀,從深度的靜觀中我們才能深刻地明白上帝的旨意,然後我們的傳道才會發自肺腑,才會有來自上帝同在的那種感力。更加重要的是,我們的傳道不是僅僅為了傳遞知識或道理,而是為了帶領人在基督裡來到上帝的面前,教導人能夠通過祈禱的方式親自接近上帝,親自品嘗主恩的滋味,否則我們的領受始終是間接性的。沒有深度的靜觀心禱,我們的傳道只能圍繞字句打轉,不僅不能解明經文的精義,更是不能把人帶到上帝的面前。因此,對於傳道人而言,靜觀心禱是傳道教導的最好預備,而傳道教導的導向則是帶領人進入靜觀心禱,使每個人都能夠經歷上帝,直接從上帝那裡領受日用的飲食。

13、靜觀與心靈行動。深刻的靜觀是建立在生命體驗與積極行動的基礎上的。同時,我們也可以說,靜觀本身就是積極的心靈的行動,是以心靈去認識上帝,經歷上帝。因此,雅和博經學所提倡的靜觀絕對不是只有少數有閒者才能進行的高級享受,也不是懶惰者藉以逃避自己責任的藉口,而是行動者從外在行動轉向內在行動的自覺轉向。柏拉圖認為,只有過了五十歲之後,那些在行動和知識方面非常卓越的人才能提升自己的眼界,「用靈魂的眼睛來觀看照亮萬有的宇宙之光,得見絕對的善」[88]。孔子強

88　Plato, *Republic*, Book viii.

調：「五十而知天命。」[89] 在心靈境界上，中外聖哲常常有驚人的相合相契之處。當然，對於基督徒而言，並非只有五十歲之後才能進行靜觀的操練。但是，毫無疑問，那些對於家庭和社會生活沒有親身經歷的人，不曉得人生的酸甜苦辣鹹，他們所謂的「靜觀」常常只能胡思亂想，白日做夢，往往不能真正進入深刻的靜觀，不過是逃避生活與挑戰，有一些所謂的屬靈的經歷高舉自己而已。

14、人不可能長期處於靜觀狀態。在靜觀中，人停下外部的活動，甚至停下眼耳鼻舌身等五大感官活動，單純地追求、親近上帝。在最深刻的被動性靜觀之中，人甚至達到魂遊象外的境地，連理性思考的官能也都停止下來，正如使徒保羅所描述的那樣：「我認得一個在基督裡的人，他前十四年被提到第三層天上去：（或在身內，我不知道；或在身外，我也不知道；只有上帝知道。）」（林後 12:2）

當然，在這個世界上，人不可能一直處於靜觀狀態，我們必須完成我們在這個世界上當盡的責任，用實際行動來愛上帝，並且愛人如己。我們不能像印度教中的苦修士一樣，看看誰最能夠苦待己身，看看誰最能夠不食人間煙火。在靜觀中，我們不僅通過對上帝的認識更加認識自身以及自己在這個世界中的使命，使我們內在的、深層的心靈創傷得到醫治，更重要的是我們經歷那種單純以上帝為樂的境界和喜樂，今生今世就能品嘗到完全與上帝同在的滋味，得到那種任何外在環境都不能動搖的大喜樂和大平安，「你們雖然沒有見過他，卻是愛他；如今雖不得看見，

89　《論語・為政》。

卻因信他就有說不出來、滿有榮光的大喜樂」（彼前 1:8）；「上帝所賜、出人意外的平安必在基督耶穌裡保守你們的心懷意念」（腓 4:7）。

同時，深刻的靜觀也培養我們的自覺與反思，免得我們的行動陷入盲目和衝動之中，不能榮主益人，反倒自欺欺人，害人害己。因此，不管我們多麼忙碌，都當在每天早晨、晚上的時候捫心自問，靜觀心禱，使得我們在忙碌的人生中始終保持清醒的頭腦，不至於被世上各樣的風俗牽引而去。

15、靜觀與靈命成長。基督徒靜觀的生命，就是基督徒逐漸從信徒走向門徒，從門徒成為真正的使徒與聖哲，內聖外王，承先啟後。這種靜觀的精義就是通過認識上帝而認識自我，回歸自我，使自己心靈的花園盛開出一朵朵美德的鮮花，歸榮耀於上帝。我們在心靈深處省察自己隱祕的罪，靠著主的恩典不斷清除雜草，捉拿小狐狸，就能夠更加剛強壯膽！沒有這種靜觀的操練，總是忙於外在的活動，我們心靈的葡萄園就會因為疏忽而荒蕪，長滿各種毒草雜花，正如雅歌的作者所慨歎的那樣：「我自己的葡萄園卻沒有看守。」（歌 1:6）

基督徒的靜觀就是在心靈深處得見恩典的日頭，驅散心中的陰霾。基督徒的靜觀就是自覺地與聖靈連結，聖靈如大江大海，使基督徒可以容納百川，吞吐萬象，變化氣質。基督徒的靜觀就是點燃心靈的明燈，好使我們得見上帝愛的道路滴滿了恩典的膏油。基督徒的靜觀就是使那狂放不羈的意念沉澱在真理的磐石上，使人既不受外在環境的左右，也不再受內在意念的干擾，而是處於超越性的大喜樂之中，正如彼得所強調的那樣：「你們雖然沒有見過他，卻是愛他；如今雖不得看見，卻因信他就有說不

出來、滿有榮光的大喜樂。」(彼前 1:8)

16、**靜觀與內在生命的操練**。因此，靜觀乃是操練內在生活的關鍵。這種內在生活並不是唯獨敬虔派和激進派所追求的邪異的東西，乃是聖經所啟示的基督徒生活的瑰寶。「看哪，我站在門外叩門，若有聽見我聲音就開門的，我要進到他那裡去，我與他，他與我一同坐席」(啟 3:20)。

上帝常在我們的心門外叩門，渴望在我們心靈的內室與我們一同享受愛的團契和宴席。「上帝是信實的，你們原是被他所召，好與他兒子—我們的主耶穌基督一同得分」(林前 1:9)。此處所強調的「一同得分」就是「團契」。這種團契的核心就是「住在基督裡」：「你們要常在我裡面，我也常在你們裡面。枝子若不常在葡萄樹上，自己就不能結果子；你們若不常在我裡面，也是這樣。」(約 15:4)

在這種內在生活的操練中，主耶穌成為我們榮美的住宅，我們住在祂裡面，享受祂的一切豐富、安息和保護；同時，我們的身體也成為聖靈的殿堂，基督住在我們的心中。正如大衛所經歷的那樣：「我將耶和華常擺在我面前，因他在我右邊，我便不致搖動。因此，我的心歡喜，我的靈快樂；我的肉身也要安然居住。」(詩 16:8-9)

17、**靜觀與遵守上帝的誡命**。在這種操練中，至關重要的是我們要按照上帝的誡命來愛上帝，正如主耶穌基督所教訓的那樣：「有了我的命令又遵守的，這人就是愛我的；愛我的必蒙我父愛他，我也要愛他，並且要向他顯現。」(約 14:21) 離開上帝所明示的誡命，我們的靈修就有走火入魔的危險。

在密契神學中，最寶貴的是上帝按照祂自己的美意賜下的神

祕的顯現。但是，真正經歷上帝神祕的顯現的聖徒從不炫耀自己的神祕經歷，他們儘量隱藏自己，把榮耀歸給上帝。他們所強調的始終是上帝顯明的旨意，就是上帝的律法與個人的責任。「隱祕的事是屬耶和華—我們上帝的；惟有明顯的事是永遠屬我們和我們子孫的，好叫我們遵行這律法上的一切話」（申 29:29）。

18、靜觀與成聖之路。 基督徒的靜觀乃是密契神學的精義。通過這種沉思和靜觀，基督徒能夠自覺地治死自己的老我，這在傳統靈修學上被稱為「彌足珍貴之死」（precious death）。[90] 這種死就是清教徒所強調的向罪而死，治死老我。「在耶和華眼中，看聖民之死極為寶貴」（詩 116:15）。我們通過靜觀而更加豐富地領受上帝的大愛，進入上帝的同在，同時也更加熱切地愛上帝。

非常重要的是，對於基督徒而言，靜觀不是稱義之路，而是成聖之路。這種成聖的核心就是聖靈光照之下內在心靈的成聖，也就是中國文化所強調的「內聖」。當然，在中國傳統文化中，我們既缺乏上帝的救贖，也缺乏成聖的標準，基督徒的成聖與中國文化中的修行有著本質性的不同。清教徒神學的榮美之處就是在範疇上把稱義與成聖明確分別開來，稱義指向我們在地位與關係上與上帝的和好，這樣的稱義完全是上帝白白主權的恩典作為，沒有來自我們自身的一絲一毫的參與；成聖指向我們在性情和生活上的聖潔，這樣的成聖完全在於我們個人的責任和作為，儘管成聖之工始終伴隨著上帝的恩典，但成聖過程中所強調的確實是個人的主動性。

90　沃格林，《宗教與現代性的興起》，霍偉岸譯（上海：華東師範大學，2009 年），227 頁。

二、行動與外在生活

1、行動與外在生命的操練。基督教是靜觀的宗教，也是行動的宗教。靜觀指向我們的內在生命，行動指向我們的外在生命。行動與外在生命的操練，就是基督徒外王的過程。外王說的是人的社會角色與功用，這恰恰是耶穌基督登山寶訓中「八福」之後所教訓的「四上」：**「地上的鹽」**、**「世上的光」**、**「山上的城」**和**「燈檯上的燈」**，「你們的光也當這樣照在人前，叫他們看見你們的好行為，便將榮耀歸給你們在天上的父」（太 5:16）。我們的存有一定要體現和落實在行動之中，才會成為上帝讓我們成為的樣式。因此，一旦停止我們對於社會性、公共性、政治性事務的參與，就是剝奪了我們榮耀上帝、實現自我、造福他人的機會。雅和博經學對於人有兩大強調，一是人的理性認知，二是人的社會行動；前者乃是人之不同於動物的內在本質，後者乃是人之實現自己的必由之路。

2、行動與上帝的呼召。歷史上帝的故事，也是我們參與上帝的創造、救贖與成全的故事。上帝對我們的呼召不僅包括生命與身分的呼召，也包括工作與行動的呼召。在基督裡，我們蒙召為聖徒，這是我們生命與身分的改變。同時，上帝也呼召我們參與祂所開啟的創造、救贖與成全之工，使得我們作為一個生命共同體一同成為上帝在這個世界上的代表。雖然真宗教的精義始終在於我們個人的靈魂與上帝的關係，但這種關係始終是在一定的歷史框架和社會生活中展開的。

因此，沃格林在考察博丹的思想的時候指出：「雖然真正的宗教是靈魂獨處的狀態，但我們不能放棄歷史宗教，因為人的精

神生活在本質上是社會的生活與歷史的生活。離群索居的人是孱弱的；他易於犯錯誤。只有作為一個整體的人類才能在上帝的指引下過一種真正的精神生活。在歷史中，人類通過在那些被選中的個人身上徒然發生的超越來接受精神的指引。雖然不都屬於同一層次，但他們是一個上帝的使者所組成的共同體，並且作為這樣一個共同體，他們是人類的精神核心，值得受到同等的尊敬。」[91] 真正的宗教不僅塑造個人的心靈秩序，也通過塑造上帝的子民所組成的生命共同體而改變外在的社會與公共秩序。要改變外在的社會與公共秩序，我們必須積極行動。基督徒不能坐等升天，坐以待斃，我們不僅要有深刻的親近上帝的靜觀，也要有積極的改變社會的行動。

3、行動與實踐性的智慧。行動所需要的是「實用性的智慧」或「實踐性的智慧」（practical wisdom），核心就是「用正確的方法做正確的事情」（The Right Way to Do the Right Thing）。通過實用性智慧，我們行我們所當行的，並且方法合適，取得一定的果效。

在本書提倡的四大公德（智德、義德、勇德和節德）中，「智德」屬於實用性的智慧。基督徒的人生也包括實踐的學習，就是行動的生命。行動的生命所注重的是調整自己的習慣，棄絕不合乎上帝旨意的惡習，培養榮耀上帝的良習。這種實踐的學習包括兩個方面，一是要認識自己的惡習及其治療的方法；二是掌握道德的良習以及培養的方法。南宋陸遊在《冬夜讀書示子聿》一詩中深有體會地說：「古人學問無遺力，少壯工夫老始成。紙上得

91　沃格林，《宗教與現代性的興起》，224-225 頁。

來終覺淺，絕知此事要躬行。」人生的大學問需要讀書思考，更需要在實踐中反覆體會。正如開車一樣，不管我們如何學習和熟悉交通規則與開車指南，都不等於我們已經學會開車。最終還是需要親自上路開車，不斷進行聯繫，才能逐漸學會開車。

4、潛能、行動與成有。從哲學的角度來看，人生的終極目的是幸福，就是活出上帝造人所賜給人的各種「潛能」（potency），實現上帝創造我們的目的，成為上帝的旨意中讓我們成為的樣式，即華人常說的「活出人的樣子來」，這就是「成有」（becoming）的過程。因此，「行動」（act）不僅是指具體的行動，而是指人發揮潛能、實現自己本有的潛能的一切言行，當然也包括人心靈的活動，即思想方面。靜觀是深刻的思想，行動是思想的實踐。

因此，基督徒的靈修絕不是壓抑自己的潛能、消除自己的慾望、離棄世上一切的活動，而是充分實現自己的潛能，以合乎上帝旨意的聖潔方式滿足上帝賜給我們的一切慾望，也就是按照上帝的聖約和律法，根據耶穌基督的教訓和示範，展現上帝造我們本有的那種先知、祭司與君王的高貴和榮美。一棵橡樹的種子，具有成為橡樹的一切潛能，但只有在發芽、成長的過程中才能長成一棵參天的大樹。基督徒只有在行動中，才能活出上帝造我們本有的榮耀和尊貴。因此，聖經中強調：「我們原是他的工作，在基督耶穌裡造成的，為要叫我們行善，就是上帝所預備叫我們行的。」（弗 2:10）

5、詩篇 24 篇與行動的生命。詩篇 24 篇就是行動的生命的典範寫照。首先，在行動之前和行動之中，我們始終都要承認上帝的主權和創造，我們的行動就是在上帝的主權之下，在上帝所

創造的世界中，積極地完成上帝所賜給我們的治理全地的管家使命：「地和其中所充滿的，世界和住在其間的，都屬耶和華。他把地建立在海上，安定在大水之上。」（詩 24:1-2）

其次，我們的行動絕不是盲目的行動，而是建立在明確的反思和心靈的確信的基礎上：「誰能登耶和華的山？誰能站在他的聖所？」（詩 24:3）基督徒的靈修雖然不能使得我們因此而得救，但確實能夠使得我們分辨自己的靈命，不僅確定自己的信心是否是真正的得救的信心，並且進一步確定自己到底在靈命上已經達到什麼階段，在目前的階段中到底應當注意什麼樣的問題。

第三，是要明白我們自己的身分和地位，這種身分和地位是根據上帝的約法來界定的，不是根據個人的變化多端的情緒或神祕莫測的感覺來確定的。這就是說，真正在上帝面前蒙悅納的行動必須是來自在耶穌基督裡已經重生稱義之人的感恩之舉：「就是手潔心清、不向虛妄、起誓不懷詭詐的人。他必蒙耶和華賜福，又蒙救他的上帝使他成義。這是尋求耶和華的族類，是尋求你面的雅各。」（詩 24:4-6）

第四，我們在這個世界上的行動並不是孤軍奮戰，也不是特立獨行，而是與上帝同行，也是與上帝的子民同行。因此，在我們的行動中，我們要始終明確地意識到上帝是治理全地的大君王：「眾城門哪，你們要抬起頭來！永久的門戶，你們要被舉起！那榮耀的王將要進來！榮耀的王是誰呢？就是有力有能的耶和華，在戰場上有能的耶和華！眾城門哪，你們要抬起頭來！永久的門戶，你們要把頭抬起！那榮耀的王將要進來！榮耀的王是誰呢？萬軍之耶和華，他是榮耀的王！」（詩 24:7-10）

第五，我們的行動絕不僅僅是我們心中神祕的悸動，甚至也

不僅侷限在個人、家庭和教會的層面上，而是擴展、落實到「眾城門」！因此，全世界既是上帝展現祂的榮耀的劇場，是上帝賜給我們的牧場，也是上帝塑造我們品格的修道院。我們要在上帝帶領我們去的每一個地方高舉上帝的主權，榮耀上帝的聖名。

6、行動與基督徒的隱修。中世紀長期盛行的天主教修士和修女宣誓遵守的貧窮、獨身和順服三大誓願，基督教往往認為這些做法在很大程度上並不合乎聖經，認為很多人常常把隱居修道當成了逃避家庭與社會生活的藉口。

但是，我們必須承認的就是，天主教內部也不斷有各種改革或革新的運動興起，「停止那種把逃避世界與靈命的完全等同起來的傾向，努力使人把這種基督徒的完全回到世界之中，目的就在於征服世界，使世界基督化」[92]。當然，目前基督教會內部那種不重視靈修，甚至各種版本的「興盛福音」的盛行，更是完全偏離了聖經的啟示，流於淺薄和錯謬，注重的只是個人的興盛。因此，在靈修上，我們需要破除各種先入為主的主張，特別是不同宗派之間的彼此攻擊和定罪，不斷地歸回聖經，吸收上帝在大公教會歷史上賜給我們的一切亮光。

因此，在雅和博經學中，我們再次引入基督徒「隱修」的概念。其實，荷蘭改革宗神學家佈雷克早已在其《理所當然的事奉》中77章專章論及「隱修」，他界定說：「隱修是指當一個人委身尋求上帝時，與其他人分開一段時間，以便能夠更殷切更自由地釋放自己。」佈雷克強調：「當我們與人交往時，我們應該有這

92　Jordan Aumann, *Christian Spirituality in the Catholic Tradition*, p. 116.

種獨處隱修的心態；然而，即使在我們日常靈修的時間裡，也應該使自己與他人分離。」[93]

7、積極的行動與德行上的完全。對於基督徒而言，這種行動包括兩大方面，一是強調通過「積極的行動」（active life）戰勝惡念惡行，以悔改這種具體的轉向性行動來改變我們現在的生活，此處強調的是心意的更新與心志的轉向；二是通過遵行上帝的誡命來轉化我們的情緒，以知化情，以情轉智，培養良好的習慣，建立愛主愛人的德行，此處強調的是惡習的克服與善習的培養。這就是基督徒的分別為聖，包括向罪而死——克服惡習，也包括向義而活——培養善習。只有在這種不斷操練的過程中，基督徒才能夠逐漸達成「德行上的完全」（moral perfection）。因此，我們所強調的基督徒的完全並不是異教徒所提倡的玄之又玄、虛無縹緲、脫離世界的感覺，而是在愛主愛人的美德上不斷長進。

8、本能性、習慣性與自覺性的行動。人的行動有三種，一是本能性的行動，二是習慣性的行動，三是自覺性的行動。本能性的行動來自人的動物性的本能，是為了生存需要而出現的行動，比如人的吃喝拉撒睡等行動。習慣性的行動是指人在社會文化和風俗的影響下所做出的行動，比如成都人喜歡吃比較辛辣的川菜，山東人則比較喜歡吃比較鹹的魯菜等。許多基督徒的行動，若非經過一定的反思和靈修，用上帝的話語來更新我們的心思意念，我們的行動在很大程度上也侷限在本能性和習慣性層面

---

[93] 佈雷克，《理所當然的事奉》，王志勇等譯（北京：當代中國出版社，2014 年），4 冊，18-23 頁。

上。自覺性的行動則是指經過反思之後採取的行動，比如靈恩背景出來的基督徒，主動地學習改革宗神學，就是因為認識到靈恩派的問題，認識到改革宗神學的寶貴，所以才轉而來學習改革宗神學。改革宗基督徒自覺地學習中世紀基督教的靈修傳統，這當然也是一種崇高的自覺性的行動。只有此類自覺性的行動，才具有真正的道德和宗教的價值。

9、**行動的生命與美德的操練**。行動的生命要求我們每個人都成為「行動者」（man of action），竭力把我們的理想化為現實，通過積極的行動來完成上帝賜給我們的治理全地的文化使命。這種行動的生命為我們的默想做好預備，使我們能夠更加安靜、專注地進入靜觀的生命。

因此，拉朗格強調說：「行動的生命，就是操練智德、義德、勇德、節德四大美德，也是操練愛德的外在行動，從而約束各種干擾靜觀的激情，使我們在愛主愛人上不斷長進，為我們靜觀的生命做好預備。」[94] 因此，我們的行動不是為行動而行動，而是在行動中克服我們的惡習，培養我們的善習，從而使得我們在愛主愛人的美德上不斷長進。這種在美德上的長進是我們進入深刻默想的最好預備和保障，這種美德上的成全也是我們在默想中所追求和領受的聖靈的果子，即基督徒的品格。

10、**行動的生命與靜觀的生命**。行動的生命是為靜觀的生命做好準備的。行動的生命所側重的是克修神學，靜觀的生命所側重的則是密契神學。行動的生命，使得基督徒征服世界，活出

---

[94] Fr. Reginald Garrigou-Lagrange, *Christian Perfection and Contemplation*, p. 25.

英雄的風采。靜觀的生命使得基督徒由外及內，攻克己心，活出聖徒的樣式。行動的生命使得基督徒由內及外，內聖外王，從聖徒走向英雄，在恩典中與耶穌基督一同作王，就是甘心成為眾人的僕人。靜觀的生命使得基督徒超然燕處，功成不居，在世界中卻不屬於世界，時刻得享上帝的同在和祝福，保持心靈的高度自由。深刻的靜觀和積極的行動，造就基督徒聖徒與英雄的品格。靜觀與內在生命的操練使得我們達到內聖的境界，而行動與外在生命的操練所側重的則是我們外王的工夫。

11、**內在的美德與外在的善行**。在行動中我們把我們內在的愛德轉化成外在的善行，把內在的對失喪靈魂的憐憫之愛轉化為實際的傳道救靈之工。我們越是在行動中效法耶穌基督，行事為人與蒙召的恩典相稱，越是能夠在上帝和人面前都存無愧的良心，隨時進入深刻的靜觀之境，得享上帝的同在和安慰。我們越是在靜觀中經歷上帝的大愛，也越是在行動中展現上帝的大愛，愛主愛人，甘心樂意，即使為義受苦，也甘之如飴，無怨無悔，甚至情不自禁。我們通過靜觀而與上帝相契，我們的靈魂由此而成為上帝的伴侶和密友，上帝也成為我們靈魂的伴侶和密友。這樣的「靈婚」（spiritual marraige）也必然能夠孕育屬靈的後裔，就是通過我們的行動和傳道而使人成為上帝的兒女、耶穌基督的門徒。

12、**行動與在生命中作王**。外王的工夫是指基督徒與基督一同在恩典中作王，這是新約聖經所特別強調的境界。「然而從亞當到摩西，死就作了王，連那些不與亞當犯一樣罪過的，也在他的權下。亞當乃是那以後要來之人的預像。只是過犯不如恩賜，若因一人的過犯，眾人都死了，何況上帝的恩典，與那因耶穌基

督一人恩典中的賞賜,豈不更加倍地臨到眾人嗎?因一人犯罪就定罪,也不如恩賜,原來審判是由一人而定罪,恩賜乃是由許多過犯而稱義。若因一人的過犯,死就因這一人作了王,何況那些受洪恩又蒙所賜之義的,豈不更要因耶穌基督一人在生命中作王嗎」(羅 5:14-17)。基督徒「要因耶穌基督一人在生命中作王」,這一信息乃是魔鬼撒但刻意隱藏、混亂的信息,因為撒但的詭計就是要蒙蔽我們,使我們不知道自己的地位、身分和職分。尤其是在皇權暴政長期橫行的國家和地區,基督徒在生命中作王的信息更是魔鬼撒但所重點打壓的。

當初上帝賜給亞當的本來就是「作王」的地位和職分,讓我們在上帝之下、萬物之上行使「治理這地」的權柄(創 1:26-28)。在亞當犯罪之後,人仍然想作王,治理仍然是人性中不可抑制的傾向和衝動,只是他們不願意服在上帝及其約法之下,而是想通過自己各種自以為是的陰謀詭計來稱王稱霸,獨立自主。只有在耶穌基督裡,上帝讓我們重新「在生命中作王」。因此,每一個基督徒從上帝受造和得救都有君王的職分和榮美,我們不能繼續向撒但和世界奴顏婢膝,搖尾乞憐,而是應當挺身而立,當仁不讓,見義勇為,敢為天下先。這也是保羅在加拉太書中所強調的基督徒之自由的信息:「基督釋放了我們,叫我們得以自由。所以要站立得穩,不要再被奴僕的軛挾制。」(加 5:1)

當然,我們在基督裡作王絕不是在這個世界上隨心所欲、為非作歹,而是靠著上帝的恩典作眾人的僕人,正如耶穌基督為門徒洗腳時所強調的那樣:「耶穌叫他們來,對他們說:『你們知道,外邦人有尊為君王的,治理他們,有大臣操權管束他們。只是在你們中間,不是這樣。你們中間,誰願為大,就必作你們的

用人;在你們中間,誰願為首,就必作眾人的僕人。因為人子來,並不是要受人的服事,乃是要服事人,並且要捨命作多人的贖價。』」(可 10:42-45)因此,不管是在家庭中,還是在教會中和社會上,在愛心的事奉上,我們都要謙卑為懷,感恩戴德,甘心樂意地做眾人的僕人,通過具體的愛心的行動而造福他人。

13、行動與克修神學。基督徒的行動乃是克修神學所特別強調的。在克修神學中,特別需要對付的就是自己的邪情私欲。性欲是愛欲,是人的本能,只想兩性肉體上的結合。這種本能是好的,是上帝賜給我們的,但我們必須按照上帝的旨意使其得到使用和滿足,這就是克修神學所主要追求的。

當然,我們所講的克修神學不僅集中在對付情欲上,而是強調全方面地面對我們的愛欲。愛欲是我們內心受造本有的愛的傾向,基督徒的靈修絕不是滅除愛欲或情欲,而是通過理性的辨析和行動的操練來加強我們內心愛主愛人的傾向,使得這種愛的傾向更趨堅定,化為習慣,成為堅定不移的愛主愛人之德。在密契神學部分,我們強調基督徒當在靜觀中更多地享受上帝的大愛;在克修神學部分,我們強調基督徒當在行動中更多地愛人如己。基督徒的行動在本質上就是參與上帝的國度的事奉,通過愛心的行動而帶領更多的人真正認識上帝和耶穌基督,這也就是中國文化所強調的以身作則、內聖外王的精義。

因此,在靜觀與行動的關係上,不能把二者截然分開。在本質上,靜觀是最有力的心靈行動,行動是最深刻的愛心體現。當然,我們把靜觀與祈禱聯繫在一起,教導人通過觀心祈禱而體察自己心靈的狀況,通過收心祈禱而收攝四處流散的精神,通過靜心祈禱使得我們的心靈完全安息在上帝的面前,等候上帝按照祂

自己的旨意賜下祂的同在和顯現，從而進入合心祈禱。眞正的靜觀始終是神祕性的，指向個人心靈深處與上帝的關係，是我們走向自己的心靈深處；眞正的行動始終是公共性的，更多地體現爲我們與他人的關係，使我們走向周圍的世界和社會。

14、靜觀、行動與眞理體系。在雅和博經學中，教理神學向我們展現聖經啓示與歷代大公教會認信的眞理體系，而密契神學則教導人通過靜觀心禱使得這一眞理體系成爲我們心中的實際。因此，沒有密契神學的操練，我們對於教理神學的學習始終停留在理論性、字句性的地步，並不能夠改變我們內在的生命，當然也不能夠深度地醫治我們內在的心靈創傷。

當然，我們不僅強調教理神學與密契神學，我們同時強調道德神學與克修神學。道德神學側重是研究上帝賜給我們的律例典章，從而使得我們能夠建立幸福的家庭、聖潔的教會與公義的國家這三大生命共同體。克修神學則是教導人攻克己身，培養基督徒的智德、義德、勇德與節德，從而裝備基督徒能夠承擔起治理全地、道化世界的使命。這四大神學依次爲基督徒提供眞理體系、靈修體系、制度體系與生活體系，最終幫助基督徒在理論與實踐上建構基督教文明體系。

因此，我們在本書中所強調的以靜觀心禱爲核心的靈修體系始終是在基督教眞理體系之中的，而我們所強調的眞理體系始終是以建立基督教國家和文明爲導向的。沒有這樣的眞理體系，我們的密契神學就會走向逃避世界的神祕主義；我們的可續神學就走向否定世界的苦修主義。

三、知與行合一的操練

1、律法與福音、靜觀與行動。在基督教的真理上，最重要的是律法與福音的關係；在基督徒的生活上，最重要的是靜觀與行動的合一。靜觀與行動的合一，內在生命與外在生命的合一，就是基督徒的內聖外王與知行合一、內在操練與國度事奉的合一。這種合一只有在聖約框架內正確地理解福音與律法的關係之後，才能更加深刻、全面地把握與行出。把靜觀與行動置於清教徒所強調的聖約神學框架之內、置於律法與福音和諧的關係之中，乃是雅和博經學連結改革宗神學與中世紀修道傳統的關鍵。

福音不僅是一般性的好消息，乃是上帝親自動工，不僅通過耶穌基督的道成肉身和死裡復活而赦免我們在法理上一切的過犯，也包括藉著大能的聖靈把祂自己的律法刻在我們的心版上，使我們重新能夠甘心樂意地愛主愛人，遵行上帝的律法。因此，福音絕不是要廢除、貶低上帝的律法，而是堅固、成全上帝的律法。正如耶穌基督所強調的那樣：「莫想我來要廢掉律法和先知。我來不是要廢掉，乃是要成全。我實在告訴你們，就是到天地都廢去了，律法的一點一畫也不能廢去，都要成全。所以，無論何人廢掉這誡命中最小的一條，又教訓人這樣做，他在天國要稱為最小的。但無論何人遵行這誡命，又教訓人遵行，他在天國要稱為大的。」（太 5:17-19）。

上帝賜給我們福音，親自拯救我們，目的是讓我們通過靜觀心禱而在心靈深處得享上帝的同在，正如耶穌所教訓的那樣：「你禱告的時候，要進你的內屋，關上門，禱告你在暗中的父；你父在暗中察看，必然報答你。」（太 6:6）上帝賜給我們律法，

並且親自陪伴我們，目的是讓我們通過自覺性、主動性的行動而在公共領域中榮耀上帝的聖名：「世人哪，耶和華已指示你何為善。他向你所要的是甚麼呢？只要你行公義，好憐憫，存謙卑的心，與你的上帝同行。」（彌 6:8）

2、基督徒的知行關係與王陽明的知行合一。靜觀的生命所注重的是認知，而行動的生命所注重的則是行動，基督徒靈修就是知行合一的過程。這是聖經中所強調的信心與行為的合一，也是基督徒當有的靜觀與行動合一的生命。如何從深刻、神祕的靜觀帶出積極、樂觀的行動，如何在積極、樂觀的行動中仍然保持深刻、神祕的靜觀，乃是基督徒生活的藝術。我們行動的品質來自長期的靜觀，通過靜觀得見上帝的榮美和旨意；我們靜觀的目的就是激發積極的行動，踐行救世救人、榮主益人的使徒使命。知而行之，行而知之，就會超越孔子所提倡的那種君子才能達到的悅樂境界，進入以上帝為樂的境界。《論語》開篇即強調：「學而時習之，不亦說乎？有朋自遠方來，不亦樂乎？人不知而不慍，不亦君子乎？」[95] 保羅指出：「我們既藉著我主耶穌基督得與上帝和好，也就藉著他以上帝為樂。」（羅 5:11）

王陽明把這種知行合一視為其「立言宗旨」：「今人學問，只因知行分作兩件，故有一念發動，雖是不善，然卻未曾行，便不去制止。我今說『知行合一』，正要人曉得一念發動處，便即是行了。發動處有不善，就將這不善的念克倒了。須要徹根徹底，不使那一念不善潛伏在胸中。」[96] 王陽明在此處把「一念發動」

95　《論語・學而第一》。

96　王陽明，《傳習錄》，卷三，語錄三，見《王陽明全集》（上海：海古籍出版社，2011 年），上冊，頁 119-110。

視為「行」，他把心靈的活動也涵蓋在「行」中，使得知與行本身都在心靈的本體上達成一致，這是非常深刻的。這種體驗與基督徒的靜觀心禱有其相通之處。在靜觀心禱的過程中，尤其是在觀心祈禱與收心祈禱階段，非常重要的是要注意我們的意念，這種對於意念的觀察和對付也是耶穌基督所強調的：「只是我告訴你們，凡看見婦女就動淫念的，這人心裡已經與她犯姦淫了。」（太 5:28）但王陽明的體驗缺乏來自上帝的特殊啟示的光照和引領，最終難免走向空玄狂放，他只是在個人的良心下工夫，對於皇權專制的邪惡卻是視而不見。我們基督徒既有來自上帝的特別啟示的規範，更有來自聖靈的光照和引領，更當在分別為聖的工夫上不斷長進，不僅自己分別為聖，也要尋求社會與國家的歸正。

3、**信心與認知**。真正的信心本身既是一種深刻的認知，也是一種自覺的行動。耶穌基督在談及永生時明確強調：「認識你—獨一的真上帝，並且認識你所差來的耶穌基督，這就是永生。」（約 17:3）。在談及真信心時，加爾文強調信心的兩大特質，一是真知識，二是真信靠。「信心不在於無知，而在於知識；這種知識不僅包括對上帝的認識，也包括對上帝的旨意的認識」[97]。信心的知識不是一般性的知識，而是「對上帝對我們的慈愛的堅定不移的明確的知識」[98]。

當然，這種知識並不是單純地來自我們的理性思考，而是在聖靈光照下的理性才能達成的。因此，加爾文強調：「這就是我

97　加爾文，《基督徒敬虔學》，3 卷 2 章 2 節。
98　同上，3 卷 2 章 7 節。

們犯錯的傾向，我們的理性絕不會堅持神聖的眞理；這就是我們的遲鈍，我們絕不會分辨眞理的大光。沒有聖靈的光照，上帝的聖言就沒有任何效果。」[99] 加爾文強調，在聖靈的光照下，「靈魂就領受了新的眼睛，可以靜觀天上的奧祕」[100]。因此，基督徒的靈修關鍵在於聖靈之工。我們必須注重聖靈在我們心中的內住和工作，正如保羅在羅馬書八章所強調的：「你們若順從肉體活著，必要死；若靠著聖靈治死身體的惡行，必要活著。因爲凡被上帝的靈引導的，都是上帝的兒子。你們所受的，不是奴僕的心，仍舊害怕；所受的，乃是兒子的心，因此我們呼叫：『阿爸！父！』聖靈與我們的心同證我們是上帝的兒女。」（羅 8:13-16）

  4、行動的信心與生命的轉化。在清教徒神學中，眞正的信心本身就是「行動的信心」（active faith）。眞正的信心是行動的、溫暖的，它有眼睛，能夠得見耶穌；有耳朵，能夠聽見耶穌；有雙腳，能夠跑向耶穌；有雙手，能夠抓取耶穌基督的恩惠。正如豪威所概括的那樣：「清教徒所提供的確信是建立在個人與立約的上帝活潑、漸進的相遇之中的。信心和行爲之間沒有張力，因爲二者在基督徒生活中是並駕齊驅的……清教徒認爲行爲是基督徒在認識上帝的過程中螺旋式成長的一部分，是在信心中工作、評估，是出於眞誠的感恩而竭盡心力。行爲就包含在信心生活的螺旋中。」[101] 眞正的信心始終是活潑的信心，尤其是體現在行動上。

---

99   加爾文，《基督徒敬虔學》，3 卷 2 章 33 節。
100 同上，3 卷 2 章 34 節。
101 Quoted from Joel R. Beeke, *The Quest for Full Assurance*, p. 119.

我們在靈修神學中強調個人靈魂與上帝的相遇相契，正是因為這種活潑的位格性的相遇相契，我們的生命才被上帝改變。這方面聖經中最突出的經文就是：「我們眾人既然敞著臉得以看見主的榮光，好像從鏡子裡返照，就變成主的形狀，榮上加榮，如同從主的靈變成的。」（林後 3:18）此處的「變成」並不是我們自己作出的主動的「改變」（change），而是來自上帝的主動的「轉化」，而我們是「被改變」（are changed，英文 KJV 版本），這種「被改變」是我們被動地承受的！在靜觀心禱中，我們雖然也有預備的責任和行動，但最終的靜觀和轉化則是直接來自上帝的主權的美意和行動，不是我們任何人能夠操縱的。很多福音派人士常常強調生命改變，但是因為不明白聖經啟示和靜觀心禱，最終他們所強調的生命改變常常有一種道德主義與律法主義的傾向。道德主義與律法主義的方式當然也能激發人作出一定的生命改變，但這種生命改變因為不是來自上帝的生命的轉化，一是很難做出真正的發自內心的改變，二是哪怕有一些暫時性、外在性的改變，也只能增加罪人自高自大的傲慢。

　　5、**靜觀與行動的合一**。靜觀的生命與行動的生命不是截然二分的，而是互相促進和配合的。奧古斯丁強調，不管人選擇靜觀的生命，還是行動的生命，還是二者合一的生命，「都不要危害到他永恆的利益，也要使他的信德得到保守，並且絕不可忽略他對真理和職分的責任。任何人都沒有權利沉浸在默想之中，卻忘記了他對鄰舍當盡的服務；任何人也都沒有權利沉浸在行動之中，卻忘記了對上帝的沉思」[102]。

102　St. Augustine, *De civitate Dei*, 19. 19.

貴高二世（Guigo II, 1140-1193）強調說：「讀經卻不默想，就會貧瘠乏味；默想卻不讀經，就容易走向謬誤；禱告卻不默想，就使人不冷不熱；默想卻不禱告，就會不結果子；懇切的祈禱，使人進入靜觀。但是，沒有祈禱，卻想進入靜觀，這是罕見的，甚至說是神蹟式的。」[103] 拉朗格總結說：「當我們靜觀的時候，並沒有停止修德；相反，當靈魂在與上帝幾乎是持續不斷的密契中領受到神祕的恩典時，各種美德的操練就成為真正的超絕的行動。」[104] 深刻的靜觀和積極的行動是密不可分的。沒有深刻的靜觀，我們的行動就會流於膚淺和莽撞；沒有積極的行動，我們的靜觀就歸於僵化和死亡。

6、靜觀與背起十字架跟隨主。通過靜觀，我們更加深刻地認識上帝的大愛，也更加自覺而勇敢地在這個世界上完成上帝賜給我們的使命。正如亞里斯多德所強調的那樣，道德涵養所塑造的美德無非就是通過靜觀而來的人性完美的傾向。[105] 越是深刻地安靜在上帝的面前，得見上帝的榮美和大能，我們越是能夠發自內心地在這個世界上勇敢地榮耀上帝，見證真理。因此，耶穌基督在公開事奉之前，以及在走向十字架之前，都通過禁食、禱告等方式進入靜觀，尋求上帝的旨意，把自己完全交託給上帝，然後勇敢地走向世界，喝下人生的苦杯：「我父所給我的那杯，我豈可不喝呢？」（約 18:11）

---

103 Quoted from Jordan Aumann, *Christian Spirituality in the Catholic Tradition*, p.93.

104 Fr. Reginald Garrigou-Lagrange, *Christian Perfection and Contemplation*, p. 25.

105 See Chenu, *Aquinas and His Role in Theology*, p. 43.

沒有靜觀的操練，作為真實的人，耶穌基督就不能夠從容、勇敢地走向十字架。目前大多數基督徒在生活方面的膚淺、冷漠、怯懦、自私、陰暗、苦毒等各種陰暗情緒，往往都是因為長期缺乏深刻的靜觀導致的。或者可以說，很多基督徒從來沒有嘗試過進入靜觀的境界，他們的祈禱和靈修大多數時候仍然停留在「無事不登三寶殿」的地步。他們的生命改變都是來自牧師的勸導和周圍基督徒的影響，但並非來自靜觀心禱中所得到的內在的轉化。基督徒的生活要更多走向深入，必須有靜觀心禱的操練。

7、靜觀與剛強壯膽。面對高科技武裝下空前兇猛的專制政權，面對各國普遍存在的為追逐利潤而傷天害理的龐大的既得利益集團，面對到處可見的麻木不仁、不冷不熱的宗教組織，面對洶湧澎湃的世俗化生活所造成的不冷不熱，今日我們在世界上見證真理需要空前的勇氣。正如《激進的靈修》一書的作者所指出的那樣：「在我們的時代最需要的就是這種靜觀與行動、密契與預言的聯姻。我們對政治和宗教體系和組織常常疲憊、枯乾，只有把這些結合在一起的人才能帶領我們繼續向前。他們的抗議和靈命深度的證明就是他們的勇氣，不管是在開羅，還是在利比亞、紐約、突尼斯。他們願意為了他們所深信的價值作出犧牲。他們主動地選擇這些價值，並且予以深化和分享。我們為此尊重他們。我們深信勇氣就是聖靈在人身上做工的第一大標記。」[106] 此處作者特別強調勇氣的重要性，並且把勇氣視為來自聖靈的恩賜。當初上帝向約書亞顯現時所強調也是如此：「我

---

106 Adam Bucko and Matthew Fox, *Occupy Spirituality: a Radical Vision for a New Generation* (Berkeley, California: North Atlantic Books, 2013), introduction, xxi.

豈沒有吩咐你嗎？你當剛強壯膽！不要懼怕，也不要驚惶；因為你無論往哪裡去，耶和華—你的上帝必與你同在。」（書 1:9）保羅更是強調：「上帝賜給我們，不是膽怯的心，乃是剛強、仁愛、謹守的心。」（提後 1:7）

8、靜觀與大丈夫品格。 基督徒的靜觀絕不僅僅停留在靜觀上，而是從深刻的靜觀出發，轉向道化世界的積極行動。只有在深刻的靜觀的基礎上，基督徒才能做到孟子所說的那種大丈夫式的「富貴不能淫，貧賤不能移，威武不能屈」[107]，堅定不移地把福音使命進行到底，完成我們在這個世界上當盡的職責，正如使徒保羅所見證的那樣：「我卻不以性命為念，也不看為寶貴，只要行完我的路程，成就我從主耶穌所領受的職事，證明上帝恩惠的福音。」（徒 20:24）所以，我們所提倡的靜觀絕不是消極無為的逃避，而是深刻地歸回聖經真理，進入上帝為我們所預備的安息之中，不斷從中得力：「你們得救在乎歸回安息；你們得力在乎平靜安穩。」（賽 30:15）教會中不斷爆出醜聞來，尤其是那些大教會中的大牧者。之所以此類的醜聞不斷，一是因為世俗媒體總是盯著教會的黑暗面，然後大肆渲染，敗壞牧者和教會的名譽；二是撒但重點攻擊的對象就是教會的牧者，一旦牧者跌倒，教會就會受到震動；第三，目前教會的牧者確實在靈修工夫上極其缺乏，以至於教會事工不順利的時候就會抑鬱甚至放棄牧職，教會事工發達的時候就會濫用自己的權柄。只有通過靜觀心禱，致力於攻克己心、攻克己身，在基督徒內在品格上不斷長進，牧者與教會才能不斷長進。

107《孟子・滕文公下》。

9、**靜觀與研究**。對於傳道人而言，最重要的靜觀就是研究，最重要的行動就是傳道。沒有深刻的研究，我們的講道不僅在內容上會空洞無物，鸚鵡學舌，人云亦云，缺乏個人獨特的看見，在傳講形式和效果上也會缺乏那種來自上帝同在的改變人心的大能。深刻的研究本身就是一種靈修和靜觀。車努（Chenu）強調說：「隨隨便便、故弄玄虛的解釋是對不信者的侮辱。」[108] 我們不要小瞧了異教徒的文化，更不要藐視不信者的智商，以為僅僅憑著自己宣教的熱情就可以征服世界，這乃是極其幼稚和狂妄的對自己的迷信。筆者親自聽到一位臺灣在日本的宣教士談起宣教的體會，他說：雖然日本有宗教信仰自由，但基督徒的比例多年停留在佔日本人口 0.5%-0.7% 左右，很難上升，因為日本企業繼承了武士道精神，企業家和員工的關係完全是古來藩主與武士之間關係模式的轉化，即一生一世彼此忠誠的關係。因此，日本人與人之間的關係非常親密，基督徒宣教士很難影響到他們。我們必須經過深刻的研究和靈修，才能在學識和美德上為人師表，傳道授業，承先啟後，薪火相傳。這也是基本的常識。今日教會之所以缺乏影響力，缺乏塑造文明的力量，豈不是因為許多傳道人忽略了密室的靈修和上帝的講壇嗎？只有經過深刻的靈修，我們才能帶來深刻的看見，才會有深刻的講道，造就深刻的門徒和事奉。

10、**靜觀與基督徒修養**。在靜觀和行動上，我們首先要注重自己的修養，通過靜觀不斷從上帝得力，確實使自己經歷到上帝的同在和祝福，正如大衛所表達的那樣：「你用油膏了我的頭，

---

108 Chenu, *Aquinas and His Role in Theology*, p. 68.

使我的福杯滿溢。」(詩 23:5)在對外行動上,雖然我們當愛人如己,盡我們自己當盡的責任,卻不能因為外在的行動而忽略了自身內在的修養,忙於看守別人的葡萄園,「我自己的葡萄園卻沒有看守」(歌 1:6)。伯納德在講解雅歌時舉了一個非常美麗的比喻,就是水庫和運河的比喻:「如果你有智慧,你當使自己像水庫一樣,而不是像運河一樣。運河一接收到水就會散發出去,而水庫則是等到自身注滿之後才會流溢。因此,水庫在向往外放水的時候,自己並沒有損失,不過是把滿溢的水流出去……在目前的教會中,我們擁有太多的運河,而水庫卻很少。」[109] 許多基督徒和傳道人忙於教會內外各種形式的事工,直到精疲力盡,甚至家破人亡!這是非常可悲的!我們必須首先看顧自己的靈命,看顧自己的婚姻家庭,按照上帝為我們設定的秩序來做工,才能夠更加長遠,更有果效。

真正的靜觀絕不是消極無為,苟全性命於亂世,而是通過研究和默想更加明白上帝對自己和世界的旨意,這本身就是心智的操練和心靈的行動;真正的行動絕不是任意妄為、隨心所欲,像發情的駱駝那樣狂奔亂行,而是自覺而明確地按照上帝的旨意去行,這本身就是把心靈內在的行動付諸人人可見的外在的行動。靜觀的最高境界就是為上帝的榮耀而義無反顧地付諸積極的行動,在愛主愛人的具體行動中效法耶穌基督,背負十架,否定自我,倒空自己,自覺地活出上帝的同在。行動的最深之處乃是靜觀,靜觀的最高境界乃是行動。行動的最高境界就是為上帝的榮耀而殺身成仁地進入永遠的靜觀,在愛主愛人的深刻默想中捨

---

109 Bernard, *Cant.* Xviii, 2, 3.

棄自己，完全進入上帝的同在。耶穌基督在客西馬尼園的靜觀心禱與祂在十字架上的勇敢捨命是密切聯繫在一起的。真正的殉道士首先是在靜觀中捨棄自己的修道士，真正的修道士也必然是能夠在行動中殺身成仁的殉道士。那些不願意遵守上帝的律法，不願意在苦難中學習忍耐的功課，不管他們死亡的方式如何悲壯，都不過是死在自己的罪惡之中。在雅和博經學中，我們不僅強調以行動為導向地背起自己的十字架跟隨主，也同樣強調客西馬尼園式的在僻靜之地的靜觀心禱。針對今日福音派教會四處氾濫的「十字架，十字架」的空喊，「傳福音，傳福音」的喧囂，我們更加強調靜觀心禱的重要性。

11、**知行合一與內聖外王**。真正的基督徒始終是由內在的靜觀走向外在的行動，以靜觀使自己的生命得到醫治和轉化，以行動實現上帝吩咐的愛主愛人的天職，因為真正的基督徒必然是真正的行動者；真正的基督徒時刻由外在的行動進入內在的靜觀，以行動預備好自己進入靜觀，以靜觀進入至尊上帝的殿堂，因為真正的基督徒必然是真正的靜觀者。靜觀和行動使得基督徒成為真正的大器的人。

今日教會中充斥的是製造信徒的宗教狂熱，但在靈修神學與公共神學上卻無人教導。如此一來，所謂的基督徒只知道「信耶穌，升天堂」，對於靜觀心禱的藝術、治理全地的使命幾乎是一無所知。我們必須重新回到聖經啟示和大公教會的正傳，重新在教會中傳講律法、傳福音，使人明白何謂真正的基督徒，何謂被人洗腦的宗教徒。真正的基督徒通過靜觀深刻地進入上帝的同在，在靜觀中接受上帝的愛火的焚燒與潔淨，使自己變得更加與上帝一樣，心中燃燒起愛的烈火來；同時，上帝也把那些在靜觀

中深刻地得見上帝的人差派到這個世界中，使他們以美德和善行來淨化這個世界，參與上帝在世界歷史中的計畫和行動。靜觀與行動的合一就是內在生命與國度事奉的合一，就是中國傳統文化所強調的內聖外王、知行合一的境界。當然，這樣的境界與中國傳統文化所提倡的那種境界有著本質性的不同，因為基督徒所認識的是三位一體的上帝，基督徒所遵行的是上帝所啓示的律法。

因此，在基督教與中國文化的會通上，我們所強調的不僅僅是文本上的考究、字句上的推敲、義理上的辨析，更是生命上的體驗與合一。使徒約翰強調：「但記這些事要叫你們信耶穌是基督，是上帝的兒子，並且叫你們信了他，就可以因他的名得生命。」（約 20:31）不管我們怎樣研究約翰福音的文本，如果沒有「信耶穌是基督」，我們對於文本的研究始終停留在字句和義理的層面，並沒有真正因為信耶穌是基督「得生命」。靜觀心禱不僅使得我們更深地經歷與上帝在位格性的生命上的合一，也必然會使得我們在真理和愛心上更加能夠欣賞周圍信者與不信者生命中一切來自上帝的恩典和亮光，最大程度地得見上帝的護理的膀臂，最大程度地以善意和愛心理解別人，最大程度地歸榮耀於上帝。

四、靜觀的超脫與行動的執著

1、身體活動與理智活動。 對靜觀的重視源遠流長，在柏拉圖和亞里斯多德的著述中就已經有清楚的論述。在柏拉圖晚年所寫的《蒂邁歐篇》中，他把人的活動分成兩類，一類是滿足今生

各種欲望的身體活動，二是探究真理真相的理智活動。「當一個人耽於愚頑，孜孜不倦地追求欲望的滿足時，他的全部思想必定是有生滅的，為了能夠實現他的目的，他必定是完全可朽的，因為他十分重視他的有生滅的部分。熱忱地喜愛知識與真正智慧的人，使用理智多於使用身體其他部分的人，必定擁有神聖的、不朽的思想，要在人性所能分有的不朽性的範圍內獲得真理，他一定要完全不朽，因為他永遠珍視神聖的力量，並使他身上的神性保持完美，他能夠得到至高無上的幸福」[110]。

　　柏拉圖的閃光之處就是把靜觀上升到神聖不朽的地位，上承蘇格拉底，下啟亞里斯多德，開創了西方哲學和宗教中把靜觀與幸福聯繫在一起的傳統。深刻的靜觀給人帶來的是深刻的幸福，那些沒有靜觀體驗的人永遠只能停留在膚淺的感性認識和快樂之中，他們忙於用各種外在的活動來消遣自己的時間，用各種物質的享受來消解心中的寂寞，不能通過安靜的思考而使自己的**靈魂**上升到永恆層面。

　　2、幸福與靜觀。亞里斯多德在談及人生幸福時，更加直接而明確地把幸福與靜觀聯繫在一起，認為「諸神的實現活動，那最為優越的福祉，就是靜觀。人的實現活動與此最相近的就是幸福的真諦。其他動物不能享有幸福，因為它們完全沒有這種靜觀。諸神的全部生活都是幸福的，而人的幸福的程度則是與這種實現活動相似，但其他動物則無法享有這種幸福，因為牠們完全不能靜觀。人有多大程度的沉思，就有多大程度的幸福；在靜觀

110　柏拉圖，《蒂邁歐篇》，90 b-d，引自《柏拉圖全集》，王曉朝譯（北京：人民出版社，2003 年），343 頁。

上越是完全的人,也就越是享有真正的幸福。這不是因為偶性,而是因為靜觀本身的性質。靜觀本身就是有價值的。因此,幸福一定是某種形式的靜觀」[111]。

在亞里斯多德的闡釋中,靜觀不僅使得人與動物迥然有異,並且使得人無限地接近神靈的幸福。作為基督教思想的集大成者,湯瑪斯‧阿奎納在思想上為亞里斯多德施洗,強調人的本質性屬性在於人的理性,最能夠實現並滿足人的本質屬性的幸福就是思考,而靜觀則是聖靈光照之下最深度的思考和幸福。[112]

雅和博經學提倡的是個人能夠得到的最大程度的智慧和幸福,要得到這樣的大智慧和大喜樂必須在靈修上走靜觀的路子,而基督徒的靜觀絕不是反智主義,而是在聖靈光照下尋求上帝賜給的智慧,使得在思想上能夠具有判斷力。那些不能安靜思考也不願意靜觀心禱的人,不管他們口裡聲稱自己相信什麼,不管他們在各種外在的宗教行動上如何火熱,他們的結局都是可憂可怕的。正如彼得所言,「這些人是無水的井,是狂風催逼的霧氣,有墨黑的幽暗為他們存留」(彼後 2:17);「是沒有雨的雲彩,被風飄蕩;是秋天沒有果子的樹,死而又死,連根被拔出來;是海裡的狂浪,湧出自己可恥的沫子來;是流蕩的星,有墨黑的幽暗

---

111 Aristotle, *Nicomachean Ethics* X.8.1178b18-32. 此處譯文為筆者翻譯,中文譯本參考廖申白譯《尼各馬可倫理學》,頁 310;英文譯本參考 Jonathan Barns 編輯的 *The Complete Works of Aristotle* (Princeton University Press, 1995), Vol. 2, p. 1863.

112 See Rebecca Konyndyke DeYoung, Colln MeCluskey and Christina Van Dyke, *Aquinas's Ethics: Metaphysical Foundations, Moral Theory, and Theological Context* (Notre Damem Indiana: University of Notre Dame Press, 2009).

為他們永遠存留」（猶 12-13）。

3、**悲觀主義與樂觀主義**。深刻的靜觀使得我們深刻地認識上帝、自身和世界，使我們的心完全歸向上帝，對於自我和世界都能保持冷靜的超脫之情，深知我們自己在這個世界上不過是匆匆過客，我們的身體不過是我們臨時居住的帳篷，這個世界本身並不是我們最終的家園，我們在這個世界上的身分也不過是一種試煉和考驗，並不是我們永遠的身分。因此，摩西在曠野的靜觀中發出深刻的感歎：「主啊，你世世代代作我們的居所。諸山未曾生出，地與世界你未曾造成，從亙古到永遠，你是上帝。你使人歸於塵土，說：你們世人要歸回。在你看來，千年如已過的昨日，又如夜間的一更。你叫他們如水沖去；他們如睡一覺。早晨，他們如生長的草，早晨發芽生長，晚上割下枯乾。我們因你的怒氣而消滅，因你的忿怒而驚惶。你將我們的罪孽擺在你面前，將我們的隱惡擺在你面光之中。我們經過的日子都在你震怒之下；我們度盡的年歲好像一聲歎息。我們一生的年日是七十歲，若是強壯可到八十歲；但其中所矜誇的不過是勞苦愁煩，轉眼成空，我們便如飛而去。」（詩 90:1-10）

但是，摩西並沒有停留在這樣的人生無常感歎之中，而是把深刻的悲觀主義的觀感落實到同樣深刻的樂觀主義的行動之中：「願你的作為向你僕人顯現；願你的榮耀向他們子孫顯明。願主—我們上帝的榮美歸於我們身上。願你堅立我們手所做的工；我們手所做的工，願你堅立。」（詩 90:16-17）可見，在詩篇 90 篇中，摩西的祈禱充滿了靜觀與行動的深度合一。

4、**基督徒的超脫**。必須注意的是，我們所主張的通過靜觀而達到的超脫與佛教、印度教等東方宗教所主張的超脫有著本質

性的不同。《般若波羅蜜多心經》談及人的心靈的超脫:「心無掛礙。無掛礙故,無有恐怖,遠離顛倒夢想,究竟涅槃。」但是,佛教徒所達到的這種超脫無執的境界有其自欺欺人之處,就是他們否定上帝的存在,這就使得他們所說的涅槃境界在形而上的深度上喪失了終極性的意義。他們否定上帝的啓示和律法,這就使得他們一切的境界都喪失了客觀性的標準,在現實生活中喪失了絕對性的價值。

在印度教中行動瑜伽(Karma-yoga)強調在超驗知識的淨化之下,眞正的智者忠心地完成在這個世界中當盡的道德本分,同時內心卻不執著於行動的結果,不爲物役,不爲形裁,始終享受平靜、超脫之樂。正如在印度教經典《薄伽梵歌》18章6節所歌頌的那樣:「這些活動都當進行,但不要有執著之心,就是不要期望結果如何,應當把這些活動視爲義務去完成。」印度教主張以敬虔的愛心去工作,去行動,這樣就不會受到工作和行動本身的捆綁,正如《薄伽梵歌》5章7節所歌詠的那樣:「那以敬虔之心工作的人,就是純正的人,他已經控制了自己的思想和感覺。他愛每一個人,每一個人都愛他。雖然他始終在行動,但卻永遠不會受其捆綁。」[113]

此處所充滿的不過是蠱惑人心的宗教語言,因爲不管個人在靈修上達到什麼樣的境界,他都不會達到愛每個人的地步,他也不可能贏得每個人的愛戴,即使耶穌基督在這個世界上道成肉身的時候也是有所愛有所憎,他也只是得到一部分人的喜愛和信

---

113 A. C. Bhaktivedanda Swami Prabupada, *Bhagavad-Gita As It Is* (Los Angeles, California: Bhaktivedanda Book Trust International, 1989), p. 250.

靠,同時受到另外一部分人的憎惡,甚至那些不贊同他的人最終用卑劣的手段把他殺死在十字架上。佛教徒否定上帝的存在,最後把自己提升到「天上地下,唯我獨尊」的地步;印度教徒承認上帝的存在,但他們的上帝最終顯明爲冷酷無情的毀滅者。

5、靜觀與智慧。當然,對於基督徒而言,我們在智慧上當更進一步。首先,我們既要注重工作,也要注重工作的成果本身,甚至也可以坦然地享受上帝賜給我們的工作成果。上帝在其聖約和律法中明確地闡明了我們行動的後果(利26;申28)。正如保羅對律法的解釋一樣:「就如摩西的律法記著說:『牛在場上踹穀的時候,不可籠住牠的嘴。』難道上帝所掛念的是牛嗎?不全是爲我們說的嗎?分明是爲我們說的。因爲耕種的當存著指望去耕種;打場的也當存得糧的指望去打場。」(林前 9:9-10)

其次,我們不要認爲我們能夠愛到這個世界上的每一個人,更不要期望我們所遇到的每一個人都愛我們!因爲就連主耶穌基督這樣完全的人也被人釘死在十字架上,我們只要按照上帝的旨意去行就好了。因此,保羅說:「我現在是要得人的心呢?還是要得上帝的心呢?我豈是討人的喜歡嗎?若仍舊討人的喜歡,我就不是基督的僕人了。」(加 1:10)關鍵是我們的所是所行要合乎上帝的旨意,並且要有謙卑之心。別人說我們好,並不能增加我們的美德;別人說我們壞,也不能減損我們的美德。因此,保羅說:「我被你們論斷,或被別人論斷,我都以爲極小的事;連我自己也不論斷自己。我雖不覺得自己有錯,卻也不能因此得以稱義;但判斷我的乃是主。所以,時候未到,甚麼都不要論斷,只等主來,他要照出暗中的隱情,顯明人心的意念。那時,各人要從上帝那裡得著稱讚。」(林前 4:3-5)基督徒在上帝面前認識

到自己的有限性，絕不會把自己放在無所不知、無所不能、無所不在的地位。因此，在基督教教理神學中，首先強調的就是造物主上帝與受造物之間本質性的不可逾越的差距。我們在密契神學中所強調的合一，絕不是與上帝在本質上達成的合一，而是按照上帝的聖約在上帝的旨意中達成的生命性的契合。

6、靜觀與工作。靜觀使我們達到的這種超脫之情並不影響我們在這個世界中的行動。相反，越是通過靜觀而培養出清醒、冷靜的超脫之情，我們越是能夠積極地投身到我們在這個世界上當完成的責任中去，無怨無悔，不計代價。正如孟子所言：「雖千萬人，吾往矣！」[114] 即使有千萬人攔阻，也要勇往直前！冷靜的頭腦，與火熱的心腸，二者並不矛盾。正如主耶穌基督所做的那樣，他明明知道在耶路撒冷會受到逼迫和殺戮，但他毅然前往：「我父所給我的那杯，我豈可不喝呢？」（約 18:11）保羅也是如此義無反顧：「現在我往耶路撒冷去，心甚迫切，不知道在那裡要遇見甚麼事；但知道聖靈在各城裡向我指證，說有捆鎖與患難等待我。我卻不以性命為念，也不看為寶貴，只要行完我的路程，成就我從主耶穌所領受的職事，證明上帝恩惠的福音。」（徒 20:22-24）

因此，深刻的靜觀使得我們具有高度的自覺性，正是這種高度的自覺性，使得我們的行動具有自覺自願、無怨無悔的崇高價值。美國清教徒約翰‧克頓（John Cotton, 1584-1652）談及這種入世與出世的結合：「每一個有生命的聖潔基督徒都有另外一種奇妙的美德組合：對於自己在世上的工作勤勤懇懇，同時又向世

114《孟子公‧孫醜章句》。

界而死。這樣的奧祕沒有人讀懂,只有他們明白。」[115] 這就是馬克斯・韋伯所強調的「新教徒倫理」(the Protestant ethic),這種倫理的祕訣就在於新教徒深信上帝的揀選和同在,同時又通過行動和工作增加自己的確信,造福他人,見證福音,歸榮耀於上帝。上帝把我們置於世界之中,不是讓我們只是在教堂裡哼哼唱詩,滿足於神祕的宗教儀式;也不是讓我們僅僅在修道院裡靜觀默想,只是自我感覺良好;而是讓我們在世界中擔任上帝百般恩賜的好管家,通過具體的工作來榮耀上帝。在世界中修道修德,在工作中靜觀默想,以世界為我們的修道院,以修道院為磨煉品格的基地,這就是加爾文和清教徒的靈修觀的精義。

7、靜觀與上帝的引領。耶穌基督的門徒是真正深刻的靜觀者,也必然是真正積極的行動者。這種靜觀和行動之間的知行合一不僅是基督徒當追求的,更是上帝賜給真心追求的基督徒的恩賜。瑪利尤震分析說:「要知道這種和諧的結合並非由先知巧妙地事先加以安排,比如要做多少外界的活動和多少神業工夫,也不是先知謹慎地在靈魂與天主親密交往和滿足傳教工作兩者間建立了平衡;而是掌握並推動先知的天主在先知的生活中,實現了內心渴望與完成使命之間的和諧與平衡。先知始終不斷地追求天主,同時也不斷地投入天主在他內心和外在的行動。他把自己交付給天主,所有的一切行動都為祂。他讓天主來安排自己,任由天主把他留在曠野裡或派他到這裡或去那裡。他不斷地把自己交付天主,這種交付使他和自己的天主建立了最神祕的親密關係,

---

115 Quoted from Perry Miller, ed. *The American Puritans: Their Prose and Poetry* (New York: Columbia University Press, 1956), p. 171.

推動他去執行最大膽的任務。但是，在一切行動完成了以後，又不斷地把他領回到那居於曠野中的天主那裡去。我站在永生上主的面前！靜觀和行動之間的和諧，是天主智慧親自的賜予：一方面是由於天主對先知的掌握與傾注，另一方面是先知對天主的忠貞不二。」[116] 因此，靜觀與行動的平衡首先不是來自任何人的安排或努力，而是來自上帝本身的引領；其次，經過在靜觀心禱中得蒙上帝親自引領的人，不管環境逆順，他們都能夠得見並滿足與上帝的同在。

基督徒的靈修就是密契與克修的合一。通過靜觀為特徵的密契靈修的操練，我們更多地經歷、享受上帝的大愛，使我們恩上加恩，力上加力，預備我們積極地投入到愛主愛人的行動中去；通過以行動為特徵的克修生活的操練，我們更多地愛人如己，關愛世界，同時在具體的行動中經歷上帝的同在，榮耀上帝的聖名，拓展上帝的國度，使得更多的靈魂歸入上帝的救贖大愛。靜觀注重的是內在的生命體驗，克修強調的是外在的生命行動。不管是在靜觀之中，還是在行動之中，主耶穌基督都是我們的君王、救主和朋友。

五、個人靈修與社會行動的合一

1、聖徒與英雄。基督徒個人的靈修是為了更好地在社會行動中榮耀上帝。我們切切不可把個人靈修與社會行動隔離開來，甚至把個人靈修當作逃避社會責任和行動的藉口。恰恰相反，我們應當通過長期的深刻的個人靈修來培養聖徒與英雄的品格，這

---

116 瑪利尤震，《我要見天主》，頁 574。

樣就使得我們能夠更加自覺、有序、勇敢地投入到社會行動中去，在社會變革和文化更新中發揮光與鹽的作用。聖徒的品格在於內在生命的分別爲聖，英雄的品格在於社會責任的敢於擔當。基督徒的內聖外王就是從靜觀性的內在生命走向行動性的社會責任，在這個彎曲悖謬的時代像「明光照耀」（腓 2:15）。

非常重要的是，對於基督徒而言，靜觀的生命是爲了行動的生命，聖徒的修養是爲了英雄的壯舉。靜觀使得我們實現上帝賜給我們的生命，成爲眞正的聖徒；行動使得我們實現上帝賜給我們的使命，成爲眞正的英雄。不管是在靜觀還是在行動中，保守並衡量我們的靜觀的純正與行動的神聖標準都是上帝所啓示的律法，這是確保我們在靜觀和行動中不至於走火入魔的保障，因此，詩篇 1 篇就明確強調：「不從惡人的計謀，不站罪人的道路，不坐褻慢人的座位，惟喜愛耶和華的律法，晝夜思想，這人便爲有福！」（詩 1:1-2）

2、先知精神與社會責任意識。基督教本身就是行動的宗教，具有極強的社會責任意識。先知的精神絕不僅僅是首先知道，而是作爲上帝的使者、社會的良心而發出正義的聲音。正如耶穌基督第一次公共見證所宣讀的經文一樣：「主的靈在我身上，因爲他用膏膏我，叫我傳福音給貧窮的人；差遣我報告：被擄的得釋放，瞎眼的得看見，叫那受壓制的得自由，報告上帝悅納人的禧年。」（路 4:18-19）我們所傳的福音一定要面對「貧窮的人」的問題，要面對「受傷的心靈」，面對「被擄的」、「瞎眼的」、「那受壓制的」！

不僅是在靈命上，也包括在社會層面上，耶穌基督的福音都是使人「得自由」的好信息。因此，我們不僅要面對個人性的

罪，也要面對制度性、結構性、社會性、民族性、群體性、政黨性的罪。這是先知一貫性的信息，正如彌迦所強調的那樣：「世人哪，耶和華已指示你何為善。他向你所要的是甚麼呢？只要你行公義，好憐憫，存謙卑的心，與你的上帝同行。」（彌 6:8）如果我們不關心社會公義的問題，我們的靈修在上帝眼中就是可憎可惡的故意逃避、假冒為善，正如上帝藉著先知阿摩司所表達的那樣：「我厭惡你們的節期，也不喜悅你們的嚴肅會。你們雖然向我獻燔祭和素祭，我卻不悅納，也不顧你們用肥畜獻的平安祭；要使你們歌唱的聲音遠離我，因為我不聽你們彈琴的響聲。惟願公平如大水滾滾，使公義如江河滔滔。」（摩 5:21-24）

基督教最大的危險就是被權貴收買，成為專制與暴政的鷹犬，為其塗脂抹粉，搖尾乞憐，同流合污。在先知耶利米的時代教會就墮落到了這種地步：「我在撒馬利亞的先知中曾見愚妄；他們藉巴力說預言，使我的百姓以色列走錯了路。我在耶路撒冷的先知中曾見可憎惡的事；他們行姦淫，做事虛妄，又堅固惡人的手，甚至無人回頭離開他的惡。他們在我面前都像所多瑪；耶路撒冷的居民都像蛾摩拉。所以萬軍之耶和華論到先知如此說：我必將茵蔯給他們吃，又將苦膽水給他們喝；因為褻瀆的事出於耶路撒冷的先知，流行遍地。」（耶 23:13-15）那些自詡屬靈，卻故意逃避政治問題和社會責任的人，已經在不知不覺中淪為魔鬼的工具。

3、基督徒的品格與行動。在馬太福音所記載的耶穌基督的教訓中，他首先從基督徒的品格講起（太 5:1-12），然後談及基督徒在社會上當有的地位和作用，就是「地上的鹽」、「世上的光」、「山上的城」和「燈檯上的燈」，並且強調：「你們的光也

當這樣照在人前,叫他們看見你們的好行為,便將榮耀歸給你們在天上的父。」(太 5:16)此處耶穌基督所強調的就是基督徒的行動,特別是基督徒在社會中的行動。

最後,耶穌基督甚至把最後的審判與我們在社會上的行動聯繫在一起,強調我們應當關照那些貧窮的人,接待那些客旅,到監獄裡去探訪那些坐監的人。耶穌從正面強調說:「這些事你們既做在我這弟兄中一個最小的身上,就是做在我身上了。」(太 25:40)然後,耶穌從反面強調說:「這些事你們既不做在我這弟兄中一個最小的身上,就是不做在我身上了。」(太 25:45)因此,基督徒的靈修絕不是獨善其身,更不是明哲保身,而是義無反顧地在社會中伸張公義,彰顯慈愛。這恰恰就是聖徒品格中核心性的檢驗:「為義受逼迫的人有福了!因為天國是他們的。『人若因我辱罵你們,逼迫你們,捏造各樣壞話毀謗你們,你們就有福了!應當歡喜快樂,因為你們在天上的賞賜是大的。在你們以前的先知,人也是這樣逼迫他們。』」(太 5:10-12)這當然也是基督徒靈修境界最好的檢驗,就是我們有沒有為義受過逼迫?那些不關心社會問題,不知道民間疾苦,沒有為社會公義問題進行抗爭的人,他們對執政掌權的人或者是一味屈從,奴顏婢膝,或者是阿諛逢迎,吮癰舐痔,當然不會受到那些有權有勢之人的任何逼迫,這種被馴化的獅子實際上已經成為掌權者的高級玩物。

另外,沒有積極的對社會公義的關懷和投入,我們就會把基督徒生活變成一種宗教和文化上的時尚,把讀經禱告去教會當成一種具有貴族和小資情調的有閒階層的消遣,甚至會利用宗教之名集資斂財,姦淫放縱,褻瀆上帝,絆倒他人,正如保羅所責備的那樣:「你既是教導別人,還不教導自己嗎?你講說人不可偷

竊,自己還偷竊嗎?你說人不可姦淫,自己還姦淫嗎?你厭惡偶像,自己還偷竊廟中之物嗎?你指著律法誇口,自己倒犯律法、玷辱上帝嗎?上帝的名在外邦人中,因你們受了褻瀆,正如經上所記的。」(羅 2:21-24)

4、靜觀與傳道人的完全。深刻的靜觀必然帶來勇敢的行動。通過深刻的靜觀,我們的行動不再是出於一時情緒性的感動,也不再是出於個人利益的考量,更不是受周圍環境和時尚的影響,而是來自與上帝的相交,來自我們個人在上帝面前的領受。

當然,偏離聖經的靜觀確實會使得我們偏離社會與行動,但合乎聖經的靜觀必然使我們更加積極、自覺、堅定地投入到愛主愛人的社會行動中去。正如阿奎那所分析的那樣:「有些人在靜觀上帝時經歷到如此大的喜樂,以至於他們不願意離開這種靜觀和喜樂,即使為了拯救他們的弟兄姐妹而事奉上帝也不願意。當然,也有些人在這種神聖的靜觀中達到愛的巔峰,他們在其中經歷到極大的喜樂,但他們仍然願意通過事奉弟兄姐妹而事奉上帝,把這種愛的巔峰和極大的喜樂重新表達在這樣的事奉之中。使徒保羅所達到的完全就是這樣的完全。傳道人所擁有的完全也應當是這樣的完全。」[117] 使徒彼得在得見耶穌基督登山變像的時候也曾經有這樣的感受:「過了六天,耶穌帶著彼得、雅各,和雅各的兄弟約翰,暗暗地上了高山,就在他們面前變了形像,臉

---

117 From Thomas Aquinas, Quaestio disputata de caritate, art. 11, resp. 6, quoted from Chenu, *Aquinas and His Role in Theology*, p. 44.

面明亮如日頭，衣裳潔白如光。忽然，有摩西、以利亞向他們顯現，同耶穌說話。彼得對耶穌說：『主啊，我們在這裡真好！你若願意，我就在這裡搭三座棚，一座為你，一座為摩西，一座為以利亞。』」（太 17:1-4）

但是，最終耶穌還是帶領他們下山傳道。因此，對於基督徒而言，我們既要上山學習，也要下山建造。上山學習的目的，就是為了下山建造。因此，基督徒絕不是為靈修而靈修，而是通過靈修來潔淨自己，預備自己，使自己成為更合乎上帝使用的器皿，從而更有能力在社會和行動中榮耀上帝，造福他人。

5、**靜觀與對待暴政**。值得我們注意和深思的就是，關心社會公義問題並不意味著直接用革命或暴力手段反對暴政暴君，更重要的是我們自己首先悔改，面對自身內在的問題。在舊約時代，當以色列教會悖逆的時候，上帝就特別興起暴君尼布甲尼撒王，並且吩咐以色列人順服，否則就是自取滅亡：「現在我將這些地都交給我僕人巴比倫王尼布甲尼撒的手，我也將田野的走獸給他使用。列國都必服事他和他的兒孫，直到他本國遭報的日期來到。那時，多國和大君王要使他作他們的奴僕。無論哪一邦哪一國，不肯服事這巴比倫王尼布甲尼撒，也不把頸項放在巴比倫王的軛下，我必用刀劍、饑荒、瘟疫刑罰那邦，直到我藉巴比倫王的手將他們毀滅。這是耶和華說的。至於你們，不可聽從你們的先知和占卜的、圓夢的、觀兆的，以及行邪術的；他們告訴你們說：『你們不致服事巴比倫王。』他們向你們說假預言，要叫你們遷移，遠離本地，以致我將你們趕出去，使你們滅亡。」（耶 27:6-10）

加爾文對於此類現象解釋說：上帝在政治生活中設立了各種

權威,「即使這種權威落在那些極其不配得的人身上,即使他們用他們自己的惡行玷污了這種權威,這種權威本身仍然充滿了可敬的尊嚴。既然糾正這種無法無天的暴政要有上帝來報應,我們就不要認為這種責任託付給了我們,上帝給我們的吩咐就是順服和受苦」[118]。當然,我們對於世上任何執政者的順服都不是無條件的,唯獨上帝配得這樣的順服。有時,我們順服、忍受暴政合乎上帝的旨意,但加爾文也承認:「有時上帝在他的眾僕中興起復仇者,吩咐他們武裝起來,懲罰那邪惡的征服,解救上帝的子民,使他們脫離所遭受的不公正的壓迫,脫離可怕的苦難。」[119]

6、耶穌基督的警戒。耶穌基督所處的時代也是如此,那時以色列教會非常敗壞,上帝就興起羅馬帝國來管教他們,使他們處於羅馬帝國的軍事佔領之下。當時的以色列人不思悔改,卻想通過軍事手段推翻羅馬帝國的統治。耶穌所傳講的信息似乎是迴避和妥協的信息,並沒有受到當時以色列教會主流群體的歡迎。罪人總喜歡用快捷的方式來解決外部的問題,並不知道我們外部的一切問題都是人類內在罪性的流露與展現。如果不願意對付我們內在的邪情私慾,我們外在的一切改革或革命都不過是頭疼醫頭,腳疼醫腳而已。正如耶穌所警戒的那樣:「你們這假冒為善的文士和法利賽人有禍了!因為你們洗淨杯盤的外面,裡面卻盛滿了勒索和放蕩。你這瞎眼的法利賽人,先洗淨杯盤的裡面,好叫外面也乾淨了。你們這假冒為善的文士和法利賽人有禍了!因為你們好像粉飾的墳墓,外面好看,裡面卻裝滿了死人的骨頭和

---

118 加爾文,《敬虔生活原理》,312頁。
119 同上,311頁。

一切的污穢。你們也是如此，在人前，外面顯出公義來，裡面卻裝滿了假善和不法的事。」（太 23:25-28）

7、基督徒與君子品格。中國傳統文化中的理想人格就是儒家所提倡的「君子」。人們常說「半部論語治天下」。此處的「治天下」要落實到做個人「修身」，做個君子。《論語》對君子有兩個要求，一是仁，二是禮，君子就是仁禮統一的人。子曰：「質勝文則野，文勝質則史。文質彬彬，然後君子。」[120] 因此，君子就是一個內在道德品質與外在儀表行為優美地統一起來的人。

謝文郁先生指出：「《論語》收集了上百條孔子關於君子的言論。歸結起來，孔子認為，君子是一種完善的人格；一個社會能否出現一批君子，是這個社會是否走向仁治的關鍵一環。」[121] 吳經熊先生用《君子和小人》來翻譯聖經詩篇第 1 篇：「長樂唯君子，為善百祥集。不偕無道行，恥與群小立。避彼輕慢徒，不屑與同席。優遊聖道中，涵泳徹朝夕。譬如溪畔樹，及時結嘉實。歲寒葉不枯，條鬯永無極。哀哉不肖徒！與斯天淵別。悠悠逐風轉，飄飄如糠屑。天心所不容，群賢所棄絕。我主識善人，無道終淪滅。」這種翻譯深契中國文化和聖經啟示的精神。在耶穌基督裡真正的聖徒，必然是勝過世人所崇仰的真正的君子；當然，要成為中國人所崇仰的真正的君子，而不是假冒為善，一定要在耶穌基督裡認罪悔改！

---

[120]《論語・雍也》。
[121] 謝文郁，〈君子困境和罪人意識〉。

六、靜觀、行動與基督徒的靈婚

1、密契神學的處境化。約翰森（William Johnston）在談及今日密契神學的時候，認為首要的關注就是密契神學本身的更新。傳統密契神學幾乎都是專門為那些在修道院裡修行的修士修女預備的，目的就在於說明這些專業性的宗教人士能夠尋求上帝和智慧，得到一定的培訓。但今日時代是平信徒的時代，大多數基督徒都是結婚的男男女女，他們分散在工廠、課堂、實驗室、辦公室等職場上。密契神學的更新必須考量如何使這些人能夠在他們的職場上、在日常繁忙的生活中經歷上帝的同在，因此傳統的密契神學需要處境化。約翰森特別強調說：密契神學「絕不能忽略婚姻問題，必須考察性在密契生活中的角色」[122]。尤其是在今日性文化氾濫的時代，我們更需要明白上帝在婚姻與兩性關係方面的旨意。當然，此處我們對於此類問題只能一帶而過，我們的注意力集中在上帝、基督與個人靈魂之間的關係上。

2、基督徒的靈婚。基督徒的靈婚包括兩個方面：基督徒的婚姻以及基督徒在靈魂上與上帝之間屬靈的婚姻。首先，基督徒的婚姻本身就是屬靈的。我們不能像天主教的修士修女一樣，認為出家修行才是更好的靈修之道。基督徒當在夫妻關係中效法耶穌基督，從夫妻相愛合一的關係中體會基督與教會的關係。性欲是上帝賜給人的巨大的能量，不僅能夠幫助夫妻生兒育女，也能夠使他們互相愉悅，身心健康，加深彼此之間心靈的契合。我們

---

[122] William Johnston, *Mystical Theology: The Science of Love* (London: Harper Collins Publishers, 1995), p. 10.

不能人為地壓抑個人的性欲，當然也不能沉溺在其中不能自拔，而是尋求按照上帝的旨意使我們的性欲得到滿足和昇華。婚姻就是上帝設定的男女互相作伴、彼此滿足、生兒育女的制度，因此婚姻內夫妻之間的性關係不僅得蒙上帝的特別保守，並且夫妻也能夠在性關係中默想、經歷上帝造物的奇妙以及教會與基督相連的奧祕，從而使個人的性欲不斷得以昇華，更加明白上帝與人之間彼此相屬相愛的關係。當然，我們也承認有人有畢生獨身的恩賜，也有很多基督徒因為身體或境遇的緣故而保持獨身。不管獨身的原因是什麼，獨居的基督徒也當把自己完全地奉獻給主，通過深刻的靈修來經歷上帝的同在和親密，通過積極的行動來彰顯上帝的榮耀和美德，使自己的情欲在靈修和善行中得到昇華。

3、**基督徒與基督的靈婚**。基督徒與基督的靈婚是指我們的靈魂與基督聯合，成為基督的新娘，基督成為我們的良人。伯納德在講解雅歌的時候強調：「之所以用『新郎與新娘』的關係來表達『基督與人』之間感情，是因為沒有其他的比喻能比這個比喻更美、更貼切的了。處在這種愛的相互關係中的人，彼此共用一切，他們同在一個居住地、同坐一張飯桌，事實上，他們共用『一體』。」[123] 大德蘭強調，上帝以屬靈的方式和靈魂成婚，賜給人心靈滿足和安慰，這「純然是愛與愛的結合，其運作是至極純潔的，也是這麼地極靈巧和溫柔，無法言喻，但上主卻懂得如何使人非常清楚地感受到」[124]。從法理的角度而言，當我們信主的時候，我們已經與基督和上帝聯合。但只有在靈修過程中，我們才

---

123 侯士庭編輯，《至聖至愛‧屬靈之誼》，頁 236。
124 大德蘭，《靈心城堡》，第五住所，3 章 3 節，頁 146。

能經歷到這種與主合一的狀態。

4、被動靜觀與神祕婚姻。這種靈婚並不是由個人的意思隨時達到的，乃是在被動性的靜觀中由上帝賜給的，來自上帝格外的恩典。因此，這種靈婚又被稱為「神祕婚姻」（mystical marriage）。因為這種婚姻給人生命帶來的巨大的影響，又被稱為「更新的聯合」、「轉化的聯合」（transfoming union）。對於基督徒而言，此前一切生命的改變，都有個人主觀的努力，唯獨在這種靈魂的狀態中，人的生命的轉化完全是被動的，正如我們當初重生得救一樣。到達這一階段的時候，上帝呼召我們「獨處」——獨自面對上帝；上帝也呼召我們「出去」——服事整個世界。這就是基督徒的雙重呼召。[125] 這就是華人傳道人常講的「山上學習，山下建造」。我們在本書中所強調的內在生命與國度事奉的合一、福音使命與文化使命的合一，就是這種兩重呼召的合一。上帝呼召所有的選民悔改得救，但並沒有呼召所有基督徒都進入這種靜觀心禱與使命承擔的境地。正如耶穌基督在其按才受託的故事中所表明的那樣，即使在同蒙呼召的上帝的選民之中，上帝給人的恩賜也不相同，上帝賜給一些人一千兩，賜給一些人兩千兩，還賜給人遠超過前兩者加在一起的總量的恩賜，就是五千兩。當然，上帝多給我們，就給我們多要，我們自己並沒有可誇口之處。

5、基督徒靈婚四大階段。個人靈魂與基督的靈魂包括訂婚——自覺地立志成為基督的新娘；結婚——時刻追求在靈裡與基督的結合；共同生活——完全按照基督的心意生活；生兒育

---

125 參考彭順強，《兩千年靈修神學歷史》，254-257 頁。

女——通過靈修、傳道、牧養帶領人成為上帝的兒女。這種靈婚也是大德蘭在其《靈心城堡》中所描述的第七層內室時靈魂與上帝的關係。在這層內室中，靈魂就像「雨落進河流之中」，「沒有辦法能將它們分開」。也像「一縷曙光」，穿過視窗進入房子，與房子合成一體。[126] 個體靈魂與至尊上帝之間這種生命性、神祕性的結合乃是密契神學的精華和至境。這樣的恩賜並不是賜給所有人的，上帝賜給誰，就賜給誰。

6、**夫妻關係與靜觀**。在夫妻結合中有行動的契合，也當有靜觀的深入。這種靜觀乃是超越身體與心理層面的心靈的迷醉、平安和狂喜。基督徒夫妻之間的性關係不僅當保守一男一女、一夫一妻、一生一世的模式，並且始終應當把對方視為同樣具有上帝形象的人，不是我們可以隨時使用或丟棄的工具。夫妻相愛相悅，彼此委身，互相體貼，從中我們可以體會到耶穌基督對教會的大愛。那些單身的弟兄姐妹，也可以通過靈修密契而在心靈深處體驗到個人與上帝的契合：「你必將生命的道路指示我。在你面前有滿足的喜樂；在你右手中有永遠的福樂。」（詩 16:11）

七、基督徒的靜觀與東方神祕主義的不同

1、**基督徒靜觀是為了親近上帝**。基督徒的靜觀與一般佛教徒打坐冥想有著本質的不同，一般佛教徒不相信上帝的存在，他們的打坐、冥想的終極目的不過是個人性的覺悟，也就是認識自己，實現自己，即所謂的「覺悟」（self-realization）。基督徒的靜觀則是明確地等候上帝，歸回上帝，以上帝為中心，以上帝

---

126 德蘭，《內在城堡》，VII, 2, 4。

為依靠，從上帝那裡重新得力：「永在的上帝耶和華，創造地極的主，並不疲乏，也不困倦；他的智慧無法測度。疲乏的，他賜能力；軟弱的，他加力量。就是少年人也要疲乏困倦；強壯的也必全然跌倒。但那等候耶和華的必重新得力。他們必如鷹展翅上騰；他們奔跑卻不困倦，行走卻不疲乏。」（賽 40:28-31）簡言之，佛教是無神論，而基督教則是明確的有神論。佛教講究的是個人性的修行和覺悟，而基督教注重的則是上帝的創造與拯救之工，尤其是耶穌基督的代贖之工與聖靈的光照引領。

2、基督徒靜觀是享受上帝的同在。談及靜觀，很多基督徒容易把靜觀與佛教和東方神祕主義中的打坐、冥想混淆在一起，或者認為靜觀不合乎聖經，是宗教混合主義的做法。湯瑪斯·菲力浦指出（Thomas Philippe）：「真正的基督徒靜觀是把心思意念完全集中於上帝，就是活在上帝的同在之中，活在三一上帝的同在之中，並且是唯獨為了三一上帝的緣故（並不是因為他們豐富了他的思想）。這就是基督徒的靜觀與哲學的玄思、自然神祕主義的不同；後者的目標是獲得關於上帝的知識。但是，對於基督徒靜觀者而言，上帝以及與上帝同在，就是我們所關心的一切。」[127] 因此，我們所提倡的靜觀有其特定的含意，是指聖經中啟示、教會中教導的安靜等候上帝，放下自己的一切，仰望、觀看上帝的作為，聆聽上帝的微聲，明白上帝的心意。在這個意義上，每個基督徒都當靠著主的恩典竭力進入這樣的境界。「所以，我們應當離開基督道理的開端，竭力進到完全的地步」（來

---

127 Thomas Philippe, *The Contemplative Life*, trans. Carmine Buonaiuto (New York: Crossroad, 1991), pp. 14-15.

6:1)。我們不排除基督徒靜觀能夠使得我們更加認識上帝,但基督徒靜觀的目的不是為了獲取關於上帝的知識,而是直接享受上帝的同在。

3、基督徒靜觀的精義是愛主愛人。要避免各種虛假、膚淺的神祕主義,我們當以真誠的悔改之心來預備自己進入靜觀,要嚴於律己,培養美德,勤於行善,並且謙卑地以愛心來順服上帝為我們在家庭、教會和社會中設立的各種權威和秩序。正如車努所強調的那樣:「在基督徒靜觀的核心部分,我們所發現的不是對純粹概念的愛,而是對上帝的愛和我們的弟兄姐妹的愛。」[128]

因此,基督徒的靜觀不是要追求在知識上大徹大悟,而是更多地愛主愛人,投身到傳道牧靈的使徒性工作之中,在愛德上臻達完全。以「奧義書」(Upanishad,近坐,引申為「祕密傳授」)為代表的印度神祕主義雖然在後期發展中越來越轉向精神的內在和超越的領域,具有精神和超越的層面,但是,正如吳學國在其研究中所指明的那樣:「在奧義書接著的發展中,這種方式和超越不斷強化,導致思想完全沉浸在對精神的內在、超越本體的領會之中,完全喪失了對外在自然、對所有經驗和世俗東西的興趣,甚至把這些東西當做一種由人心中無明愚癡所生的無意義幻象。這種情況,又由於奧義書對非理性的一味境界的追求,對於差別性、個別性的否定而被加劇。其結果是使得自然科學的探討完全成為無意義的,公共的福利、世俗的倫理等等也喪失了應有的價值。尤其嚴重的是奧義書的強烈出世主義與非理性傾向的結合,導致對道德生活的蔑視,甚至是明確的非道德傾向。奧義書

---

128 Chenu, *Aquinas and His Role in Theology*, p. 46.

的非世俗化和非理性主義傾向，後來都轉化為印度民族精神的重要方面，是使印度文化幾千年來在個人精神自由方面達到了極高的境界，然而在道德思想方面無所成就，在科學方面也成果有限的主要原因。」[129] 奧義書注重的是奧祕，聖經注重的是啟示；奧義書使人喪失對於這個世界的興趣，而聖經自始至終都強調上帝賜給我們治理的使命與工作的呼召。

在雅和博經學中，我們在仁教方面強調教義神學和哲學體系，在心學方面強調密契神學和宗教體系，在法治方面強調道德神學和律法體系，在德政方面強調克修神學和政治體系。這四大方面系統化、有機性的結合，就使得我們從根本上避免了東方神祕主義非理性、反道德、反文化、反科學的傾向。更深刻的是，我們對於教義神學與密契神學的強調，一定要落實在對道德神學和克修神學的落實上。在雅和博經學所呈現的真理體系中，我們把哲學與宗教、道德與政治再次有機地結合在一起，從而徹底克服了西方自啟蒙運動以來哲學、宗教、道德與政治的分裂和對立，使得聖經所啟示的真理體系突破敵基督者的封鎖和宰割，再次以整全、活潑、有力的方式回到上帝的子民中間，使他們得著整全的裝備。

八、靜觀、密契主義與改革宗正統神學

1、靜觀與神祕主義。靜觀是神祕主義的精華，神祕主義是神學的精華。排除了神祕主義的神學，只能是乾巴巴的法理性辨

---

129 吳學國，《奧義書思想研究》（北京：人民出版社，2017 年），第一卷，序言，11 頁。

析與道德性說教，缺乏那種來自在「暗中」與上帝相交所帶來的生命力和感染力。「你禱告的時候，要進你的內屋，關上門，禱告你在暗中的父；你父在暗中察看，必然報答你」（太 6:6）。甚至儒家的程顥也有此類深刻的靜觀與神祕主義的感受：「閒來無事不從容，睡覺東窗日已紅；萬物靜觀皆自得，四時佳興與人同。道通天地有形外，思入風雲變態中；富貴不淫貧賤樂，男兒到此是豪雄。」[130] 因此，對於程顥而言，儒家的精粹是對生命之道的體悟。至於孟子所說的「富貴不能淫，貧賤不能移，威武不能屈」的大丈夫氣概，絕不是來自道德的教訓、行為上的勉強，而是來自內在生命的神祕體驗。

2、基督徒與神祕經歷。各種宗教都有神祕主義成分，即使那些唯物論者也能在歷史經驗和觀賞自然時興發形而上的追問，得到某種神祕主義的體驗。因此，作為改革宗的基督徒，我們不能一味排斥神祕主義，更不能以自己一知半解的「正統神學」的名義否定一切形式的神祕主義。摩西的一生和事奉始終伴隨著很多神祕的體驗，不僅是在領受上帝的律法的時候，「摩西就挨近上帝所在的幽暗之中」（出 20:21），他最終也是消失在茫茫大山之中：「耶和華將他埋葬在摩押地、伯·毘珥對面的谷中，只是到今日沒有人知道他的墳墓。」（申 34:6）保羅談及自己的神祕經歷：「他被提到樂園裡，聽見隱祕的言語，是人不可說的。」（林後 12:4）奧古斯丁在花園中聽到神祕的聲音：「拿起來讀！拿起來讀！」[131] 加爾文在談及自己信主的時候說：「通過一個突然

---

130 程顥，《秋日偶成》。
131 奧古斯丁，《懺悔錄》，8 卷 12 章。

的歸正,上帝征服我們的心思,賜給我們受教之心。」[132]

3、**靜觀心禱不受宗教或宗派限制**。很多基督徒擔心靜觀心禱在教義上會出問題,其實嚴格說來,靜觀心禱只是一種靈修方式,不受宗教或宗派限制。當代改革宗神學大師傅格森(Sinclair Ferguson)認為:「這種成聖方面的靜觀論似乎是超越宗派(路德宗、衛斯理宗)或神學(靈恩派、改革宗)的界限。」[133]

當然,在改革宗神學中,我們所強調的不是上帝的「未知性」和「隱祕性」,而是強調上帝已經通過基督和聖經俯就我們。我們能夠認識上帝,不是試圖超過理性的思維,而是把我們的認識和生活都降服在上帝已經賜給我們的啟示之下。另外,在改革宗的靜觀中,我們更多地強調思考耶穌基督的事奉,強調信靠耶穌基督已經為我們完成的救贖之工,祂已經使我們與上帝和好,我們的特權和責任就是使自己真正享受這種救贖與和好,也幫助別人能夠享受救贖之樂。

我們不僅靜觀基督的人性和受苦,更要沉思上帝通過基督的救贖而使我們因信稱義。我們更多注重的是耶穌基督及其救贖的歷史性與法理性,而不是個人經歷的神祕性和獨特性。對於基督徒而言,關鍵是以信心領受耶穌基督的代贖,正如改革宗神學家傅格森所強調的那樣:「靜觀不是得救之路,代贖才是得救之

---

132 J. Calvin, preface to *Commentary on the Book of Psalms*, trans. James Anderson, vol. 1 (Grand Rapids: Eerdmans, 1948), pp. xl–xli.

133 Sinclair Ferguson, "A Reformed Response," in Donald L. Laexander, ed. *Christian Spirituality: Five Views of Sanctification* (Downers Grove, Illinois: IVP Academic, 1988), p. 193.

路。」¹³⁴ 問題是沒有任何基督徒強調靜觀是得救之路，歷世歷代以來的基督徒一直強調的是靜觀是基督徒的靈修之路，我們不可把基督徒的靈修與得救混爲一談。

4、對贖罪的強調與靜觀的路徑可以並存。當然，傅格森的解釋反映出他自己對於教會史上靜觀心禱的理論沒有充分的研究，當然對於靜觀心禱本身更是缺乏直接的操練或經歷。因此，傅格森最後強調：「加爾文大膽地寫道，只有傻瓜才會追求對上帝本質的直接認識。加爾文用這樣尖銳的語詞到底要表明什麼呢？加爾文時時地地所關注的是確保基督的代贖之工。不管他怎樣敬佩密契主義路徑中那種令人驚歎的靈修工夫，他認爲，一旦這種靈修工夫把聖經中所強調的唯獨通過信心才能領受的贖罪轉向愛中的靜觀，就越過了聖經啓示的核心內容。當然，必須重重地強調的就是，對贖罪的強調與靜觀的路徑，二者並不是必然對立的，二者可以也應當是和平共存的。一些主張靜觀傳統的人，已經把二者結合起來，正如在改革宗傳統中一樣。如果不強調代贖是我們認識上帝的途徑，唯獨強調神祕性的靜觀，那就不那麼合乎聖經中所啓示的對於上帝的認識。改革宗基督徒在靜觀傳統中所尋求的就是這種平衡，可惜，他們並不認爲自己總是聽到足夠清晰的解釋。」¹³⁵

---

134 Sinclair Ferguson, "A Reformed Response," in Donald L. Laexander, ed. *Christian Spirituality,* p. 195.

135 Ibid., p. 196.

問題在於，不管我們怎樣在教理上強調唯獨通過信心才能領受的贖罪，沒有愛中的靜觀，基督徒的心靈仍然得不到安頓。尤其是在教牧實踐中，我們不能總是乾巴巴地向弟兄姐妹宣講因信稱義的教理，而是應當踏踏實實地教導弟兄姐妹如何過一種分別為聖的生活，而靜觀心禱則為基督徒的分別為聖提供了具體的路徑。我自己在多年的牧會中很少遇到弟兄姐妹詢問因信稱義的教義，大家更多的關注則是：既然我們因信稱義了，又如何分別為聖呢？目前大多數教會和牧者對於這樣的問題缺乏充分的研究和教導。不管是教會的牧者，還是平信徒，凡是對於信仰認真的人，都會想到靈修的問題。但是，可悲的是，目前基督教會中始終缺乏具體的公認的靈修路徑。筆者多年的嘗試和思路就是把改革宗教理神學與中世紀密契神學結合起來，在因信稱義的根基上，強調基督徒的分別為聖。在基督徒的分別為聖的過程中，強調中世紀所強調的靜觀心禱的傳統，求主憐憫帶領。

　　總之，毫無疑問，傅格森從教理的角度強調「對贖罪的強調與靜觀的路徑」二者是可以和平共存的。因此，改革宗神學並不必然排斥靜觀的靈修路徑。耶穌基督的代贖之工是歷史性、客觀性的，基督徒當然是以信心領受基督的贖罪，從而因信稱義，罪得赦免，這是基督徒的共識。但是，基督徒的靈修所強調的並不是因信稱義的問題，而是已經因信稱義的人如何通過愛的靜觀而更加認識上帝和耶穌基督，並在這種認識中使自己的生命得到更多的醫治與轉化。沒有耶穌基督的代贖，當然我們不能與上帝和好；但這並不意味著已經領受耶穌基督代贖的人，就不可以進行

神祕性的靜觀了。

更重要的是，從來沒有人把靜觀上升到「唯獨強調神祕性的靜觀」這樣的高度上來。幾個世紀以來，基督教所面對的問題從來不是唯獨強調靜觀，而是根本沒有多少人研究、體驗和教導靜觀，這也是不爭的事實。雅和博經學重新把中世紀基督教會靜觀靈修的傳統引進中國教會，唯願上帝祝福，使這樣的引進能夠幫助很多弟兄姐妹在靈修方面找到具體的路徑，從而在根本上解決目前教會中「得救有路，靈修無門」的困境。

5、靜觀與基督的顯現。在雅和博經學中，我們在堅持改革宗神學注重耶穌基督所完成的法理性代贖的前提下，強調基督徒當通過愛的靜觀而等候上帝的顯現，尋求上帝的光照，經歷上帝的親近，從而不斷加強個人與上帝在生命上的連結和契合。這種連結和契合通過長期而深刻的靜觀而得到堅固和更新，通過艱苦而卓絕的行動而得以體現和展開。

上帝的聖約為我們提供了靜觀與行動的基本框架，上帝的律法為我們提供了靜觀和行動的基本準則，耶穌基督已經完成的救贖之工為我們提供了靜觀和行動的歷史根基，聖靈上帝大能的同在為我們的靜觀和行動提供了永不枯竭的動力源泉。這種顯現是主耶穌基督向門徒們所應許的：「*有了我的命令又遵守的，這人就是愛我的；愛我的必蒙我父愛他，我也要愛他，並且要向他顯現。*」（約 14:21）馬太‧亨利（Matthew Henry）在注釋這節經文的時候明確強調：「有些人認為這是指向基督復活之後向祂的門徒們的顯現。但是，既然這一應許是賜給一切愛祂並守祂的諸般誠命的人的，就必須把這一應許解釋為是給予一切這樣愛祂的人的。有一種靈性的基督及其大愛的顯現，是所有的信徒都能得到

的。祂啓蒙他們的理性,使得他們認識祂的愛,認識到祂的愛的長闊高深(弗 3:8-9),激發他們的美德,吸引他們操練他們的美德,從而增加他們在祂裡面得到的安慰。那是祂堅固他們在祂裡面的證據,賜給他們愛的印記,使得他們經歷祂的溫柔,使得他們更加渴慕祂的國度和榮耀。這就是祂向他們顯現了。當然,祂願意向誰顯現,就向誰顯現。」[136] 因此,我們不能把主耶穌基督所應許的顯現僅僅侷限在祂復活之後向使徒們的顯現,這種顯現指向基督在歷史過程中按祂自己的美意而賜下的不受任何侷限的顯現。

6、靜觀與直視存在。靜觀乃是直視存在本身,為存在本身之美而震撼。世上很多人活在自己所假想的世界之中,為那些沒有價值甚至並不存在的問題而勞苦愁煩。靜觀使得我們安靜下來,直接分辨真假有無。我們的行動本身並不能使我們進入永恆和不朽,只有靜觀才能使得我們擺脫自身和世界的一切羈絆,完完全全地享受上帝的同在,正如上帝本身在六日創造世界之後就安息了:「天地萬物都造齊了。到第七日,上帝造物的工已經完畢,就在第七日歇了他一切的工,安息了。上帝賜福給第七日,定為聖日;因為在這日,上帝歇了他一切創造的工,就安息了。」(創 2:1-3)

當我們試圖通過自己的勞動在這個世界上建立永久的家園的時候,就會把我們自己的觀念硬加在這個世界上,任意刀砍斧鑿,認為人定勝天,給這個本來非常美好的世界本身帶來損害。現代世界的喧囂和煩亂就在於我們總是忙於行動和製造,我們試

---

136 Matthew Henry's *Commentary*, Vol. 5, p. 902.

圖按照「我思故我在」之「我思」來改變我們自身和所在的世界，我們不斷地耗費各種資源來製造各種產品，破壞神聖秩序中本有的那種和諧與簡樸，試圖用這些浮華、奢侈的產品的佔有和消費來滿足我們空虛的心靈，我們甚至試圖通過美容、變性等各種手術把我們自身變成我們滿意的「人工產品」（artificial product），從男的變成女的，從女的變成男的！我們的幸福也都集中和停留在生產和消費這些產品的過程中。合乎聖經的靜觀使得我們更加深刻地回到上帝本身，回到我們心靈深處，回到耶穌基督，得享內在的平安和喜樂。毫無疑問，這種靜觀式的靈修和祈禱乃是醫治現代社會中各種浮躁和憂鬱症的良藥。

7、張麟至牧師論默觀。 在華人改革宗神學家和牧師之中，張麟至牧師在基督徒的靈修生活中強調「默觀」，也就是我們所說的「靜觀」：「讀經沒有默想流於貧瘠，默想沒有讀經易於出岔；禱告沒有默想顯得溫吞，默想沒有禱告不免荒蕪；禱告專誠則入默觀。」[137] 此處張麟至所說的「默觀」就是靜觀（contemplation），只是中文譯法不同。唯願更多的華人牧者和基督徒能夠注重基督徒的深度靈修，特別是基督教大傳統中所強調的靜觀與行動相一致的靈修藝術。

---

137 張麟至，《不一樣的靈修》（台北：更新傳道會，2008 年）。

靜觀與心禱

第二章

靈修三大階段

「你們要完全,像你們的天父完全一樣。」
(太 5:48)。

「三路靈修」就是基督徒靈修三大階段,也是三大路徑,就是煉路(煉心——開始自覺地修心養性)、明路(明心——開始有明心見性的覺悟),與合路(合心——開始對主有完全的忠誠之心)。要成為能夠自覺地擔負起耶穌基督所吩咐的大使命的使徒,不僅頭腦中有正確的教義和認信,並且生命中有真切的經歷與改變,我們必須經過這樣的「三路靈修」才能逐漸使自己真正到位。可以說,沒有自覺地經歷三路靈修的人,就像和氏璧一樣,不管有多大的潛質,仍然是粗糙的石頭。只有經過靈修的雕琢之後,粗糙的玉石才會成為溫潤的寶玉。

在這三路之中,煉路是初學性的開始階段,明路是成長性的過渡階段,合路是成熟性的終極體驗,而靜觀則是在煉路和合路之間展開的,期間的關鍵是明路階段的明心見性、收心靜心,這樣我們才能潔淨自己,等候主的隨時的顯現:「萬軍之耶和華

說：『我要差遣我的使者在我前面預備道路。你們所尋求的主必忽然進入他的殿；立約的使者，就是你們所仰慕的，快要來到』」（瑪 3:1）；「人若自潔，脫離卑賤的事，就必作貴重的器皿，成為聖潔，合乎主用，預備行各樣的善事」（提後 2:21）；「我們要歡喜快樂，將榮耀歸給他。因為，羔羊婚娶的時候到了；新婦也自己預備好了」（啟 19:7）。

煉淨與合一是靜觀的兩個方面，煉淨是靜觀的奠基性預備，合一是靜觀的高峰性極致，而明路則使人由煉淨進入合一的貫通性連結。在煉路階段，我們需要的並不是離群索居，而是在具體的生活實踐中通過克修神學來離惡行善；在明路階段，我們需要的不僅僅是醍醐灌頂、豁然開朗，而是通過克修神學而堅定不移地培養各樣的屬靈美德。因此，縱貫煉路與明路的是克修神學的操練，這就是我們本書所強調的靈修的工夫。就此而言，靜觀不是工夫，是上帝賜給的境界。

在雅和博經學中，我們把基督徒分為信徒、學徒、師傅、聖哲四大定位。信徒就是剛剛歸信耶穌基督的人，還沒有自覺、明確地接受門徒訓練，仍然是屬靈嬰孩的階段，只能接受別人的幫助，並且常常陷在各種軟弱和困惑之中。學徒則是靈命上的少年人，開始走上讀書求學、修道成長的道路，定志在耶穌基督裡成聖成賢，並且在真理上明確接受了一定的傳承體系，在學習上明確選擇了自己的師傅，知道自己的靈命，預備自己，潔淨自己，成為上帝重用的器皿。師傅則是在真理和生活的學習上都已經登堂入室，攻克己身，效法基督，能夠自覺地承擔使命、帶領別人的人。師傅中靈命更加成熟、在教會內外德高望重並且達到了一定的年齡階段的人，則可以稱為「聖哲」（sage）。聖哲乃是在真

理和靈命的操練上已經爐火純青、達至化境的父老，是長老的長老，牧師的牧師，乃是教會歷史上教父式的人物。處於這種境界的聖徒不是在本體上已經絕對完全了，因為只有上帝才是絕對完全的，而是達到了基督徒在世間應當達到、靠著上帝的恩典也能夠達到那種完全的境界。

　　師傅與聖哲階段也就是使徒階段，師傅是使徒階段的始端，聖哲則是使徒階段的極致，是人在接近離世階段的時候才能達成的。更加現實的是，任何聖徒在今生今世都不敢自稱聖哲，因為聖徒深深認識到自己的軟弱和不配。倘若上帝允許，為了激勵、堅固教會，極少數聖徒在死後被人追認為聖徒或聖哲，這種「封聖」也是好的，我們基督徒不必完全反對。我們必須承認，在教會歷史中，上帝確實興起奧古斯丁、阿奎納、加爾文這樣出類拔萃的聖徒，從根本上提升了教會的層次。這三大階段的核心導向是追求真正的智慧，這種智慧的核心就是對於上帝及其旨意的認識，不僅包括在上帝的約法中所包含的顯明的旨意，也包括上帝隱藏的唯獨對於他的先知才顯明的旨意：「耶和華說：『你們且聽我的話：你們中間若有先知，我─耶和華必在異象中向他顯現，在夢中與他說話。』」（民 12:6）

　　經過這樣的靈修，我們就能夠培養屬靈的分辨力，不至於被教會內外各種形式的異教之風吹來吹去，不能生根建造。通過提倡雅和博經學所提倡的這種三路靈修，教會就會成為真理的柱石，聖徒就會成為教會的柱石。隨著這兩大柱石的成型，社會與文化就會轉向真正的「敬畏上帝，信靠基督；愛主愛人，守約守法」的文明狀態。在我的事奉生涯中，我始終牢記我的恩師趙天恩牧師和我分享的負擔：沒有合乎聖經的政治神學，牧師就會無力識破

仇敵的詭計，甚至成為共產黨奴役的工具；沒有造就聖徒的靈修神學，基督徒在面對試煉的時候就會軟弱無力，甚至賣主賣友。

一、道路、階段與次第

1、靈修與基督的精兵。基督徒靈修的目的在於培養基督的精兵，為真道打那美好的仗。因此，當我們談及基督徒靈修時，絕不在教理與救恩上與人糾纏不休，因為我們是在因信稱義、賴恩得救的基礎上強調基督徒生命中的分別為聖。我們的得救只有一條道路，就是耶穌基督的代贖為我們成就的救恩；我們的成聖卻有不同的途徑，在不同的途徑上也有不同的階段，當然不管是在靈修的途徑還是在階段上，也都有不同的次序和注重，這些都屬於基督徒的自由，不必搞任何形式上的統一。

2、基督徒靈修的目的。基督徒靈修的目的是追求全人的成長，好使我們更能夠更好的盡心、盡性、盡意、盡力愛我們的上帝。我們再次強調基督徒的靈修絕不是頭疼醫頭，腳疼醫腳，而是自覺、明確地追求靈命的完全。這種完全是在愛德上的完全，也就是在遵行上帝所吩咐的愛主愛人這兩大愛的誡命上的完全。這是耶穌基督給我們的吩咐：「所以，你們要完全，像你們的天父完全一樣。」（太 5:48）這種「完全」不是與他人相比，甚至也不是與自己相比，而是效法上帝，按照上帝的旨意來要求自己。取法其上，得乎其中；取法其中，得乎其下。因此，上帝把祂自己賜給我們效法，另外上帝更是把反映祂自己性情的完全的律法賜給我們：「耶和華的律法全備，能甦醒人心；耶和華的法度確定，能使愚人有智慧。」（詩 19:7）基督徒的人生目的絕不僅僅是只要得救就好，哪怕是稀裡糊塗，只要「信耶穌，升天堂」

就好!這種以個人得救為本的民間宗教式想法,往往是自私自利、沒有得救的體現!傳道人的事奉目的也不能只要帶領人信主就好,關鍵是把人培養成基督的精兵,使人長大成人。問題的關鍵在於傳道人自己要首先明白,首先活出來。

3、**靈修與愛德的長進**。基督徒的靈修就是在愛德上不斷向完全的境界勇猛精進。在各種錯誤和膚淺的神學的影響下,如今大多數基督徒追求的不是完全的境界,甚至也不明白什麼是基督徒當追求的完全境界。他們在各種事工中消耗自己的生命,在各種內鬥中相互吞咬,在有限的受造物身上尋找滿足的感覺。我們當然不否定事工的重要性,正如拉蘭格(Garrigou-Lagrange)所強調的那樣:「基督徒的完全是在實踐愛上帝並愛鄰舍這兩大至高無限的誡命的過程中實現的。」[138] 但是,在遵行上帝的誡命之前,我們必須認識到,上帝賜給我們這些誡命,並且讓我們遵行,絕不是為了讓我們為順服而順服,而是為了培養我們的品格,使我們在愛德上不斷長進,活出在基督裡的豐盛的生命,完成上帝賜給我們的使命,得享上帝的同在和賜福。因此,我們可以說,基督徒靈修的基本路徑就是在愛主愛人的愛德上不斷長進。這種靈修的路徑既是治死老我的煉路,也是活出新我的明路,更是不斷與上帝在愛中合一的合路。僅僅強調靈修,卻不強調上帝的律法,當然也不會強調美德和善行,這樣的靈修已經是走火入魔。

---

138 Garrigou-Lagrange, *Christian Perfection and Contentment*, trans. M. Timothea Doyle (Rockford, Illinois: Tan Books and Publishers, Inc., 1989) p. 184.

4、**靈修不同階段與祈禱**。在雅和博經學中，我們首先指明了基督徒靈修追求的完全境界或目標，就是放棄自己所謂的立法和判斷上的主權，降服在上帝的主權和約法之下，完全按照上帝的旨意來愛主愛人，也就是在愛德上達到完全，這就是聖經中強調的「以基督耶穌的心為心」（腓 2:5）。然後我們指明要達到這種境界當走的路徑，就是通過攻克己身而在愛德上不斷長進。這種攻克己身絕不是人本主義的克己復禮，修身養性，而是強調耶穌基督已經為我們完成的救贖之工和聖靈內住的更新之工。第三，我們從煉路、明路與合路三個導向上理解基督徒當走的愛的道路。第四，我們把愛的道路具體地劃分為三大階段：初習階段、成熟階段和完全階段。第五，與這三個階段相應，基督徒祈禱的方式也有不同。初習階段主要是觀心與收心式的祈禱，成熟階段主要是收心與靜心式的祈禱，而完全階段則會有合心性的祈禱。

5、**靈修的長期性與階段性**。基督徒的靈修是一生一世的工夫，必須循序漸進，不能隨意跨越，更不要想一蹴而就，一步到位。沒有在初習階段治死我們的邪情私欲，我們就不會臻達成熟階段的培養美德；沒有長期的艱苦卓絕的基督徒美德的操練，我們就不可能進入與上帝深度的合一。沒有長期的治死老我、活出新我的操練，就枉自聲稱自己在靈修上已經達到了很高的境界，甚至試圖通過神蹟奇事、異夢異象來蠱惑人心，影響他人，不過是自欺欺人而已。因此，那些不注重上帝的律法，在美德和善行缺乏操練的人，不管他們說得如何天花亂墜，都不過是鳴鼓響鈸、自欺欺人而已。譚奎利（Adolphe Tanquerey）警告說：「沒有此前那種治死自己的邪情私欲，操練基督徒當有的各種美德，

就想快快地通過自己的努力達到靜觀的境地，僞稱自己達到的境界越是崇高，實際上墮落的地步就越是卑陋。那些想把自己僞裝成天使的人，最後必定變得禽獸不如。」[139]

真正有深度的靜觀經歷的人，絕不會高舉自己的經歷。他們會謙卑地隱藏自己，只有在確實迫不得已的時候，特別是因爲造就聖徒和捍衛真理的緣故，他們才會略略分享自己的經歷，正如使徒保羅所作的那樣：「我自誇固然無益，但我是不得已的。如今我要說到主的顯現和啓示。我認得一個在基督裡的人，他前十四年被提到第三層天上去；（或在身內，我不知道；或在身外，我也不知道；只有上帝知道。）我認得這人；（或在身內，或在身外，我都不知道，只有上帝知道。）他被提到樂園裡，聽見隱祕的言語，是人不可說的。爲這人，我要誇口；但是爲我自己，除了我的軟弱以外，我並不誇口。」（林後 12:1-5）

6、清教徒靈修與儒者生命三大階段。在雅和博經學中，我們把傳統基督教所強調的完全境界與清教徒所強調的「得救的確信」聯繫在一起，結合中國哲學中的境界說，從而能夠更加明確地指導基督徒的靈修生活。在基督徒的境界上，我們結合孔子一生治學爲人的心路歷程，將三路靈修與人生的境界聯繫起來：「吾十有五而志於學，三十而立，四十而不惑，五十而知天命，六十而耳順，七十而從心所欲不逾矩。」[140]

---

139 Adolphe Tanquerey, *The Spiritual Life: A Treatise on Ascetical and Mystical Theology*, second and revised edition, trans. Herman Branderis (Charlotte, North Carolina: TAN Books, 2000), p. 697.

140《論語‧為政篇》。

煉路與初習階段相應於孔子所說的「志於學」,「三十而立」。在這個階段,基督徒的突出特徵是:不僅按照福音的應許以信心領受耶穌基督的救贖,並且開始自覺地按照上帝的律法走義路:「他使我的靈魂甦醒,為自己的名引導我走義路。」(詩23:3)因此,在煉路階段的人不僅領受了福音,也開始明確地領受上帝的律法,他們在律法與福音的關係上已經開始步入正途。煉路階段始於得救的信心,然後認準道路,拜師學習。

明路與成熟階段相應於孔子所說的「四十而不惑」,「五十而知天命」。在這個階段,基督徒不僅在教理上掌握了律法與福音的契合之道,並且開始把注意力集中在按照上帝的律法分別為聖上,不斷地治死自己的惡習,培養各樣屬靈的美德。這個階段基督徒的突出特徵是「惟喜愛耶和華的律法,晝夜思想」(詩1:2)。明路階段在於通過祈禱與行善而逐漸形成一定的得救的確信,繼續在成聖的過程中持之以恆,勇猛精進。在這個階段,對於律法與福音的和諧性關係臻達深刻的確知確信,只有這樣的基督徒才是真正得救,也真正明白自己已經得救的人。這就是清教徒強調的得救的確信。

最後合路與完全階段則相應於「六十而耳順」與「七十而從心所欲不逾矩」。在這個階段,基督徒通過研究和遵行上帝的律法而得蒙上帝特別的光照,開始明白律法的精義,不再停留在經文字句、教理命題與律法規條的層面,而是能夠隨時按照上帝的引領,對於律法的解釋和應用作出智慧而靈活的判斷,正如耶穌基督所強調的那樣:「『我喜愛憐恤,不喜愛祭祀。』你們若明白這話的意思,就不將無罪的當作有罪的了。因為人子是安息日的主。」(太 12:7-8)合路階段在得救的確信上達於完全,在靈命

的境界與狀態上則是老馬識途，爐火純青。

7、靈修是一個艱苦卓絕的過程。在這個過程中，我們最最需要的是愛心、超脫和謙卑。愛心就是對上帝和他人的愛；超脫就是背起自己的十字架來跟隨主，輕看自己和這個世界上的一切榮華富貴；而謙卑則是認識到自己的卑微和不配，自己的稱義與成聖都是完全靠著上帝的恩典。在靈修過程中，我們應當時時警醒，時時禱告，求主賜給我們這樣的心態。

只有具有這三種心態，我們才會在靈修過程中不斷前進。初習階段就像品嘗青澀的葡萄，只有苦澀的滋味；成熟階段就像品嘗成熟的葡萄，能夠經歷到甜蜜的感覺；完全階段所品嘗到的則是成熟葡萄所釀造的美酒，能夠使人的身心陶醉。

真正通過靜觀心禱而達到合路階段的人，就會品嘗到上帝的大恩大愛那種使人心醉魂迷的陶醉。喝了這樣的美酒，他們就不會羨慕別的滋味。只有這樣的人才能夠因為上帝的大愛而瘋狂，輕看世上的一切，甚至自己的性命，正如保羅所說的那樣：「我卻不以性命為念，也不看為寶貴，只要行完我的路程，成就我從主耶穌所領受的職事，證明上帝恩惠的福音。」（徒 20:24）

二、煉路、理性修與初習階段

1、煉路與修體。初習階段重在「修體」，就是首先對付肉體、肉欲方面的罪習。這種「修體」就是明確認識自己明顯的肉體之罪，特別是在常見的酒色財氣方面的犯罪。但這種對付與無神論者的修養或修行有著根本的不同，基督徒的靈修是靠著上帝的恩典、基督的救贖、聖靈的大能而勝過老我，無神論者的修養不過是自力更生、勉勉強強，甚至假冒為善而已。因此，我們談

及基督徒靈修始終是以生命的重生和靈魂的覺醒為前提的。

2、煉路與嬰孩階段。初習者在靈命上處於嬰孩和童年階段。伯納德稱這個階段為「親吻主的腳」,正如抹大拉的馬利亞所做的那樣(路 7:36-48)。[141] 這個階段的關鍵是傷心痛悔,承認自己的罪,厭惡自己的罪,俯伏在主的腳下,祈求上帝赦罪,並且祈求上帝賜給勝過罪惡的力量。基督徒當像那個稅吏一樣為自己的罪悔改:「那稅吏遠遠地站著,連舉目望天也不敢,只捶著胸說:『上帝啊,開恩可憐我這個罪人!』」(路 18:13)在這個階段的人,要對照上帝的律法,深深地認識到罪就是違背上帝的律法,罪的工價就是死,只有在耶穌基督裡認罪悔改,才有真正的盼望和出路。

3、煉路與理性修。非常重要的是,我們把初習階段的煉路與理性修結合在一起,強調在這個階段把靈修聚焦在認知層面。這種認知不僅僅是我們理性的認知,更是在聖靈光照下、聖經規範下、聖徒指導下的認知。我們要愛上帝,自然需要首先認識上帝。所以,格林總結說:「第一個階段就是認識上主。沒有相識,自然就不能相愛。」[142] 沒有對上帝、自我和世界的基本認識,我們的情感和意志就喪失了明確的目標和方向。因此,剛剛信主學道的人,不要好高騖遠,要從基本功學起,要好好研讀聖經,好好學習教理問答,按照《國度禱文》的樣式,開始祈禱和靈修,這是最基本的功課。也就是本書所說的基本的工夫。因此,我們提倡的靈修始終不是反智主義的靈修,而是明確地建立

---

141 侯士庭編輯,《至聖至愛・屬靈之誼》,頁 232。

142 多瑪斯・格林,《井枯之時:入門後的祈禱》,沙微譯(台北:光啟,1998 年),頁 15。

在真正認識上帝和認識自我的基礎上,這也是加爾文在《基督徒敬虔學》第一卷第一章第一節所特別強調的:一切的智慧都在於認識上帝和我們自己。

4、煉路與治死老我。初習者的關鍵是治死老我,向罪而死。與煉路階段最密切的經文就是:「若有人要跟從我,就當捨己,背起他的十字架來跟從我。」(太 16:24)背起自己的十字架來跟隨主,就是定志成為耶穌基督的門徒,信靠順服,甚至甘願付上死的代價。當然,關鍵不是身體上的死亡,甚至關鍵也不是受苦,而是要治死我們自身殘餘的罪,就是我們生命中仍然存在的罪習。在我們自身殘餘的罪中,往往又有一、兩個罪習是比較突出的,在我們的生命中具有習慣性、轄制性的作用。我們要識別這樣的罪,然後立定心志,集中注意力對付這樣的罪。在我個人的罪習中,最難克服的就是易怒和淫亂之罪。

作為山東男人,我在成家立業之後最明顯的一大特徵就是脾氣大,別人一得罪我,或者我看別人的言行不順眼,我就生氣,甚至大發脾氣!另外,我自年輕時代就性欲旺盛、感情豐富,自以為是「情聖」,實乃充滿邪情私欲。幾十年來,靠主恩典,我有意識地對付自己這兩大犯罪的傾向,常常有爭戰,常常有失敗,這更加使我知道自己的軟弱和不配,更加警醒謹守。

上帝興起和使用的很多僕人都是脾氣大、情欲盛的人,成就大事的人都需要有燃燒的激情。那些不疼不癢、不冷不熱的人,往往成就不了什麼。真正的靈修不是讓我們絕情寡欲,而是讓我們靠著上帝的恩典,把個人的激情從邪情私欲昇華為愛主愛人之心。這就是使徒保羅所強調的基督徒分別為聖的訣竅:「我因你們肉體的軟弱,就照人的常話對你們說。你們從前怎樣將肢體獻

給不潔不法作奴僕,以至於不法;現今也要照樣將肢體獻給義作奴僕,以至於成聖。」(羅 6:19)

5、煉路與潔淨罪惡。煉路階段就是「潔淨罪惡層」,也可以翻譯為「淨化階段」或「煉淨階段」(purgative stage)。這個階段的人可以多讀箴言,幫助人潔淨思想言行,敬畏耶和華,遠離淫亂、酗酒、詭詐、暴力諸惡。因此,在這個階段我們開始對付自身具體的罪,通常集中在金錢、性欲和脾氣三個方面,也就是世人所說的酒色財氣。這樣修德的人開始發出伯納德所說的「悔改的馨香」[143]。

其實,我還有第三大毛病,就是好喝酒,從年輕就喜歡「煮酒論英雄」、「不醉不甘休」,自以為是「酒中之仙」!信主之後,有三年的時間我滴酒不沾。後來查考聖經,認識到美酒本身是上帝賜給人的一種祝福,但不可濫用,即喝酒但不可醉酒。另外,為了反對中國教會中盛行的苦行禁欲的風氣,我有意識地喝點酒,讓大家意識到酒是上帝給人的賜福,要好好享用,但不可濫用,對於上帝給我們的一切福氣都當惜福。

美國的威士卡美酒非常好喝,度數高,還沒有感覺的時候就已經喝醉了,有一次我就這樣在弟兄姐妹家中喝酒放鬆,不知不覺喝醉了!我妻子溫柔且堅定地提醒我,酒後失態,酒後失言,對於牧師而言不是好見證。我就決定以後到弟兄姐妹家探訪、團聚一般不再喝酒,尤其是不喝威士卡之類的高度烈酒。求主憐憫保守!

6、煉路與耶穌基督。耶穌基督在這個世界上也走過煉路,

---

143 侯士庭編輯,《至聖至愛 · 屬靈之誼》,頁 242。

不是為祂自身的罪，因為祂沒有罪，而是為我們的罪。「哪知他為我們的過犯受害，為我們的罪孽壓傷。因他受的刑罰，我們得平安；因他受的鞭傷，我們得醫治」（賽 53:5）；「上帝使那無罪的，替我們成為罪，好叫我們在他裡面成為上帝的義」（林後 5:21）。因此，耶穌基督被稱為「受苦的僕人」（賽 53 章）。

當然，作為真實的人，耶穌基督也有一個逐漸成長的過程，他也是在苦難中學習了順服的功課。「耶穌的智慧和身量，並上帝和人喜愛他的心，都一齊增長」（路 2:52）；「基督在肉體的時候，既大聲哀哭，流淚禱告，懇求那能救他免死的主，就因他的虔誠蒙了應允。他雖然為兒子，還是因所受的苦難學了順從」（來 5:7-8）。因此，對於基督徒而言，我們在這個世界上也必然會遭受苦難，關鍵是我們在苦難中要學習順服的功課，能夠更加認識上帝，更加攻克己身，更加彰顯上帝的榮美。

7、立志與初習者。「初習者」（the beginner）是指那些開始有意識地追求敬虔、按照導師的指導進行靈修的基督徒。初習者需要明確地立定志向，願意走靈修的路子，願意對付自己的罪，願意接受一定的靈修導師的輔導。初習者不是絕對需要靈修導師，但有一定的靈修導師肯定是有益的，這也是基本的常識。初習者與靈修生活中的煉路相應，這一階段主要是勝過自身殘餘的敗壞，特別集中在改正自己的惡習、培養上帝所悅納的善習上。

基督徒在初習者階段通常都比較軟弱，需要別人的陪伴和指導。非常重要的是，像靈修三路這樣的靈修路徑，如果沒有認準路徑，沒有明確選擇自己的導師，往往不能深入前行，基本上都是半途而廢。在筆者二十多年的教牧生涯中，最遺憾的就是看到一些頗有恩賜的傳道人，一開始的時候還拜師學習，後來就自高自

大，不把老師放在眼中，甚至過河拆橋、反咬一口，把自己過去的老師踩在腳下，作出連世人都看不慣的可恥之事。這種忘恩負義的人，若不悔改，往往都沒有好下場，上帝不會榮耀這樣的人。

8、**初習者與動物人**。初習者在極大程度上受制於感性欲望的刺激，身上「動物人」（the animal man）的特徵比較突出，往往追求一些物質與身體的需求。初習者單純依靠信心行事，對信仰還缺乏深刻與全面的反思。他們更加注重的是耶穌基督的人性的重要性，喜歡使用各種可見的信仰符號和象徵，喜歡佩戴十字架，喜歡崇拜名人明星，喜歡參加比較熱鬧和活潑的聚會，等等。

初習階段需要對付的多是比較顯明的罪，這些罪集中在邪情私欲上。比如筆者在剛剛進入教牧和靈修過程時，最需要勝過的三大罪就是罪怒、淫欲和醉酒，這些都是非常低級的動物性犯罪，但卻是世人和基督徒生活中最常見、最需要對付的罪。我們必須對上帝誠實，對教會和弟兄姐妹誠實，不要一信主就把自己打扮成聖人的樣式，要謙卑地承認並且願意對付這些殘餘的罪習。

9、**初習者與出聲禱告**。初習者的禱告主要是「出聲禱告」（vocal prayer），就是口禱。這樣的禱告通常集中在認罪悔改、求主赦罪上。因此，這樣的禱告也是「分辨性的禱告」（discursive prayer），也被稱為「德修性的禱告」（ascetical prayer），就是集中在理性的收攝和反思上，而不是情感的表達上，從一個主題到另一個主題的禱告。

初習者所探索的是適合自己的靈修路子，選好路徑之後，循序漸進，貴在堅持，然後才能逐步走上成熟者的階段。對於初習

者而言，最重要的是研讀聖經，攻克己身，治死老我，順服上帝所啓示的律法的引領和外在的屬靈權威。可惜，如今大多數基督徒並沒有進入到初習者階段，仍然不知道基督徒當追求完全，更不知道追求完全的方法和途徑，這種現象是非常普遍的，當然也非常令人感到痛心。

10、**初習階段與反思**。初習階段最重要的操練是「反思」（reflection），反思就是觀照並收攝我們的心神，把我們的注意力從錯誤的地方收回來，然後集中在一定的主題上，這樣的祈禱就是「收心」的祈禱。

人與其他動物的不同就在於人具有理性認知的能力，這種能力包括反思的能力，就是對於我們的處境和心境進行綜合性的思考，得出新的判斷，從而改變我們的心態和行為，使我們的心境和環境都在原來的基礎上作出一定的改善或好轉。普拉摩（William S. Plummer）強調：「反思的能力是人與野獸的首要不同之處，而反思的習慣把智者和愚人分開。」[144] 蘇格拉底強調：「沒有經過反思的人生，是沒有價值的人生。」

我們也可以說：「沒有經過反思的信仰，是沒有價值的信仰。」反思使得我們能夠超越自身和當下的環境，尤其是對於基督徒而言，我們能夠明確地使用上帝賜給我們的啓示來對照我們的生活，自覺地做出調整。

11、**初習階段與逃避痛苦**。在對待苦難上，初習者確實不喜歡痛苦，他們的選擇就是逃避痛苦。但是，當他們不得不面對

---

[144] William S. Plummer, *Vital Godliness: A Treaty on Experimental and Practical Piety* (Harrisonburg, Virginia: Sprinkle Publications, 1993), p. 27.

痛苦時，因為他們心中確實有信德，確實有對上帝的敬畏之心，所以他們寧願選擇受苦，也不願意犯罪得罪上帝。他們在十字架的重負下呻吟，以忍耐之心來忍受目前的苦難。如果我們不願意受苦，就是不願意接受上帝的煉淨，我們的靈命就不會有大的長進。耶穌基督一手持玫瑰的花冠，一手持荊棘的冠冕，到底我們選擇什麼，直接決定我們自己的靈命進程。

對於基督徒而言，我們寧肯捨棄玫瑰的花冠，願意選擇荊棘的冠冕，就是效法我們的救主耶穌基督，願意為上帝的真理和公義的緣故受苦。最常見的受苦並不是面對政治性的逼迫，而是面對我們自身殘餘的敗壞的攪擾。要面對我們自身殘餘的敗壞，沒有別的出路，只有靈修之路！我們必須靠著上帝的恩典來攻克己心。

基督徒最膚淺、最虛偽的表現就是天天高舉自己所受的外界的逼迫，尤其是政治性的逼迫，以此換取別人的同情和敬仰，對於自身的敗壞卻閉口不言，彷彿全世界自己是最苦的人，卻不知道保羅所省察的是在罪人中自己是個「罪魁」：「『基督耶穌降世，為要拯救罪人。』這話是可信的，是十分可佩服的。在罪人中我是個罪魁。然而，我蒙了憐憫，是因耶穌基督要在我這罪魁身上顯明他一切的忍耐，給後來信他得永生的人作榜樣。」（提前 1:15-16）

12、**初習階段與自由之路**。在初習階段，主要對付的就是七種罪（傲慢、嫉妒、暴怒、怠惰、貪婪、貪食、貪色），擺脫各種幻覺、私欲、謬見和邪行，使得我們的自我真正地回歸自我，不再在這個世界上如浪子一般隨波漂流，四處流浪。因此，煉路就是成聖之路，是解脫之路，當然也是自由之路。在煉路階段，

我們強調當如何在耶穌基督裡勝過罪癮和捆綁，脫去罪的纏累，就是各種各樣的罪癮。

在基督徒的靈修中，最漫長最重要的就是走煉路之苦路，自覺地對付自身的罪習。西班牙靈修家大德蘭在其名著《靈心城堡》中，前三層住所都是煉路階段，而明路階段只有一層，最後三層則是合路階段，可見在基督徒靈修歷程中煉路階段的漫長性和艱巨性。一旦我們勝過自身殘餘的罪習，就很容易進入明路階段。

更準確地說，在煉路階段對付罪習的時候，我們就已經開始培養與罪習相反的善習。這樣說來，煉路階段本身就是明路階段的預備，甚至與明路階段有諸多的交叉或平行之處。是否願意在煉路階段對付我自身的陰暗面，面對並且勝過自己的邪情私慾，乃是基督徒靈修生活的關鍵。

13、初習階段學徒三大次第。在初習階段，基督徒從一般意義上的信徒開始自覺地成為學徒。目前教會中大部分基督徒都沒有機會拜師學習，因為很難在靈修上登堂入室、學有所成，這是非常令人感到遺憾的。要成為學徒，通常有三大次第。

（1）**擇志**：首先是在意志上做出抉擇，定志在基督裡長大成人，這就是孔子所說的「有志於學」。沒有定志學習，並且定志經過一定的學習而成為師傅，絕不是好的門徒，甚至在本質上不是門徒，因為門徒就是定志經過學習而成為師傅的人。我從小就有爭第一、不服輸的心志，歸信基督教之後，我的心志仍然是要儘快明白基督教的精義，絕不能人云亦云、稀裡糊塗，而是要追求卓越、分辨真假，爭取早日能夠自己安定下來，然後幫助別人。因此，我發自內心地渴慕多讀經典、多拜名師，謙卑學習，希望自己能夠早日為主所用。

（2）**擇路**：其次就是明確地領受一定的眞理傳承的體系，否則就會歧路亡羊。任何宗教都有一定的傳承，內部都有一定的宗派或學派，這是自然而然、不可避免的，這種宗派和學派的存在當然也是在上帝的允許甚至祝福之中的。那些三心二意、隨意改換自己路徑的人，是不可能有深入的發展的，這就是聖經中說的一些愚頑人：「常常學習，終久不能明白眞道。」（提後 3:7）因此，保羅對提摩太特別強調：「但你所學習的，所確信的，要存在心裡；因爲你知道是跟誰學的。」（提後 3:14）保羅也明確強調馬其頓眾教會不僅歸附上帝，也歸附了保羅的牧養和教導：「他們所做的，不但照我們所想望的，更照上帝的旨意先把自己獻給主，又歸附了我們。」（林後 8:5）

當然，在初習者階段，我們在靈命上還不成熟，分辨能力有限，可供選擇的選項也有限，我們在門派上的選擇往往不可能一步到位。筆者一開始在基督教內接觸的是極端靈恩派教會，後來蒙主光照，轉向改革宗。在改革宗中也有各種側重，教理派注重聖經啓示和純正教義，敬虔派注重聖靈充滿和敬虔生活，文化派注重聖徒相通和文化更新。筆者在改革宗中先是接觸了教理派，強調預定論和信經信條；然後接觸的是文化派，強調聖約與文化重建；最後接觸的敬虔派，強調靈修與生命經歷。

（3）**擇師**：第三就是自覺地選擇在這種眞理傳承的體系內已經大有造詣的人，爲自己的靈命導師來指導自己的學習。在轉向改革宗後，一開始師從趙天恩牧師，後來又師從牛津大學麥葛福教授研究歷史神學和靈修神學，然後轉向加爾文神學院瑞穆勒教授學習改革宗經院主義正統神學，並在尼德蘭傳承改革宗教會接受周必克牧師的直接牧養五年之久。在**靈命**上給我最大影響的是

趙天恩牧師、周必克牧師和陳宗清牧師。擇志、擇路、擇師這三者是缺一不可的，非擇志成為師傅，我們就不會擇路而從，然後擇師學習。因此，此時此刻，讀者一定要捫心自問：我的志向如何？難道我一輩子都要做一個稀裡糊塗的基督徒嗎？我一定要長成參天大樹！我一定要拜名師，讀經典，早成師！沒有這樣的心志，哪怕我們真正歸信了上帝，一輩子也只能是大頭娃娃，不能長大成人，只能成為聖經中所說的「必須吃奶、不能吃乾糧」的巨嬰（來 5:12）。

其實，不僅擇志階段需要定志，初習者三個階段都是從定志開始的。大德蘭談及靈修時強調定志的重要性，說：「要有一個很大和非常決心的決心，不達目的絕不甘休。無論什麼事臨頭，或發生什麼事，不管工作怎麼辛勞，或有什麼流言蜚語，不論達不達到目的，或死在途中，或面對路途的磨難，灰心喪志，甚或整個世界都坍塌。」[145] 這樣的決心和定志乃是至關重要的，正如大德蘭所言：「痛下決心的重要，遠超過我們所能理解的。」[146]

在煉路階段，我們不僅要定志追求完全，定志擇路拜師，更要在這個過程中定志勝過自身的罪習。另外，煉路階段不僅僅是要調整我們內在的心靈秩序，也要聚焦在一定的事工上，在具體的事工中磨煉自己，這也是雅和博經學所特別強調的。

14、初習階段與勝過肉體。勝過肉體不是不顧肉體的需求，更不是苦待己身，摧殘肉體的官能，消滅上帝賜給人的欲望，而是以上帝的約法為標準，效法基督，以堅定不移的意志來勝過來

---

145 大德蘭，《全德之路》，21. 2，加爾默羅聖衣會譯（台北：星火文化有限公司，2011 年），頁 128。

146 同上，11 章 5 節，頁 89。

自肉體的邪情私慾，尤其是在酒色財氣等世上流行的罪惡上。

在初習階段，基督徒要自覺地擺脫屬肉體的境界，消除自身存在的惡習，甚至要通過禁食祈禱，把我們本能的欲望也置於可控的範圍內。有欲望，乃是動物的本能；有節制，凸顯人生的高貴。當然，我們擺脫屬肉體的境界，並不是沒有肉體，完全根除欲望，也不是不關注肉體與欲望的基本需要，而是使肉體及其欲求降服在意志的引領之下，重建心靈的秩序，即以靈魂統帥我們的身體、以理性統帥我們的情感、以情感統帥我們的意志。正如倪柝聲弟兄所見證的那樣：「屬靈的人的身體也是服從靈的。他並不是如從前那樣的以身體的情慾來吸引魂使之犯許多的罪，現在乃是蒙寶血潔淨，被十字架對付了他的情慾，完全做魂從靈所得命令的僕役。他很快相應靈所有指引。靈藉著更新的意志，有完全的權柄能管住他。他並不像從前那樣的在在迫住軟弱的靈。屬靈的靈已經剛強起來了，身體是服在他能力之下。」[147]

初習階段的一個指標就是：我們能否把身體置於合理的掌控之下？尤其是能否把各種動物性、本能性的衝動置於合理的掌控之下？這是靈修者應當操練的基本工夫，正如雅各所強調的那樣，我們必須制服我們的舌頭，尤其是在舌頭說話的欲望上，我們要使我們所說的話有「智慧的溫柔」，而不是「滿了害死人的毒氣」。當然，要制伏我們的舌頭，絕不僅僅是制伏舌頭本身的問題，而是要面對我們心中所隱藏的「苦毒的嫉妒和紛爭」之情（雅 3:1-18）。

這對我而言始終是一個很大的功課，特別是在對待我的妻子

---

147 倪柝聲，《屬靈人》，中冊，頁 37。

上,曾經很長一段時間,一旦我不滿意,就會對妻子說出很多諷刺挖苦的話語,這是我的大罪。我對於教會內的弟兄姐妹,甚至對於不信主的人,也不會說話這樣刻薄惡毒,但是對於幾十年忠心耿耿地陪伴自己的妻子,竟然有時說出非常不造就對方的話語,這不僅顯明我個人心中缺乏愛,也顯明我在信仰上的假冒為善,我定志對付這樣的罪。求主特別憐恤我這個罪人,使我勝過這樣的大惡!靠著主的恩典,逐漸確實有明顯的突破,主的恩典確實夠用的。

15、初習階段與上帝的烈火。 在初習與煉路階段,我們需要上帝降下天火來煉淨殘餘在我們心中的渣滓,也就是各種誘使我們犯罪的邪情私欲。蓋恩夫人的體會就是:「上帝降下火來(就是祂的智慧),要毀掉一切在你裡面的不潔」,「上帝要以祂的智慧來潔淨你,如同在爐裡煉金一樣。唯有火能煉金。那完全潔淨我們的火,就是上帝最高的智慧」[148]。因此,煉路階段要對付的關鍵不是所有的欲望,而是那些明顯不正當,即不合乎上帝的律法的欲望。但是,在這一階段,我們的覺知還無法觸及意識深處,也就是我們的潛意識層面,這需要上帝進一步的深度的光照和醫治,這種光照和醫治通常是在明路階段達成的。但是,在煉路階段上帝就已經開始降下天火,這天火首先光照我們,使得我們逐漸認識自己心靈深處的傷痕與惡毒,然後讓我們感到極大的痛苦。這樣我們才會切切地祈求上帝,醫治我們心靈深處的創傷,拔除我們意識深層中的毒根,使得我們能夠更多地發自內心地愛

---

148 蓋恩夫人,《更深經歷耶穌基督》,活道使命團譯(香港:活道使命團,2002 年),頁 117。

主愛人。

　　我個人在這個階段經歷了很多的掙扎和爭戰。因為我出生在魯西北一個偏僻的鄉村之中，我的家庭本身又是當時村中最落魄、最貧窮的家庭。我從小就記得我媽媽提醒我說：全村只有一個家庭比我們更貧窮、更骯髒、更絕望，更讓人看不起！因此，我從小立志，一定要爭氣，一定要成功，不再受任何人的欺負和羞辱！上帝也賜給我能力和機會，使我能夠通過學習和考試脫穎而出，通過高考進入中國政法大學、北京大學這樣的名牌大學，在身分上成為「國家幹部」，在中國社會中完成了小鯉魚跳龍門的跨越。

　　但在我的心靈深處，仍然潛伏著各種創傷，對於別人的言行格外敏感，一旦有人說我不好，就馬上觸犯我小時候長期受欺壓所留下的創傷，我就會發自內心、出於本能地奮起反擊。因為我母親的家族在當地曾經很顯赫，後來遭受共產黨的打壓和剝奪。我父親也曾經在村中無辜地遭受抄家之苦，他從我很小的時候就告誡我：「千萬不要相信共產黨！」我 1989 年參加六四民主運動的時候更是親身經歷腥風血雨，為了維持他們手中的政權，他們不惜用坦克車、機槍來屠殺手無寸鐵的學生。因此，對於共產主義理論、制度與運動，我一向充滿憎恨，對於那些肆行專制、欺壓百姓、打壓人權的暴君酷吏格外憤恨。

　　可以說，我的心靈深處沉澱了無數的冤屈、沮喪、絕望以及由此導致的沉重的苦毒、孤憤之情。此時我這樣解剖、分析自己，我深信乃是已經經歷上帝的深度醫治，使我能夠勇敢、坦然地面對自己心靈深處的幽暗。求主施恩，使讀者此時此刻也能經歷來自上帝的光照和醫治，不再繼續在陰暗之處無助地捂住自己

的傷口哭泣。

16、初習階段與定志明志。沒有明確的定志，即定志效法耶穌基督，按照學習的工夫成為師傅，基督徒就不可能進入真正的靈修歷程。當然，定志之後，還需要不斷地明志，用當初的定志來提醒、激勵自己。最好的方式就是每天靈修並寫靈修筆記，仔細省察自己的內心，尤其是確定自己對罪的對付，這種寫靈修筆記是非常有效的反省、診斷並尋求醫治的方法。通過不斷明志，不斷更新，我們就能夠使自己始終處於不斷長進的過程之中。

孔子所說的「十五有志於學，三十而立」，這種由定志到而立，乃是一個不斷追求的過程。此處的「學」不是一般性的學習，而是生命的學問，就是成聖成賢的大學問，也就是《大學》中所強調的「大學之道，在明明德，在親民，在止於至善」。要開始追求並領受這樣的大學問，必須立定心志，破釜沉舟，勇猛精進。「立」也就是開始明白基本的道理，承擔基本的責任，初習階段要達到的目標就是這樣的基本功。

當然，我們不僅要立志，還要在自己的生活方式中體現自己的立志，即明志。我在高中時期，應當是在 1984 年，那時讀諸葛亮的《誡子書》：「夫君子之行，靜以修身，儉以養德。非淡泊無以明志，非寧靜無以致遠。夫學須靜也，才須學也。非學無以廣才，非志無以成學。淫慢則不能勵精，險躁則不能治性。年與時馳，意與日去，遂成枯落，多不接世。悲守窮廬，將複何及？」當時特別有感動，就把其中的「非淡泊無以明志，非寧靜無以致遠」抄在紙條上，放在自己的鉛筆盒內，一拿筆的時候就得到提醒。我也記得高三班主任曹明田老師有一天走過我的書桌，停留在我的旁邊，看著我寫在鉛筆盒中的座右銘沉思，甚至

多年之後向我提起我高中時這段寫在鉛筆盒內的勵志之言，認為我當時很不同於他所教過的所有學生，確實是志存高遠，這當然也是上帝的預備和保守。

儒家君子特別強調的就是守「靜以修身，儉以養德」的工夫，基督徒更當以「簡樸的生活，崇高的思想」（simple living, high thinking）來激勵自己。轉眼將近四十年的時間過去了，中間 2003 年在牛津大學進修的時候開始聽麥葛福教授講解密契神學中「靈魂的暗夜」，當時初步接觸、似懂非懂，如今轉眼幾十年的時間過去了，我開始向我的學生們講解「靜觀與心禱」這一課程，上帝給人的帶領和塑造真是一生之久。無限的感慨，無限的感恩！

17、理性修與心意更新。在初習階段，關鍵是心意更新，攻克己身，對付自身的罪習。因此，我們在本書中也把這一階段稱為「理性修」的階段。人的首要特徵就是有理性認知的能力，真正的靈修當然也是從理性認知上開始的。沒有理性認知上的深刻突破，就沒有靈命方面的深刻長進。因此，耶穌基督特別強調：「你們必曉得真理，真理必叫你們得以自由。」（約 8:32）

基督徒在煉路階段容易犯的一大偏頗就是集中對付自己外在的罪行，但卻沒有深度的心意更新，最終只能是治標不治本，連自己也覺得自己是假冒為善。這種對付也是需要的，但不應當僅僅停留在這個階段中，正如耶穌基督所強調的那樣，我們要從行為的對付內轉深入到心思意念的層面：「你們聽見有話說：『不可姦淫。』只是我告訴你們，凡看見婦女就動淫念的，這人心裡已經與她犯姦淫了。」（太 5:27-28）

華人教會注重行為的改變，忽視教理的學習。這種傾向導致

的就是在教會中道德性的說教和指責比較多，而聖經解釋和教理教導方面較弱，最後所謂的生命改變往往流於勉強和偽善，因為不是發自內心的領受。

18、**初習階段與外院**。從會幕與聖殿的結構來看，這一階段是外院的靈修與事奉，關鍵是要有祭壇和洗滌盆。對於基督徒而言，祭壇代表耶穌基督為我們一次獻上的完美的贖罪祭，銅盆代表我們要受聖靈的洗，就是聖靈把基督的救恩應用、落實在我們的生命中，使我們在基督裡賴恩得救，因信稱義，對於我們的罪孽、悔改和赦罪都有明確的意識。初習者已經成為門徒，但仍然是外門弟子，還沒有登堂入室。這樣的門徒可以繼續長進，真正成為師傅，但也容易半途而廢，泯然眾人。

19、**煉路與相識階段**。在我們與上帝的關係中，煉路是相識階段。雖然我們已經重生在上帝的家中，成為上帝的兒女，但我們對於父母的認識仍然是非常有限的。正如世上的孩子一樣，他們成長的過程，就是和父母互相認識的過程。在這個過程中，我們越是深刻地認識上帝，就越是深刻地認識自己；越是深刻地認識自己，也越是深刻地認識上帝。更重要的是，我們要認識到上帝的榮耀尊貴和我們自身的可憐和卑劣，為自己的罪傷心痛悔，這樣我們經過感官的黑夜的枯乾和淨化，就進入到明路階段的與主相愛。

20、**煉路階段禱告的特色**。煉路階段的關鍵是心意更新，煉路階段的禱告是「反思性、沉思性、默想性的禱告」（reflective prayer），就是善用自己的理性好好在上帝面前省察自己的光景，我們稱之為「觀心式的祈禱」，簡稱「觀心祈禱」。

煉路階段最好的開始是從每天寫靈修日記開始，認真地檢討

自己在靈修生活中的得失，冷靜地對待自身的陰暗和醜陋之處。理性修的最高追求和境界就是在真理上與上帝的合一，這種合一當然不是單純靠頭腦性的知識就能達成的，我們必須呼求上帝的幫助。不管我們的思維如何敏銳，不管我們的默想如何深入，都無非是在苦苦地往水缸裡打水而已。不管我們打多少水，水仍然是水，只有聖靈在人心中的工作才能夠使水變成美酒，帶給我們心靈的經歷和愉悅。

21、**從得救的信心到確信**。在煉路階段，人要通過悔改明確地歸向上帝，接受耶穌基督的救贖，成為自覺的「信徒」。因此，在煉路階段，我們需要達成的乃是對於上帝的確信，也就是得救的確信。同時，也當明確地加入一定的地方教會，在教會中享受聖徒相通的祝福。這種得救的確信是基於上帝在耶穌基督裡拯救我們不變的應許，也是基於聖靈在我們心中的見證，同時我們生命的改變也使得我們知道上帝已經在我們心中施恩動工。當我們自覺地進行靈修的時候，我們就會在這三個方面省察我們自己，不斷堅固我們心中的確信，使我們能夠即使在苦難之中也有喜樂和安慰。

22、**煉路階段的默想與事奉**。煉路階段應當集中默想以《使徒信經》為標記的道統，以《國度禱文》為綜述的國統，以《約法十章》為綜述的法統，奠定我們信仰的深厚根基。這個階段的祈禱主要是默想式的祈禱，但充分運用我們的理性來認識上帝、世界與自身。這個階段的基督徒在宣教方面主要是見證性的功用，能夠從自己的生命體會講起，用自己初步的生命改變來影響周圍的人歸信上帝。

23、**煉路階段與黑衣修士**。要進入煉路階段，罪人應當經歷

第一次生命的歸正，就是從不信者成為信者，然後接受洗禮，加入教會。此階段的學習書籍主要是教理問答與研讀本聖經，由此而對信仰達成最基本的認識，主要範圍是在聖經、教義神學與道德神學上。筆者反覆強調教理問答與研讀本聖經，教理問答使得我們能夠系統地接受聖經啓示和大公教會認信的真理體系；研讀本聖經使得我們能夠對於聖經各書的基本背景與內容形成整體性的掌握。尤其是教理問答的學習，始終是基督教真理傳遞的最佳方式。我們一再強調，不斷學習教理問答，不斷背誦教理問答，不斷默想教理問答，不斷根據教理問答進行論辯，乃是基督徒靈修當有的最基本的工夫。在雅和博研修院中，這一階段的修士應當以穿黑衣為主，強調以向罪而死為核心的悔改之道。

24、煉路階段與上帝的福音。在煉路階段，應當多方默想耶穌基督及其被釘十字架，並思考自己到底是在耶穌基督的十架旌旗之下為上帝的國度爭戰，還是在魔鬼撒但的旗幟下為罪惡效力。在煉路階段，基督徒當跟隨耶穌基督走苦路，以那種義無反顧的英雄精神勝過自身殘餘的罪惡，真正進入上帝的福音的奧祕與呼召。

這種階段要深挖心靈深處的毒根，坦誠地面對心靈深處的幽暗，要把那些仍然被潰爛生膿之肉包裹著的毒刺挑出來。因此，這個階段是非常痛苦的，並且這種痛苦觸及個人的心靈深處，沒有任何人能夠代替我們承擔，我們必須獨自面對自己的靈魂，獨自面對靈魂深處的創傷和痛苦。因此，這個階段被稱為「煉路」，就是熬煉與煉淨之路。當然，越是在直面這種創傷和痛苦的時候，我們越是能夠理解基督的受苦，越是深知我們自己的軟弱和不配，越是經歷我們自己與基督同死的過程。

三、明路、情感修與成熟階段

1、靈魂與修魂。成熟階段重在「修魂」，就是知情意，尤其是在情欲方面。人的「靈」指向人的主體，而「魂」則指向人的「靈」所具有的認知、情感與意志的功用。因此，我們不認為人有兩個主體性的實體，人的「魂」並不是與「靈」截然二分的另外的主體。當然，籠統而言，我們也可以說人的「靈魂」。煉路階段修體，直接針對肉體的欲望，明路階段修魂，更加精微，轉向對付情欲。肉體的欲望是赤裸裸的本能性的東西，而情欲則涉及情感層面，更多與人的精神有關，也就是與「魂」有關。人的情欲比一般性的肉體欲望更加複雜，因此人的情欲不僅關涉到欲望，更是關涉到人的情感，這種情感與人的知情意是直接相關的。

2、明路與青年階段。成熟者在靈命上處於青年階段，也就是聖經中所說的「**少年人**」階段（約壹 2:12-14）。真正成熟的人是能夠控制自己的情感的人。這種情感上的成熟使得人能夠控制、超越肉體的欲望，使得肉體的欲望能夠降服在上帝的旨意之下。伯納德稱之為「親吻主的手」：「主的手會清除我們的一切污漬，將我們扶起；他通過一個使人向上追求的基礎來扶起我們，這個基礎是：節制的恩賜，以及與懺悔的靈相稱的果實。這果實便是靈修的善工，它會把我們從糞堆裡提起，使我們開始對崇高的事充滿渴望。」[149]

---

[149] 侯士庭編輯，《至聖至愛‧‧屬靈之誼》，頁 234。

在情感方面最重要的美德是節制。情欲是自然的，飲食男女，甚至升官發財，都是人本身就具有的自然的欲求，是上帝賜給的，但節制卻是我們的責任和修養。真正的節制就是按照上帝的律法來實現或滿足我們的情欲，既不走放縱主義的路子，也不走苦行主義的路子，而是在二者之間保持中道。因此，我們既不要壓抑自己的情感、情欲和情緒，也不要一味地放縱，而是要通過觀心祈禱懇求聖靈光照我們，使我們明白我們心靈真實的光景，然後運用收心祈禱，使得我們的心能夠從個人的邪情私欲轉向上帝及其真理，從而得到聖化。

　　3、明路與情感修。非常重要的是，我們把成熟階段的明路與情感修結合在一起，強調在這個階段把靈修聚焦在情感層面，使我們的情感得到昇華，從敬拜受造物轉向敬拜造物主，從順服自己的欲望轉向順服上帝的律法。因此，正如格林所言，基督徒靈修的第二個階段就是「從相識到相愛的階段」[150]。

　　沒有對於上帝基本的認識，就沒有真正的愛情可言。更重要的是，沒有對上帝的敬畏之情、對他人的深切愛心和同情、對世界的拳拳關愛之心，我們在理性上的認識就是膚淺的，再深的理論也不過是花拳繡腿的語詞遊戲，缺乏生命的體驗，也不會影響到我們意志的層面，更是在上帝面前沒有任何價值。很多所謂的基督徒學者，既不愛上帝，也不愛教會，更不關愛世界，他們所關心的就是所謂的客觀性、中立性的研究，他們努力尋求的就是在他們的學術研究中能夠探幽索微、標新立異、一舉成名。其

150　格林，《井枯之時》，頁16。

實,哪有所謂的客觀性和中立性的研究,在解釋學上大部分人都已經認識到,研究者始終是有著自己的前見、立場和角度的。此類的學者不過是在自欺欺人而已。

4、**明路與美德善習**。成熟者的關鍵是活出新我,向義而生。與明路階段最密切的經文就是:「我們留心行光明的事,不但在主面前,就在人面前也是這樣。」(林後 8:21)因此,在明路階段,我們從煉路階段的心意更新開始逐漸過渡到更加有效地對付我們自身殘餘的邪情私欲,並且主動地培養與之相對應的美德和善習。因此,明路階段使人從理性修到情感修,從心意的更新轉向情感的昇華。相對而言,心意的更新是容易的,而情感的生活則更加艱辛。很多人認識到吸毒是不對的,但要真正戒毒則是一個艱苦卓絕的過程,至少要有兩到三年的時間,才能夠有根本性的突破。對於基督徒的成聖而言也是如此,非經若干年的堅持不懈的靈修,我們就無法從根本上勝過我們自身的邪情私欲。

5、**光照看破層與忠誠的馨香**。成熟階段就是「光照看破層」(illuminative stage),這個階段應當多讀傳道書,深悟凡事都是虛空,在上帝的光照中看破世上的功名利祿的虛幻性,放棄對今世一切物質得益的貪求和執著,培養在耶穌基督裡的超脫之心。在這個階段的人,開始發出伯納德所說的「忠誠的馨香」[151]。人越是擺脫對於今生今世的功名利祿的執著,越是能夠忠於上帝和朋友。人越是留戀今生的榮華富貴,越是容易賣主賣友。當然,這種看破和放棄並不是放棄我們的使命和責任,這個世界仍然是上帝創造並護理的世界,我們仍然是上帝指定的世界的管理者,上

---

151 侯士庭編輯,《至聖至愛・屬靈之誼》,頁 242-243。

帝拯救我們的旨意絕不是讓我們脫離世界本身，而是讓我們脫離對於上帝的叛逆、對於上帝的律法的違背，讓我們更加有效地成為上帝所賜給我們的百般恩賜的好管家。

6、成熟者與判斷力。「成熟者」(the proficient) 是指在敬虔生活上長期操練，已經明白了基督教的基本教義，並且在美德和善行上大有長進的人。成熟者與靈修生活中的明路相應，這一階段主要是在美德和善行上勇猛精進，不斷行在光明之中。在這個階段，人才能按照上帝的心意立功、立言、立德，成就不朽的功業。非常重要的是，這一切都集中體現在判斷力上，正如聖經所言：「惟獨長大成人的才能吃乾糧；他們的心竅習練得通達，就能分辨好歹了。」（來 5:14）很多人有知識，有理論，但有知識、有理論的人不一定有判斷力。事實上，知識和理論的積累有時會成為我們的捆綁，使得我們歧路亡羊、無所適從。正如哈姆雷特所言：「重重的顧慮使我們全變成了懦夫，決心的熾熱的光彩，被審慎的思維蓋上了一層灰色，偉大的事業在這一種考慮下，也會逆流而退，失去了行動的意義。」[152]

7、成熟者與理性人。成熟者更多地受到理性的控制，可以說是「理性人」(the rational man)。成熟者開始反思信仰的內涵，以信求知，使自己的理性降服在信心之下，不斷領悟信仰的奧祕，更多地思考、認識三一上帝的奇妙。在理性操練上不斷成熟的人，不會依賴個人的經歷和思想，而是始終以上帝的明確的聖言來分析個人的經歷和思想，因為他們深知深信人都是敗壞的，

---

[152] 莎士比亞，《哈姆雷特》，朱生豪譯（北京：人民文學出版社，1977）。

唯獨上帝的聖言才是我們指路的明燈。因此，雖然我們強調理性的思考和判斷，但這種思考和判斷是始終是以上帝的啟示為標準的。因此，在雅和博經學中，不管是對於猶太傳統、使徒傳統、教父傳統、中世紀傳統、宗教改革傳統、改革宗傳統、清教徒傳統、新加爾文主義傳統與中國教會傳統，我們都不會頂禮膜拜，而是始終保持一種清醒的理性的超越批判的心態，因為我們深知上帝及其真理是絕對的，而我們對於上帝及其真理的認識和實踐則是絕對不是絕對的。

8、**默想與情感性禱告**。成熟者的禱告是「默想」（meditation），主要是在上帝面前定志、長進的禱告。這樣的禱告主要是「情感性禱告」（affective prayer），就是表達自己渴慕更多地親近上帝，更多地愛上帝，而不是祈求什麼更具體的東西，也不是表達自己的反思。正如大衛在上帝面前所告白的那樣：「耶和華，我的力量啊，我愛你！耶和華是我的巖石，我的山寨，我的救主，我的上帝，我的磐石，我所投靠的。他是我的盾牌，是拯救我的角，是我的高臺。」（詩 18:1-2）成熟者應當繼續堅持對聖經的研讀，同時應當增加默想和禱告的操練。通過默想，就能夠深入挖掘聖經啟示的寶藏。通過禱告，就能夠更多地得著真理的寶藏。

9、**反思與默想的不同**。成熟階段最重要的操練是默想。默想與反思的不同是程度上的不同。我們可以說，反思是比較初步、膚淺的默想，默想是更加深入、集中的反思，而靜觀則是更加深刻的默想，這種靜觀性的默想的極致就是被動地得蒙上帝的光照。反思體現在每天寫靈修筆記上，而默想則使人進入研究的層面，使人集中精力就一個主題進行詳盡的考察，從而撰寫出有

主題立論、正反辨析的專題性論文來。

至於靜觀，在主動性的靜觀中，我們仍然會有自覺的深刻的體悟；在被動性的靜觀中，我們所見所聞的則是「隱祕的言語，是人不可說的」（林後12:4）。當然，最深刻的默想始終是對於自身的反思。對於基督徒而言，不管是早晨醒來之後，還是夜晚安歇之前，我們都要深刻地思想自己所是所行。不願意深刻思考的人，絕不會成為耶穌基督優秀的門徒；不願意用寫作的方式來凝煉自己的思想的人，絕不會成為帶領別人思想的師傅；不願意深刻地面對自己的陰暗的人，最後都會歸於膚淺與偽善。雅和博經學靈修的一大特色就是注重靈修式的寫作，以寫作為操練心智和治療深層意識的最好的方法。

10、從信德走向望德。信德注重認知，望德注重盼望。信德更多指向我們對於上帝的認識，望德更多指向我們對於上帝的渴慕。在情感方面，最常面對、最難對付的就是苦難的問題，如何在苦難中保持樂觀的盼望這始終是靈修學與心理學的大問題。耶穌在撒種的比喻中強調：「撒在石頭地上的，就是人聽了道，當下歡喜領受，只因心裡沒有根，不過是暫時的，及至為道遭了患難，或是受了逼迫，立刻就跌倒了。」（太13:20-21）

如果我們的信仰只是停留在感覺的層面上，並沒有深入到認知層面，一旦為信仰的緣故遭受患難，就很容易拋棄信仰。在對待苦難方面，成熟者已經在信德上取得了一定的進展，他們的信德越來越在真理體系中得到堅固。同時，在望德的維繫下，雖然他們不會主動地尋求十字架來背負，但他們確實能夠以一定的喜樂之心背負自己的十字架，深知他們所經歷的每一種新的痛苦都會在當下塑造他們的品格，在未來增加他們所要得的榮耀，正如

詩篇所激勵的那樣：「流淚撒種的，必歡呼收割！那帶種流淚出去的，必要歡歡樂樂地帶禾捆回來！」（詩 126:5-6）保羅也說：「我想，現在的苦楚若比起將來要顯於我們的榮耀就不足介意了。」（羅 8:18）

11、明路與七德的操練。在成熟者階段，主要培養和促進的是與煉路階段相對應的七大美德（謙卑、寬容、忍耐、勤勉、慷慨、節制、貞潔）。當然，我們並不是說只有進入明路階段才會操練這七大美德，實際上，在煉路階段對付七大死罪的時候，我們就當培養與之相反的各種美德。但是，在明路階段，這些美德則是更加明確，上升到突出到眾人都能看見的地步，正如耶穌基督所強調的那樣：「你們的光也當這樣照在人前，叫他們看見你們的好行為，便將榮耀歸給你們在天上的父。」（太 5:16）

這一階段是初習與完全、煉路與合路之間的過渡與中轉階段，關鍵是在真理和美德中重新確立自我，從而為自我與上帝在愛中的完全合一做好準備。因此，明路就是道德之路，就是責任之路，強調我們在耶穌基督裡當如何愛主愛人。在大德蘭所提倡的靈修中，「她所偏愛的，總是回到道德的進步」[153]。上帝賜給我們的「一切恩寵引導我們更深入超脫，進入更崇高的道德生活」[154]。唯獨當我們注重上帝的律法、注重屬靈美德的培養時，我們的靈修才會保持在正道上，不至於走向偏邪。因此，在我們所提倡的真理體系中，密契神學始終處於教理神學和道德神學之間，沒有教理神學的指導，沒有道德神學的規範，所謂的靈修通

---

153 賈培爾，《聖女大德蘭的靈修學校》，加爾默修會譯（台北：星火，2014 年），171 頁。

154 同上，165-166 頁。

常都會走火入魔,這也是基本的常識。

在明路階段,我們如何管理我們的情緒和情欲,乃是我們靈命是否走向成熟的標記。尤其是情緒方面,日本著名的企業家和管理學家稻盛和夫強調「做一個情緒穩定的人」:「一個人厲不厲害,要看他的情緒管理能力。不信,你注意觀察你的周圍所有人,動不動就是生氣的人無一智者。情緒就像心魔,你不控制它,它便吞噬你。弱者易怒如虎,強者平靜如水。一個人情緒穩定的背後,是實力,也是格局。發脾氣是本能,控制脾氣才是本事。情緒穩定是一種修養,也是一個人成熟的標誌。」

劉民和牧師在其所提倡的「福音戒毒」中,強調「戒毒就是戒罪」,戒毒的關鍵不是戒除外在的毒品,而是戒除心中的毒癮,也就是「心毒」!「心毒」的體現就是各種負面的感覺、情緒和邪情私欲。要對付這種「心毒」,不僅需要煉路階段的焚燒與潔淨,也同樣需要明路階段的光照與醫治。[155]

12、初習者與成熟者的不同。初習者還不容易與他人相處,我們生命中殘餘的敗壞仍舊常常使得我們陷於嫉妒紛爭之中。成熟者能夠與他人友善相處,甚至能夠開始做到愛自己的仇敵。因此,初習者需要的更多的是個人性的操練,而成熟者不僅注重個人的靈命操練,也喜歡敞開自己,與其他同道一起尋求上帝的恩典。初習者容易特立獨行,擔心受到別人的污染或干擾;成熟者則是大隱於市,能夠在眾人中間保持自己的良心和原則,不僅不

---

[155] 劉民和,《福音戒毒的僕人事奉》(新北市:晨曦會,2014 年);劉民和、莫少珍,《福音戒毒的深度與實際》(新北市:晨曦會,2018 年),修訂版;劉民和等,《福音戒毒的七個面向的意義與論述》(新北市:晨曦會,2014 年)。

受惡者惡人的影響和蠱惑，並且開始有感化他人的力量。初習者是嬰孩兒童，當受到人的保護，自己也要警醒謹守，不可亂說亂動；成熟者乃是青年壯丁，開始能夠獨立作戰，他們的責任就是深入世界。初習者需要得到他人的培訓，成熟者開始培訓他人。

13、**屬靈人的心思、情感與意志**。在成熟階段，基督徒當明確地擺脫屬魂的境界，使自己在認知、情感和意志上都得到更新，不再自作主張，自以為是，而是完全地降服在聖靈的引導之下。屬靈的人仍然有魂，但卻不受魂的轄制，正如倪柝聲弟兄所見證的那樣：「一個屬靈的人是依然有他魂的意志、心思和情感的。雖然這些是魂生命的各部分，然而，這些功能，乃是人之所以為人的要素；因此，屬靈的人雖然不是靠著它們活著的，然而卻沒有消滅它們。反之，它們乃是死過，更新過，復活過，因而它們與靈完全聯合，而作靈發表的工具。屬靈人是有情感、心思、意志的，不過它們是完全順服靈直覺的引導的。屬靈人有情感，不過他的情感不像從前那樣的單獨行動，乃是完全受靈的支配的。現在情感不再如從前那樣的有自己的欲好，有自己的愛情，有自己的感覺，因而處處掣靈的肘，而反抗靈的舉動。現在乃是只好靈所喜歡的，只愛靈所指引的，只覺靈所允許的。靈是它的生命，靈一舉動，它就回應。屬靈人也有心思，不過他的心思不像從前那樣的放蕩，乃是與靈同工的。現在的心思不是以它所想的理由、理論，來反對靈的啟示，不是以紛紜的思想來擾亂靈的安靜，不是以自己的智慧為誇詡，而悖逆靈的啟示；乃是與靈同心協力在屬靈的程途上進行的。如果靈有啟示，它就思想出這啟示的意思，如果靈因爭戰而『下沉』，它就扶助靈而爭戰，如果聖靈要教導什麼真理，它就幫同靈思想明白。靈有能力停止

它的思想，也有能力使之思想。屬靈人也有他的意志，不過他的意志不像從前那樣的以自己為中心，向神獨立，乃是以靈的是非定依違的。現在再不像從前那樣的有己意，那樣的不服神的旨意，那樣的剛硬不能軟化；乃是完全破碎，不再抵擋神，不再與神相違，不再野性難馴；乃是一得著靈的啓示，明白了神的旨意之後，便為靈出主張來遵行。它好像是靈的臣子，站立在靈的門口，等待靈的吩咐。」[156] 在這種成熟階段，我們的理性、情感和意志都降服在心靈的自覺的引領之下，而我們的心靈則完全降服在上帝的旨意之下。

14、知足感恩與靈命的成熟。在靈命成熟階段，我們能夠坦然面對上帝加在我們環境和身體上的一切苦難，深知我們哪怕受苦，上帝的慈愛仍然環繞我們，祂確實使萬事互相效力，使愛主的人得益處，就是塑造我們的屬靈的品格，使得我們更加意識到自己的不配和卑微，更加珍惜上帝的恩典，更加自覺地歸榮耀給上帝，不管或吃或喝，都為榮耀上帝而行。因此，知足與感恩乃是靈命成熟的重要標記。相反，抱怨和爭鬧乃是靈命不成熟的標記。當初以色列人在瑪撒的時候就是如此：「以色列全會眾都遵耶和華的吩咐，按著站口從汛的曠野往前行，在利非訂安營。百姓沒有水喝，所以與摩西爭鬧，說：『給我們水喝吧！』摩西對他們說：『你們為甚麼與我爭鬧？為甚麼試探耶和華呢？』百姓在那裡甚渴，要喝水，就向摩西發怨言，說：『你為甚麼將我們從埃及領出來，使我們和我們的兒女並牲畜都渴死呢？』摩西就呼求耶和華說：『我向這百姓怎樣行呢？他們幾乎要拿石頭打

---

[156] 倪柝聲，《屬靈人》，中冊，頁 37。

死我。』耶和華對摩西說：『你手裡拿著你先前擊打河水的杖，帶領以色列的幾個長老，從百姓面前走過去。我必在何烈的磐石那裡，站在你面前。你要擊打磐石，從磐石裡必有水流出來，使百姓可以喝。』摩西就在以色列的長老眼前這樣行了。他給那地方起名叫瑪撒（就是試探的意思），又叫米利巴（就是爭鬧的意思）；因以色列人爭鬧，又因他們試探耶和華，說：『耶和華是在我們中間不是？』」（出 17:1-7）他們之所以一遇到問題就爭鬧，並不是因為問題本身，而是因為他們不相信上帝的同在、大能和護理，因此聖經上記載他們「試探」上帝。這種對於上帝的試探，就是非要讓上帝按照人的想法來滿足人的需求。

15、**明路與上帝的光照**。在明路與成熟階段，我們特別需要的就是上帝的光照。煉路階段更多的是靈命導師的教導和勸誡，而明路階段則更多地直接領受來自上帝的光照。只有通過來自上帝的超自然的光照，我們才能更加深刻、全面地認識上帝和聖經，使我們的理性更加成熟，具有屬靈的判斷力。只有通過上帝的光照，我們才能更加深入、熱切地愛慕上帝和真理，使我們的感情更加成熟，具有超越世上一切受造物的超脫之情。只有通過上帝的光照，我們才能更加自覺、堅決地順服上帝及其真理，使我們的意志更加成熟，能夠在抉擇上更加自覺自願地離惡行善。因此，在明路階段關鍵是領受上帝的光照，培養心靈的美德。

16、**成熟者三大標記**。在成熟階段，基督徒開始在生命上從學徒走向師傅，不僅心竅習練得通達，並且能夠在行為上攻克己身。成熟者有三大標記：首先就是在真理體系上的精進，能夠掌握比較整全的教義真理，精通聖經整全的啟示。因此，那些不喜歡聖經與信經信條的人，絕沒有在靈命上達到成熟的階段。其

次就是在治理體系上的精進，就是能夠攻克己身，養成良好的生活習慣，在家庭、社會和教會的治理與管理中有管家的智慧和權威。因此，那些不願意參加教會生活的人，絕沒有在靈命上達到成熟的階段。第三就是在德修上有明確的長進，並且得到家庭、社會與教會一定程度的認可，這就是聖經中強調的監督和執事的靈命資格（提前 3:1-13）。這就是孔子所說的「四十而不惑，五十而知天命」的境界。因此，那些不愛慕和遵行上帝的律法的人，仍然處於渾渾噩噩、空虛混沌的狀態，絕不可能在靈命上達到成熟的階段。

17、情感修與道德情操。在成熟階段，經過了初習階段的心意更新和攻克己身，我們更多地把精力集中在培養屬靈的美德上，這一階段所注重的是崇高的道德情操，核心就是愛主愛人，不僅體現在愛弟兄姐妹上，更是體現在對普羅大眾、芸芸眾生的悲憫之愛上。使徒彼得強調：「有了虔敬，又要加上愛弟兄的心；有了愛弟兄的心，又要加上愛眾人的心。」（彼後 1:7）因此，我們把這個階段稱之為「情感修」階段。這個階段已經開始品嘗到從主動靜觀到被動靜觀的滋味，在祈禱經驗上已經比較豐富。約拿單·愛德華茲（Jonathan Edwards）著有《論基督徒各種敬虔的情感》一書，強調真基督徒的真敬虔集中體現在情感上，尤其是愛德上：「聖經認為，敬虔主要在於愛，愛上帝，愛主耶

穌基督,愛上帝的子民,以及愛人類。」[157] 清教徒喜歡把靈修界定為「追求敬虔」,而基督徒的敬虔尤其體現在感情方面。

18、成熟階段與內院。從會幕與聖殿的結構來看,這一階段就是內院的靈修和事奉,聖所裡有三個器皿:餅台、燈檯和香爐。餅台上的陳設餅代表我們榮主益人的善工義果,香爐所奉獻的香代表我們的禱告祈求,善工與祈禱是我們感恩生活的兩大方面,而燈檯上的七盞燈所發出的永不熄滅的燈光則代表來自聖靈的光照。

19、明路與相愛階段。在我們與上帝的關係中,明路是相愛階段。在煉路階段,我們的感官得到淨化,不再對物質感官的享受迷戀忘返,不再沉浸在肉體的邪情私欲之中。在明路階段,我們的心靈官能(知情意)得到淨化,在聖靈的光照下,放棄對理性認識的執著,更多地用心靈之愛來回應上帝的大愛。這個煉淨過程被稱為「心靈的暗夜」,我們將在後面專章論述。

20、明路階段禱告的特色。明路階段的關鍵是培養美德。明路階段的禱告是默想式的禱告,集中默想上帝的律法和耶穌基督的救贖。上帝的律法乃是上帝顯明的旨意,耶穌基督的救贖更是對於上帝律法的最佳說明和例證。在明路階段,門徒不僅能夠堅持撰寫靈修日記,並且開始能夠撰寫專題論文,能夠成為牧養他人的師傅。寫作乃是極其重要的靈修方式,能夠訓練我們的思

---

157 Jonathan Edwards, *The Religious Affections* (Edinburgh: The Banner of Truth Trust, 1986), p. 32. 可惜中文譯本把「敬虔」(religion)翻譯為「宗教」,結果把愛德華茲特別強調的基督徒的「敬虔」變成了泛泛而論的「宗教」!喬納森‧愛德華茲,《宗教情感》,楊基譯(北京:三聯,2013 年)。

維，對付我們的情緒，調整我們的意志。情感修的最高追求和境界就是在真情上與上帝的合一。不管上帝怎樣對待我們，我們都對上帝的大愛深信不疑。即使我們遭遇耶穌基督那樣被釘十架的痛苦，也願意把自己的靈魂交託在上帝手中。

明路階段的祈禱能夠更加有效地從觀心祈禱轉向收心祈禱，從收心祈禱轉向靜心祈禱。觀心祈禱注重的是觀察自己心靈的光景，收心祈禱注重的是把心思意念轉向上帝，而靜心祈禱則是得蒙上帝的眷顧，安靜在上帝的面前，正如詩篇的作者所表達的那樣：「耶和華啊，我的心不狂傲，我的眼不高大；重大和測不透的事，我也不敢行。我的心平穩安靜，好像斷過奶的孩子在他母親的懷中；我的心在我裡面真像斷過奶的孩子。以色列啊，你當仰望耶和華，從今時直到永遠！」（詩 131:1-3）

21、煉路明路與克修。煉路和明路乃是傳統的克修神學的範圍。賈培爾在分析大德蘭的教訓時強調，「德蘭學派的教導完全集中於靈魂直接地致力於自修的德行。這不只是個卓越的神祕教導，使我們內在的追尋展開無限的領域，而且，這也是個深奧的克修教導，使靈魂修行自我捨棄和自我犧牲。這個教導不滿足於高超的渴望；它要求慷慨的工作」[158]。這個階段的禱告是在默想式的禱告的基礎上更多地進行收心性與靜心性的祈禱，把我們的心思意念更多地集中在上帝及其真理上。因此，在祈禱和靈修上，明路階段的突破來自煉路階段的積累，而明路階段的長進繼續有賴於煉路階段的支撐。

22、明路階段的默想與事奉。在明路階段，人要明確自己的

---

[158] 賈培爾，《聖女大德蘭的靈修學校》，頁 210。

師徒傳承，這樣才能成為真正的「門徒」，進行有系統的學習和建造。在煉路階段，有時人會改換門庭，在自己的靈修路徑和導師上有所調整；但是，一旦到了明路階段，人在師徒傳承上也會堅定不移。那些沒有宗派和學派傳承的人，不僅藐視先聖先賢和大公教會，更是藐視上帝在整個歷史過程中的引領，這樣的人本身就處於愚蒙狀態，未得聖靈特別的光照。這個階段應集中於收心式的祈禱，通過以《士瑪禱文》（申 6:3-9）為標記的政統、以《效法上帝》（弗 5:1-21）為綜述的體統和以《海德堡教理問答》為標記的正統來規範自己的信仰和行為，好使自己不斷在行事為人上發出光來，從而以切實的美德和善行來吸引人歸向上帝和耶穌基督。處於成熟階段的基督徒能夠教導初學者，他們在一定程度上已經成為師傅。

23、明路階段與白衣修士。 要進入明路階段，基督徒當明確地選擇在真理和靈命上能夠指導自己的導師，導師也要挑選學生。雅和博經學提倡洗腳禮，就是由導師為門徒洗腳，表明正式接納此人為自己的門徒。這種洗腳禮乃是效法耶穌基督的做法，表明師父的責任絕不是轄制門徒，而是為門徒服務，引領他們走永生的道路，在他們的生命中點燃真理的火炬。此階段的學習集中在經典性聖經注釋和密契神學的學習上。在雅和博研修院中，這一階段的修士以穿白衣為主，強調以向義而生為核心的成聖之道。

24、明路階段與上帝的律法。 在明路階段，要反覆思考上帝的法版，在這法版上有上帝親自用手指刻上的《約法十章》。此處重點思考的是：我們成聖、行善、感恩的標準到底是什麼？當然，這種標準只能是上帝的律法。正是因為強調上帝的律法，

雅和博經學所強調的靈修再次回到聖經啟示和教會認信的正傳正道。在這個階段，我們會經歷到上次賜給我們的心靈的甜蜜，正如大衛所告白的那樣：「耶和華的道理潔淨，存到永遠；耶和華的典章真實，全然公義——都比金子可羨慕，且比極多的精金可羨慕；比蜜甘甜，且比蜂房下滴的蜜甘甜。」（詩 19:9-10）在靜觀心禱上，我們之所以大有信心，就是因為我們不但在救贖上強調主耶穌基督的代贖之工，而且在成聖上強調當以感恩之心遵守上帝的律法，這是以《海德堡教理問答》為代表的改革宗正統神學所特別強調的。

四、合路、意志修與完全階段

1、**合路與修靈**。完全階段重在「修靈」，就是使我們的靈完全與上帝相契。其實，這個階段的關鍵不是個人的靈修，而是上帝的轉化之工。雅和博經學不僅相信在因信稱義上我們經歷上帝的大能，在分別為聖上我們也同樣經歷上帝的大能。前者完全是上帝的工作，在基督耶穌裡做成的，使我們成為新造的人；後者也完全是上帝的工作，雖然有我們的參與和責任，最終而言則完全在於上帝的保守和賜福。在完全階段，基督徒的信仰成為又真又活的信仰，他們在心靈深處經歷又真又活的上帝，他們的腹中流出活水的江河。儘管上帝這樣奇妙的顯現並不是經常發生，但基督徒在這個階段的經歷確實使得自己的靈經歷極大的轉化，從此成為一個截然不同的人。不管我們是何等的廢鐵、垃圾，上帝的手指能夠改變一切。

2、**完全者與父老階段**。完全者在靈命上處於父老階段（約壹 2:12-14）。伯納德稱這個階段為「親吻主的嘴」，在我們以無

數的祈禱和眼淚獲得「親吻主的腳」和「親吻主的手」兩個恩賜之後,「我們或許敢於抬起眼睛來仰望那充滿榮耀尊嚴的聖容,不僅是為了仰慕上帝,也是為了『親吻主的唇』(我敬畏戰驚地說)。在聖潔的親吻中,我們與主聯合,因為主屈尊降卑、俯就低微者,所以我們得以『與主成為一靈』」[159]

伯納德進一步解釋說:「這親吻是不可動搖的平安,是不可接觸的契約,不可分割的愛,是不可侵犯的合一,因為這表示了聖父與聖子之間的親愛關係。」[160] 改革宗神學在闡明上帝與人立約的時候,特別強調上帝的屈尊與俯就。其實,上帝的俯就不僅體現在聖父上帝與我們立約上,更是體現在聖子上帝為我們道成肉身上,當然最終則是體現在聖靈上帝的內住與陪伴上。使徒保羅在聖靈的感動下發出這樣的讚美:「大哉,敬虔的奧祕,無人不以為然!就是上帝在肉身顯現,被聖靈稱義,被天使看見,被傳於外邦,被世人信服,被接在榮耀裡。」(提前 3:16)當我們充分地認識到聖靈住在我們心中的時候,我們就能在這個世界中不斷得勝。因此,使徒約翰強調:「小子們哪,你們是屬上帝的,並且勝了他們;因為那在你們裡面的,比那在世界上的更大。」(約一 4:4)

3、合路與意志修。非常重要的是,我們把成熟階段的合路與「意志修」結合在一起,強調在這個階段把靈修聚焦在意志層面。正如格林所言,基督徒靈修的第三個階段就是「從愛到

---

159 侯士庭編輯,《至聖至愛・屬靈之誼》,頁 235。
160 同上,頁 239。

真正的愛」的階段。[161] 在這種愛的階段，我們擺脫了感性之愛的影子，更多地經歷到愛的實體，這種愛的實體聚焦在意志的相合上。

在合路階段，我們明確注重的就是意志的操練，因為真正上帝與人的合一的落實就是在意志層面的合一，不是要操縱上帝來滿足我們的意思，而是唯獨追求上帝的旨意在我們生命中的實現。因此，大德蘭解釋說，詩篇第 8 篇所強調的「你派他管理你手所造的」（詩 8:6）指的是「成全者」。[162] 只有那些通過靈修而攻克己身的完全者，才能擔負起治理全地的文化使命來。因此，在雅和博經學中，我們把公共神學和靈修神學結合在一起。沒有公共神學所提倡的治理全地的文化使命，我們就喪失了上帝賜給我們的異象和使命；沒有靈修神學所提供的攻克己心的內在生命，我們就喪失了完成上帝賜給我們的使命的內在根基。

4、合路與與主聯合。完全者的關鍵是與主聯合，愛主愛人。與合路階段聯繫最密切的經文就是耶穌基督在客西馬尼園的禱文：「我父啊，倘若可行，求你叫這杯離開我。然而，不要照我的意思，只要照你的意思。」（太 26:39）倪柝聲先生解釋說：「主在客西馬尼園的禱告，乃是順服上帝權柄最高的表示，主順服上帝權柄勝過十字架的獻祭。」[163] 倪柝聲這種解釋是非常深刻的，當然也合乎聖經，因為耶穌基督在十字架上的獻祭本身就是順服上帝的主權。沒有對上帝的順服，尤其是對於上帝的律法的

161　格林，《井枯之時》，頁 16。
162　大德蘭，《全德之路》，18 章 4 節，頁 119。
163　倪柝聲，《屬靈的權柄》（香港：基督徒出版社，1998 年），頁 7。

順服,只是誇口自己背負什麼十字架,就沒有任何意義。

5、**完全階段和與主聯合**。完全階段就是「與主聯合層」（unitive stage）,經過潔淨罪惡層和光照看破層,消除妄念和罪習,培養善念和良習,從而更多地被主的愛所吸引,進入生命的內室（歌 1:4）,在靈力的隱祕處得見主面,得聽主的聲音（歌 2:14）,經歷上帝「全然可愛」（歌 5:16）,進入「我屬我的良人,我的良人也屬我」這種與主愛聯合的境界（歌 6:3）。因此,在這個層面和階段,多讀雅歌以及經典性的注釋。在這個階段的人,開始發出伯納德所說的「敬虔的馨香」,能夠給他人帶來醫治。[164]

6、**順服與完全者**。「完全者」（the perfect）乃是指極少數真正捨己並且攻克己身的基督徒。完全者與靈修生活中的合路相應,這一階段主要的特徵是與上帝相契,享受上帝的同在,完全捨己,背起自己的十字架來跟隨主。十架約翰（St. John of the Cross）稱這一階段為「靈魂與上帝的神聖的合一」（the divine union of the soul with God）。[165]

此處所體現的就是意志的順服,倪柝聲先生指出:「屬靈人也有他的意志,不過人的意志不像從前那樣的以自己為中心,向上帝獨立,乃是以靈的是非定依違的。現在再不像從前那樣的有己意,那樣的不服上帝的旨意,那樣的剛硬不能軟化;乃是完全的破碎,不再抵擋上帝,不再與上帝相違,不再野性難馴;乃是得著靈的啟示,明白了上帝的旨意之後,便為靈出主張來遵行。

---

164 侯士庭編輯,《至聖至愛・屬靈之誼》,頁 244。
165 St. John of the Cross, *Dark Night of the Soul*, trans. E. Allison Peers (Westminster, Md: Newman Press, 1953), p. 4.

它好像是靈的臣子,站立在靈的門口,等待靈的吩咐。」[166] 這就是正確的靈魂秩序,我們的靈處於聖靈的引領之下。當然,這絕不意味著我們喪失自己的主體性,作出決定和承擔責任的仍然是我們個人的靈。

7、**完全者與屬靈人**。完全者已經勝過了自身的動物性,也超越了理性的限制,成為真正意義上的「屬靈人」(the spiritual man)。完全者的禱告有兩大類型,一是為靈魂的得救而作的宣教的禱告,他們甚至願意為了靈魂的得救而獻上自己的生命。二是為上帝的恩典而作的感恩的禱告。不管是處於順境之中,還是處於逆境之中,完全人總是能夠向上帝獻上感恩,深信上帝讓萬事互相效力,讓愛主的人得益處。在完全階段,讀經、默想和禱告是三合一的。在讀經的同時,就有默想的操練;在默想的同時,也有禱告的進行。這樣,上帝的話語就通過個人的默想和上帝的光照而不斷化為滋潤心靈的營養、行動的動力。

8、**完全者與靜觀心禱**。這一階段的禱告的主要形式是「默禱」(the prayer of silence),也就是不出聲的禱告,學術上稱之為「靜觀性的禱告」(contemplative prayer),也被稱為「神祕性的禱告」(mystical prayer)。在這種禱告中,禱告者所注意的並不是理性上分辨性的認信,也不是情感上的訴求或表達,而是完全倒空自己,完全捨己,謙卑地安靜在上帝的面前,溫柔地在心靈深處聆聽上帝的聲音,敞開地經歷上帝的同在。在這種禱告中,人的經歷往往是超出任何言語、思想和情感的表達的。[167] 分辨性的禱

---

166 倪柝聲,《屬靈人》,中冊,卷四 2 章〈一個屬靈的人〉,37 頁。
167 參考 http://christianresearchnetwork.org/topic/contemplative-prayer/,
    2014 年 5 月 13 日查考。

告強調的是理性的參與，但並不排除感情的成分，這種祈禱就是我們所強調的觀心與收心式的祈禱；情感性的禱告主要是表達對上帝的愛慕，但並不排除理性的思考，但理性的思考已經完全處於上帝的光照之下。情感性的禱告是分辨性的禱告與靜觀性的禱告之間的過渡性禱告。

9、完全階段與神祕經歷。這一階段的基督徒都具有神祕的經歷，他們在心靈深處經歷與三一上帝的合一。這種合一不是本體上的合一，但有著本體上的類似性，牢記這種合一及其特徵非常重要。這種類似性正如十架約翰所描述的那樣：「正如木頭的情況，當火焰接近木頭的時候，首先使木頭變得乾燥，最後火焰就滲透到木頭之中，使木頭也燃燒起來，變得像火焰一樣。」[168] 這當然也是聖經中所強調的：「親愛的弟兄啊，我們現在是上帝的兒女，將來如何，還未顯明；但我們知道，主若顯現，我們必要像他，因為必得見他的真體。」（約一 3:2）

10、完全階段與和上帝相似。基督徒的靈命成長是從在潛能上具有「上帝的形象」（image of God），直到到最終在成有上變得「和上帝相似」（likeness of God）。[169] 通過這種「神聖的相似性」（the divine likeness），而具有了「神聖的生命」（the divine life）。這種生命的轉化乃是通過個人的靈修與上帝的施恩達成的。正如威廉（William of St. Thierry, 1085-1148）所強調的那樣：「我們

---

168 St. John of the Cross, *Living Flames of Love*, Stanza I, 25, see *The Complete Works of Saint John of the Cross* (London: Burns Oates & Washbourne Ltd., 1953), vol. III, p. 25.

169 See Jordan Aumann, *Christian Spirituality in the Catholic Tradition* (San Francisco: Ignatius Press, 1985), p. 102.

心靈中三一上帝的形象趨於完善,達致完全的相似,就是我們的心靈與上帝的完美合一。在這種合一中,受造物與造物主之間的差異仍然同時存在。此時,我們就變得和上帝相似了。」[170]

11、完全階段與愛的火焰。基督徒在愛的火焰中與上帝合一,這愛的火焰就是住在我們心中的聖靈。聖靈融化我們的心靈,點燃我們的心靈,使我們在主的愛中燃燒,使我們在這燃燒的過程中不斷得到潔淨。這種火焰燃燒在我們的心中,使得我們以發自內心的熱情來榮耀上帝,拯救靈魂。聖靈本來就是聖父與聖子之間非受造的合一,通過聖靈的工作,上帝的子民並沒有在本質上變得和上帝完全一樣,而是通過上帝的恩典在美德上變得和上帝相似。因此,在靈修神學中我們要始終牢記,上帝永遠是上帝,人永遠是人,我們與上帝的結合是生命性、聖約性、關係性的,這種結合絕不意味著位格上的混合,更不意味著本體上的合一。正如夫妻關係一樣,聖經吩咐我們:「爲這個緣故,人要離開父母,與妻子連合,二人成爲一體。這是極大的奧祕,但我是指著基督和教會說的。」(弗 5:31-32)在婚姻關係中,雖然夫妻二人結合「成爲一體」,但丈夫仍然是丈夫,妻子仍然是妻子,我們與上帝和基督的結合也是如此。

12、主動靜觀與被動靜觀。完美階段最重要的操練則是「靜觀」,包括以理性思考和攻克己身爲主的主動靜觀,也包括以上

---

[170] William of St. Thierry, "we become like him when the image of the Trinity in the soul been perfected and brought back to a perfect likeness, the similitude, the most perfect union between the soul and God compatible with the distinction between creature and Creator." Quoted from Jordan Aumann, *Christian Spirituality in the Catholic Tradition*, pp. 102-103.

帝施恩顯現的被動靜觀。只要我們忠心地在日常生活中盡自己愛的本分，必會得蒙上帝特別的祝福，從主動的靜觀得享被動的靜觀，正如耶穌基督所應許的那樣：「有了我的命令又遵守的，這人就是愛我的；愛我的必蒙我父愛他，我也要愛他，並且要向他顯現。」（約 14:21）至於耶穌基督如何向人顯現，不同的人確實有不同的解釋和經歷，主流的解釋認為這是「理性的直觀」或「智性直覺」（intellectual vision），就是通過心靈的直覺而更加親近地認識上帝。這種「理性的直觀」是人的理性在聖靈的光照下認識上帝，更加明白真理，並且從真理中得到甘甜。此時對真理的認識不是字句性、命題性、教條性的，而是經歷性的，能夠在心靈深處品嘗到真理的甘甜，因為至高的真理本身就是上帝。

13、完全階段與為義受苦。在面對苦難的時候，在愛德的帶領下，我們要勇敢前往。為了榮耀我們所愛的上帝，更加效法我們的救主耶穌基督，我們勇敢向前，迎接十字架的到來。我們渴慕背負十字架，並不是因為十字架本身是可愛的，而是因為十字架是我們顯明自己對上帝和耶穌基督之愛的途徑。正如當初的那些使徒們那樣，當他們遭遇患難困苦的時候，他們為自己配為耶穌之名受苦而高興歡喜。「他們離開公會，心裡歡喜，因被算是配為這名受辱」（徒 5:41）。

針對中國教會很多人高舉自己的苦難的現象，我們強調真正為義受苦的人不會高舉自己的苦難。只有那些別有用心的人才會用自己的苦難贏得他人的同情、贊助乃至名利雙收。更有一些奮銳黨式的激進者，他們主動挑起政教矛盾，就像洪秀全一樣趁機發動群眾，奪取公共權力，我們要小心此類教會內外的野心家。如果我們真的效法耶穌基督的受苦，也當效法他的忍耐：「他被

欺壓，在受苦的時候卻不開口；他像羊羔被牽到宰殺之地，又像羊在剪毛的人手下無聲，他也是這樣不開口。」（賽 53:7）

14、**合路階段與勝過死亡**。合路是靜觀之路，是完全之路，是我們的心靈完全安靜下來，不再依靠自己的善行得救，甚至也不再依靠自己的修行成聖，而是完全依靠上帝的慈愛和信實，享受上帝在耶穌基督裡所賜給我們的真正的安息。基督徒只有通過靈修到達合路階段，才能夠參透生死，勇敢、坦然地面對死亡，甚至以盼望、欣喜之心迎接死亡的到來，正如使徒保羅所言：「情願離世與基督同在，因為這是好得無比的。」（腓 1:23）但是，從筆者幾十年作為牧師探訪醫院和病人的經歷來看，很少有基督徒坦然面對死亡的，大多數人都是幻想通過醫生的醫療和牧師的禱告來延長自己肉體的生命。這樣的基督徒的光景實在是可憐的，可惜大多數基督徒都是這種情況，因為他們缺乏長期的系統的靈修操練，當然也不知道自己靈命的狀況和境界。

15、**完全階段三大標記**。在完全階段，基督徒從聖徒成為真正意義上的聖哲，深知基督福音的奧祕，與上帝有著深刻的相交。正如老中醫一樣，作為靈魂的醫生，在這種境界的基督徒能夠深知人性的軟弱和幽微，並且能夠對症下藥，成為其他靈魂的嚮導和醫生。當然，即使處在完全階段的人，也不是包治百病的神醫，最終只有上帝才能夠醫治人受傷的心靈，我們不過是器皿而已。完全階段的三大標記就是：首先是在心志上不再追求自己的夢想和志趣，完全明確自己領受的上帝託付的天命，也就是孔子說的「知天命」；其次，就是能夠理解別人的話語和心境，對他人的心靈具有深刻的同理和同情之心，這就是孔子所說的「耳順」之境；第三就是自覺自願地遵守上帝的律法，並且能夠按照

律法真正的精神來遵行和教導，成為以斯拉一樣的通曉上帝的律法並且能夠以身作則的大德之士，這就是孔子所說的「隨心所欲而不逾矩」的境地。

16、完全階段與勝過肉體。完全階段的特徵就是勝過肉體。倪柝聲先生指出：「在許多生命成熟的聖徒中，曾有長時期完全的得勝。肉體雖然存在，但是它的效力，實等於零。它的生命、性情、活動，已經被信徒藉著聖靈，用主的死來治死，叫肉體達到一個雖有若無的地位。因為治死的工作是做得這樣的深，這樣的實在，而信徒的順著聖靈而行是這樣的忠心，這樣的長久，就叫肉體雖然存在，卻無絲毫反抗之力，好像連叫它再來激動信徒都是很難的。這樣完全勝過肉體，是每一個信徒所能達到的。」[171] 倪柝聲先生在此處所描述的就是基督徒當達到的完全的境界。雖然實際上只有很少的基督徒達到這樣完全的境地，但是，若是能夠善用上帝賜給我們的蒙恩之道，每個基督徒都能夠達到這樣的完全，這是我們在本書中特別激勵的。

17、完全階段與靠聖靈行事。完全階段的祕訣就是在聖靈裡，深信深知「聖靈乃是住在我們裡面最深密的靈裡」。倪柝聲先生稱此為「基督生命在我們裡面的祕訣」。「我們若這樣的用信心和順服的心而生活，我們就能盼望聖靈在我們裡面作最神聖，最奇妙的工作。『我們若是靠聖靈得生』——這是我們所當有的信心，相信聖靈是住在我們裡面的。『就當靠聖靈行事』（加5:25）——這是我們所當有的順服。我們應當簡單的，安息的相信主曾把祂的靈賜我們，在我們裡面。相信祂的恩賜，相信聖靈

---

171 倪柝聲，《屬靈人》，上冊，頁113。

是在我們裡面。看這個作為基督生命在我們裡面的祕訣：聖靈乃是住在我們裡面最深密的靈裡。默想這個，相信這個，記念這個，直等到你在上帝的面前，因著這個真理的榮耀和實在，而發生聖潔的敬畏和希奇的心，聖靈住在我們的裡面！現在應當順服祂的引導。引導並非在乎心思和思想裡，乃是在乎生命和意志裡。應當降服上帝，讓聖靈支配一切的行為。祂要將主耶穌顯現在我們的生命上。這是祂的工作」[172]。非常重要的是，基督徒要追求完全，不僅要順服上帝的律法，更是要尋求聖靈在心中的同在和引領。正如此處倪柝聲所強調的那樣，對於聖靈內住這一事實，我們要反覆思想，知道我們的心靈意識中確實經歷到聖靈的引領。

18、完全階段與至聖所。在完全階段，基督徒成為真正的屬靈人，不再繼續處於魂與體的操縱之下，而是自覺自願地遵守上帝的約法，時時在至聖所中得見上帝的聖面，得蒙上帝的光照，得享上帝的安慰。正如倪柝聲弟兄所見證的那樣：「屬靈人，就是一位屬於靈的人。他的全人，都是被靈所管理，全人所有機關，都是完全服在靈之下，而受它的節制。他的靈，作他生活的特徵，無論什麼，都是從靈而出。他乃是有絕對的、倚賴的：他所說的話，所作的事，並不隨便自己作去，乃是每一次都否認自己的能力，而從靈裡支取能力出來。屬靈的人，就是靠著靈而活的人。」[173]這種境界就是孔子所講的「六十而耳順，七十而從心所欲不逾矩」。當然，基督徒所達到的完全的境界在本質上不同

---

172 倪柝聲，《屬靈人》，上冊，頁 139。
173 倪柝聲，《屬靈人》，中冊，頁 38。

且超越於孔子所說的至境。孔子所說的只是他個人的猜度，而聖經中所提倡的以上帝為樂的境界乃是來自上帝的啟示，也是歷史很多聖徒所經歷到的。

19、完全階段與相契階段。在完全階段，人的心靈經過煉路的淨化、明路的栽培，更多地達到與上帝結合的境界。我們與上帝的關係也從相識相愛的階段到達完全相契相合的境界。這確實是我們人生能夠達到的最高境界，然而並非生命境界的終極，只能是基督徒生命的終極境界的預嘗。從會幕與聖殿的結構來看，這個階段是至聖所的靈修與事奉。至聖所中只有上帝的約櫃，約櫃中有法版，約櫃的蓋就是施恩座。基督徒靈修的過程就是聖靈把上帝的律法刻在我們的心版上的過程，就是靠著上帝的恩典，通過考察、默想和遵行，使上帝的律法內在化，從而改變我們的生命，塑造我們的品格，使我們真正成為愛主愛人、守約守法的人！越是在靈修中與上帝有著深度的密契的神祕主義者，越是在日常生活中嚴謹地遵守上帝的律法的理性主義者。

20、合路與神祕體驗的暫時性。只要我們還活在世上，我們和上帝的這種神祕結合只能是短暫的，而不是圓滿恆久的。上帝有時特別向我們顯現，向我們施恩，使得我們經歷保羅所經歷的那種被提三重天的奧祕經歷。但是，那種甜蜜的感覺會常常離開我們，我們仍然需要靠著信心得見那看不見的上帝，我們仍然需要持續不斷地與老我、世界和撒但這三大仇敵爭戰，至死方休。美好的時光總是短暫易逝，哪怕使徒彼得想在山上為摩西、以利亞和耶穌搭三座帳篷，想長期在那裡安營紮寨，但最終耶穌還是帶領他們重新下山傳道。因此，最後的「面見上帝」的「榮福直觀」（beatific vision），是我們今生無法完全達到的。我們今生今

世只能處於天路歷程之中，向前向前，直到我們最終完全得見主的榮面。意志修的最高追求和境界就是在意志上與上帝的合一，完全放下我們個人的意志，以耶穌基督的心為心。

21、**從主動的祈禱到被動的靜觀**。在完全階段，基督徒主要的經歷就是與上帝相契，完全把自己交託在上帝的大能而慈愛的膀臂之下。在這個階段，禱告的方式主要就是靜觀，就是靜心式與合心性的祈禱。這個階段人完全是被動的，完全處於上帝的眷顧之下。同時，這個階段我們仍然需要進行觀心式和收心式的祈禱，自覺且主動地用上帝的話語來更新我們的心思意念，並且不斷地把我們的心思意念聚焦在上帝及其真理上。

即使我們達到了合路階段，我們不可能長期停留在這樣的經歷之中，大多數時候，我們仍然要回到煉路，紅塵煉心，需要警醒謹守，離惡行善。但是，就如雄鷹一樣，一旦我們飛到雲端，得見那輝煌的日頭，哪怕我們重新回到地面，重新回到森林的巢穴之中，我們的境界已經得到了極大的提升，我們的生命也不再一樣。因此，保羅在使徒行傳中反覆提及他在大馬士革路上的奇妙經歷，他稱之為「那從天上來的異象」（徒 22:6-16；26:12-19）。可見，這樣的經歷雖然不是持續性的，也不是重複性的，但卻從根本上扭轉了保羅的一生，以至於他自己強調：「我卻不以性命為念，也不看為寶貴，只要行完我的路程，成就我從主耶穌所領受的職事，證明上帝恩惠的福音。」（徒 20:24）。

22、**合路階段的默想與事奉**。在合路階段，我們要明確地歸向使命，成為具有明確的使命感，並且也能夠在一定程度上完成自己的使命的使徒。合路階段的禱告主要是靜心祈禱與合心祈禱，這個階段的祈禱與服事應當集中在以登山寶訓中《蒙恩標

記》（太 5:1-20）為綜述的靈統、以《使徒傳承》（太 28:18-20）為綜述的學統、以《天國鑰匙》（太 16:13-20）為綜述的傳統上，以「審慎判斷，廣樹門生，捍衛托拉」為三大聚焦點。[174] 在這個階段，基督徒成為真正意義上的靈性導師，帶領人在靈修上達到成熟的境地。這個階段的突出特徵就是發出光來，開始吸引人自願地跟隨學習。此時導師應當組建使徒團隊，集中以祈禱和傳道為念，弟子則是一邊跟隨老師學習真道，一邊輔助導師解決行政和資金等各項實際運作的問題，好使上帝的真道得到廣傳。

23、合路階段與紫衣修士。合路階段需要領受的是聖靈的洗禮，這種洗禮乃是門徒個人特別的經歷，是被動領受的。愛德華茲（Johnathan Edwards, 1703-58）的名字是和美國「大覺醒運動」分不開的。他在《自述》裡記載了他有過的一次奇異的靈性經歷：「1737 年，為了我自身的健康原因，我騎馬到森林中去。在一個幽靜的地方，和往常一樣，我下馬步行，默想禱告。我奇異地見到神人的中保耶穌基督的榮耀和祂奇妙的、偉大的、完全的、純潔的、甜蜜的恩典和慈愛，溫柔的眷顧。這一恩典的彰顯是如此地寧靜，如此地甜蜜，彷彿高過諸天。基督以無法言語的榮光顯現，這奇異的榮光消融了一切的思想和概念。根據我所能判斷的，大約有一個小時；使我久久地淚流如雨，大聲哭泣。我感受到我靈魂的炙熱，我不知道如何用言語表達，我的靈魂倒空了，消失了；我躺在塵土之中，完完全全只有耶穌的同在；用神聖的純潔的愛愛祂；依靠祂；靠祂而活；服事祂，完全地成為聖

---

[174] 出於猶太教《塔木德》中的《先賢聖訓》第一條，見 *Pirkei Avoc: Ethics of the Fathers*, compiled by Rabbi Yosef Markus, revised edition (Brooklyn, New York: Kehot Publication Society, 2010), p.20.

潔,是神聖的天國的聖潔。」聖靈隨己意在人的心中做工,沒有任何能夠掌控聖靈的工作,也沒有任何人配得上帝特別的眷顧:「上帝要憐憫誰就憐憫誰,要叫誰剛硬就叫誰剛硬。」(羅 9:18) 經歷這樣的洗禮之後,就會產生生命、使命與誡命的確信。此階段的學習集中在密契與德修神學的研究和操練上。這一階段的修士以穿紫衣爲主,表明自己有願意爲主捨命殉道的心志,同時強調以內聖外王爲核心的合一之道。

24、合路階段與律法、福音的和諧。在合路階段我們思考燃燒的荊棘,這荊棘雖在燃燒,卻是焚而不毀。上帝也是這樣更新、潔淨我們的生命,並且賜給我們生命的呼召。上帝通過這燃燒的荊棘向摩西顯現,並且把帶領以色列人出埃及的使命賜給他。因此,我們與上帝相遇,絕不是像彼得所認爲的那樣只要停留在山上享受上帝的同在就好:「主啊,我們在這裡真好!你若願意,我就在這裡搭三座棚,一座爲你,一座爲摩西,一座爲以利亞。」(太 17:4) 關鍵是我們還要下山傳道,道化世界。

煉路階段更多的是痛苦,上帝的律法顯明我們的罪,我們要對付罪;明路階段更多的是甜蜜,上帝的福音賜給我們救恩之樂,我在基督裡以上帝爲樂;而合路階段更多的則是神祕,在這種神祕的契合中我們領悟到律法與福音的契合。基督徒經過向罪而死的痛苦煉淨、向義而生的甜蜜成聖,最終所達到的就是活在上帝及其大愛中的那種浩如海洋般的深刻與神祕。達到第三個階段的聖徒在眞理和愛德上就會成爲聖徒與英雄式的人,具有靈魂的潔淨、生活的樸素和行動的勇氣,其整個的人格都會發出與主同在的聖潔之光。「興起,發光!因爲你的光已經來到!耶和華的榮耀發現照耀你」(賽 60:1);「誰如智慧人呢?誰知道事情的

解釋呢?人的智慧使他的臉發光,並使他臉上的暴氣改變」(傳8:1)。

五、靈修三大階段的交叉性

1、三路靈修與全人歸正。基督徒靈修三大階段乃是心靈深處對上帝及其大愛的經歷,是靈魂體全方位的修證。因此,伯納德強調說:「只有從基督得到『靈的親吻』的人,才會想一而再、再而三地品嘗那豐富且美好的感受;不曾有此經驗的人,是無法明白那親吻是什麼樣的。」[175] 所羅門在雅歌的一開始就這樣歌詠:「願他用口與我親嘴;因你的愛情比酒更美。你的膏油馨香;你的名如同倒出來的香膏,所以眾童女都愛你。願你吸引我,我們就快跑跟隨你。王帶我進了內室,我們必因你歡喜快樂。我們要稱讚你的愛情,勝似稱讚美酒。他們愛你是理所當然的。」(歌1:2-4)這樣的勝過「美酒」的「愛情」,只有經歷的人才能知道。

2、煉路、明路與合路的交叉性。值得注意的是,即使在靈修上已經很長時間並且很有得著的人,也常常需要回到初習階段,在煉路上不斷通過禱告、禁食、認罪等使自己保持警醒,因為煉路要持續我們的一生,我們終其一生都要與罪爭戰,直到我們完全見主的日子。就此而言,我們每個基督徒都在初習階段,我們始終要謙卑地作耶穌基督的門徒,不斷領受祂的教訓,不斷效法祂的作為,不斷在祂的救贖中罪得赦免。正如陳文裕所總結的那樣:「三路是靈修生活中的不同階段;但明路上的信徒仍然

---

175 侯士庭編輯,《至聖至愛‧屬靈之誼》,頁233。

需要煉路所修練的痛悔、補贖、克己等德行，合路上的信徒也依舊需要煉路及明路上所培養的種種美德。」[176]

3、明路與成熟階段的重要性。重要的是成熟階段的操練，我們應當把注意力更多地集中在這一階段的操練上，就是在美德和善行上不斷長進。在這個階段，最需要防備的危險就是道德主義與律法主義的傾向，也就是靠著自己的知情意來積德行善，這就是依賴魂的生命。不管我們如何盡責任，下工夫，都要時刻銘記上帝的恩典，都要時刻記念基督的救贖，都要時刻歸榮耀於上帝。正如倪柝聲先生所深刻分析的那樣：「這個倚賴魂的生命，去執行靈的主張，乃是藉著自然（屬世）的能力，去成就超凡（屬神）的良善。明言之，即藉著己的能力，去供應神的要求。信徒此時的情形，雖是已經勝罪（消極），然對行義（積極）尚是幼稚。但是肯真心承認自己的軟弱、幼稚、無用，而倚靠神的，究有幾人呢？人的本性，都是以為自己是有能力的，未經過神的恩典，叫他謙卑過的人，總沒有肯以自己為毫無用處的。就是因為這樣，所以就沒有倚靠聖靈行義的心，都是靠著自己（魂）的能力，而更正、改良他從前所有的行為。所以，此時的危險，就是不知啟發他裡面所已有之魂的生命（就是神所賜的），而靠著聖靈加增能力給這靈生命，去執行新性情所有的主使；而靠著自己的力量，來叫神喜悅。其實，此時靈命初生未久，尚未至長成時期，叫它去發表所有神性情的美德，也實有未能者；所以信徒因著缺乏等候、謙卑和倚賴的心，不知自己的作為，無論（照人的眼光看）好到什麼地位，都是不能得著神的喜悅的緣故，就用

---

176 陳文裕，《天主教靈修學》（台北：光啟，2012 年），頁 303。

著自己天然屬魂的能力，去履行神對他兒女們所要求的條件。這樣的行事和工作，乃是將屬神的和屬人的調合起來——天上的欲望，藉著地上的能力發表出來。信徒此時的行事爲人，既是如此，所以仍未能屬靈——乃是屬魂的。」[177]

4、完全階段的完全始終是相對性的。至於完全階段，我們知道在這個世界上我們所能夠達到的完全始終是一種我們能夠達到的相對性的完全，這種完全與上帝及其標準相比，與我們得榮境界所達到的那種完全相比，仍然是極不完全的。「這不是說我已經得著了，已經完全了；我乃是竭力追求，或者可以得著基督耶穌所以得著我的。弟兄們，我不是以爲自己已經得著了；我只有一件事，就是忘記背後，努力面前的，向著標竿直跑，要得上帝在基督耶穌裡從上面召我來得的獎賞。所以我們中間，凡是完全人總要存這樣的心；若在甚麼事上存別樣的心，上帝也必以此指示你們」（腓 3:12-15）。保羅在此處既承認「**完全人**」的存在，又強調自己並不認爲自己「已經完全了」！這就是說，即使那些在靈命上已經達到了完全階段的人，仍然需要追求更大程度的完全。今生今世我們只能達到相對的完全。

5、從清醒的默想到神祕的靜觀。靜觀首先在於安靜而清醒的默想，其次才是無我無物的神祕境界。前者是後者的準備，後者是前者的深入。默想使我們學會謙卑，深知思想的侷限，預備我們進入靜觀。靜觀使我們真正深沉，經過默想的深入，得與上帝神祕地相遇契合。默想是「松下問童子，言師采藥去」，有問有答，有思有爲，知而不知；靜觀是「只在此山中，雲深不知

---

177 倪柝聲，《屬靈人》，上冊，頁 160。

處」，無問無答，無思無為，不知而知。

默想是由光明進入黑暗，靜觀是黑暗中得見光明。默想是一步步攀援上山，靜觀是雲霧中觀看日出。默想者追求主愛，靜觀者享受主愛。默想者對於默想之得可以說得滔滔不絕，靜觀者對於自己所見只能是沉默不言。默想者仔細地研究蜂蜜的構成，靜觀者直接地享受蜂蜜的甜潤。通過默想，我們更多地認識上帝，愛慕上帝，這是我們當盡的責任和當有的追求；通過靜觀，我們更多地享受上帝，以祂為樂，這是上帝賜給我們的特權和我們在基督裡的得著。到底進入何種境界，不應當成為首要的關注，我們首要關注的就是既要警醒自守，也要勇猛精進。

對於基督徒而言，我們的責任就像迦拿婚宴中的僕人，要把那六口水缸都打滿水，只有上帝的大能才能使這些清水都變成美酒。對於靜觀境界而言，只有愛上帝愛到忘我的人，才會比較容易地進入到這樣境界，不求而自得。在祈禱中不斷尋求、期待這種境界的人，反而不容易進入這樣的妙境，因為他所努力尋求、執著不放的是自己的境界，而不是上帝本身。

6、時刻意識到自身的軟弱和卑微。我們在這個世界上不能達到絕對性的完全，這也有上帝的美意。蓋恩夫人指出：「就是最偉大的聖徒，上帝也特意在他們身上留下一些天然的缺失和瑕疵，免得他們驕傲自滿，也免得人因看外表而過分稱讚他們；上帝藉此保守他們，『將他們藏在祂面前的隱祕處』。」[178] 因此，不管我們如何為學修德，成賢成聖，都要時刻意識到自己的軟弱和卑微，若不是上帝的恩典托著彼得，他和賣主求財的猶大沒有任

---

178 蓋恩夫人，《更深經歷耶穌基督》，頁 118。

何本質性的不同。同時，不管我們所敬仰的屬靈前輩和靈命導師如何卓越，我們都不要把他們偶像化，而是始終要冷靜地以合乎中道的方式看待他們生平與教訓的得失，更多地從他們身上轉向上帝本身，親自從上帝領受教訓，親自從基督的救贖和教訓中領受救贖和教訓，並把一切榮耀都歸給上帝。

7、**克修神學與密契神學的關係**。這三大階段貫穿基督徒整個的靈修生活，既包括克修，也包括密契。煉路和明路主要涉及克修神學，核心就是如何通過攻克己身，自覺地主動地勝過自身的邪情私欲；合路階段主要涉及密契神學，核心就是領受上帝的轉化，在被動狀態中達成與上帝的契合。因此，克修主要在於攻克己身，使我們從外院進入內院；而密契所強調的則是個人與上帝直接的關係，這種關係尤其是通過無法言傳的靜觀而豐富的，上帝直接使我們從內院進入至聖所，在他的帳幕的隱祕處使我們的生命得到改變。克修關鍵在於人的主動，而密契則在很大程度上在於上帝按照他自己主權的美意與人直接接觸，神聖相遇，從而淨化、提升人的靈魂。因此，在人走向完全的靈修歷程中，貫徹始終的是我們個人與上帝的關係，這種關係不僅體現在我們通過耶穌基督的救贖而與上帝和好上，更是體現在我們繼續在耶穌基督裡不斷地分別為聖、在愛主愛人的美德上不斷長進的過程中。因此，處於完美階段的人的主要特徵就是：「完全忘我，一心有祂；甘願為兄弟姐妹的利益而付出一切。」[179]

8、**靜觀心禱與克修、密契神學**。把克修神學與密契神學有機地結合在一起，乃是大德蘭所提倡的靜觀心禱的卓越之處。賈

---

179 許可之，《中華靈修未來》，上冊，頁 96。

培爾在分析大德蘭的靈修思路時強調:「靈修生活的層次和神祕祈禱的深度,兩者間有著相當的一致性。」[180]

克修神學不僅是密契神學的預備,更是本身貫徹著密契神學的修證,因此煉路和明路階段不僅僅是克修神學的核心,也是密契神學的階梯。在攻克己身的過程中,我們越是不斷地潔淨自己,就越是接近上帝,越是得蒙上帝的眷顧。同樣,我們越是在密契神學的操練中親近上帝,得見上帝,我們在克修神學的實踐中就越是能夠有亮光和甜蜜,不至於陷入律法主義與道德主義的泥坑之中。

更重要的是,不管是在克修神學還是在密契神學中,貫徹始終的就是靜觀心禱。克修神學的第一個階段乃是煉路,在煉路階段我們主要操練的乃是觀心與收心的祈禱;克修神學的第二個階段乃是明路,在明路階段我們主要操練的乃是收心與靜心祈禱。在靜心祈禱中,第一個階段乃是主動性的靜心祈禱,第二個階段則是被動性的靜心祈禱。當我們進入被動性的靜心祈禱時,就已經進入到合路階段,因此明路階段不僅承續煉路階段,也是進入合路階段的過渡。

正是在這樣的靈修進程中,我們能夠登堂入室,更加接近上帝。這樣的靈魂科學實在是極其深刻極其精微的。所以,我們當時時意識到自身的卑微不配,時時呼求上帝施恩帶領:主啊,求祢這樣煉淨我們,使我們能夠專心愛祢!求祢使我們謙卑,常常得見自己的不配,更能得見祢的榮耀!

---

180 賈培爾,《聖女大德蘭的靈修學校》,173 頁。

靜觀與心禱

第三章

靜修兩大模式

「耶穌既知道眾人要來強逼他作王，

就獨自又退到山上去了」

（約 6:15）。

在耶穌基督的成長和事奉中，最重要的並不是傳道、醫病、趕鬼，而是靜觀心禱。在他事奉的開始，聖靈首先帶領他進入曠野的靜觀心禱（太 4:1-11）。在他被釘死在十字架上之前，他帶領使徒們在客西馬尼園安靜地靜觀心禱（太 26:36-46）。此處我們所說的「靜修」或「避靜」就是學習和操練這樣的靜觀心禱。[181] 主耶穌基督親自教導門徒祈禱的《國度禱文》，更是我們進行靜觀心禱的典範（太 6:9-13）。

在此教會內外一片喧囂的時代，我們是否能夠安靜在上帝面前，單單地尋求上帝，靜靜地領受上帝對我們的大愛和引領，決

---

[181] 拉蒙・鮑狄斯塔，《避靜、祈禱與分辨：依納爵神操 101 問答》，謝詩祥、鄭兆沅譯（台北：光啓，2012 年）。

定了我們信仰和事奉的深度和品質。此處我們闡明靜修兩大模式，同時分析靜修過程中出現的安慰與枯乾兩大現象，幫助靈修人正確地識別、對待自己的靈修與靈命，更好地在靈修過程中把個人的注意力集中在個人與上帝的關係以及個人品格的長進上。

一、靜修與靜觀

1、安靜與靜修。靜修是指專門拿出一段時間來安靜靈修，獨自安靜在上帝的面前，單單尋求上帝，親近上帝，並對自己所面對的重大問題作出合乎上帝心意的正確的抉擇。這種靜修可以是參加群體性的宣講式靜修，也可以參加為個人量身定製的輔導式靜修。這種靜修既可以是每天拿出一段時間來，也可以是專門拿出若干天時間來進行。

現代人心為物役，逐物勞形，最需要的就是安靜下來，獨自思考人生的意義，獨自面對上帝，作出真正合乎上帝旨意的抉擇。這是耶穌會的靈修所特別注重的。因此，在羅耀拉的《靈命操練》一書中，第一週首先需要明確的就是：「靈命操練的目的是要戰勝自己，整頓自己的生活，不讓某種不正的心情影響自己作出決定」（Spiritual exercises are to overcome oneself, and to order one's life, without reaching a decision through some disordered affection.）。[182] 鮑狄斯塔總結說，羅耀拉所教導的靜修與其他方式靜修的最主要差別在於他「對個人分辨的深刻感受，以及他將這種分辨能力視為在奉行及帶領神操時不可或缺的角色」。[183] 針對現

---

182 *The Spiritual Exercises of Saint Ignatius*, a translation and commentary by George E. Ganss (Chicago, Illinois: Loyola Press, 1992), p. 31.
183 鮑狄斯塔，《避靜、祈禱與分辨》，42 頁。

代教會內外盛行的各種形式的洗腦現象，我們必須強調個人分辨力的重要性，因此也要強調個人性輔導的重要性。

在雅和博經學所提倡的靈修中，我們始終強調聖父上帝的主權性恩典及其所啓示的律法的規範性——這種規範性具有絕對性、普遍性與永恆性的效力，因而強調上帝的律法永遠不會廢止；聖子上帝的代贖性恩典及其所啓示的福音的處境性——這種處境性針對人墮落之後的悖逆性、敗壞性和無能性，因而強調唯獨耶穌基督是上帝與人之間獨一的中保和救主；聖靈上帝的更新性恩典及其落實救恩的存在性——這種存在性指向聖靈在人心中的工作始終不會摧毀個人位格所具有的認知性與自由性，因而強調我們個人的歸信都是出自個人自由意志的抉擇。此處，我們把弗雷姆提出的三視角——規範性視角、處境性視角與存在性視角——與上帝的三一性結合起來。

基督徒需要這樣安靜在上帝的面前，反省自己的信仰，直面人生的挑戰，作出正確的抉擇。當然此處的抉擇不是指向我們對於上帝與耶穌基督的歸向，而是指向我們在事奉上帝的方向上的抉擇。靜觀則是靜修過程中靈命的操練，尤其是指向按照靜觀心禱的原則和步驟所進行的靜修。我們必須承認，有的靜修並非靜觀心禱。不管是指導靜修的人，還是操練靜修的人，都沒有明確的靜觀的追求。但是，真正的靜觀必須是在靜修過程中才能經歷的，尤其是主動性的靜觀，更需要我們主動地安靜在上帝的面前。

2、靜修三大目的。 靜修的目的通常有三種。首先，提升個人的靈命，尋求上帝的旨意。這是最常見的靜修目的，基督徒和傳道人都可以隨時爲此目的而進行靜修，特別是在生活中面對重

大抉擇時，更是需要安靜在上帝面前，尋求上帝的特別帶領。其次，醫治心靈的創傷，重新尋求上帝的帶領。這種靜修也非常需要，基督徒傳道人在信主或事奉一段時間之後感到受傷和困頓，就可以拿出一段時間來療傷、靜養，尋求他人的輔導，在上帝面前重新得力。第三，培訓同工，一同經歷上帝的帶領。這種靜修目的非常明確，就是培訓新接納的同工，使其確定自己的呼召和使命，明白確定加入一定的團隊生活和事奉。耶穌會士每一年都有八或十天的集中操練，就是這種同工培訓性質的靜修。[184] 承蒙上帝的恩典，筆者每天都能至少有幾小時的時間安靜在上帝的面前，通過閱讀、祈禱、默想、寫作來尋求上帝的旨意。在筆者的教導中，也總是用靜觀心禱開始，並以靜觀心禱的心態貫徹始終，感謝上帝帶領！

3、靈修與德修。靜修包括密契神學中的靈修，也包括克修神學中的德修。靈修強調的是我們與上帝的關係，德修強調的是我們與鄰舍的關係。靈修的精華乃是靜觀，就是直接經歷上帝的顯現和教導。但是，並非所有的靈修人都進入了靜觀，只有經過長期的克修生活操練之後才能進入深刻的靜觀。很多人的靈修的主要目的並不是尋求上帝，而是試圖通過靈修來讓上帝滿足自己物質或精神的需求，這樣的靈修不管是以什麼形式出現都不是靜修，更不可能預備自己進入靜觀。

當然，很多人的靜修還從未進入靜觀的境界，他們在心靈深處並沒有品嘗到主恩的滋味，因為也缺乏深度的安慰和確信。真正的靜觀需要上帝特殊的白白的恩典，上帝要賜給誰，就賜給

---

[184] 鮑狄斯塔，《避靜、祈禱與分辨》，46頁。

誰；要賜給誰多少，就賜給誰多少。在雅和博經學中，我們特別強調：不僅我們的稱義需要來自上帝的特別的恩典，我們的成聖也需要來自上帝的特別的恩典，而進入靜觀心禱更是需要上帝恩上加恩、力上加力。當然，我們在強調上帝的特殊恩典的同時，也始終強調個人的責任。對於個人而言，我們有責任預備好自己，通過個人長期的克修的操練來等待上帝的特別顯現。

二、宣講式靜修

1、**宣講式靜修**。靜修分為宣講式靜修和輔導式靜修。宣講式靜修通常是團體性、群體性靜修。在宣講式靜修中，有專門的靈修導師，通過講習和授課兩種方式，每天三到四次針對一組人進行。導師發給學員要點或祈禱的資料，給予某些提示，然後帶領學員進行靈修，學員要按照導師的具體指導去做。這種靜修通常比較理性，都是針對一定的群體宣講，不可能針對個別人的具體情況和需要。

2、**宣講式靜修的主題**。在耶穌會所舉辦的宣講式靜修中，通常的主題有「靈修的原則與基礎」、「罪與上帝的慈愛」、「基督的降卑與受難前的奧蹟」（包括上帝的國度與兩大旗幟默想）、「我主耶穌基督的苦難」、「我主耶穌基督的復活和大愛」。尚未準備好或是還沒有意願接受一對一的輔導式靜修的人，顯然更適合接受這種宣講式靜修。宣講式靜修注重上帝的聖言，靜修者能夠從反覆聆聽和默想上帝的聖言中得到益處。

3、**基督教教會中常見的三種宣講式靜修**。目前基督教會中常舉辦的退修會多是宣講式的。這種退修會通常有三種，一是傳福音性質的，通常直接稱之為「福音大會」。其次就是靈命栽培

性質的，這種靈命栽培常常具有針對性，比如有的針對「北美學人」——就是中台在北美留學之人，有的針對「北美職青」——就是職業青年，有的如「恩福家人退修會」——這是針對領受過恩福神學生獎學金的人所進行的團契活動。第三，有的退修會是教會奮興性質的聚會，這種聚會通常都有一定的主題，比如「靈命突破」、「靈命更新」等等，比如2022年疫情時期主恩基督教會舉辦的「多結果子退修會」目的在於鼓勵弟兄姐妹在疫情時期靠主長進，堅固教會，傳講福音。

4、目前基督教退修會普遍存在的問題。可惜，這些退修會哪怕有看似很好的講員，但這些講員本身往往自身缺乏真正的深刻和系統的靜修；即使講員有所涉獵，但往往也都沒有系統的靈修神學和靜修路徑。如此一來，這些退修會就成為教會和各種福音機構所舉辦的宗教活動而已，大部分並不能真正造就基督徒的靈命，最多不過是請不同的講員來，為大家換換口味，比起本堂的牧師來說，確實給大家帶來一時的振奮，但往往沒有長遠的效果，即培養弟兄姐妹養成靜觀心禱的習慣。因此，目前基督教會宣講式的靜修應當改進，最起碼要邀請確實對靜修有研究和操練的人。雅和博研修院致力於培養三大方面的人才，一是深度地從事經學研究的人才，二是深度地從事靜觀心禱的人才，三是深度地從事文化研究的人才。當然，我們希望我們所培養的每個人才都能在經學研究、靜觀心禱和文化研究方面具有深度的造詣，這樣才能夠成為教育宣教的精兵。

三、輔導式靜修

1、**輔導式靜修**。輔導式靜修通常是個人性、一對一的靜修。在這種靜修中非常重要的原則就是「適應原則」，也就是因材施教，就是要意識到每一個靜修的人，都是獨特的個人，都有獨特的創傷、困惑和挑戰，當然也都有上帝對他們個人的獨特的呼召。所以，導師應當根據每一個學員的具體狀況和需要設計、採用具有特別針對性的方法和過程。帶領、引領人進行這種靜修，實在是牧者所當進行的牧靈之工中最最核心的部分。這恰恰是今日新教教會中缺乏的。

2、**牧師需要得到的雙重牧養**。真正的牧者就是牧養人的靈魂，牧師的工作不是牧會，乃是牧靈。我們要牧養別人的**靈魂**，自己的靈魂也要得到雙重牧養。首先我們的心靈必須得到上帝的牧養，發自內心地經歷到「耶和華是我的牧者，我必不致缺乏」（詩 23:1）。這就要求我們每個人都要有個人的靜修時間，每個人都操練靜觀心禱，常常從上帝那裡重新得力。其次，我們自己也必須得到其他聖徒的牧養，我們必須謙卑地從歷代先聖先賢的經歷和亮光中學習當學的功課，最好我們還要從依然健在的聖徒那裡學習真理和生命的功課，明確地得到他們的教訓和認可，免得自己歧路亡羊，甚至走火入魔，這樣的謙卑受教、**警醒謹守**乃是必不可少的。因此，在各種教導靜觀心禱的書籍之中，都一致推薦修習靜觀心禱的人要找到一位比較有經驗和愛心的牧者來指導自己。尤其是剛剛從神學院走向教牧事奉的人，更是需要接受其他資深牧者的教導和關懷，這樣才能避免事奉過程中經常出現的各種陷阱與跌倒。如此尋求靈修導師的幫助，也是基督徒與牧者

當有的謙卑受教之心。

3、**基督徒不可輕易走向傳教牧靈之路**。那些從來沒有謙卑地向任何人學習的人，絕對不可能成為真正的心靈導師，也不可能教導別人學習謙卑的功課，因為這樣的人自己就從來沒有謙卑受教過。只有在經歷上帝和教會這樣的牧養之後，尤其是接受一定的導師的教導和輔導之後，我們才能得到明確的裝備和差派，才能進入牧靈的工廠。既然靈魂如此寶貴，如此複雜，作為靈魂的醫生和牧者，當然需要很多的培養和資質。即使世上那些給人的心臟動手術的人，至少也需要十幾年的專業教育和實習，否則他們不敢獨立地給人的心臟動手術，當然別人也不敢讓那些沒有任何資質保證的「江湖郎中」給自己的心臟做手術！那些未蒙呼召、未經裝備、未受差派，就輕易地走向傳教牧靈道路的人是極其危險的，不僅對於他自己，對於受他影響的人更是如此。

4、**輔導式靜修十大問題**。在輔導式靜修中，老師通常幫助學員在以下十個方面作出思考和分辨：

（1）在我個人的生命中，我想要和渴求的恩典和安慰到底是什麼？

（2）通過上帝的恩典，我在祈禱中要內化的靈修真理到底是什麼？

（3）何為真正的悔改和醫治？

（4）我自己最難對付的顯明或隱祕的罪是什麼？如何擺脫這樣的罪的捆綁？

（5）我自己心中最大的渴望到底是什麼？這樣的渴望合乎上帝的旨意嗎？

（6）如何分辨何謂來自上帝的安慰和枯乾？

（7）如何對於我們自身的罪進行悔改和補償？

（8）我個人是否在心靈深處與主耶穌基督具有愛的關係？

（9）上帝對我個人生命的呼召到底是什麼？

（10）我如何能夠以愛心服事他人？根據上帝的恩典和預備，我給他人提供的最好的愛心事奉到底是什麼？

因此，在這種輔導式的靜修中，最終要解決的問題還是落實到個人在工作和事奉的具體呼召上。

5、單純化的祈禱與複習性的祈禱。在靜修過程中，導師會指導學員走向「單純化的祈禱」，就是減少對祈禱資料的注意，更加專注於個人的領受，對於自己所領受的真理進行反覆的品嘗，從而通過這種默想達到內化的效果。在這種單純化的祈禱中，最關鍵的就是「複習性的祈禱」，就是為特定的感動、安慰和渴慕反覆地向上帝懇求，直到內心得到來自上帝的印證和確信。通過這樣反覆性的祈禱，我們就能夠從思考和推理進到減少理性的反思，多用心靈的感受，直接體驗自己內心的狀況與上帝的帶領。這種心靈的感受是靜修中最重要的經歷，我們正是在這種心靈的感受中接受來自上帝的光照和引領，最終經歷個人與上帝的親密的結合。

在靜修中要使用我們的理智，但這樣使用理智是為了滋養我們的感情，並驅動我們的意志，使得我們作出正確的抉擇和行動。理性的認識乃是可供燃燒的木材，重要的還是火焰！我們所需要的火焰就是上帝藉著聖靈賜給我們的大愛和感動，我們通過祈求所要領受的就是來自聖靈的火焰。[185] 因此，使徒保羅強調：

---

185 參考鮑狄斯塔，《避靜、祈禱與分辨》，87-94 頁。

「我們既因信稱義，就藉著我們的主耶穌基督得與上帝相和。我們又藉著他，因信得進入現在所站的這恩典中，並且歡歡喜喜盼望上帝的榮耀。不但如此，就是在患難中也是歡歡喜喜的；因為知道患難生忍耐，忍耐生老練，老練生盼望；盼望不至於羞恥，因為所賜給我們的聖靈將上帝的愛澆灌在我們心裡。」（羅 5:1-5）在這種單純化和複習性的祈禱中，關鍵不是學習多少理論，而是有所聚焦和深入，使個人確實在某個教義或生活方面深入思考，能夠分辨上帝的旨意。

6、輔導式靜修十六大原則。 在輔導性靜修中，耶穌會會士列舉了十六大原則，強調這些是需要注意的原則性的東西。

（1）**輔導對象**：輔導式靜修可以開放給任何人，哪怕是持守異端信仰的人，哪怕是非基督徒，也能接受這樣的輔導。因為輔導的目的就是使人得蒙引領，歸向獨一的上帝和獨一的救主耶穌基督。

（2）**重要考量**：接受輔導式靈修的人應當具有進行完整的靈修過程的渴慕和明確的表達，即接受輔導的人不僅願意接受輔導，還要明確定志完成整個過程。

（3）**準備工作**：在靜修之前，導師應當對學員的靈命狀況有所理解，這樣才能為學員的靈修作出慎重的篩選和適切的預備，從而對症下藥，因材施教。

（4）**忠實報告**：在靜修祈禱中遇到的任何安慰、枯乾，包括所求的恩典是否得到，經歷的強度如何，都當和導師誠實地交流。

（5）**進展速度**：靜修者的進展與否，包括授予的祈禱要點，要嚴格地根據靜修者所感受到的安慰或枯乾的經歷來決定，不可

太古板機械。

（6）**靈活掌握**：輔導者不要有預定的進度表，給予的祈禱要點也不一定是現成的，應當根據靜修者的具體狀況和進度而靈活展開。

（7）**簡短講授**：雖然靜修期間不宜長篇大論地講授，但為了靜修者在個人祈禱中忠實地進行操練，輔導者應當簡短地講授個別要點。

（8）**靜默獨處**：既然是靜修，靜默和獨處是至關重要的。要對房間有簡樸和安全的安排，使得靜修者能夠安靜地集中注意力走向上帝，面對自己的心靈。比較理想的靜修之地是有山有水的僻靜之地，適合個人獨居和散步，當然也要有一定的靈修圖書。

（9）**效果評估**：關鍵是看靜修者對於各種真理和恩典的吸收，特別是在生活實踐的改變上。另外，哪怕有些罪還沒有完全勝過，能夠認識到原來沒有認識到的罪並且願意靠主得勝，也是很好的效果。

（10）**文本預備**：在靜修之前，在靜修操練過程中，不必向靜修者提供羅耀拉《靈命操練》本文。對於雅和博研修院學員而言，也不必首先閱讀此處四卷本厚重的《本體、境界與工夫》一書，只有那些在真理學習和靈命操練上已經達到一定程度，並且心中有強烈渴慕、想成為導師的人，才能進入更加深入全面的研究性學習。

（11）**靜修時間**：長達三十天的大靜修只做一次，不再重複。七天之久的簡化式靜修、或強化式的主題靜修可以多次進行。強調每個人每天都要有安靜靈修的時間，每一天都要尋求上帝的引領和恩膏。

（12）成功關鍵：複習性的祈禱是非常重要的。每天早晨都可以對於昨天的領受和經歷進行複習性的祈禱，階段性或專題性的靜修之後也當進行複習性的祈禱，反覆揣摩上帝賜給自己的安慰和引領，使得上帝的真理和引領能夠更加自覺和內化。

（13）生活選擇：在完成靜修之前，應當對於自己的生活方式作出省察，然後根據上帝的引領作出明確的抉擇，這當然也有例外，有些人還未達到這樣的感動。

（14）避免操縱：在靜修者作出選擇時，輔導員不要試圖影響靜修者作出選擇，而是應當儘量保持像天平一般中立，不傾向於任何一邊，而是完全交託在上帝的手中，讓上帝和靜修者之間有更加直接的往來和面對。

（15）適當考驗：輔導者不要給學員佈置能夠輕易應付的課題，但同時也要對於學員的慷慨和自由提出適當的考驗和挑戰，讓其作出一定的委身。

（16）學習重點：靜修者在靜修過程中學到的不僅是如何祈禱，更重要的是如何分辨上帝的引領。靜修的關鍵就是努力接近上帝，對於自己現在的生活和未來的事奉作出合乎上帝的心意的選擇。[186]

7、靜修成敗的評估。 靜修者在靜修過程中，首先要把自己獻上，立定心志，單單地尋求上帝的帶領。其次，也當非常具體地尋求上帝特別的恩典和引領。靜修者和導師可以按照以下問題來衡量自己這次靜修的成敗。

（1）我祈求上帝賜給什麼樣的恩典？

---

[186] 鮑狄斯塔，《避靜、祈禱與分辨》，102-103 頁。

（2）我的祈求有什麼特質：懇切、堅定、真誠……？

（3）我是否領受了自己所特別尋求的恩典？

（4）如果回答為「是」，有什麼實際的標記表明我確實獲得了所祈求的恩典？

（5）如果回答為「沒有」，有什麼實際標記表明我確實沒有得到祈求的恩典？

（6）支配我的祈禱的主要情感是什麼？

（7）我能確定在祈禱中從上帝得到安慰或感到枯乾的具體經驗是什麼嗎？我能詳細地描述這些內心的體驗嗎？

（8）我可以用什麼形象或比喻來進一步地命名和解釋這些內心的體驗嗎？

（9）為什麼我認為這些內心體驗是來自上帝的安慰？或是枯乾？

（10）在下一次靜修祈禱時，我應該做另外的默想或默觀嗎？

（11）我應該做複習性祈禱嗎？為什麼要做或不做？

（12）在下次靜修祈禱時，我應該重新回到某些地方嗎？

（13）我是否能夠由目前的安慰和祈禱得到靈命上的益處，並繼續向前推進？

（14）我選擇了哪一段聖經經文？

在靜修之後的回顧中，靜修者最好對照這些問題寫下答案，就能夠比較整全、客觀地評估自己的靜修，獲得更大的益處。[187]

---

[187] 參考鮑狄斯塔，《避靜、祈禱與分辨》，122-123 頁。

四、靈修過程中的安慰

1、安慰與枯乾。安慰和枯乾都是指向基督徒靈命和靈修的狀態,而不是情緒或感覺狀態。[188] 這個區分非常重要。當然,不管是在特別的靜修,還是在日常生活中,情緒或感覺是我們不可避免的方面,我們在雅和博經學中宣導「情感修」,非常注重的就是人在情緒、感覺、感情和情欲的自覺和淨化。但是,我們還是要分清楚,人的感受分爲三種:

(1)**感官性的感覺**——來自眼耳鼻舌身與外界接觸帶來的感受;

(2)**位格性的情緒**——來自人與人接觸所生發的悲歡喜樂之情;

(3)**心靈性的情感**——指心靈深處人對於上帝本身的接觸和感受。

安慰和枯乾所指向的乃是心靈性的情感。美國清教徒約拿單・愛德華茲的名著《論基督徒各種敬虔的情感》中所分析的也是這範疇的情感。[189]

---

[188]「神慰」就是來自上帝的「安慰」(comfort),「神枯」就是來自上帝的苦煉(dryness)。翻譯為「安慰」和「枯乾」是比較泛泛。此處關於「安慰」和「枯乾」的論述多處參考台灣陳捷西所寫的〈神慰與神枯〉一文,見 2015 年 12 月 18 日陳捷西的臉書(https://www.facebook.com/happy.cheng.9)。2018 年 1 月 4 日特別徵得陳姐妹同意使用。

[189] 此書英文原名為 *Treatise Concerning Religious Affections*,此處的 religious 並不是指「宗教的」,而是指「敬虔的」。

2、安慰與認知。改革宗著名的《海德堡教理問答》突出人生的安慰，第一問就問及：「你無論是生是死，唯一的安慰是什麼？」回答就是：「我無論是生是死，身體靈魂皆非己有，而是屬於我信實的救主耶穌基督。祂用寶血完全補償了我一切的罪債，並且救我脫離了魔鬼的一切權勢；因此，祂保守我，若非天父允許，我的頭髮一根也不會掉下；祂叫萬事互相效力，使我得救。故此，祂藉聖靈也使我有永生的確信，並且使我從此以後甘心樂意地為祂而活。」

第二問這是繼續延續安慰這一主題：「你無論是生是死，要享有這種安慰，有多少事情必須知道呢？」回答則是：「有三件事：第一，我的罪惡和愁苦有多大；第二，我當怎樣從自己一切的罪惡和愁苦中得拯救；第三，我當怎樣為這樣的拯救感謝上帝。」這兩個問答表明改革宗神學在教義神學中非常注重人生的安慰。可惜，在改革宗神學中並沒有從靈修層面深入地有系統地說明人們得到這樣的安慰。

在這個方面，我們必須回到整個大公教會的傳統和資源來互相補足和成全，不必非要在改革宗神學這一棵樹上尋求所有的屬靈滋養。改革宗神學是重要的，但我們不必停留在從十六世紀開始的斷代式的對改革宗神學的理解上。真正的改革宗神學必然帶領我們走向聖經啟示和整個大公教會的傳統。這是我們在雅和博經學中呈現的改革宗神學的大公之處。

3、安慰的多種形式。安慰是上帝或上帝差派天使帶給人的平安與鼓勵，目的在於使人更有力量棄絕老我，修德成聖。安慰有多種形式，包括心靈的平安、靈裡的喜樂，也包括在艱難困苦之時上帝賜給我們鎮靜，使我們深切地體會到上帝的臨在感，等

等。在效果上，安慰能夠增強人靈魂的力量，使得人在信德、望德和愛德三大聖德上不斷增強。沒有這種來自上帝的安慰，我們就無法前行。當然，各種形式的安慰並不是同時出現，有時是一種，有時是多種彙集在一起。

4、<u>獲得安慰的資質</u>。什麼樣的基督徒才能經歷到來自上帝的安慰呢？籠統而言，只有那些長期自覺地投入到靈修生活中的基督徒才能體驗到：

（1）為了尋找上帝而捨棄世俗之樂的人，那些沉迷在世俗樂趣中的人只能在感覺中浮沉，不會經歷到來自上帝的安慰；

（2）恆常操練靜觀心禱的人，在默禱中長期經歷枯乾的人，有時會得到來自上帝的安慰，使得他們能夠突破靈命枯乾的時期；

（3）積極操練內在生命的人，尤其是在戰勝自己的邪情私欲之後，上帝有時賜給特別的神慰，酬報那些對上帝忠貞的僕人；

（4）長期從事內在生命的操練，但仍然得不到靈命上的突破，在極其沮喪失望的時候，上帝有時賜給特別的安慰，鼓勵人不要放棄，繼續以忍耐之心勇敢地前行。

5、<u>三大上帝不隨意賜給安慰的理由</u>。當然，接下來我們自然要問的問題就是：為什麼上帝不隨便賜給人安慰呢？最起碼有三大明顯的理由。

（1）首先，沒有長期的克修生活的操練，就得到上帝的安慰，只能導致罪人的膚淺和驕傲，對於人在靈命上的成長卻有害無益。

（2）其次，凡是不願意長期接受內修磨煉的人，也不配得領受來自上帝的安慰。不願意面對自己心中的痛苦，不願意靠著上帝的恩典來醫治、勝過內心的幽暗，不願意每一天都拿出時間來走向上帝，當然不可能得到來自上帝的深度的安慰。

（3）第三，靈修的進步不僅是靠來自上帝的安慰的推動，更是要靠在沒有安慰的時候仍然能夠磨煉自己的品格，正如保羅所說的那樣：「不但如此，就是在患難中也是歡歡喜喜的；因爲知道患難生忍耐，忍耐生老練，老練生盼望；盼望不至於羞恥，因爲所賜給我們的聖靈將上帝的愛澆灌在我們心裡。」（羅 5:3-5）。「不經一番寒霜苦，哪得梅花撲鼻香」，這也是世人的常識。

　6、來自天使的安慰。有時安慰是來自天使的撫慰。耶穌基督在公共服事開始之前在曠野中四十晝夜靜修祈禱。祂戰勝了魔鬼的試探之後，就「有天使來伺候他」（太 4:11）。當耶穌基督在客西馬尼園靜修祈禱的時候，聖經上也記載說：「有一位天使從天上顯現，加添他的力量。」（路 22:43）「天使來伺候」是指天使以自己的美好接觸人，使人體驗到屬靈的美好經驗，更加嚮往天國的生活。當然，有時到底安慰是來自上帝，還是來自天使，很難有絕對的分別，因爲天使本有上帝的氣質，靈修人通過天使而感受到上帝的臨在。上帝是最爲自由的上帝，祂選擇讓天使來服事祂所揀選的人，這是上帝的自由，並且這樣的服事也是天使的職分：「天使豈不都是服役的靈、奉差遣爲那將要承受救恩的人效力嗎？」（來 1:14）

　7、人性的喜樂與安慰。安慰可以催發人性的喜樂，但人性的喜樂常常不是來自安慰。安慰帶給人的感受是深沉而不激昂，沉潛而不張揚，這是一種內在化的心靈的深層感受。這種感受滲透到人的心靈深處，使人品嘗到世人無法經歷到的超凡脫俗的體驗。上帝的安慰如同火花，人的情感如同汽油，當火花碰觸到汽油的時候，就能將汽油點燃起來。因此，安慰所帶給人的喜樂能夠與人性的喜樂同時展現出來。甚至這種安慰帶來的喜樂過去之

後，人性的喜樂仍然常常繼續下去。值得注意的是，安慰屬於內在化的狀態，因為它的特徵就是溫和而平穩，不至於讓人興奮得手舞足蹈。有時安慰點燃了人性的喜樂，那極度感性的人就會禁不住手舞足蹈。此時，使人手舞足蹈的並不是安慰，而是人性的喜樂。因此，我們不必一味禁止這種手舞足蹈式的人性的喜樂，但也不可把這種手舞足蹈視為來自上帝的安慰的喜樂。沒有艱苦卓絕的克修生活，就不會有真正的安慰。那些不敬畏上帝，沒有長期的克修生活的人，他們在肉體中展現的那種喜樂往往是來自魔鬼的欺騙或者是自我的催情。

8、分辨來自上帝的安慰與人性的喜樂。 如何分辨是來自上帝的安慰，還是人性的喜樂？很難以人的感受來判斷，最好是根據靈修的效果來辨識。這種辨識可以借助四個標記：

（1）安慰是在攻克己身之後才會發生，這是出現安慰的原因。當然，克己修德之後不必然一定出現安慰，因為安慰不是必然性、絕對性的報酬。不過，通常而言，安慰的發生都是在克服自身的邪情私欲之後。那些不願意認罪悔改的人，當然不能得享上帝賜給的安慰。

（2）安慰使人變得更加謙卑，並且更加願意克己修德，因為上帝賜給我們安慰本來就是激勵我們繼續克己修德的。真正的安慰都是上帝在我們認罪悔改之後賜給我們的賞賜，這種來自上帝的賞賜必然使得我們更加謙卑，深知自己的無能和不配。

（3）安慰使人更加重視靜心祈禱，在靜觀心禱中不斷得享來自上帝的安慰和喜樂。不想安靜在上帝的面前，不想單單尋求上帝的人，他們所謂的安慰常常不過是自我感覺良好而已，或者是因為得到周圍某些人的好評，心情就一時舒暢起來。這樣的喜樂

並不是來自上帝的安慰。

（4）安慰使人更加願意隱藏自己，而不是敲鑼打鼓，張揚和炒作自己（太 6:6）。真正得享安慰的人，甚至這是源於上帝的恩典的賞賜，不是他們自己配得的，他們當然不會高舉自己的苦難和經歷。那些高舉自己的苦難和經歷的人，往往是因為他們並沒有從上帝得到安慰，所以就尋求人的同情和讚美，從而滿足他們的需要以及空虛的心靈。

後三者乃是從效果來觀察的。好樹結好果子，壞樹結壞果子，這是耶穌基督所特別強調的，重要的是通過效果加以分辨。如果所謂的安慰使人變得驕傲，不服從教會中的尊長，愛表現自己，對於自己的苦難大肆宣揚，就能肯定這樣的安慰不是出於上帝的安慰。

9、從注重感受轉向仰望上帝。在靜修的過程中，靜修者不要偏離靈修的目標，既不要把自己的注意力轉移到判斷他人上，也不要特別重視祈禱時的美好感覺。關鍵不是一定要查清是否是來自上帝的安慰，關鍵是要繼續堅持自己的靈命操練，始終把焦點放在自己的靈修上，這樣不僅能夠更加親近上帝，同時也能更加明白確定上帝賜給自己的使命。

有些現象，我們一時很難辨識，特別是發生在別人身上的現象更是如此，我們不必非要辨識清楚，斷定善惡，更不必非要堅持自己的判斷。如果我們總是追求祈禱時的美好感覺，就容易受到魔鬼的欺騙。許多真正經歷神上帝安慰的人，往往因為貪戀這種安慰，就開始偏離靈修的真正目標，從原本的「追求上帝」轉為「追求祈禱時的美好感受」，許多靈修人掉進這樣的陷阱之中。我們在靜修祈禱時要竭力避免追求自己的感受，並且甘心樂

意地在「無味」中尋求上帝。越是安心於靈修中的這種「無味」，越是能夠品嘗到來自天上的「恩典的味道」！

10、靜修過程中當注意的六個方面。在靈修中我們要安靜交託，完全相信上帝的引領，不要給上帝定時間表，非要上帝來配合我們的想法和進程。只要我們在日常生活中自覺地擺脫世俗和罪惡的纏累，忠心地操練靜觀心禱和克修生活，即便是初學者，通常也會在很短時間內得到來自上帝的安慰。當然，這絕不是鼓勵每一位參與靈修的人期待在短時間內經歷上帝的安慰。此處我們需要注意六點。

（1）能在短時間內經歷到上帝安慰的人，是由於忘我的積極靈修，關鍵不是短時間就能見效。因此，修習靜觀心禱的人，一定要有忍耐之心。

（2）每個人都有自身的情況，上帝給予每個人的帶領也不相同，不能以時間的長短來比較。因此，修習靜觀心禱的人，一定不要和別人比較，更不要與別人爭競，要知道上帝給每個人的恩賜和引領都不相同。

（3）我們不可給上帝設定時間表，只能盡自己當盡的本分，其餘的一切完全交託給上帝。因此，修習靜觀心禱的人，一定要有交託之心，深信只要我們盡自己的責任，最終上帝賜給我們的必然超出我們所求所想。

（4）不要問上帝當為我們做什麼，關鍵是問自己該為上帝做什麼，這才是上帝的子民當有的心態。因此，修習靜觀心禱的人，一定要有謙卑之心，我們不能強逼上帝為我們做什麼，關鍵是要謙卑地領受上帝賜給我們的一切，包括苦難和疑惑。

（5）靈修的進程關鍵不在於快，而在於穩，循序漸進，安步

當車,穩打穩紮,才能夠穩中有進,不至於欲速則不達。因此,修習靜觀心禱的人,一樣要養成一定的習慣,最好是每天都有固定的時間祈禱,每天都有固定的時間撰寫靈修筆記,好對自己的心理歷程有一定的掌握。

（6）即使很快經歷到上帝的安慰,也不代表什麼;如果由此而驕傲,最先的就會變成最後的。這是值得我們警醒的。靈修初學者越是在很短時間內經歷到上帝的安慰,越是需要警醒謹守,謙以自牧,知道自己的德行還很膚淺,未來的靈修苦路和淨化仍然道阻且長,更需要仰望上帝的恩典,才能不斷前行。

五、靈修過程中的枯乾

1、**神枯與枯乾**。天主教所說的「神枯」,就是基督教靈修神學中所說的「枯乾」。這個詞本身有不足之處,容易讓人聯想到這是靈修過程中出現的負面情緒。其實,靈修神學中所談及的「枯乾」是指上帝賜給人的淨化性的恩典,只不過這種恩典很多時候會引發負面性的情緒,因此我們稱之為「枯乾」。靈修者正如剛剛從河邊砍下的潮濕的木頭,上帝要點燃這個木頭,必先用烈火蒸發其中的水汽,使得木頭變得枯乾,然後才會燃燒起來。因此,這種枯乾有著淨化性和預備性的作用。

2、**耶穌會論枯乾**。以羅耀拉為代表的耶穌會認為,枯乾主要體現在人的心靈狀態上,如感到心靈的晦暗、騷亂、對世上卑污之事的嚮往、對靈修感到冷淡以及懈怠等,特別是「任何朝向卑鄙俗世事物的心靈動態」[190]。在枯乾狀態,應當相信上帝的

---

190 鮑狄斯塔,《避靜、祈禱與分辨》,196頁。

護佑，祂讓萬事互相效力，叫愛主的人得益處。上帝或者是試煉人，或者是要人學習謙卑的功課，或者是為了激發人的潛能。總之，上帝有祂的美意。因此，在枯乾之中要多多忍耐，殷勤祈禱，順從上帝的引領。總之，耶穌會的靈修注重分辨諸靈和抉擇判斷，強調在枯乾之中繼續忍耐持守，並且勇猛精進。

3、**迦密山修會論枯乾**。以大德蘭和十架約翰為代表的迦密山修會注重的是靜觀心禱，他們認為枯乾乃是進入靜觀心禱的標記。因此，枯乾是來自上帝的恩澤，對於人有鍛練、滌練和淨化的功用。如此了解枯乾及其功用的人，不會企圖消除枯乾，而是安守枯乾，配合枯乾的滌淨與鍛練，培養愛主愛人的美德。因此，迦密山修會把枯乾視為靜觀靈修中不可或缺的要素，出於上帝的恩典，給人帶來的就是磨煉和淨化。本書第三部分情感修中有兩章分別談及心靈的黑夜和淨化，會特別談到這種枯乾。

4、**肯定之路與否定之路**。在羅耀拉靈修神學中有「迎向光明」（肯定之路）和「迎向晦暗」（否定之路）兩種路徑。比較而言，羅耀拉的靈修形態更加傾向於「迎向光明」，而十架約翰的靈修更多傾向於「迎向晦暗」，這與兩個人不同的個人經歷有關。羅耀拉長期在貧苦、晦暗的生活處境中，他三歲時就喪失父親，由母親辛苦養大，長期生活在貧苦之中，而且曾被心窄病困擾，直到被上帝光照才擺脫了困境，然後入世服務。十架約翰在事奉過程中多次受到同伴的背叛和打擊，甚至被同伴毆打之後長期監禁，他確實傷痕累累，最後死於流亡之中，只有四十九歲，可以說是英年早逝。因此，按照羅耀拉的歷練，他的靈修形態是由晦暗迎向光明，他在枯乾中所注重的是突破黑暗的桎梏，走向光明。十架約翰長期隱修，並未經歷羅耀拉那種生活的起

伏動盪，他的枯乾論教導人安處晦暗，並在晦暗中汲取上帝的恩澤。

十架約翰在其著述中很少談及安慰，即使偶爾談及安慰，也是指導人們如何在枯乾中淨化對安慰的貪欲。從靈修架構來說，十架約翰與羅耀拉所講的枯乾各有不同的切入點，在定義和內涵上也有很大差異。十架約翰所講的枯乾與他所講的心靈的黑夜結合在一起，而心靈的黑夜又與他所講的靜觀境界結合在一起，是一種鍛練與淨化人心的恩典。羅耀拉所講的枯乾或是出自人的懈怠，或是來自魔鬼的騷擾，或是出自上帝的試驗。當然，二者也有相容之處，比如羅耀拉認為枯乾可能是出自魔鬼的工作，十架約翰雖然不將枯乾直接等同於魔鬼的作為，但他也認為魔鬼能在人的枯乾中騷擾人。二者都是以靈修操練為導向，不逃避靈修進程中出現的枯乾問題。本書在靈修思路上更多傾向於靜觀心禱的路徑，在談及枯乾時更多傾向於十架約翰，因為深入接受枯乾的鍛練和淨化，是深入靜觀靈修的關鍵點。當然，在靈修的方向上，筆者仍然注重的是「迎向光明」之路，注重上帝的光照和個人的成長。

5、枯乾狀態九大原因。從靜觀心禱的角度言之，枯乾乃是上帝給人在靈修上的訓練和考驗，目的在於使人謙卑警醒，心靈得到淨化，戰鬥力得到增強，能夠更好地成為基督的精兵。從人的感受而言，在枯乾的境遇裡，人會感受到與安慰大不相同的心境，就是祈禱時感到枯燥乏味；感受不到上帝的臨在，甚至感受到上帝消逝得無影無蹤；內心感到的只是晦暗、孤獨、無助；人殘存的邪情私欲、各種毛病和罪根都顯明出來。上帝帶領人進入這樣的狀態，通常有九大原因：

（1）保證人的祈禱是為了追求上帝，而不是為了追求祈禱時美好的感覺。

（2）激發人尚未發揮的內在潛能。靈修本身不是浪費時間和能量，乃是激發人的心靈潛能。

（3）上帝在心靈上給人鍛練、磨煉和考驗。

（4）強化人的靈性操練，使人的心靈更具有活力。

（5）增強人的耐心和毅力。

（6）磨煉人的信德、望德和愛德，使信德更堅強，望德更熱切，愛德更純真。

（7）幫助人看見自己的私欲、邪情、毛病和罪根。

（8）淨化人的罪污、私欲和邪情。

（9）使人安守靜默、苦澀和顧忌。人最大的問題就是耐不住寂寞，枯乾使得我們單獨面對自己的靈魂。

6、**上帝的考驗與魔鬼的誘惑**。枯乾是來自上帝的考驗，與來自魔鬼的誘惑截然不同。枯乾既然是來自愛我們的美好的上帝，因此在給予磨煉和考驗的同時也會給予協助，而且是適時地給予磨煉和考驗，並且有積極的目的，就是提升人的靈命，讓人成為基督的精兵。反之，魔鬼所給予人的誘惑，是在不適當的時候以不適合的方式給予人試探，目的是要偷竊、毀壞、殺害，是要破壞我們與上帝的關係，使人遠離上帝，成為上帝的逃兵。因此，主耶穌強調：「盜賊來，無非要偷竊，殺害，毀壞；我來了，是要叫羊得生命，並且得的更豐盛。」（約10:10）例如，枯乾使人在祈禱時覺得枯燥，目的是要訓練人在祈禱時單單仰望上帝，不要貪戀美好的感覺。魔鬼則是與此相反，在人該接受枯乾的磨煉、在枯燥乏味中繼續祈禱時，魔鬼卻要人放棄祈禱，或

是讓人進行一些有趣味的祈禱，然後告訴你這是屬靈的喜樂。總之，魔鬼的目的就是不讓人進入枯乾的磨煉，使人在心靈的品格上得不到長進，只是滿足於需要的滿足和感覺的美好。

7、枯乾與靈命冷淡的不同。枯乾直接關涉到人的靈命狀態，與人的深度靈修直接相關，與人在情緒上的熱情或冷淡沒有多大的關聯。靈修人在靜觀心禱和克修生活有了一定的基礎和歷練之後，上帝才會以枯乾的方式來鍛練、磨煉人的心靈，此時人只是以被動的方式接受這種恩寵。因此，辨別是否進入枯乾的標記，主要不在於人的情緒狀態，而在於靈修狀態。人們常常把「冷淡」「和「枯乾」混為一談，其實二者大不相同。冷淡是指不再關心自己與上帝的關係，甚至放棄靜觀心禱與克修生活。枯乾是指對於上帝仍然充滿渴望，只是在靜觀心禱和克修生活中感受不到上帝的臨在和支持。沒有嚴肅的靜觀心禱和克修生活，只是重視事奉的熱情、祈禱的平安與喜樂，仍然停留在情緒的層面上，不管是熱情還是冷淡，都是為了滿足個人的私欲而已。

8、枯乾在靈修中必然出現。上帝越是要造就人，就越是賜給人更多更大的枯乾。有些人無法承擔較多的磨煉，上帝憐憫忍耐，很少賜給枯乾，免得此人灰心喪志，**離棄靈修生活**。在這種情況下，這人在靈命上的進步就非常緩慢，甚至是原地踏步，因為不能接受磨煉的人，在靈修上是不能進步的。一個信徒越是貪圖祈禱時美好的感覺，就越是容易陷入愚昧和驕傲之中。尤其是那些原本就驕傲的人，會變得更加驕傲和固執。

一般說來，上帝不會賜給人安慰太多，美好的寧靜時期不會太長久，就如孩子安靜地在母親懷中吃奶的時間不會太長久一樣，很快孩子就需要蹣跚學步，自己跌打滾爬。基督徒的**靈修**也

是如此，到了一定的時期，枯乾必然會出現，上帝會帶領人進入靈命成長的另外一個階段。那時，他的靈修旅程才會逐漸改變，以往祈禱時的甘甜和寧靜會漸漸消失，甚至突然消失，迎面而來的則是前所未有的晦暗、乏味、枯燥、空虛、無助和孤獨。這種現象的產生，就是進入枯乾階段的開始。通常靈修人根據以往的經驗，認為一段時間之後，安慰就會回來。但是，這次安慰久久不回，還持續不斷地滯留在這種「不良狀態」。

9、枯乾時上帝教導的功課。在枯乾時期，上帝要教導人明白以下的道理：

（1）安慰是來自上帝的白白恩典，不是由個人努力就可以理所當然地換取的。

（2）人在靈修中所面對的是自由的上帝，祂不受任何受造物的控制，也沒有任何人能夠隨意操縱祂來施恩。

（3）人在此時最需要學習的就是謙卑，不要以為自己有一點善工就可以在上帝面前邀功請賞，我們在上帝面前始終是一無所有。

（4）如果我們為上帝受苦就能立刻換取上帝的安慰，這樣的受苦就不再具有真價值。上帝的安慰來自上帝的恩典，是上帝按照祂自己的意思賜給我們的，不是因為我們配得。

（5）為了考驗和淨化人的內修，上帝常常不賜給我們安慰，讓我們在黑暗中長期摸索。如果上帝輕易賜下安慰，我們隨時享受上帝的安慰，那樣我們操練祈禱和克修的目的往往變成了獲取安慰，而不是為了尋求和親近上帝。

（6）最重要的是我們不可把安慰當作是一種交換，就是以我們自身的刻苦修行來換取上帝的安慰。如果存有這種交換型心

態，即便是精神型的交換，仍然是一種世俗的功利型的心態。這種心態使得人的靈修變質變味，不再是心與心的交流，而是物與物的交換。

此處的幽微很難一時明白，許多靈修人都是在這樣的困境中彷徨踟躕，愁腸百結，苦苦不得其解，無法突破這樣的心結。此時特別需要靈修導師的指導點化，使人明白這是靈修路上必經的磨煉和淨化，也是通過靜觀心禱的必經門檻。

10、枯乾在深度靈修中的功用。枯乾在基督徒的深度靈修中具有不可取代的重要意義。實際上，只有安慰，沒有枯乾，就不能分辨靈修的真偽與深淺，這就是中國古人所言的「疾風知勁草，烈火煉真金」。那些在枯乾考驗下的人，依然堅持靜觀和克修，才能證實是真正尋求上帝的人。

枯乾最大的益處就是保證人的祈禱是為了尋求和親近上帝，而不是為了尋找個人祈禱時的美好感受。因此，枯乾是一種淨化，淨化不純正的靈修動機，剔除那些並非真愛的雜質，使人對於上帝的愛情變得真實無偽，純淨光明。任何基督徒要在靈修靈命上達到完全階段，必須經過漫長的枯乾狀態的滌練，正如大德蘭在第五重內室談及的蠶蟲化蝶之說，蠶蟲這樣的毛毛蟲必須待在蠶繭中經過漫長的晦暗、被動、孤寂和等待才能脫繭而出，化蝶飛升。因此，願意分享上帝性情的靈修人，必須甘心樂意地長期接受枯乾的淨化，使上帝的聖愛暢通無阻地滋養他的生命，他才能夠不斷成長、發展、成熟，真正長成基督的樣式。

11、枯乾與上帝的管教。枯乾也可能是來自上帝的愛的管教與懲戒，這種管教的目的也是為了淨化我們的心靈。致力於靜觀和克修的靈修人，如果逐漸對於靜觀和克修習以為常，馬虎

了事,甚至貪戀世上的受造之物,致使自己與上帝的關係產生阻礙,上帝有時就會借助枯乾來懲戒,使他在祈禱中失去原有的平安與寧靜。上帝這樣懲戒的目的在於提醒人:除非重振靈修意識,努力向前,否則這枯乾就是他內心深處每日的召喚,召喚他重新歸向上帝。

此時如果我們沒有認罪悔改,煥發自己的初愛,上帝最終就會把枯乾拿走,使得我們完全放棄靜觀和克修,迷失在受造物的安慰之中。有些人或許在多年之後,可能因為某些事故和災難,就像浪子一樣回頭,重振靈修生活,繼續踏上枯乾之路。有些人則是「黃鶴一去不復返,白雲千載空悠悠」!即使枯乾的經驗,也只是成了遙遠的模糊的回憶。因此,靈修確實如逆水行舟,不進則退。靈修人當警醒謹守,恐懼戰兢,稍不留意就會被魔鬼拉回原處。

魔鬼很不喜歡,也很害怕靈修人能夠適應枯乾的滌練,由此而進入穩定的靜觀靈修,因為真正達到靜觀靈修境界的人就會徹底擺脫魔鬼的控制和影響,並且能夠回頭帶領很多人得享榮耀的大自由。因此,魔鬼會想方設法予以攔阻,牠寧肯讓人在各樣的聖工中忙碌,奉主的名傳道、趕鬼、行許多異能,滿有成就感,最終確實自欺欺人,帶領許多的人下地獄(太 7:21-23)。

世界從來不缺乏宗教和信仰,個人求告自己的上帝!世界最最缺乏的是真正認識上帝,真正認識耶穌基督,真正能夠攻克己身的基督精兵!因此,凡進入靜觀靈修的人,尤其是進入枯乾的人,屬靈的爭戰是最最激烈的,心靈必然承受更多的磨難。

12、枯乾與魔鬼的攻擊。枯乾是否出自魔鬼的攻擊?既然枯乾是出自上帝的淨化性恩典,當然不是出自魔鬼的作為。只不過

魔鬼無孔不入，它也會在人的枯乾中進行破壞和攪擾，甚至增加人枯乾中的苦澀。

魔鬼無法阻止靈修人進入枯乾的鍛鍊，但它確實可以在人的枯乾中進行欺騙、誘惑、騷擾和攻擊，所以在枯乾中也當注意魔鬼的作為。對於貪求安慰的人，魔鬼會以虛假的安慰（人性的喜樂）拖住他，讓他沉溺其中，不接受枯乾的磨煉。因此，進入枯乾階段的人，不要貪求安慰，應當安守平淡、無味的祈禱，也不要以熱情的使徒性的工作來取代祈禱上的考驗。

上帝賜給人淨化性的恩典時會引發枯乾效應，魔鬼就在人的枯乾效應中按照各人的弱點予以攻擊，煽動怨恨、淫念、妒嫉、不滿、驕傲等偏情；或煽動憂鬱、失望、恐懼之負面情緒，從而不斷騷擾靈修人的心靈，增加他在枯乾路上的困難。上帝光照人的心靈，讓人看見自己的罪根。這本是淨化性的恩典，但也會引發不安、恐慌、憂鬱等心緒。

此時的靈修者，千萬要記住，引發人負面情緒不是上帝的目的，上帝的目的是要淨化心靈，此時要相信上帝的仁慈和大能，以堅定不移的靈修生活來配合上帝的淨化性恩典，好使自己的品格得到磨煉和長進。如果焦點錯置，只是注意自己的不安、恐慌和憂鬱等情緒，只會引發更大的不安，魔鬼也會趁機煽動人的心緒，使人的淨化之路走得更加坎坷。

13、枯乾與神經官能症。枯乾與精神官能症不同。枯乾原本是使我們為愛上帝而愛上帝，但如果枯乾持續時間很久，就當小心辨別，也許不是枯乾，而是個人情緒或精神官能症。憂鬱症、焦慮症、恐懼症、躁鬱症、精神分裂症等，這些病症侵襲社會各個階層，即使是神職人員也不能倖免。筆者在幾十年的事奉生涯

中經常遇到患有這種病症的神職人員，他們給自身和教會帶來巨大的虧損。因此，我們必須分清「枯乾」與「精神官能症」的不同，免得造成無謂的困擾。其中關鍵的區別就是看人是否能夠保持正常的生活、交往和工作，遭遇枯乾考驗的人仍然能夠維持正常運作，而各種精神官能症則會影響到正常的活動。

具體而言，枯乾不會使人在本分工作中失去效率，但是患有憂鬱症或恐懼症的人，尤其是比較嚴重的患者，會使其無法有效地完成自己的本分。在枯乾中的人，依然可以保持自己的幽默感，嚴重的精神官能症患者卻會喪失幽默感，變得非常敏感或麻木。枯乾不會使人自我封閉，嚴重的精神官能症卻會。枯乾不會使人思緒錯亂，更不會令人自殺自殘，但是嚴重精神官能症患者，除了在精神上承受痛苦與錯亂之外，也會出現自殺念頭，尤其是憂鬱症患者。枯乾不會導致幻聽、幻覺，精神分裂症者卻會。在枯乾中也許會牽動一些負面情緒，卻不會因此使情緒失控，但是精神官能症者卻會，尤其是躁鬱症患者。枯乾中的人通常仍可保有隱而不顯的平安感，精神官能症者卻失去一切平安感。

枯乾與精神官能症有很大差別，**靈修人不要將精神官能症誤以為是枯乾**，尤其是已經開始輔導別人靈修的人，更要善於辨析。要對症下藥，患上精神官能症的人，就要找精神科醫生治療。在靈修上遭遇枯乾，要找有靈修經驗的導師指導。古往今來，在靈修上頗有經驗和得著的人，往往都會建議定志靈修的人一定要尋找一位靈命導師，就是因為靈修過程中遭遇的枯乾往往與精神官能症的症狀相似，很難分辨，以及其他此類的問題。

14、枯乾與精神官能症的混雜。精神官能症和枯乾會不會同

時出現？有可能。如果精神官能症比較嚴重，通常就會蓋過枯乾的觸動。有豐富枯乾經驗的人，可以清楚分辨二者的不同。憂鬱症分重度、中度和輕度。重度憂鬱症，當事人很容易辨別，這不是枯乾。但是，輕度憂鬱症的人，卻容易以為是枯乾。到底是枯乾，還是輕度的憂鬱症？一些辨別方法如下。

首先，你內心的平安還在嗎？枯乾是不會讓人喪失內在的平安的，憂鬱症和恐懼症則會讓人完全失去內心的平安，而且讓人感到莫名的不平安。其次，你是否長期感到沮喪、抑鬱、莫名的不快樂？在枯乾中可以感受內在的爭戰和晦暗，但卻不至於使人長期感到沮喪、抑鬱和莫名的不快樂。第三，你的生理和睡眠是否出現問題？是否出現這些生理反應：淚流不停、腸胃不適、肌肉酸痛、胸口無故作痛、心悸、長期失眠或嗜睡，這些問題又查不出什麼病。此時你當明白，這些不是枯乾引發的，枯乾不會導致生理或睡眠問題，這些症狀很可能是某種精神官能的失調。

枯乾既然是出自上帝的淨化性、鍛練性的恩典，當然不會引發精神官能症。但是，外在因素的介入，例如工作壓力、生理失調、飲食失調、遺傳因素、藥物影響、人格偏差等問題，有可能使人在枯乾同一時期患上精神官能症。發生此等事件，不是上帝的淨化性、鍛練性的恩典出了問題，而是因為其他因素的介入。患有憂鬱症的人仍然可以靈修，但要注意自己的病況，按照自己的情況來調適自己的靈修步伐。當然，也要尋找精神科醫生，儘快治癒自己的疾病。

15、**靈修與內心的平安**。在靈修生活中保持心靈的平安非常重要。當然，靈修人的平安不是來自個人的鎮靜，而是來自接受上帝的大能，尤其是上帝醫治我們內在心靈創傷的大能。我們在

祈禱中不該貪求平安與喜樂的感覺,但應當盡力恢復平安的心,好能為上帝的榮耀繼續戰鬥。不該貪求平安的感覺,因為這種貪求的動機是個人的享樂;在靈修中恢復平安的心,動機是為了上帝的榮耀。

沒有平安的心,我們不僅不會感受到幸福,甚至無法有效地思考和生活。因此,主耶穌復活之後,向門徒們顯現,首先說的話就是「願你們平安」(太 28:9;路 24:36;約 20:19、21、26)。這不僅是祝福,更是提醒:內心的平安,是相信上帝的大能、恩典和慈愛還在你身上運行的標記。一旦失去平安這種心靈的標記,慘烈的屬靈爭戰只會使人感到心神不安和驚慌失措,並且容易產生恐懼與憂鬱。內心的平安,是屬靈戰鬥的重要資源。但是,在達到內心平安之前,往往需要經過不平安的經驗,這是必經的歷程;甚至在我們達到內心的平安之後,仍然存在某種敬虔的懼怕,就是對於上帝的敬畏之心。因此,不要害怕我們一時內心還不平安,但要認識不平安的源頭,並竭力恢復內心的平安。

保羅認為他的軟弱是造成他不安的源頭,就祈求上帝拔出這根內在的刺,但上帝對他說:「又恐怕我因所得的啟示甚大,就過於自高,所以有一根刺加在我肉體上,就是撒但的差役要攻擊我,免得我過於自高。為這事,我三次求過主,叫這刺離開我。他對我說:『我的恩典夠你用的,因為我的能力是在人的軟弱上顯得完全。』所以,我更喜歡誇自己的軟弱,好叫基督的能力覆庇我。」(林後 12:7-9)上帝的意思非常簡單明瞭,「如果你沒有任何軟弱之處,如果你是完美無缺的人,你就不會繼續依靠我,你就不能也不需要領受我的仁慈和恩典」。因此,人的軟弱並非失去平安的真正原因,真正原因是把焦點放在自己身上,因而忽

略了上帝的慈愛、恩典和大能。更重要的是，平安不會單獨存在，真正的平安永遠不是我們完全掌控的東西，因為真正的平安就是上帝本身。我們越是接近上帝，越是合乎上帝的旨意，越是得蒙上帝的祝福，就越是具有內在的平安。

16、自身的軟弱與內心的平安。不少積極靈修的人，常常以為屬靈爭戰就是克服所有的人性缺點，成為完美的人，不再受到魔鬼的任何誘惑。這種想法過於把焦點放在自己的身上。平安的祕訣不是追求平安本身，更不是聚焦在我們自己身上，而是把我們完全奉獻給上帝，交託在上帝的救贖與護佑之下。

魔鬼老奸巨猾，它經常誘使人只注意自己的軟弱，以此使人失去內心的平安。人一旦失去內心的平安，就已經未戰先敗；如果還因此恐慌不急，焦慮不安，就已經是淒淒慘慘，敗象盡露。不為上帝的榮耀而戰，就沒有內心的平安。但是，內在的爭戰並不是讓我們所向無敵，更不是要我們達到完美無瑕的境地，這並不是上帝的旨意，上帝吩咐我們追求完全，但並沒有讓我們在今生今世就徹底地達到完全的境地。因此，無論自己多麼軟弱，多麼不完美，只要盡力配合上帝的恩典，就能在這種不斷追求的過程中保持內在的平安，讓上帝的慈愛、恩典和大能繼續在我們的生命中運行。

因此，內在的平安並不是靜態的不變狀態，而是我們在與主同行的過程中所保持動態的平衡。一旦我們放棄靈命的追求，即使我們感到平安，也不過是一潭絕望的死水而已。基督徒靈修的目的並不是追求內心的平安，而是尋求上帝，親近上帝，榮耀上帝，哪怕上帝帶領我們進入驚濤駭浪之中，我們深信上帝仍然讓萬事互相效力，能夠隨時平靜風暴，所以我們的心仍然能夠平靜

安穩。

17、在枯乾狀態當避免騎牆態度。在枯乾中能否保有內心的平安？若能積極回應枯乾的磨煉，即使因為人心的軟弱而感到困難重重，但仍然能夠保持深度的平安。反之，靈修人如果逃避枯乾的鍛練與淨化，或者不予認真的回應，就可能在枯乾中失去內在的平安。所以，在枯乾中是否能夠保持內在的平安，關鍵在於人的回應。雖然枯乾會產生一些負面情緒，但不至於讓人失去內在平安，關鍵在於調適自己的心態來適應這種淨化性的恩典。能夠調適適應的人，就能夠接受這種淨化；反之，就會退出這種淨化。

能夠了解枯乾的意義並以喜樂的心接受這種淨化，就會在這些負面感受中苦中有甜，能夠保持內在深沉的安寧，上帝也會在適當的時候賜給安慰，增強人的戰鬥力，使我們能夠繼續前行。如果我們在枯乾中採取的是騎牆的態度，既想要得到上帝，又不願意放棄受造物的安慰，這種兩者都不願意放棄的心態，就會使人的心靈承受拉鋸戰的痛苦，喪失內在的平安。這種騎牆態度和拉鋸戰所造成的不平安，並不是出於枯乾帶來的效應。當然，這種騎牆態度只能是一個過渡期，最後必然只有一個選擇。如果不能適應枯乾的淨化，最後就只能退出，轉身尋找受造物的安慰。

有些靈修人可以接受某種程度的枯乾，但是一直不能深入其境，往往就是與這種騎牆態度有關。這樣的靈修人即使已經碰觸到靜觀靈修，但也無法深入其中。因此，雅各強調說：「只要憑著信心求，一點不疑惑；因為那疑惑的人，就像海中的波浪，被風吹動翻騰。這樣的人不要想從主那裡得甚麼。心懷二意的人，在他一切所行的路上都沒有定見。」（雅 1:6-8）在耶穌會的靈命操練中，最重要的一個默想就是「兩旗默想」：「一方面是基督，

我們的至高統帥和主的旗幟；另一方是我們人性的致命仇敵路西弗魔鬼的旗幟。」[191] 我們要自覺地歸附在基督的旗幟之下。

18、在枯乾階段最難學習的功課。即使在枯乾階段，上帝也會賜給安慰。在靈修中剛出現晦暗、枯燥、虛空以及孤獨等心理狀態，並不代表上帝不再賜給安慰。但靈修人明白克修並不是為了贏得上帝的安慰，而是專心於枯乾的磨煉，上帝會在適當的時候賜予安慰，安慰他那疲累的心靈，給予他內在的力量，幫助他繼續走完這十字架苦路。

長期操練靜觀心禱和克修生活的人，會經常經歷到安慰與枯乾的交替：當他認為安慰應該到來時，安慰卻偏偏不來；當他完全沒有念及安慰、甘心沉浸在枯乾的滌練時，安慰突然來了。這種情況恰恰說明他面對的是真正的上帝以及真正的淨化。不管是在基督徒的日常生活中，還是在靈修操練中，最難學的功課就是學習放棄自己對於上帝的操縱，放棄對於美好感受的追求，以信靠和忍耐之心繼續盡自己當盡的本分，這樣聖靈才會帶領我們杜絕魔鬼和自我的欺騙，進入真正的淨化之旅。

19、在靈修中謙卑依靠上帝的恩典。長期致力於靜觀心禱和克修生活的人，會經驗到上帝的恩典的來來去去。當上帝的恩典臨到時，行善修德就變得非常容易。如果此時我們不明白我們的行善修德是靠著上帝的恩典，我們就會驕傲自大，認為自己比別人強。

當上帝的恩典離開時，我們又回到自身的軟弱，此時行善修

---

191 *The Spiritual Exercises Saint Ignatius*, A Translation and Commentary by George E. Ganass, p. 65.

德就變得極其艱難，克制邪情私慾也變得很不容易。這個時候，我們更容易明白，原來我們行善修德完全是靠上帝的恩典，不是依靠我們個人的能力。這樣，我們就不敢再驕傲自大，當上帝的恩典臨到時，就好好珍惜，並且自覺、謙卑地把一切榮耀都歸給上帝。當上帝的恩典離開的時候，我們也不會妄自菲薄，自暴自棄，而是耐心地繼續操練克修的生活，在困苦和低落中耐心等到上帝的恩典的再次臨到，學習依靠自己的努力，不是單靠上帝的恩典，這樣我們在靈命上就開始真正地長大成人。

上帝就是這樣，有時賜下祂的恩典，有時停止施恩，目的就是要訓練我們，既要學會完全依賴上帝的恩典，又要學會依靠自己的努力。在這個過程中，最終要的功課就是學習謙卑，而謙卑最重要的體現就是在逆境中的忍耐，只有忍耐的美德才能造就聖徒的品格。因此，保羅說：「不但如此，就是在患難中也是歡歡喜喜的；因為知道患難生忍耐，忍耐生老練，老練生盼望。」（羅5:3-4）

當然，我們在此處談及上帝「停止施恩」的時候，並不是指真正賴恩得救、因信稱義的基督徒會喪失救恩，也不是指上帝的恩典在信徒生命中會完全止息，而是指向人的經歷和感受。上帝是無所不在的上帝，當我們有時卻感受不到上帝的同在；上帝的恩典總是夠我們用的，但有時我們卻覺得上帝不再向我們施恩。這是我們的軟弱，正如詩篇作者所說：「難道主要永遠丟棄我，不再施恩嗎？難道他的慈愛永遠窮盡，他的應許世世廢棄嗎？難道上帝忘記開恩，因發怒就止住他的慈悲嗎？（細拉）我便說：這是我的懦弱。」（詩 77:7-10）

第四章

靈心城堡七重住所

「在我父的家裡有許多住處；
若是沒有，我就早已告訴你們了。
我去原是為你們預備地方去」
（約 14:2）。

在各樣靈修神學中，迦密山修會大德蘭（St. Teresa of Avila, 1515-1582 年）寫的《靈心城堡》乃是曠世傑作，這是她在六十二歲靈修上達到圓滿成熟狀態時撰寫的不朽之作，解明通過個人祈禱而在心靈深處與主結合這一過程中最深的奧祕。

從嚴格的歷史意義上來說，這本書並不是唯獨屬於天主教的作品，因為當年路德雖然開始宣導教會改革，但歐洲教會仍然長期處於改革和整合的過程中，不僅有路德、慈運理和加爾文所提倡的反對教皇統治及其各種敗壞的宗教改革，也有天主教內部進行的「反對宗教改革」改革（The Counter-Reformation），這種改革所強調的是基督徒內在生命的更新，尤其是在靜觀心禱上。

十六世紀歐洲以路德為代表的「宗教改革」強調人在律法面

前的無能和絕望,乾脆放棄了任何以道德善行去取悅上帝的嘗試,徹底地強調唯獨因著信心而被上帝宣告爲義人,這種「因信稱義」的教義成爲基督教信仰的核心主題。對於因信稱義這一教義的發現和強調,凸顯了在信仰問題上個人的主體性,使得人撇開教會和傳統,單獨省察自己是否具有眞實的信心。但是,僅僅強調這一教義所生發的副作用就是對於成德成聖生活的極端忽視,正如溫偉耀所指出的那樣:「這樣對道德繞道的信仰體驗的發展,引至對人的道德自我建立和修養的探討,幾乎近於神學上的禁忌。」[192]

在本質上,大德蘭也是「改革宗人士」(the Reformed),只不過她是在「『改革宗』迦密山修會」(The Reformed Carmelite Order),她建立隱修院,竭力在修院內恢復隱修、神貧和祈禱的傳統,在天主教內部推動了以注重內在生命操練爲特徵的密契靈修運動。大德蘭深刻地經歷上帝的大愛,內心燃燒著聖愛之火,定志幫助他人通過祈禱而修德成聖,在上帝聖愛的大道上邁進。當然,大德蘭是天主教修女,她有她自己和時代的侷限,比如對聖母馬利亞的尊崇等等,她甚至迷信所謂的「聖水」或十字架的作用,[193]「我往往體驗到,聖水比什麼都靈驗,魔鬼會逃之夭夭,不再回來。牠們也逃避十字架,不過還會再返回。聖水的神力一定很大」[194]。

---

192 溫偉耀,《生命的轉化與超拔——我的基督宗教與神學思考》(北京:宗教文化出版社,2009 年),226-227 頁。
193 在英國國教、東正教和羅馬天主教中,聖水是被神父或主教祝聖過的水,用以洗禮或祝聖某人、某地或某物。
194 大德蘭,《自傳》,31 章 9 節,265 頁。

身為基督徒，我們不可對任何人和作品求全責備，更不可拘泥於語詞的牢籠和遊戲，當更多地尋求其中合乎聖經、造就聖徒的原則和精義，就是基督徒內在生活的操練的途徑和經驗，特別是如何促進我們與上帝的密契關係方面。在這個方面，大德蘭的經歷和教訓，肯定有很多值得我們思考和學習的地方。毫無疑問，大德蘭對靈魂的內在經歷和意識的探索為基督徒理解靈魂的奧祕提供了很多有益的指南。

一、大德蘭的生平、教訓和影響

1、大德蘭與西班牙。大德蘭出生在歐洲的西班牙，西班牙處於歐洲的伊比利亞半島，是歐洲與非洲交界之地。全境百分之十是光禿禿的樣式，肥沃的可耕之地只佔百分之十。這個小小半島之國卻在十六世紀成為全球性的強權大國。主後 711 年，穆斯林征服伊比利亞半島，建立了長達七百五十年之久的穆斯林國家，直到 1492 年被相鄰的基督教國家攻陷。同年，哥倫布首次揚帆出海尋找新大陸，揭開了西班牙殖民帝國興盛的序幕。著名的異端裁判所也在這時的西班牙建立，把不願改信基督教的猶太人和穆斯林驅逐出境。在接下來的三個世紀裡，西班牙成為全球最重要的殖民勢力，是文藝復興時期歐洲最強大的國家，也是 16 世紀和 17 世紀大部分時間裡最重要的全球性力量。西班牙文學、藝術、哲學也都在這些時候繁盛起來。

2、大德蘭及其成長歷程。大德蘭的祖父是改信基督教的猶太人，全家經營服裝生意。大德蘭從小就表現出英勇無畏的精神，早在七歲的時候就決定和比她稍稍年長的哥哥羅瑞格前往摩爾人地區，為基督殉道，被大人攔回。她平常很喜歡和別的孩子

扮演隱修士的生活。隨著年齡長大，她的宗教熱心卻趨於冷淡，轉而非常熱衷於浪漫的騎士小說，培養女性魅力，憧憬婚姻生活，陷於當時各種虛浮和誘惑之中，賣弄風情，不斷地墜入愛河之中。[195]

1531年，十六歲那年，她被父親送到一家奧古斯丁修會學校接受教育，開始喜歡修道生活。當時，她內心經歷極大的掙扎，以至於影響到身體健康，不得不退學養病。1535年，大德蘭二十歲的時候，離開家庭，加入迦密山修會，兩年後正式發願成為修女。入會兩年，再度失去健康，病弱和癱瘓長達三年之久。有人認為她所經歷的是一種精神崩潰：一方面她極其渴慕得蒙上帝的悅納，另一方面又深知自己的缺失和分心，這兩極給她帶來過分的壓力和緊張，甚至造成了一時身心的崩潰。

3、大德蘭靈命的突破。大德蘭能夠起身行走之後，仍然在很長的時間內經歷靈命的低谷，內心缺乏安靜。可能她所經歷的困難主要是方法上的問題，就是她沒有認識到即使各種想像和感受來來去去，甚至不著邊際，但靈魂深處仍然可以保持寧靜。這樣的掙扎持續了大約十八年，她的突破來自閱讀奧古斯丁的《懺悔錄》，在閱讀過程中她經歷到強烈的痛悔之情，徹悟自己的靈修不能信靠自己，應當把自己完全交託給至尊的上帝。此處隱

---

[195] 羅耀拉早年熱衷於騎士小說。我也長期喜歡《三國演義》、《三俠五義》、《射鵰英雄傳》之類的武俠和玄幻小說，求主引領淨化。其實，愛情、英雄、神仙乃是人間男男女女都喜歡的主題，一旦我們不能在現實中找到正常的管道使這些內在的欲望得到滿足，就是在基督裡得到完美的愛情，成為信心的英雄，得享永遠的生命，我們就會沉浸在其他版本的追求和滿足之中。人性中的這些傾向，乃是不可避免的，關鍵是要有正確的導向，在基督裡分別為聖。

含著西方基督教靈修的至深至聖的精髓，就是在上帝面前真正的悔改之情，大德蘭在其《自傳》中始終貫穿的基本心境就是悔改之情。

路德和加爾文繼承的是奧古斯丁恩典的教義，大德蘭繼承的是奧古斯丁修道的經驗。大德蘭強調，真正的悔改不是焦慮不安，也不是激動煩亂，而是充滿著謙卑、寧靜和安慰。[196] 沙漠教父教導門徒祈求的就是悔罪的恩賜，這種恩賜是流淚的恩賜，靈魂因內在的流淚而軟化，並且體驗到來自上帝的光明和喜樂。我們越是對於上帝的超越性的尊嚴有體驗和認識，就越是認識到我們自身因著罪過在上帝面前的破爛不堪；我們越是認識到自身的卑微和敗壞，我們的靈命就越是得到淨化和昇華。華腓德在談及加爾文主義者的時候強調：「有一種深刻的意識充滿、洋溢在他的心靈中，那就是他身為一個失喪的罪人，永遠虧負神豐富救恩。……他的熱心乃根植在──以自己為罪人，絕對依靠拯救之神的白白恩慈──的意識中。」[197] 不管是加爾文，還是大德蘭，上帝所光照和重用的人，都對於自己的罪惡有著深切的意識，對於上帝的恩典有著無限的感恩。

4、大德蘭與修道傳統。路德等人所提倡的宗教改革更多地走向對因信稱義等教義的強調，而天主教內部的改革主要是靈修生活上對敬虔的追求。這種分裂的定型直到天特會議的時候才開始把因信稱義的教義定為有罪（1545-1563年）。天主教如此蠻橫地把因信稱義的真理定為有罪顯然是錯誤的，而基督教因為強調

---

196 大德蘭,《自傳》, 30 章 9 節, 265 頁。
197 引自《改教家加爾文》, 頁 244。

因信稱義的法理性教義，就在很大程度上忽略分別為聖的生命性操練也有矯枉過正之嫌，特別是對修道院修道生活的徹底否定，也難免有把孩子和髒水一起潑掉的嫌疑。我們固然不必像修士、修女一樣離開婚姻和家庭而到修道院中長期隱修，但修道士的心志和操練是我們基督徒始終不能忽視的，尤其是在今日教會面對世俗化和多元化的大潮的衝擊下，我們確實需要有一部分人奉獻出自己的身家性命，重新組成強有力的修道群體，才能從根本上扭轉目前教會的頹勢。

因此，無論我們在歷史和宗派方面如何界定，關鍵還是回到聖經，回到聖靈在我們心中的引領和印證。因此，我們在教義神學和道德神學部分主要強調的是以聖經啓示和教會正傳爲文本的絕對啓示和客觀眞理，而在以密契神學和克修神學爲內容的靈修部分主要強調的是以效法基督、攻克己身爲工夫的個體修證和心靈經歷。在這個方面，大德蘭有很多神祕的經歷，在其《自傳》中有所記載，比如得見天堂、地獄，甚至得見耶穌基督向她顯現，得見已經逝去的聖徒向她顯現等。我們不能高舉這些神奇的經歷，但顯然我們也不能否認這些經歷，因爲上帝是又眞又活的上帝，「他行大事不可測度，行奇事不可勝數」（伯 5:9）。耶穌基督明確發出這樣的應許：「有了我的命令又遵守的，這人就是愛我的；愛我的必蒙我父愛他，我也要愛他，並且要向他顯現。」（約 14:21）

值得注意的是，大德蘭在談及個人的這些經歷時充滿的是謙卑和感恩之心，她並非要張揚自己，她承認自己的靈魂是個「謊言的深淵，虛榮的海洋」[198]，而是述說上帝的恩典，特別強調上帝

---

198 大德蘭,《自傳》, 40 章 4 節, 364 頁。

帶領她認識上帝的尊嚴和權能，明白三位一體的真理，聖經本身的權威和充足。她繼承的是奧古斯丁在《懺悔錄》中所表明的靈修路線，就是在尋找上帝的時候，「既不是在廣場上，也不在快樂中、或任何地方，找得到天主；而是當他在自己內尋找時，才找到天主。非常明顯的，這是最好的，無須上到天堂，也不必達到己身之外，因為在自己以外去尋找，使得心神疲乏，靈魂分心，得不到多少果實」[199]。注意向心靈深處尋求上帝，並且注意與上帝相契所結的美德與善行的果子，這始終是西方基督教靈修神學的精華和正傳。

5、**大德蘭與天主教內部的改革**。大德蘭的改革在其修會和天主教內部也引發了激烈的爭戰。大德蘭自己回顧說：「在我的整個修道院內，我非常不得人心，因為我要去建立一座更封閉的隱修院。她們說，我在侮辱她們；在我自己的修院，我也能事奉天主，因為其中有別人比我更好。說我不愛這會院；最好把得到的收入給這裡，而不要給其他的地方。她們中有幾個人說，應該把我關進小囚房；很少的幾個人則悄悄保護我！」[200] 因此，在重重的阻擋之中，大德蘭描述自己的心境說：「我備受至極的煎熬，擾亂不已，愁苦萬分。然而，從不辜負我的上主，在我所列舉的所有磨難中，時常來安慰我，堅定我。」[201]

耶穌基督在世上所遭遇的也是如此，祂尖銳地指出：「你們有禍了！因為你們修造先知的墳墓，那先知正是你們的祖宗所殺的。

---

199 大德蘭，《自傳》，40 章 6 節，365 頁。
200 同上，33 章 2 節，293 頁。
201 同上，33 章 2 節，293 頁。

可見你們祖宗所做的事，你們又證明又喜歡；因為他們殺了先知，你們修造先知的墳墓。」（路 11:47-48）聽從目前的先知的勸告是難的，為以前的先知修建墳墓則是容易的，也是社會與教會中最常見的！很少基督徒富翁能夠支持先知蒙召從事的改革事工，特別是文字性事工，因為這樣的事工是黑字落在白紙上，非常招惹人的爭議，並且無法逃避。但是，很多基督徒富人願意為死去的先知編輯、翻譯、出版書籍，等等，今日的人心仍然如此。那些能夠識別上帝的真先知，並且本著信心參與其事工的人是有福的！

要建立新型的修道院，需要一部分把自己全部的時間和精力奉獻出來，這是更大的挑戰。任何改革往往一開始都是不得人心的，難免有流言蜚語，經歷各種沮喪和失敗，但來自上帝的旨意必定會成就！後來協助大德蘭一同改革修會的十架約翰更是被原修會那些拒絕改革的人綁架走，關進狹窄的囚房，受盡肉體和精神的折磨。[202] 我們不要認為只有路德和加爾文的改革面對死亡的危險，任何挑戰現狀、追求敬虔、歸回聖經的人，都會在今生今世遭受一定的磨難，需要求主憐憫，賜給我們那種義無反顧的殉道士精神！

6、密契性生命與使徒性生命。大德蘭強調的是與上帝的友誼，與上帝像朋友那樣交談，常常與愛我們的上帝獨處。其實，這也是加爾文所特別強調的，加爾文甚至直接界定說：「禱告是敬虔的人與上帝親密的交談。」[203] 這種朋友之誼甚至不是一般的友情，乃是親密的愛侶關係，上帝就是我們的良人，我們的靈魂

---

202 關於十架約翰的生平和著述，請參考十字若望，《攀登加爾默羅山》，加爾默羅聖衣會（台北：星火，2012 年），336-468 頁。
203 加爾文，《基督徒敬虔學》，3 卷 20 章 16 節，頁 878。

就是上帝的「新婦」。她和十架約翰一樣,都是以男女相戀的苦樂和進境來刻畫人與上帝之間的預備、邂逅、戀慕、訂婚、結婚等階段。沒有這種個人與上帝之間生命的相遇相契,再好的宗教和教義也只能停留在字句和形式的層面。

這些生動的意象告訴我們,靈修的最高目的就是人在基督裡與上帝之間位格性的親密結合,以及由此親密聯合而生發的宣道牧靈的使命承擔。「密契性生命,使徒性使命」,二者是緊密聯繫在一起的。大德蘭在《靈心城堡》一開始就說:「設想我們的靈魂如同一座城堡,完全由鑽石、或非常明亮的水晶造成的,其中有許多房間,就像天堂上有許多的住所。」[204] 因此,靈修的關鍵不是在城堡之外徘徊,而是登堂入室,直奔靈心深處的至聖所,到那裡得見至尊至愛的君王、最好的朋友,與祂相遇相識,訂婚成婚,成為最親愛的伴侶,在祂面前得享滿足的喜樂,在祂右手中得享永遠的福樂(詩 16:11)。

因此,我們要沿著七重在所,循序漸進,以義無反顧的精神,奔向上帝的所在,披荊斬棘,勇猛精進,不達目的,誓不甘休。這樣,我們最終必能得見上帝,在祂的榮光中生命改變,脫繭而出,化蝶飛翔,以致最終達到保羅所說的那種境界:「我

---

204 此處譯文主要參照加爾默羅聖衣會翻譯的《聖女大德蘭的靈心城堡》(台北:星火,2013 年),第一重住所,1 章 1 節,頁 76。另外的中文譯本就是趙博雅翻譯的《七寶樓台》(台北:光啓,1975 年)。筆者引證第一個中文譯本時簡稱大德蘭《靈心城堡》,第二個中文譯本時簡稱大德蘭《七寶樓台》,住所和章節採納《靈心城堡》的劃分,便於有心之人進一步查考譯本。兩個譯本都有模糊難解之處時,筆者參考 Kieran Kavanaugh and Otilio Rodriguez 之引文譯本 *The Inner Castle* (Mahwah, NJ: Paulist Press, 1979)。

活著就是基督，我死了就有益處。」（腓 1:21）大德蘭所講的七重住所就是靈心城堡由外及內七大部分或層次，代表基督徒內在生活的七大階段。這七重住所內部各有自己的寶藏，我們漫步其間，就可以發現每個住所的寶貴之處。同時，各個住所的外邊，也有各種不同的使我們賞心悅目的景致。我們不能喪失進取之心，長期在第一層住所之中滯留不前，不思進取，「欲窮千里目，更上一層樓」！

屬靈生命的成長需要志存高遠，勇猛精進，否則我們長期停留在第一重住所之中，就會被周圍的毒蛇猛獸吞噬。值得深思的是，我們常常不是死在自己的惡習惡欲之中，而是死於我們的怠惰麻木，自甘平庸，自我放棄，不想積極地勝過我們自身的罪惡。因此，基督徒不可糾纏於過去的恩恩怨怨，也不可停留在目前的困頓枯乾之中，要本著信心走向未來，跨過約旦河，進入迦南地，得著上帝賜給我們的流奶與蜜之地。

7、大德蘭與十架約翰的情誼。聖女大德蘭與十架約翰的友誼可謂千古絕唱！他們情同姐弟，血緣不同，性別不同，卻在一個修會內聚集，彼此分享靜觀禱告的心得。十架約翰是大德蘭的學生和傳人，但十架約翰後來又是大德蘭的牧師和導師，不僅幫助大德蘭梳理她的思路，並且通過他本身的研究、靈修、著述和牧靈極大地豐富和提升了大德蘭的教訓。

《三國演義》第二十一回記載「曹操煮酒論英雄」，記載：「操曰：『夫英雄者，胸懷大志，腹有良謀，有包藏宇宙之機，吞吐天地之志者也。』玄德曰：『誰能當之？』操以手指玄德，後自指，曰：『今天下英雄，惟使君與操耳！』玄德聞言，吃了一驚，手中所執匙箸，不覺落於下。時正值天雨將至，雷聲大作。

玄德乃從容俯首拾箸曰：『一震之威，乃至於此。』操曰：『丈夫亦畏雷乎？』玄德曰：『聖人迅雷風烈必變，安得不畏？』將聞言失箸緣故，輕輕掩飾過了。」曹操此時大權在握，要繼續角逐天下。他如龍飛天，統觀天下，指點江山。劉備此時寄人籬下，仰人鼻息，羽翼未豐，只能韜光養晦，如隱龍藏於波濤，等待時機。他在談吐中步步後退，在危急時急中生智，巧度難關，也是一代梟雄。

可惜，這些人孜孜以求的無非是功名利祿而已，彼此之間沒有真正的友誼，只有利益的結盟，相互利用，隨時都會向對方露出吃人的獠牙！而大德蘭與十架約翰則是一起切磋靈魂的奧祕，談話間情不自禁，心凝形釋，魂遊象外，雙雙忘懷於三一上帝大愛的洪流之中。十架約翰一度擔任大德蘭的神師，親自聆聽大德蘭向他訴說靜觀心禱的經驗，幫助她一一辨析。他們之間的交往堪為基督徒屬靈情誼的楷模。

8、大德蘭與靈修大師。在今日華人教會中，我們不僅需要向奧古斯丁、阿奎納、加爾文這樣的神學大師學習，我們也需要精通內在生命轉化的靈修大師。大德蘭就是這樣的靈修大師，是筆者經過幾十幾年的考察與靈修後定意向華人教會推薦的。

香港宣道神學院彭順強老師評述說：「若謂基督徒屬靈生命的成長像個迷宮，甚至是迷陣，那麼聖衣會的德蘭之指引，就如給天路者一幅地圖，不但給予方向，也讓人知道在每個屬靈關口的特性和衝破的祕訣，但同時又能保留邁向上帝那份不可掌握的神祕元素。」[205] 瑪利尤震精通大德蘭的靈修神學，他總結說：「聖

---

205 彭順強，《兩千年靈修神學歷史》，頁 253。

女大德蘭的靈修發自她的心靈和她的生活，帶有雙重的特徵：既出自高度的靜觀，也出自積極的行動。她所培育的靈修者，個個都是神火炎炎、始終如一的宗徒。他們學到不斷侍立在永生的天主面前，內心回盪著以利亞先知的兩句話，也是大德蘭的加爾默羅會的格言：我站在永生上主的面前……我為上主萬軍的天主憂心如焚。」[206]

今日我們教會所需要的就是這種站在上帝面前當有的敬畏之心、為上帝的教會憂心如焚的關愛之心。今日教會的悲劇之一就是很多所謂的神學家既沒有個人的靈修，也沒有牧會的經歷和心腸，只是利用教會的資源來搞一些世俗學術上的奇談怪論，而教會中追求敬虔和靈修的人又往往沾染上反知主義和反律主義的毒酵，不能強有力地抵擋世俗文化的侵襲，在社會和學術領域中喪失了話語權。我們需要把純正的教義和敬虔的生活結合起來，需要把頭腦的知識轉化為心靈的經歷，需要把個人領受的經歷性真理分享出來，服事到周圍那些渴慕在心靈深處經歷上帝的靈魂。大德蘭不僅有深刻的靈命經歷，並且謙卑地接受教會和正統神學的引領，上帝賜給她言語的恩賜，通過寫作來分析自己的經歷和意識，使她成為教會史上當之無愧的靈修大師。不接受大公教會的正傳，個人的靈修就是盲修瞎練，最後難免走火入魔；沒有個人的靈修，即使我們在頭腦上接受大公教會的正傳，我們領受的不是神聖的火焰，而是殘餘的灰燼。很多人對改革宗神學的學習就是如此，他們喜歡改革宗的神學理論，甚至喜歡按照改革宗的理論來改變教會和社會，但他們缺乏深度的靈修，最終往往成為

---

[206] 瑪利尤震，《我要見天主》，頁 208-209。

自以為是、四處論斷、以禮殺人的極端教理派人士，這是我們需要警醒的。

9、不必完全贊同大德蘭的一切主張和做法。大德蘭的靈修神學可謂教會幾千年靈修神學的結晶，特別是在密契神學方面，可謂千年奇葩，光彩熠熠。讀者若有謙卑受教之心，對照聖經啓示和心靈經歷，細細揣摩，必能多方受益。

當然，我們不必完全贊同大德蘭的一切主張和做法（比如向聖母馬利亞禱告，祈求離世聖徒的保護，祈禱時在眼前有個基督的畫像等），正如我們不必完全贊同奧古斯丁、阿奎納、路德和加爾文等上帝重用的時代工人的一切主張一樣（特別是路德，有強烈的反猶主義的傾向和言論，我們更是不可效法），最終的關鍵還是我們要親自回到聖經，參照歷代聖徒的教導和經歷，通過長期的靈修操練，尋求聖靈在我們心中親自賜給我們個人的光照和印證，使我們自己真正經歷與上帝相識相愛相契的關係，在愛德和真理上不斷長進，從而更好地奉獻，更好地服事，榮耀上帝，傳道救靈。

在雅和博經學中，我們在教理神學部分強調聖經啓示與教會正傳，在密契神學部分特別強調通過靈修尋求聖靈的光照和印證。加爾文強調：「需要將心思所接受的真理轉移到心靈裡面。如果上帝的真道僅僅漂浮在頭腦中，不能算是以信心接受；只有已經在心靈中深深紮根，成為牢不可破的堡壘，能夠抵禦一切試探的攻擊之後，才是真正接受。但是，如果聖靈的光照是理性上理解的真正源泉，那麼，心靈的堅定更是聖靈的工作的彰顯；因為心靈的不信更甚於其心思的盲目；並且使靈魂擁有確信比擁有知識更加困難。因此，聖靈發揮印記之工，在我們的心中印證每

一個應許,使此前已經在我們心思中的應許成爲確信。這種印記也是堅固和肯定這些應許的憑據。」[207]

因此,雅和博經學在靈修上仍然強調「歸回聖經,訪問古道;通達時務,聖靈內證」,我們把最終的分辨和確信歸於「聖靈內證」之工。對於任何世上的任何個人和宗派,我們都不必盲目接受和效法,當然也不必一味拒絕和排斥,倒要認眞思考,獨立判斷,去僞存眞,因爲「各樣美善的恩賜和各樣全備的賞賜都是從上頭來的,從眾光之父那裡降下來的;在他並沒有改變,也沒有轉動的影兒」(雅 1:17)。

二、第一重住所:決志進入——初習者

1、**心靈與城堡**。每個基督徒的心靈都是一個奇妙的城堡,至高上帝就住在這城堡之內。我們的心靈歷程就是走向城堡內至高上帝的居所,就是我們的心靈深處,而祈禱就是開始進入城堡的大門。加爾文擅長教義與法理性的分析,在心理和文學性的描述上較弱,但他也曾非常形象地談及:「我們藉著禱告領受父上帝給我們存留在天上的豐盛。信徒因與上帝交通就進入天上的帳幕,照上帝的應許求告祂,使他們經歷他們所相信的上帝的應許不是徒然的,雖然上帝只在言語上應許他們。由此可見,上帝所應許要給我們的,祂特別吩咐我們在禱告中求告祂賞賜我們。信徒也藉禱告將主福音所報告和我們的信心所看見的財寶挖掘出來。」[208] 在第一重住所中,人的生命仍然處於罪中,常常被罪所

---

207 加爾文,《基督徒敬虔學》,3 卷 2 章 36 節。
208 同上,3 卷 20 章 2 節,頁 856。

勝，甚至容易放棄信仰。因此，在這個階段，最重要的是加強對自我的認識，尤其是認識自己在罪中的醜陋，認識上帝的恩典的美好。

2、心靈與祈禱。對於人而言，最重要的是我們的心靈；對於宗教而言，最重要的是以心靈和誠實敬拜上帝。對於心靈和宗教而言，最重要的則是祈禱。沒有靈修的宗教始終是膚淺的理論說教，沒有祈禱的靈修始終沒有進入真理的堂奧。

大德蘭首先強調的就是祈禱的重要性。她認為內在生活的核心就是心靈的祈禱：「不作祈禱的人，彷彿是一位癱瘓或殘廢的人，雖有手足，卻不能使用。有的靈魂真是這樣可憐，只習慣操心外務，而不進入自己的內心，故常甘心情願與瓊宇四周的爬蟲走獸，悠遊歲月，共同為伍；雖然他們具有高貴的本性與能力，本可與天主交往，但是終究不肯脫離那種境界。如果他們不設法明瞭並醫治他們這可憐的病症，再不返歸內心，他們必要如同羅得的妻子一樣，因著徘徊反顧而變成鹽柱。」[209]

我們必須定志向心靈深處尋找我們的上帝。我們之所以在靈命上蒙昧無知，沒有長進，就是因為我們不曾自覺地進入我們的內心，真正認識上帝和自己。祈禱就是自覺地走向我們的心靈深處，在心靈深處與上帝相遇相識。加爾文強調，禱告不是為了使上帝知道，而是為了我們自身的益處：「上帝出於祂的主權吩咐人藉禱告承認他們一切渴望的和一切對他們有益的，都是來自上帝，因此將上帝所應得的榮耀歸給祂。」[210]

---

209 大德蘭，《七寶樓台》，第一重住所，1 章 6 節，頁 14。
210 加爾文，《基督徒敬虔學》，3 卷 20 章 2 節，頁 857。

3、大德蘭對祈禱的界定。大德蘭對祈禱的界定非常精美，我還沒有見到如此精美的談論祈禱的論著，所以禁不住還是引用她自己的表述：「進入這瓊宇的大門是祈禱，祈禱即思想，且不分辯口禱與心禱，只要是真正的祈禱，就不能不有思想作陪。因為祈禱時，如果心不在焉，就不知道是向誰說話，說的是什麼話，縱然他的口唇在動，我仍不稱它是祈禱。還有人與至尊天主交談，好似與奴隸談話一樣，不管自己說好說壞，隨意而言，這也不可稱作祈禱。」[211]

真正的祈禱是心靈的思想，是以整個的心靈來親近上帝。因此，在大德蘭的靈修中，一開始就排除了那種反知主義的毒酵，明確地強調祈禱中認知與思想的成分。理性的思考是靈修的深度，情感的炙熱是靈修的熱度，意志的堅定是靈修的力度。真正的靈修就是擺正心靈的秩序，而心靈的秩序就是以理性的認知統帥情感的愛憎，以情感的愛憎統帥意志的抉擇。因此，真正的靈修絕不是放棄理性的思考，而是追求更深刻更超越的理性的思考，就是在聖經規範、聖靈光照、聖徒指導之下的認識。很多人一聽密契神學與靜觀心禱，就認為不需要理性的思考，只需要心靈的直覺與神祕的經歷，這種想法顯然是膚淺的，甚至是錯誤的，在實踐中更是危險的。

4、靈修與進入靈心城堡的大門。上帝的旨意就是讓我們與祂相交，參與上帝三一位格之間密切相愛的生活。我們確實有能力進入這種密契的生活，因為我們本是上帝按照祂自己的形象造的，這個形象雖然因著犯罪而受到了敗壞和扭曲，但在我們重生

---

[211] 大德蘭，《七寶樓台》，第一重住所，1章7節，頁14-15。

得救的時候得到了根本的醫治和恢復。

上帝如此創造和重生我們，目的就是讓我們與祂相交相契，正如奧古斯丁在《懺悔錄》一開始所強調的那樣：「主，祢是偉大的，是可讚美的：祢有無限的能力，難數的智慧。人要稱揚的，就是祢。可是他，受造物中渺小的一份子，渾身是死亡的徵兆，罪惡的痕跡，和祢討厭的驕傲人的證據。不管他怎樣卑微，他還是要歌頌祢。實在，他的樂趣，就在歌頌之中；以祢為我們是祢造來為祢的；我們的心得不到祢，就搖搖不安。」[212]

基督徒的靈修就是進入心靈城堡。大德蘭強調，進入第一重住所的人，仍然有許多爬蟲陪伴，阻撓他們觀賞這座瓊樓玉宇的美麗，也不讓他們休息，但是，這總比不進入大門強百倍了！作為耶穌基督的門徒，沒有正常的祈禱的生活，就無法登堂入室，我們始終是在城堡的門口徘徊徬徨。因此，我們首先定志要進入心靈城堡，而進入心靈城堡要從跨進大門開始。基督徒一旦定志以靜觀心禱的方式經歷上帝，開始閱讀有關的書籍，進行相關的操練，就已經跨入大門，進入第一層住所了。

5、**進入第一重住所當有的兩大心態**。每一個基督徒在靈命一開始的時候，都處在這個城堡的第一層住所之中。既然上帝的旨意是讓我們與祂建立位格之間彼此相交相契的關係，我們就當定志不斷前行，直到我們最終進入這城堡的中心，與主相識相愛。基督徒的靈修就是收斂心神，走進自己心靈的城堡，真正認識上帝和自我；基督徒的使命就是立定心志，走出自己心靈的城堡，完成上帝賜給的治理全地、道化世界的託付。

---

212 奧古斯丁，《懺悔錄》，應楓譯（台北：光啟，2009 年），3 頁。

在這個階段，人應當增長兩種見識。首先，要有極端的畏懼得罪上帝的心情。敬畏上帝，乃是智慧的開端和根基，那些對於至高上帝沒有最基本的敬畏之心的人，是因為他們的心靈還沒有重生，因為那些沒有重生之罪人的基本特徵就是「他們眼中不怕上帝」（羅3:18）。其次，我們要認識到我們的一切善行都不是來自自身，而是來自上帝的恩典，正如樹結果子，是因為陽光雨露一樣。敬畏上帝，凡事感恩，這是我們在第一層住所中當有的心態。

6、第一重住所與物質享樂的羈絆。走進第一層城堡的人仍然很世俗，沉迷在各種各樣的物質享樂的羈絆之中，追求的是世上的榮譽和感官的享受。他們的五大感官和心靈的官能，缺乏來自上帝的力量，很容易就會被打敗。大德蘭描述說：「她卻熱衷於世俗的事物，被財務、名譽和事業所支配。」[213]

因此，處於這個階段的人雖然已經蒙恩得救，但他們的生活處於上帝與世俗的分界線上，還未真正開始內在生命的操練，這種操練是在第二層城堡開始的。目前華人教會之所以軟弱敗壞，是因為很多牧者根本沒有安靜下來，他們或在城堡外面忙於打蒼蠅，或者停留在第一重住所中與各種毒蛇猛獸爭戰，以至於從來沒有進入過第二重住所，就是沒有內在生命的操練。這樣的牧者，不管有多高的神學學位和教義知識，不管是多麼能言善道，長袖善舞，都不能給信徒帶來深刻的栽培和生命的改變，因為他們自己的生命還沒有通過靈修而經歷上帝的觸摸和改變。

7、第一重住所內的人容易自我驕傲、論斷他人。此處魔鬼給我們最大的攻擊就是讓我們驕傲，從而對於他人缺乏愛心和謙

---

[213] 大德蘭，《靈心城堡》，第一重住所，2章14節，頁86。

卑，經常肆意對他人進行批評論斷。

很多改革宗中的教理派人士，天天忙於對其他基督徒和教會進行批判和論斷，就是因為頭腦中所掌握的教義知識帶來的驕傲，使得他們自我膨脹，儼然以上帝自居，並沒有以基督的心為心。他們就像當初的雷子雅各和約翰一樣，一看到撒瑪利亞那個村莊的人不接待耶穌，就要呼籲上帝降下天火，把他們滅掉。耶穌明確地對他們說：「耶穌轉身責備兩個門徒，說：『你們的心如何，你們並不知道。人子來不是要滅人的性命，是要救人的性命。』說著就往別的村莊去了。」（路 9:55-56）

上帝在二十一世紀的華人中興起改革宗神學，難道是讓我們這些學習改革宗神學的人妄自尊大，把別人都滅掉嗎？顯然不是！上帝對我們的旨意顯然是讓我們自己先要悔改歸正，然後幫助、成全別的教會和宗派。我們要學會正確地面對自己，學會處理彼此之間的爭議，不可惡毒攻擊，翻臉無情。

這樣的說法固然是正確的，然而沒有深刻的靈修和謙卑，不在上帝面前接受管教，支取力量，又有誰能夠真正謙卑地按照愛心來傳講真理呢?! 很多基督徒剛剛進入第一層城堡就覺得自己已經登堂入室，已經得窺全貌，已經高瞻遠矚，就開始對他人指手畫腳，評頭論足！此時此刻，最需要的就是謙卑和溫柔之心。

8、在第一重住所內中認識自己的罪惡和醜陋。 在第一重住所中，信徒的生命仍然處於諸多的罪惡和混亂之中，非常容易被罪惡所勝。進入第一重住所，就是在靈修上剛剛踏上煉路，一切都是剛剛開始。

在這個階段，最重要的是自我認識，特別是要認識自己在罪中的醜陋，當然也要明白自己在恩典中的美好盼望。臺灣學者柏

楊著有《醜陋的中國人》一書，揭露在傳統的「醬缸」文化浸染下中國人常有的醜陋和劣根性，比如「髒、亂、吵」、「窩裡鬥」以及「不能團結」等等，他強調「我們的醜陋，是在於我們不知道自己的醜陋」[214]！

筆者在二十年的牧會和宣教生涯中，發現這些醜陋習性在自己和周圍的基督徒身上也是根深蒂固！美國福音派教會史學家諾勒寫書自揭其醜，強調：「福音派思想的醜聞就是根本沒有多少福音派思想」（The scandal of the evangelical mind is that there is not much of an evangelical mind.）[215]。

巴不得華人教會有人能夠撰寫一部反省、揭醜的悔改之作，比如《醜陋的華人基督徒》等等，那時華人教會就真正走向成熟了，因為成熟之人的主要特徵就是深刻的自我反思和批判的精神，對於教會而言也是如此。求主憐憫，使我們通過深切的禱告不斷省察自己的醜陋之處，靠著上帝的恩典不斷更新得勝。

三、第二重住所：持續前行──初習者

1、第二重住所內容易出現的死亡。我們不要滯留在第一層住所，與各樣的毒蛇爬蟲爭鬥不止，要勇敢地衝向第二層住所。在基督徒的生活中，有兩大陷阱，一是忙於靠著自身的力量與自己殘餘的罪爭戰，最後陷入道德主義、律法主義的泥潭，屢戰屢敗，充滿沮喪，最後很可能變得對於罪惡麻木不仁；二是靠著自身的力量與教會和社會中的罪惡爭戰，最後自己也是傷痕累累，常

---

214 參考柏楊，《醜陋的中國人》（長沙：湖南文藝出版社，1986年）。
215 Mark A. Noll, *The Scandal of the Evangelical Mind* (Grand Rapids: Eerdmans, 1994), p. 3.

常變得憤世嫉俗，甚至面對教會內部的醜陋和罪惡，不再願意參加任何教會，變成孤家寡人，喪失了與其他聖徒相通相助的樂趣。

要擺脫這兩大陷阱，出路就是更多地親近上帝，通過祈禱和靈修，認識到自己的老我才是自己需要攻克的頭號仇敵，然後靠著上帝所賜給的大能大力，以合乎上帝的旨意的方式與各種罪惡爭戰。剛剛歸信的初習者，既沒有在敬虔的真理上得到裝備，也沒有穿戴上帝所賜給的全副軍裝，就倉促上陣，甚至孤軍奮戰，難免陣亡。許多基督徒都是死在城堡之外，或者死在第一重住所，這是最令人感到遺憾的。在第二重住所中的人，對於靈命和真理有追求之心，但卻沒有逃避罪惡。處於這種境界的人，常常因貪愛世界而靈命退後。在第二重住所中，當有的突破和目標就是：下定決心，以十字架為武器，勇敢地與罪惡爭戰。

2、在第二重住所內遇到眾聖徒。當我們進入這個城堡的第二重住所的時候，就會遇見耶穌和走在我們之前的聖徒。在這個住所，我們將作耶穌的朋友，學習祈禱默想，增進德行，使得我們更加能夠在心智上領受耶穌基督的教訓，在生活上效法基督的生活，在靈修上更多地親近上帝。

同時，我們也當閱讀教會歷史上上帝重用的一些聖徒的傳記，效法歷代聖徒的腳蹤。當然，我們不僅應當閱讀、思考他們的生平故事，更要研究、領受他們在聖靈光照之下、以畢生心學所凝結的著述。耶穌基督對我們說：「來，跟隨我！」我們定志跟隨耶穌基督的腳步前行，我們定志效法耶穌基督，非常重要的一個方式就是效法先聖先賢的腳蹤，正如保羅所強調的那樣：「弟兄們，你們要一同效法我，也當留意看那些照我們榜樣行的人。」（腓 3:17）

今日天主教的弊端是過分強調聖徒的功用，而基督教的問題是幾乎沒有可以效法的聖徒！哪怕是我們領受路德和加爾文的教訓，但很少有基督徒留意效法路德和加爾文的敬虔！最終，我們在宗派教會中領受的是一堆死板的命題性的教義，如果碰到宣講這些教義的人沒有愛心和見證，我們難免把這些教義和推動這些教義的人視爲面目可憎、假冒爲善的死正統！

3、**在第二重住所內仍會常常跌倒**。在這第二層住所中，我們開始聽見上帝的呼聲，因爲比較接近至高上帝所居住的寢殿。但是，必須注意的是，在這個層次的人，仍然掛心自己的消遣、事務、快樂與世俗的繁華。

雖然進入到第二重住所的人不再被邪情私欲纏住，但他們的心思意念仍然不時地回到邪情私欲。因此，處於這個階段的人還會常常跌倒，陷入到過去習慣犯的罪惡之中。但是，上帝是我們靈魂的牧者和朋友，祂不斷地用慈愛的聲音來呼喚我們，使我們得以重新站立，浪子回頭，奮然前行。

4、**在第二重住所內善用蒙恩之道**。大德蘭特別強調，此處上帝的聲音和召喚特指「祂藉著善人講道，與我們所念的聖書發出的」聲音。[216] 當然，上帝也通過疾病和痛苦來教訓我們，在我們專心祈禱的時候用眞理的亮光來激勵我們。因此，此處我們要善用上帝賜下的各種普通的蒙恩之道，持之以恆，勇猛精進，必然不斷得見上帝的祝福。在這個階段的人要選擇一個好的比較合乎聖經的教會，也當得到自己欽佩的牧師的牧養。

5、**在第二重住所內面對慘烈的爭戰**。在這個階段魔鬼對我

---

216 大德蘭，《七寶樓台》，第二重住所，2章3節，頁32。

們最大的攻擊就是用世俗事務的猛蛇以及各種世間的快樂來誘惑我們，讓我們顧全親友和近人的需要和重視，卻遠離上帝的呼召和旨意。大德蘭談及這種激烈的爭戰的時候感歎說：「耶穌啊！魔鬼在這裡鼓動的眞是囂聲震天，可憐的靈魂眞是陷於天翻地覆之中，她不曉得是該前進抑或退到第一樓臺。」[217] 這個階段的爭戰非常慘烈，我們越是想徹底離棄過去的罪惡習氣，就越是受到這些罪惡習氣的反撲，因此，使徒保羅寫道：「但我覺得肢體中另有個律和我心中的律交戰，把我擄去，叫我附從那肢體中犯罪的律。我眞是苦啊！誰能救我脫離這取死的身體呢？」（羅 7:23-24）

6、**在第二重住所內認識世俗快樂的虛幻性**。在這個階段，關鍵是要認識到世俗快樂的虛幻性。我們之所以面對慘烈的爭戰，是因爲各種邪情私欲在我們的心靈中仍然發出聲音，仍然對我們有吸引力。

在這個階段，我們必須通過研讀聖經和先聖先賢的著作，充分認識這一切世俗快樂的虛幻性。正如大德蘭所強調的那樣，靈魂必須認識到：「縱然她在世要活許多年，她也找不到更忠實的朋友；整個的世界只是充滿了虛妄，在魔鬼所鋪陳的快樂中，也只有愁苦、亂心和矛盾。」[218] 只有這種深刻的分析和洞見才能促使收回我們的心思意念，使其不至於因爲貪戀世上各種形式的豬食而像那個浪子一樣離開全家，外出流浪。

7、**獨自面對與聖徒相通的平衡**。當我們面對各種掙扎或爭戰的時候，我們既要學習獨自面對，也要注意學習先聖先賢的教

---

217 大德蘭，《七寶樓台》，第二重住所，2 章 4 節，頁 32。
218 同上，2 章 4 節，頁 33。

訓，和那些已經進入城堡深處的人交往，從他們身上得到一定的助力，並且接受他們的生活方式的影響，免得自己孤軍奮鬥，甚至孤軍深入，勢單力薄，無人攙扶，必死無疑。

當然，在這重住所中，先不要試圖得到多少樂趣和安慰。我們在靈修操練上還剛剛起步，還處在艱難困苦的受訓階段，此時就想品嘗到得勝的快樂，顯然是不現實的。在這個階段，人不僅需要靈命導師的指導，也需要周圍有一個彼此相愛的聖徒群體，中世紀的修道院為靈修所提供的就是這樣的團契和保障。基督徒之間也當建立這樣的彼此相愛的靈修群體。

8、**靈修生活的目的不是讓上帝滿足我們的心意**。在這個階段的祈禱中，不要祈求、奢望上帝按照我們所要求的行事。上帝知道我們現在最需要什麼，無須我們苦苦勸告上帝賜給我們什麼，我們必須坦率地承認：我們常常「不知道所求的是什麼」（太20:22）。

我們必須始終牢記，基督徒靈修生活的目的並不是要讓上帝滿足我們的心意，而是定志使我們的意志合乎上帝的旨意，這是我們靈修當有的志向。因此，大德蘭提醒說：「如果我們一開始就弄錯，要上主立即跟隨我們的意願行事，按照我們所想像的來帶領我們，這個建築物的堅固性會怎樣呢？我們要盡力做自己所能做的，防衛這些有毒的小爬蟲；許多時候，上主願意讓我們受到壞思想的糾纏而苦惱，無法將之逐出，還有乾枯也是這樣。有時祂甚至容許我們被咬傷，為使我們後來更知道加以防衛，也證實我們是否因為冒犯祂而極其憂苦。」[219]

---

219 大德蘭，《靈心城堡》，第二重住所，2 章 8 節，頁 93。

9、**在第二重住所的人仍然沒有遠離罪惡**。處在這重住所中的基督徒,有追求完全的心志,但還沒有逃避罪惡。他所經常面對的危機就是因為貪愛世界而後退,最需要的突破和堅持就是:下定決心,收斂心神,不怕受苦,堅定不移地以十架為武器,與自己殘餘的罪惡爭戰。「基督既在肉身受苦,你們也當將這樣的心志作為兵器,因為在肉身受過苦的,就已經與罪斷絕了」(彼前 4:1)。

我們要知道自己沒有退路,如果我們沒有勇敢地跨過約旦河,進入迦南地,就會可憐可恥地倒斃在曠野之中。大德蘭強調:「若認為我們要進入天堂,而不必進入自己心內,認識自己,深思自己的可憐及對天主的虧欠,這是荒謬愚蠢的。」[220] 唐崇榮牧師在談及基督徒的信仰和奮鬥力的建造的時候強調:「你知道世界最大的敵人就在你裡面,你知道世界最大的敵人就是你自己,你知道世界最大的寶貝也是在你裡面。」[221] 唯願上帝保守我們,不管付出多麼大的代價,都要立定腳步,勇敢前行。

四、第三重住所:學習敬畏──初習者

1、**第三重住所與敬畏上帝**。在初習階段,最重要的是增強我們敬畏上帝之心,這樣我們就會逐漸遠離罪惡。大德蘭認為,對於處在這個階段的人,要說一句話,就是:「敬畏天主乃真福。」[222] 這句話來自聖經,「敬畏耶和華,甚喜愛他命令的,這人

---

220 大德蘭,《靈心城堡》,第二重住所,2 章 11 節,頁 94。
221 唐崇榮,《信仰與奮鬥力的建造》(台北:中福,2006 年),頁 109。
222 大德蘭,《七寶樓台》,第三重住所,1 章 1 節,頁 38。

便為有福」（詩112:1）。人生在世，不管我們在聖德上達到何等崇高的地步，都不要有恃無恐，而是應當小心翼翼、恐懼戰兢地仰望上帝，把持自己。在第三重住所中，人開始有紀律，不會經常性地犯罪，開始專注於愛主愛鄰舍，但在靈命上容易有自滿情緒。此時面對的靈命危機就是自滿和自義，有時在靈命上感到枯乾和沉悶，有放棄禱告和信仰的傾向。

2、**上帝的旨意與上帝的誡命**。基督徒靈修的最高目標，不是追求我們個人的感覺如何，而是努力使我們的意志與上帝的旨意相合。大德蘭強調：「在全德路上前進，除契合主旨外，沒有什麼其他途徑，或其他祕訣。你們的一切幸福，完全寄託在契合主旨上。」[223] 要契合主旨，是指我們在生活上要合乎上帝顯明的旨意，就是遵守上帝的誡命。大德蘭在靈修生活中對於上帝的誡命的強調，使得她所提倡的靈修始終是在合乎上帝旨意的聖潔之中，這與清教徒對於順服上帝顯明的旨意的強調是不謀而合的。那些反對上帝的律法，甚至主張廢棄上帝的律法的人，還沒有真正經歷聖靈的光照，這樣的人是不能真正進入基督徒的靈修的。

3、**收斂心神與心靈官能的和諧**。上帝考驗我們，任憑我們軟弱跌倒，好使我們謙卑，隨時認罪悔改，繼續前行。在前行的過程中，最重要的就是要收斂心神，安靜禱告。大德蘭強調：「縱然我們沒有其他可憐相，與無限的不幸事，只是分心走意，不能收斂心神，便是我們最大的不幸。」[224] 真正的平安不是外在

---

223 大德蘭，《七寶樓台》，頁42。參考《靈心城堡》，第二重住所，2章8節，頁93。

224 同上，頁43。參考《靈心城堡》，第二重住所，2章9節，頁93-94。

的事情的順利,而是心靈之中各項官能的和諧,好像一家人和睦相處一樣。這種官能的和諧指向知情意之間的配搭,我們要用我們的理性統帥自己的情感,用自己的情感統帥我們的意志,用我們的意志作出正確的抉擇。當然,我們在意志上最需要作出並且不斷作出的正確抉擇就是歸向上帝和耶穌基督。因此,在這段時間內,要努力通過基督已經為我們做成的救贖之工,相信上帝的護理,深信上帝讓萬事互相效力,讓愛主的人得益處,由此而激勵自己繼續前行。

4、注重愛主耶穌基督並效法祂。我們在此處學習並愛上基督。我們數算耶穌基督已經為我們付出的大愛,體會祂的心意,就是讓我們學習並效法祂。耶穌基督明確地說:「不藉著我,沒有人能到父那裡去」(約 14:6);「人看見了我,就是看見了父」(約 14:9)。沒有注視基督,也沒有想過我們對於基督的虧欠,特別是祂為我們所受的死亡,我們就無法跟隨耶穌基督。保羅深刻地默想基督的受死,從而提醒自己確定現在的身分和追求:「我已經與基督同釘十字架,現在活著的不再是我,乃是基督在我裡面活著;並且我如今在肉身活著,是因信上帝的兒子而活;他是愛我,為我捨己。」(加 2:20)

5、在枯乾之時更要謙卑自省。在這個住所中,我們要決定放棄一切不必要的東西,擺脫一切纏累,跟隨主。上帝磨煉我們,目的就是讓我們謙卑。大德蘭反思說:「謙遜吧!謙遜吧!我不知道現在有什麼誘惑;但是受枯燥磨難著的人們,在謙遜上一點缺乏都沒有,我是不相信的。」[225]

---

225 大德蘭,《七寶樓台》,第三重住所,1 章 7 節,頁 48。

上帝讓我們特別經過一段靈命枯乾的時期，就是讓我們認識到自己的不配，從而使我們真正謙卑下來。如果我們認為上帝虧待我們，認為我們確實配得更好的待遇，那麼在我們經歷苦難和枯乾階段的時候，就難免會心懷不平。因此，上帝賜給我們的苦難和枯乾本身也是神聖的，有著上帝的美意。因此，在感覺受苦、枯乾之時，大德蘭提醒說：「但願他們不要以為他們的受苦，是因為他人的過錯，他們也不要想像這是立了功勞。」[226]

　　筆者在教牧輔導中，發現很多基督徒在面對家庭或教會問題時，往往指責別人的過錯，很少反省自身的問題，即使想到自己，也認為自己付出最多，收穫最少。唐崇榮牧師分析說：「如果你什麼都認為替別人做，你就苦死了！你什麼都認為你正在建立自己的品格，栽培自己的個性，正在磨煉自己的鬥志，你就很喜樂了。」[227] 怨天尤人這種現象和心理乃是驕傲和自義導致的，這種毒根必須經歷長期深刻的靈修反省才能逐漸消除，否則再好的輔導和建議也是聽不進去，毫無作用。

　　因此，不管是教牧輔導、心理輔導，還是聖經輔導，關鍵還是靈修輔導，就是要系統地引領對方建立靈修的習慣，使他自己經常來到上帝的面前尋求光照和醫治。否則，各種形式的輔導都常常是頭痛醫頭，腳痛醫腳，不僅不會產生根本性的改善作用，反倒會引發被輔導者對輔導之人的過分依賴，最終必然以失望和失敗告終。

226　大德蘭，《七寶樓台》，第三重住所，2章5節，頁53。
227　唐崇榮，《信仰與奮鬥力的建造》，頁167。

6、在第三重住所中開始學習靜觀心禱。在這個住所中，我們要學會深刻的靜觀心禱。這個階段非常關鍵，最好是尋求一定的屬靈導師的指引，謙卑地順服導師的建議，這樣我們才能比較穩妥地更上一層樓。

考驗我們是否真正謙卑的就是在一些日常的小事情上放下自己，能夠做自己的情緒的主人，那些經常因為一些小事情而發怒的人，都是因為自視太高，自我中心，試圖通過發怒來宣洩自己的情緒，操縱別人的感覺。因此，我們要對自己保持敏感，深刻地省察我們在小事情上是否忠心，是否動輒發怒。

此處的關鍵還是要操練謙卑、忍耐的美德，因此，大德蘭建議：「整個事情不在於有否常穿修會的會衣，卻在於力求實踐德行，在一切事上，屈服我們的意志，交給天主，使我們的生命合乎至尊陛下的安排，渴望祂的聖意成就，而非我們的。由於我們尚未達到這個境界，如我所說的，亦即謙虛。謙虛是塗抹我們創傷的油膏；如果我們真的有謙虛，即使拖延時間，外科醫師，也就是天主，會來醫治我們。」[228]

多年的教牧和宣教旅程中，曾經有一位學生，是教牧人員，也是我長期的同工，給我很大的幫助。但是，當有新的同工加入，分享我的時間的時候，他就非常嫉妒生氣，非常粗暴地對待別人。我很傷心，也很生氣，告訴他如果繼續這樣，就離開宣教工場，回去省察自己。他一氣之下，離我而去，可惜沒有省察自己，繼續一意孤行。我反省自己，覺得自己忙於事工，沒有帶領他進行深度的靈修，心中覺得非常虧欠和痛苦，從此定志擺脫表

---

228 大德蘭，《靈心城堡》，第三重住所，2 章 6 節，頁 103。

面的事奉和忙碌，更多地致力於內在生命的操練，也幫助自己的學生和同工在內在生命上多有長進，求主憐憫成全。

7、初習階段的重點是找到值得自己追隨的靈命導師。真正的謙卑體現在受教的心態上，而受教的心態則體現在對靈命導師的尊重和順服上。唐崇榮牧師在其佈道中強調：「一個人是不是以學習、學生的身分，以追求、謙卑、渴慕真理的態度，繼續不斷地拜師、尋師，他就有一個不斷長進、真正智慧的基礎。」[229] 大德蘭強調，在這個階段，「最好要如許多人作的，他們也應該找一位靈魂指導投奔他，以便不依照個人的意志行事，因為普遍說，無人指導是我們失敗的原因。」[230]

當然，我們不能尋找自己喜歡的與自己臭味相投的人，必須尋找一位真正具有靈命的人，能夠幫助我們分析眼前狀況，為我們提供切實可行的建議，然後謹守遵行，必能穩妥進步。其實，是否願意拜師求教，虛心學習，也是考察我們是否真正謙卑的重要標記。那些自以為是，一意孤行的人，最終必然狂奔亂行，觸礁沉船，歸於無有。正如箴言所警告的那樣：「愚妄人所行的，在自己眼中看為正直；惟智慧人肯聽人的勸教。」（箴 12:15）

在今日教會中，最缺乏的不是明白教義知識的人，而是通過靈修把教義真理變成心靈經歷和屬靈美德的人。只有當上帝興起這樣的精通上帝律法與福音的大德之人，才能引領目前災難深重的教會。上帝在復興祂的教會的時候，必然賜下一批這種在真理和靈命上「豎立大旗」的聖哲：「主耶和華如此說：我必向列國

---

[229] 唐崇榮，《信仰與奮鬥力的建造》，頁 207。
[230] 大德蘭，《七寶樓台》，第三重住所，2 章 12 節，頁 58。

舉手，向萬民豎立大旗；他們必將你的眾子懷中抱來，將你的眾女肩上扛來」（賽49:22）；「你們當從門經過經過，預備百姓的路；修築修築大道，撿去石頭，爲萬民豎立大旗」（賽62:10）。

8、初習階段的成就與突破是謙卑之德的加增。在這個階段，關鍵是既要認識自身在罪中的卑劣，也要認識在恩典中的崇高，努力成爲耶穌的密友，學習謙卑地在不自欺的生活中邁進。

在這個階段，基督徒已經在靈修上有一定的操練和紀律，竭力不犯罪，專注於主，愛鄰如己，但在靈命上常常會有自滿之情，因此而生發在靈命上感到枯乾的危機。此時此刻，真正的突破就是學習謙卑，放下自己，正如大德蘭所告誡的，這條靈修之路上「必須懷有很大的謙虛，……那些不進步的人其妨礙就在於此」[231]。在這個階段，不要好爲人師，「要人馬上跟著我們的路走，或對某人指示靈修的道路，她很可能還不明白這是怎麼回事」[232]。

9、初習階段求主賜給靈命導師的祈禱。主啊，我們在初習階段何等艱難！求祢賜給我們真正的謙卑受教之心，讓我們知道我們的可憐、醜陋和不配；求祢帶領我們結交那些在真理和靈命上真正能夠帶領我們的人，引導我們走永生的道路；求祢親自向我們仰臉施恩，好讓我們把一切榮耀和頌讚都歸給祢！

---

231 大德蘭，《靈心城堡》，第三重住所，2章8節，頁104。
232 同上，2章13節，頁107。

五、第四重住所：超脫之愛──成熟者

1、從煉路到合路的過渡階段。這一層樓臺更為美觀，因為更加靠近上帝的居所，這種明路階段是一個從煉路到合路的過渡性階段，靈命超越的經歷也從這個階段開始。但是，我們必須知道，要解釋和理解這層樓臺內所發生的經歷並不容易。大德蘭明確地指出：「對那些沒有親身經過的人，他雖然用盡努力，他也不會清清楚楚，恰如其分地了解它，其晦暗的程度總是很深的；那些擁有經驗的人們，特別是那些多年以來就有經驗的人們，他們是很容易了解的。」[233]

因此，靈修的關鍵就是心靈的經歷。在基本教義正確的基礎上，我們沒有必要對於具體的靈修路徑和方法反覆爭辯，特別是粗暴地否定他人的經歷和方法，認為凡是聖經上沒有啟示、自己也沒有經歷的事，都是不可靠的。在基督徒的靈命成長過程中，首先需要勝過的就是這種理性的傲慢和褊狹。在第四重住所中，開始有超越性的經歷，人更多地專注於主，感受到一定的寧靜。這個階段的危機是不能忍受被動。這個階段的突破和目標就是：放棄自己的智慧，降服在上帝的愛中，專注於靜心的祈禱。

2、進入第四重住所需要很長的時間。一般說來，我們要在前幾層樓臺停留很長的時間，才能進入第四層樓臺。沒有在第一、二、三層住所中熬煉的經歷，就很難進入第四層樓臺得蒙光照。

---

233 大德蘭，《七寶樓台》，第四重住所，1 章 2 節，頁 63。

當然，具體停留的時間，是沒有任何規則可循的，因爲上帝如何在人心中做工，完全是上帝憑己意決定，沒有任何人能夠強迫上帝做什麼，更沒有人能夠限制上帝的作爲。在靈修生活方面，我們確實應當向上帝謙卑、敞開。我們不能限制上帝在我們身上的作爲，也不要隨意論斷上帝帶領他人所走的路徑和過程，關鍵還是聚焦到基督徒的美德和善行上。倘若我們自己缺乏美德和善行，甚至沒有基本的靈修操練，就基於自己對聖經和教義的理解而判斷別人的經歷，這種紙上談兵的做法乃是極其可笑和有害的。

　　3、第四重住所開始經歷到心靈的平安。在這個階段，人開始有內心的平安，逐漸擺脫各種罪習給人的心境帶來的擾攘，不管經歷什麼，都能泰然處之。當然，最重要的是，在這個階段的默想中，人開始在心靈深處經歷到喜樂和安慰。天主教作者把這種「屬靈的安慰」翻譯爲「神慰」（spiritual consolation），[234] 意思是「屬靈的安慰」，本書中簡稱「安慰」。

　　這種喜樂是指我們在默想或向上帝祈禱時所感受到的滿足之情，而安慰則是直接來自上帝，我們能夠感受到這種安慰的臨到，甚至以喜樂之心享受來自上帝的安慰。自由派人士強調宗教經歷中的感覺層面，認爲人的個體性就是以感覺爲根基的，感覺「在本質上是私人性、個體性的，始終勝過我們公式化的能力。不管我們怎樣把感覺的內容傾注到不斷成熟的哲學模式之中，就人之所以是而言，這些努力始終是第二位性質的過程，並不能夠增加這些感覺的權威性，也不能夠確保這些感覺的眞實性。人反

234　大德蘭，《七寶樓台》，第四重住所，1 章 4 節，頁 64。

倒是從感覺得到他們所受的刺激,並且從這些感覺中得到確信的亮光」[235]。基要派人士片面強調以聖經無謬為核心的客觀性、命題性真理體系。基督教正統神學既強調基督教信仰的客觀性層面,也強調其經歷性層面,而基督徒的靈修就是主體性之心靈對於客觀性之真理的經歷。

4、真正的喜樂來自善行。真正的喜樂來自我們的善行,上帝通常的方式就是讓我們在工作中喜樂。正如所羅門所總結的那樣:「我知道世人,莫強如終身喜樂行善;並且人人吃喝,在他一切勞碌中享福,這也是上帝的恩賜。」(傳 3:12-13)大德蘭指出:「這種暢快是從德行生活的本身來的,好似我們從工作裡贏得的。我們用力完成了這樣的工作,我們是有理由享受這種暢快的。」[236]

因此,即使在深刻的默想之中,我們也不能放棄我們的職責和工作。勤奮的工作不僅直接給我們帶來喜樂,也能帶領我們更深地進入上帝的恩典和真理。工作是基督徒靈修生活的重要方面,即使在修道院裡靈修,也應當拿出相當的時間從事一定的體力勞動。當然,其他方面的職責和工作也是有益的。

5、得見上帝顯現的人會更加謙卑。那些得蒙上帝特別恩寵的人,必然更加謙卑,忠心地完成自己當作的服事。撒母耳在親自聆聽上帝的呼喚、得蒙上帝的特殊啟示之後,仍然按部就班地事奉上帝,「撒母耳睡到天亮,就開了耶和華的殿門」(撒

---

235 William James, *The Varieties of Religious Experience*, Lecture xviii, from *William James: Writings 1902-1910* (New York: The Library of America, 1987), p. 387.

236 大德蘭,《七寶樓台》,第四重住所,1 章 4 節,頁 64。

上 3:15），清教徒經學家馬太・亨利對此評釋說：「他『睡到天亮』，我們可以設想他躺著醒著，思索他剛剛聽到的話，向自己反覆重複，考慮他必須做什麼。在我們領受了上帝的話語的靈糧之後，我們就當安靜思考，花費時間來消化。他『就開了耶和華的殿門』，每天早晨，像往常所做的那樣，他在會幕中第一個起床。他在其他時間這樣做表明這孩子極其順從，而這個早晨這樣做更是顯明他極大的謙卑。上帝對他的尊崇超過他那時子民中的所有孩子，但他並沒有因為這種尊崇而驕傲，更沒有妄自尊大，認為自己了不得，不用再幹這些卑微的事。恰恰相反，他一如既往，高高興興地去打開會幕的大門。請注意，那些得蒙上帝向他們顯現的人，上帝也必使他們保持謙卑，甘心樂意地去做任何有益於榮耀上帝的事，即使在上帝的家中看大門也好。也許有人以為撒母耳充滿異象，以至於忘記了他日常的服事，他會去找自己的夥伴們，正如處於狂喜狀態的人一樣，把上帝這夜與他的談話告訴他們。但是，撒母耳很有節制，他只是自己牢記在心，並沒有把這個異象告訴任何人，而是安靜地做自己當做的事。我們與上帝密契的交通，是不需要到房頂上去大聲宣告的。」[237] 十七世紀的清教徒是深諳默想和密契之樂的。

6、從理智的默想轉向愛心的事奉。在前三層樓臺中，我們要持續不斷地運用理智進行默想。但是，當我們到達第四層樓臺的時候，大德蘭強調，「最重要的不是想得多，而是愛得多」[238]。大德蘭的名言就是：「靈魂的進步不在於想得多，而在於愛得

---

[237] *Matthew Henry's Commentary on the Whole Bible*, 1 Samuel 3:15.
[238] 大德蘭，《靈心城堡》，第四重住所，1 章 7 節，頁 111。

多」（the soul's progress does not lie in thinking much but in loving much）。²³⁹

此處大德蘭提出了一個著名的愛的定義，趙博雅的譯文有些模糊，我特別根據有關英文重譯如下：愛「並不在於靈修時感受到多大的喜樂，而是在於我們立定心志在一切事務上都竭力追求上帝的悅納，盡可能地避免得罪祂，並且祈求使祂愛子的尊榮不斷增加，大公教會不斷增長」。（It doesn't consist in great delight but in desiring with a strong determination to strive to please God in every thing, insofar as possible, not to offend Him, and in asking Him for the advancement of the honor and glory of His Son and the increase of the Catholic Church.）。²⁴⁰

承蒙上帝恩典，弱僕在華人教會內推動「雅和博聖約經學」，一是強調在福音中向我們顯明的上帝在耶穌基督裡對我們的大愛，二是強調在律法中向我們吩咐的、我們當盡的愛主愛人的本分，三是強調通過密契和德修在愛德上不斷走向完全，願主的旨意成就。

7、愛德絕不排除真正的知識。大德蘭主張愛德的重要性，但她絕對沒有現代教會中普遍盛行的反智主義的毒酵，認為只要有愛心就可以了，我們的愛心要始終以真理為滋養和指南。

大德蘭以禱告的心情反思說：「我主啊！請祢注視我們因為無知在這神修道路上所受的大苦吧！最不幸的是我們在想除了

---

239 Teresa of Avila, *The Book of Her Foundations*, 5.2, see *The Collected Works of St. Teresa of Avila*, trans. Kieran Kavanaugh and Otilio Rodriguez (Washington, D.C.: ICS Publications, 1985), vol. 3, p. 117.

240 Teresa of Avila, *The Inner Castle*, p. 70.

想祢之外，不應該有一點另外的知識。我們不曉得詢問學人，也不相信有此必要！我們遭受驚人的磨難，因為我們不了解自己。……痛苦就是這裡出生的，很多從事祈禱的人就因此大多跌倒了。他們在怨尤他們內在的痛苦，特別是那大多數愚昧無知的人們；他們陷入憂鬱之中，他們失去了健康，最終終至放棄了一切。」[241] 大德蘭甚至強調：「我們的一切不安與憂傷都是來自我們不了解自己。」[242]

因此，如果有一位有智慧和愛心的靈命導師來幫助自己，排憂解難，這人是有福的！當然，我們更需要求主在心靈深處賜給我們光照和引領，否則，不管我們如何研讀聖經經卷和教會名著，不管有什麼樣的名師指導，我們都不能在真智慧上大有長進。

8、第四重住所與超脫的境界。在第四層樓臺的住所中，雖然還有痛苦和攪擾，但人的靈魂確實開始享受一定的寧靜。這種寧靜並不是解決了一切問題才能達到，而是心靈達到一種超脫的境界，這種超脫就是看破世上一切受造之物和個人生死浮沉的短暫易逝，努力善用今生一切所有來認識上帝，事奉上帝。

正如大德蘭所分析的那樣：「為了某些思想而使我們攪擾不安，或使我們患得患失，這樣也不好。如果是來自魔鬼，會隨著官能的休止而告終。如果是來自亞當原罪的許多遺害之一，我們要忍耐，為了愛天主而受苦，就像我們必須吃飯睡覺，無法避免

---

241 大德蘭，《七寶樓台》，第四重住所，1 章 9 節，頁 67-68。
242 同上，1 章 9 節，頁 68。

一樣，這些是相當麻煩的事。」[243] 當然，上帝願意賜給一些人超自然的恩賜，就是在人的靈魂深處「生出最深的和平、寧靜和甘馨」[244]。值得注意的是，不管上帝賜給我們什麼恩賜和安慰，是我們可以享受的，但不是我們可以佔有的，更不是我們理所當然地配得的。對於這樣的超自然的恩賜和安慰，我們不要刻意尋求，實際上也無法尋求，應當完全相信上帝的主權和帶領。大德蘭甚至用充滿吊詭的語言指出：「我們不設法獲致這些恩惠，才是獲致的最好方法。」[245]「天主要賞賜的才賞賜，往往賞賜那些不大想這些的靈魂」[246]。

這樣的恩惠需要我們不帶任何功利之心去愛上帝。如果我們認為自己的靈修或善工配得這樣的恩賜，說明我們還不夠謙卑。我們這樣常常得罪上帝的人，只當希望受苦並效法耶穌，我們不該也不配得到這樣的恩典和安慰。這樣的恩典和我們的救恩沒有直接的關係，不是必需的。縱使我們可以尋找這樣的恩典和安慰，也是枉然勞力。因此，我們應當謙卑在上帝的面前，完全信靠祂的帶領和供應，盡我們自己當盡的本分，祂賜給我們的必然超出我們所求所想。

9、從收心的祈禱到靜心的祈禱。在第四層樓臺中，最重要的是「靜心的祈禱」（the prayer of quiet）。「收心的祈禱」（the prayer of recollection），就是收斂我們的心神，專注於追尋和享受上帝的大愛。我們從觀心的祈禱進入收心的祈禱，從收心的祈禱

---

243 大德蘭，《靈心城堡》，第四重住所，1 章 11 節，頁 111。
244 大德蘭，《七寶樓台》，第四重住所，2 章 4 節，頁 73。
245 同上，2 章 9 節，頁 76。
246 同上，2 章 9 節，頁 77。

進入靜心的祈禱，最終承蒙上帝的恩典，進入合心的祈禱。靈修的進程就是祈禱的進程，祈禱的進程就是我們的心靈更加通過祈禱接近上帝的進程。

在這種收心的祈禱中，仍然有我們主動的參與。但是，在靜心的祈禱中，我們的靈魂被帶進上帝的同在。這種祈禱的關鍵不是獨處住所之中，也不是閉目靜坐，這些都是外表性的。關鍵是我們在心靈深處聽到我們大牧者的笛聲，在祂的笛聲中，我們忘卻了世上一切的聲音，唯獨被祂的笛聲吸引。因此，這種安靜乃是靈魂被上帝的笛聲所吸引，因祂的大愛而悸動，甚至心醉魂迷。大德蘭描述說：「感官和外部的雜物都彷彿失去了它的地盤，而靈魂則漸漸地收復失地。人們說這時候靈魂漸漸反視收聽，明心見性，很多次更是翱翔在上。」[247]

人無法靠自己進入這種寧靜的祈禱，這種祈禱可以說是「不期然而至」：「往往在還沒有想天主以前，這些人已經在城堡之內了，我不知道他們是從什麼地方，或怎樣聽見牧人的聲音。聲音不是經過耳朵傳來的，因為什麼也沒聽到，卻感到一份向內的溫柔收斂。」[248] 因此，這種祈禱是上帝主動施恩賜給人的經歷。我們的預備就是要忘掉我們自己的喜樂和安慰，多想上帝的國度和榮耀。在這種境界中，人不再害怕受苦，深信如果是為上帝受苦，上帝也必賜給耐心忍受。如果我們是因著自己的罪惡受苦，更當謙卑認罪，尋求上帝的憐憫和赦免，而不是一味逃避苦難，更不會把責任都推到上帝或他人的身上。

---

247 大德蘭，《七寶樓台》，第四重住所，3 章 1 節，頁 79。
248 大德蘭，《靈心城堡》，第四重住所，3 章 3 節，頁 120。

10、靜心祈禱是放開理智,而不是放棄理智。這種靜心的祈禱既不是來自理智的思索,也不是出於個人的想像,而是上帝施恩召喚靈魂進入更深處。我們所能做的不是窮思推理,而是傾心留意,觀看上帝在人心靈深處的作為。

因此,大德蘭提醒說:「在此心靈的修行上,想得少,及不想多做什麼的人,反而修行得更好;我們必須做的是,如同有急需的窮人,在偉大又富裕的帝王面前懇求,雙目垂視,謙虛地等待。透過祕密的途徑,好似我們知道祂俯聽了我們,那時持守靜默是很好的,因為祂容許我們留在祂的近旁;這時我們不使勁運用理智並非壞事,我是說,如果我們還能運用理智時。然而,如果我們仍不知道,這位君王是否聽見或看見我們時,我們不要留守那裡做傻瓜,只要理智還能運作,靈魂仍有許多要做的事,如果她什麼都不做,會陷入更深的乾枯,由於使勁地不去想任何事,想像或許會更加擾亂不安。然而,天主要的是我們祈求祂,深思我們就在祂面前,祂知道什麼合適我們。」[249]

這就是說,只要我們還能思考,我們就當充分地運用我們的理智來思考。如果上帝賜給我們特別的恩賜,使得我們心醉神迷,那時我們已經在上帝的大愛中喪失了自己,當然也不會絞盡腦汁地去想什麼了。正如大德蘭進一步分析所指出的那樣,用力「什麼都不要想」,這種努力反倒會激發頭腦更多的思想或想像。因此,「既然天主賜給我們官能,讓我們用理智來工作,從中得到工作的報酬,我們沒有理由剝奪其權利,卻要讓理智善盡

---

249 大德蘭,《靈心城堡》,第四重住所,3 章 5 節,頁 121。

職務，一直到天主把它安置在更好的情況中」[250]。因此，此時我們需要做的並不是放棄理智的思考，而是「放開理智，整個人交付於愛的膀臂中，因為至尊陛下會教導靈魂，在那時，她必須做什麼」[251]。

11、從得救的信心到得救的確信。在第四重住所中，我們已經靠近上帝這萬福的泉源。在上帝的恩典之水的充沛澆灌之下，靈魂充滿了溫柔和舒展，靈魂的花園開始欣欣向榮。此時，我們的信德已經從微弱的初信初習時期的信德上升為得救的確信。所以，我們對於上帝的事奉不再出於那種奴隸似的懼怕之心，就是懼怕下地獄。此時此刻，我們的事奉也會變得「更加自由自在」[252]。

大德蘭認為，很多修道之人進入這樣的境界。在這樣的境界中，既有我們本性的活動，也有上帝超性的恩典。相比於前面的幾個樓層而言，魔鬼在這一樓層中對人的攻擊和危害也更大。此處大德蘭提出一個非常嚴肅的警告：「我鄭重地勸告她們，不要置身於犯罪的機會中，因為對於處於此境的靈魂，魔鬼設置更多的陷阱，遠超過許許多多上主沒有賜予這些恩惠的人。因為這樣的靈魂能加給魔鬼慘重的損害，帶領別人跟隨她，也可能帶給天主的教會極大的益處。即使魔鬼沒有其他的理由，單是看到至尊陛下對某人顯露特別的愛，就足以使魔鬼深感不安，而竭力破壞，置靈魂於喪亡之地。所以，這些靈魂遭受許多的戰鬥，如果

---

250 大德蘭，《靈心城堡》，第四重住所，3 章 6 節，頁 122。
251 同上，3 章 8 節，頁 123。
252 同上，3 章 9 節，頁 123。

她們喪亡了，她們會比別人更加無可救藥。」[253]

因此，我們必須警醒謹守，保持頭腦的冷靜。關鍵就是不要長期地沉浸在禱告之中，認爲自己內心經歷極大的喜樂和安慰，以至於影響到正常的生活，甚至損害到自己的身體健康。倘若如此，靈修之人很可能已經陷入幻覺之中，認爲自己見到異象，聽到聲音，等等。此時就當減少禱告的時間，從事一定的手工勞動，注重恢復正常的生活和身體的健康。大德蘭的建議非常直接：「上司該禁止這樣的修女做長期的祈禱，只准她們做很少的祈禱，並命令她們多睡覺，多吃飯，直到她們恢復正常爲止。」[254]

12、超然的經歷與被動的祈禱。總之，在這個階段，靈魂開始有超然的經歷，開始主動地專注於上帝本身，也開始經歷到被動的靜觀。達到這個境界的人，開始有一定的影響力，由內及外地散發出基督的香氣，也能夠在一定的程度上帶領和造就別人。

在第四重住所中，人要經歷感官的黑夜，上帝賜給暗夜大光，使得我們收斂心神，領受上帝的大光和智慧。這個階段的危機就是不能忍受被動的處境，有時操之過急，缺乏忍耐。此時，應當努力突破的就是要放棄自己的智慧，完全降服在上帝的大愛之中，完全信靠上帝的帶領和護理。當然，更加重要的還是順服上帝顯明的旨意，完成目前自己當做的工作，穩中求進，穩紮穩打，能思想就思想，不明白就是交託，如此仰賴上帝，必能繼續縱深。

---

253 大德蘭，《靈心城堡》，第四重住所，3 章 10 節，頁 124。
254 大德蘭，《七寶樓台》，第四重住所，3 章 13 節，頁 89。

六、第五重住所：與主結合——完全者

1、神祕性的結合與合心式的祈禱。 第五重住所開始經歷到神祕性的結合，開始進入合心式的祈禱，這重也是大德蘭重點描述的階段。在英文譯本中，第一重住所佔有 13 頁的篇幅，第二重住所 7 頁，第三重住所 12 頁，第四重住所陡然上升到 18 頁，第五重住所上升到 23 頁，而第六重住所則佔了 64 頁，第七重住所 17 頁，由篇幅可見大德蘭之側重的不同。在第五重住所中，靈魂與上帝開始相遇、墮入愛河，進入求婚階段，然後到第六重住所的訂婚、第七重住所的結婚。這個階段常出現的危機就是：不能忍受全然被動；需要的突破和目標是：在所有方面都向罪而死，完全接受上帝的帶領和轉化。

2、第五重住所與靈魂的中心點。 從第五層住所開始，包括第六和第七佳所，上帝做工的位置集中在幽深的領域內，就是我們靈魂的中央，那裡就是上帝的住所。上帝恩典的膏油開始滲透到人的靈魂本體的最深處，開始給人帶來深度的內在的生命轉化。正如十架約翰所指出的那樣：「靈魂的中心點是天主，當她按照其存有的所有能力，及其作用與傾向的力量，達到了天主時，她將會達到她在天主內最後與最深的中心點，她會以全部的能力、愛慕和享受天主。」[255]

3、第五重住所開始享有上帝真實的臨在。 很多人進入這層城堡，或者說大部分堅持靈修的基督徒都能進入這層城堡。但是，真正明白這層城堡的富裕、寶藏和愉悅的人則少之又少。在

---

[255] 十架約翰，《愛的火焰》，第一詩節，64 頁。

這層城堡內，人開始享有上帝真實的臨在，感受到自己與上帝的結合，在愛主愛人的聖德上達到成全。因此，在雅和博經學中，我們強調，愛主愛人不僅是解開整個聖經教訓的鑰匙，也是基督徒成聖生活當追求的最高目標，更是基督徒在其靈修境界當有的經歷。進入這層城堡的人，如同做夢一般，大德蘭描述說：「靈魂如同在睡覺，她無法確實認為自己在睡覺，也不覺得自己是清醒的。在這裡，一切都睡著了，真的沉睡於所有的世物和自己，因為，事實上，在結合的短暫彌留中，既沒有知覺，也無法思想，即使願意想也不成。在此無須運用技巧來吊銷思想。」[256]

4、**被動靜觀與上帝特別的保守**。在這個階段，開始進入被動靜觀的階段，是上帝主動地在我們的心靈中做工，靈魂只能被動地領受。因此，這個階段有上帝特別的保守，不像此前的各個階段一樣，多有魔鬼及其差役的攪擾，大德蘭把這些對我們糾纏不放的東西比喻成尾隨我們進入住所的「小壁虎」。她分析說：「在這裡，無論這些小壁虎多麼柔軟，牠們無法進入這第五重住所；因為想像、記憶和理智都不能阻礙這個美善。而且我敢肯定地說，如果真的是與天主結合，魔鬼不能進來，也無法絲毫為害，因為至尊陛下與靈魂的實質這麼地聯合和結合在一起，致使魔鬼不敢靠近，甚至也不可能知道這個祕密。這是很明顯的，人們說，魔鬼看不透我們的心思意念，更不用說獲知這麼祕密的事，因為天主甚至沒有將之交託給我們的思想。」[257]

5、**與主結合的標記是心靈的確信**。這種與主結合的真實的

---

[256] 大德蘭，《靈心城堡》，第五重住所，1 章 3 節，128 頁。
[257] 同上，1 章 5 節，129-130 頁。

標記是什麼呢?就是心靈的確信,因為此時肉體的感官和心靈的官能都已經停止。大德蘭描述說:「天主使這個靈魂如同呆子,對所有的事物癡呆,好能將智慧刻印給她。結合時,她看不見,聽不到,也不明白,時間常是很短促,靈魂甚至覺得,比實際的時間還短,天主親自置身於那個靈魂的深處,當靈魂返回己身時,她絕不會懷疑她在天主內,天主在她內。這個真理這麼確定無疑地存留在她內,即使經過多年,天主沒有再賜予那恩惠,這靈魂就不會忘記,也不會懷疑她在天主內,天主也在她內。」[258]

6、**內在生命大轉變的時間非常短暫**。這個與主相遇使人之生命發生點鐵成金、化水為酒、脫繭成蝶的大轉變的時間非常短促,大德蘭強調:「我認為這時間從未超過半個小時!」[259] 當時如此經歷的靈魂既看不見,也不明白,但後來卻能清楚地明白其中的真理,「因為存留在靈魂內的一份確信,這是只有天主能放入其內的」[260]。這種確信也是清教徒神學的精華,是上帝按照自己的美意而賜給人的一種強大的喜樂和安慰。當然,我們在靈修方面的工夫只能預備我們進入這樣的境界,但卻不能保證我們必然享有這樣的經歷。即使我們曾經享有這樣的經歷,也不能保證我們的確信始終在同一個水準。[261]

---

258 大德蘭,《靈心城堡》,第五重住所,1 章 9 節,頁 131。
259 同上,1 章 7 節,頁 135。
260 同上,1 章 9 節,頁 131。
261 參考 J. R. Beeke, *The Quest for Full Assurance: The Legacy of Calvin and His Successors* (Edinburgh: The Banner of Truth Trust, 1999)。另外參考《威斯敏斯德信條》18 章「論蒙恩得救的確信」,清教徒這種確信並不是信心的本質,因為很多人沒有達到這種確信,但仍然有真實的得救的信心。

7、合路階段的破繭化蝶式的生命轉化。在談及此處與主合而為一的經歷時，大德蘭採用了蠶蟲的比喻。蠶蟲本來只是小小的一粒種子狀的東西，孵化之後就開始吞食周圍的桑葉，長到一定程度就開始吐絲作繭，把自己封閉在其中。這只又大又醜的蠶蟲死了，破繭而出的是白色的蝴蝶，非常優美。蠶蛹將自己封閉在蠶繭中，等待化蝶振翅的時候的到來。基督徒的重生就像蠶種化為蠶蟲，基督徒在成聖方面的成熟就是蠶蟲不斷成長、作繭自縛、乃至最終脫繭化蝶的歷程。

在煉路與明路階段，基督徒修道者就像這小小的蠶蟲一樣，要不斷地吞食桑葉才能成長。這蠶繭就是蠶蟲的房子，大德蘭認為這房子就代表基督，因為我們的生命一定要隱藏在上帝裡，隱藏在基督裡，基督就是我們的生命：「因為你們已經死了，你們的生命與基督一同藏在上帝裡面。基督是我們的生命，他顯現的時候，你們也要與他一同顯現在榮耀裡。所以，要治死你們在地上的肢體，就如淫亂、污穢、邪情、惡慾，和貪婪（貪婪就與拜偶像一樣）。」（西 3:3-5）明路階段的終結就是對個人徹底的棄絕，就像蠶蟲變成蠶繭而死去一樣。突破明路階段，進入合路階段，就破繭化蝶，卓然飛升。

8、基督徒生命品格的成長與轉化。在煉路和明路階段，關鍵不是我們佔有什麼，而是充分運用上帝賜給我們的一切在美德和善行上長進，也就是在我們的品格上不斷成熟，日積月累，必從漸進的量變達到質變的飛躍。

因此，在基督徒成長的過程中，關鍵不是我們對物質財富的擁有的增加，也不是我們在教會和社會中地位的上升，關鍵是我們自己的生命品格有沒有成長。如果我們的品格在效法基督上大

有成長，那怕是曾經經過的苦難都是化妝的祝福；如果我們的品格明顯沒有長進，哪怕是極大的祝福也成為可怕的咒詛！因此，大德蘭強調，基督徒當通過悔改、靈閱、聽道、默想等屬靈的良藥來醫治自己因為冷淡、犯罪、背道而受傷的靈魂，「培育自己，直到長大成人，這才是我們認為最合適的，其餘的則無關緊要」²⁶²。

更重要的是，當基督徒靈修人在第五層住所中如此脫繭化蝶的時候，他所經歷的是來自上帝親自動工的生命改變，這種改變使得人的心靈在道德性情上開始變得與上帝相似。因此，大德蘭感歎說：「啊！多麼令人渴慕的結合！獲得的靈魂是多麼有福！她會在今世過著安寧的生活，來世亦然；因為世上發生的事，沒有什麼能使她憂愁，除非她發現自己處於失去天主的危險中，或看到天主被冒犯；不是生活，不是貧窮，也不是死亡，除非死去的人是天主教會需要的人；這個靈魂清楚地明白，天主知道做什麼更好，遠超過靈魂所渴望的。」²⁶³

9、深刻的平安與更深刻的痛苦。 在這層住所中，靈魂經歷內在的深刻的平安，但這並不意味著不再經歷任何痛苦。恰恰相反，此時人所經歷的痛苦也更加深刻，因為這個時候心靈所經歷的痛苦擺脫了感官的蠱惑，純粹成為心靈的痛苦。大德蘭分析說：「每一次祈禱，她都有這痛苦。在某方面，這個至極的痛苦來自看見天主被冒犯，且在世上不受敬重，許多的靈魂喪亡，如異教徒和回教徒；最使她傷痛的是基督徒，儘管她看見天主大慈

---

262 大德蘭，《靈心城堡》，第五重住所，2 章 3 節，頁 134。
263 同上，3 章 3 節，頁 141。

大悲，無論他們的生活如何惡劣，仍能回頭改過與得救；她害怕的是許多人會下地獄。」[264]

此處基督徒修行者經歷的是心靈的牽掛。大德蘭甚至描述說：這種痛苦如此達到肺腑深處，「彷彿要碾碎靈魂，把她碾成碎片」[265]。這種痛苦「是這麼的忍無可忍，她寧可死掉，而不願忍受這痛苦」[266]。大德蘭甚至相信，耶穌經常目睹人們嚴重地冒犯祂的天父，「這些痛苦遠遠超過祂的至聖苦難」[267]。在此大德蘭的解釋幫助我理解耶穌基督為什麼在客西馬尼園裡「甚是憂傷，幾乎要死」（太 26:38）。

這種憂傷絕不是耶穌自憐性的痛苦，而是因為祂親眼見到人們對上帝的冒犯和蔑視，正如耶穌基督自己所表達的那樣：「耶路撒冷啊，耶路撒冷啊，你常殺害先知，又用石頭打死那奉差遣到你這裡來的人。我多次願意聚集你的兒女，好像母雞把小雞聚集在翅膀底下，只是你們不願意。看哪，你們的家成為荒場留給你們。我告訴你們，從今以後，你們不得再見我，直等到你們說：『奉主名來的是應當稱頌的。』」（太 23:37-39）耶穌在此看到這麼多人冒犯上帝，走向地獄，發出了摧心裂腹的痛苦之聲！基督徒一旦達到這樣的境界，就不會為自己得救與否擔心，此時他所擔心的是別人的靈魂。

10、深刻地認識到自己在基督徒德行上的欠缺。之所以很少有人達到這種結合的境界，乃是因為人心中還有很多蟲子，就像

---

264 大德蘭，《靈心城堡》，第五重住所，2 章 10 節，頁 137。
265 同上，2 章 11 節，頁 138。
266 同上，2 章 13 節，頁 139。
267 同上，2 章 14 節，頁 139。

那咬死約拿所愛的蓖麻的蟲子一樣，把人的德行都咬死了！大德蘭指出：「這些蟲子就是自愛、自我重視、判斷近人，即使在很小的事上，對近人沒有愛德，沒有愛他們如同愛自己；即使為了不犯過，我們拖拖拉拉地盡本分，但這在達到與天主的旨意完全結合上，我們還差得很遠。」[268]

因此，我們不能達到這樣的境界，不能妄議上帝的主權和作為，只能省察我們自身的欠缺，從自身找原因。大德蘭在此自省說：「我告訴你們，當我正在寫這事時，滿懷痛苦地看見自己離得這麼遠，而且全是我的過錯。」[269] 此時大德蘭已經在靈命上達到了很高的境界，但她仍然自覺地清楚地看到自己的差距和不足。我有一位同工，曾經兩個星期之久禁食禱告，他結束後給我發來的信息表明他一直在省察別人的罪，絲毫沒有意識到自己的罪！我真的是為他感到傷痛，即使長期的禁食也不一定能破除人的自義和自欺！

大德蘭深知人性的敗壞和自欺，明確指出：「魔鬼的狡猾手段很是高明，牠會傾注全地獄的力量，讓我們自認為有某種德行，其實並沒有。而牠是對的，因為是很大的傷害，這些虛偽的德行，總是伴隨著虛榮，就是從這個惡根來的；正如來自天主的德行，既沒有虛榮，也沒有驕傲。」[270] 這就是大德蘭的寶貴之處，她沒有妄稱自己停留在什麼高超的境界，而是始終誠實地面對自己！可惜，我們很多基督徒認為自己已經因信稱義，就可以

---

268 大德蘭，《靈心城堡》，第五重住所，3 章 6 節，頁 142。
269 同上，3 章 7 節，頁 142。
270 同上，3 章 9 節，頁 143。

高枕無憂了！

11、密契神學與遵守上帝的律法。大德蘭的優勝之處就是在她所提倡的深刻密契主義的教訓中，時時回到上帝的律法和耶穌基督的教訓。她強調：「在我們的修道生活中，上主只向我們要求兩件事：愛至尊陛下和我們的近人，這是我們必須努力的工作。成全地履行這兩件事，就是實行祂的旨意，這樣，我們就是與祂結合。」[271] 我們的救主和師尊耶穌基督對於律法的教訓的總結就是這兩件事，並且強調這樣愛主愛人乃是「律法和先知一切道理的總綱」（太 22:40）。

更深刻的是，大德蘭明確指出：「我們是否履行這兩件事，最確實的標記在於好好地愛近人；因為愛不愛天主，我們不得而知，雖然有大記號讓我們懂得愛天主；[272] 不過，愛近人是能夠知道的。而且很確定的是，你們看自己在愛近人上越進步，在愛天主上也會越進步；因為至尊陛下對我們的愛這麼大，為了賞報我們對近人的愛，祂會以成千的方式來增加我們對祂的愛。」[273] 當然，我們對近人鄰舍的愛最終還是依靠我們所領受的上帝對我們的愛，所以大德蘭明確指出：「由於我們的本性不好，如果不是來自天主的愛，以之為根基，我們無法達到成全地愛近人。」[274]

大德蘭對境界的描述雖然有些神祕，但她指導人們當走的靈修道路卻是實實在在、有規可循的。在雅和博經學中，我們強調

271　大德蘭，《靈心城堡》，第五住所，3 章 7 節，頁 142-143。
272　此處的「大記號」在英文譯著中為 strong indications，是指比較明顯的標記，表明我們是否愛上帝。
273　大德蘭，《靈心城堡》，第五重住所，3 章 8 節，頁 143。
274　同上，3 章 9 節，頁 143。

意志修部分的關鍵就是甘心樂意地降服在上帝的律法之下，按照上帝的律法的精神來愛主愛人，正像主耶穌基督所教訓和示範的那樣。對於清教徒而言，「要效法基督，榮耀上帝，並以上帝為樂，上帝擺放在他的子民面前的並不是模糊不清的指南。相反，上帝已經使達成目的的蒙恩之道非常清楚。祂已經賜下祂的聖言，作為信心和行動的唯一標準。上帝的律法的功用就是幫助信徒成就他的人生目的的」[275]。因此，大德蘭強調，在基督徒的靈修生活中，「我們的安全在於服從和不偏離天主的法律」[276]。

這是非常深刻的洞見，是今日基督教內部很多宣導靈修的人所忽略的。密契神學一旦脫離上帝顯明的律法，就會走向異教的神祕主義，失去來自上帝的保護和疆界。這樣的密契神學和操練，若不及時悔改，甚至隨時都有可能走向邪教，在金錢、權力和兩性關係上陷入罪惡的領域。

12、密契主義與現實生活的和諧。大德蘭雖然是教會內外聞名的密契主義者，但她所主張的密契生活並不是異教中所主張的不食人間煙火的東西。相反，大德蘭注重的是上帝的律法、人當盡的責任、當去做的工作、當培養的美德。因此，這就註定了大德蘭的靈修神學非常平衡，非常實際，切實可行。

毫無疑問，與主結合，並不排除我們現實生活中的責任和工作。針對那些愁眉苦臉、刻意尋找屬靈感覺的人，大德蘭發出振聾發聵的大喊：「上主要的是工作！」[277]「遇有機會時，努力承擔

---

[275] Joel R. Beeke & Michael P. V. Barrett, *A Radical Call to Holiness* (Ross-shire, Great Britain, 2021), p. 179.
[276] 大德蘭，《靈心城堡》，第五重住所，3 章 2 節，頁 140。
[277] 同上，3 章 11 節，頁 143。

勞苦工作，以減輕近人的負擔」[278]。大德蘭強調，不管我們覺得自己與上帝的關係如何，「如果不愛近人，我們都會迷失的」[279]。如果看到別的同道患病，就當採取實際的行動，減輕對方的痛苦。甚至為對方守齋禁食，為對方節省飯食。這種非常具體的同理同情之舉，乃是「真正的與祂的旨意結合，如果你看見一個人受讚美，而你因之歡喜萬分，好像是自己受讚美。真實的，這是容易做到的，因為如果有謙虛的話，看到自己受讚美，反而會覺得難受。然而，若修女們的德行被展揚，因之而來的欣喜是極好的；如果看見她們有些過失，我們要感受到如同自己犯過一樣，且要為她掩飾過錯」[280]。

當然，這絕不是在大是大非的問題上藏汙納垢，互相包庇，而是在主內本著真理和愛心互相指正，彼此成全，而不是刻意曝光，糾纏不放，非把對方搞倒搞臭不可。今日很多教會內部，弟兄姐妹之間的關係空前膚淺。即使在牧師和長老之間，彼此關係上也往往是缺乏信任，一見到對方的過錯，就容易大動干戈，甚至互相指責，彼此定罪。在今日網路時代更是如此，許多基督徒在社交媒體上隨意攻擊牧者，攻擊其他基督徒。這些醜陋現象都是因為缺乏靈修以及靈修所帶來的愛德的緣故。當然，更深層的原因就是，在今日大多數教會中，牧者和弟兄姐妹之間已經喪失了主耶穌基督所釋放的那種彼此亦師亦友、彼此相愛，甚至為對方捨命的傳承。這是我們需要反省、悔改和恢復的。

---

278 大德蘭，《靈心城堡》，第五重住所，3 章 12 節，頁 145。
279 同上，3 章 12 節，頁 145。
280 同上，3 章 11 節，頁 144。

13、第五重住所與極大的爭戰。這個階段的核心是與上帝相遇相識,然後進入第六層住所的訂婚階段。因此,我們不能僅僅停留在這個階段,單單以享受心靈的安慰為滿足,更不能以享受世上的愉悅為滿足,而是當像鴿子一樣繼續向更高的境遇飛翔。凡是經過這個階段的爭戰,進入下一個階段的人,都會成為上帝重用的器皿。因此,這個階段的基督徒會遭遇極大的爭戰,必須做好充分的心理準備。大德蘭指出:「魔鬼必會聯合整個地獄來對付他們。」[281]

任何禁地,都不能完全禁止魔鬼的作為;任何曠野,都不能使人徹底隔絕魔鬼的攪擾,即使在耶穌基督的身邊,彼得也曾受到魔鬼的誘惑和利用,猶大也被魔鬼驅使走上賣主求利之路。因此,在這層住所,我們要特別保持警醒,堅持行善,培養美德,正如大德蘭所提醒的那樣:「首先,我們必須常常通過禱告來祈求上帝保守我們,常常深思如果上帝離棄我們,我們馬上就會墮入深淵,化為烏有。我們絕不可信任自己,因為這樣做是非常愚蠢的。其次,我們行事為人要特別小心謹慎,留意觀察我們在美德的操練上到底進度如何,特別是在彼此相愛上,有沒有把自己視為姐妹中最小一個,在完成日常的工作方面到底如何。」[282]

14、第五重住所與意志的結合。在第五重住所中,我們開始與上帝聯合,就是意志的結合。此時此刻,靈魂如同女人,遇到了如意郎君,墜入愛河,朝思暮想。從第四重住所到第五重住所,需要一個大的躍進。

---

281 大德蘭,《靈心城堡》,第五重住所,4 章 6 節。
282 同上,4 章 9 節,這段引文非常重要,筆者特別對照中英文譯本給出新的翻譯。

此處的關鍵就是我們在所有方面都當向世界而死，忍受住熊熊如火之愛的煎熬，勝過種種不能被動忍耐的危機，完全把自己交託在上帝的慈愛和工作之下，以信德和服從保持忠心，等待上帝所定的訂婚和結婚的盛日來臨，進入與主合一的更深切的密契。人的獨特之處在於人有認知的能力，這種認知的能力是以我們意志的自由為前提的。倘若我們沒有意志的自由，我們所謂的認知的能力就是被動的，甚至是機械的，沒有任何創意和豐富可言。但是，上帝不僅賜給我們認知的能力，也賜給我們一定確實的意志的自由。靈修的最後的戰場是在意志領域中。

要降服我們的意志，不僅需要心意更新，更是需要付諸行動，堅持不懈，最後養成習慣，這樣我們的意志不僅僅是一次性地順服上帝，而是習慣性地自發性地順服上帝。因此，在靈修學上始終強調：播下一種思想，收穫一種行為；播下一種行為，收穫一種習慣；播下一種習慣，收穫一種性格；播下一種性格，收穫一種命運。此處我們所提倡的三路靈修從思維修開始，經過情感修，最終落實在意志修上。意志修的過程本身就是從思想到行為，從行為到習慣，從習慣到性格，從性格到命運的過程。

七、第六重住所：內在聽覺——完全者

1、從神祕結合到神祕轉化。 第六重住所所經歷的是神祕性結合與轉化性結合之間的過渡，是靈魂從漫漫黑夜到得見燦爛光明之前的拂曉階段。在第六重住所內，我們的心靈經歷格外的痛苦和悲壯。這種痛苦就是來自上帝的愛的創傷，這種悲壯就是在痛苦中傳道救靈的艱辛。

大德蘭在其《靈心城堡》中用了將近三分之一的篇幅來描述

這一靈命的境界，可見其重要性和複雜性。在第六重住所中，靈修者經歷與上帝的訂婚，開始明瞭關於上帝的事情，認識上帝的威嚴，此時個人的靈魂與上帝如同兩支蠟燭的火焰，可以結合，也可以分開。在這個階段的人，不再經歷特別的危機，只是被動地領受上帝的光照和帶領。第四個階段修道者被上帝的大愛「吸引」，第五個階段在上帝的大愛中「入睡」，第六個階段是在上帝的大愛中「被提」，第七個階段乃是在上帝的大愛中經歷深度的「合一」。

2、靈魂與上帝的訂婚。靈魂與上帝訂婚發生在這層住所之中。在第五重住所中，靈魂與上帝彼此相見。在這個階段，因為渴望與上帝親近而焦灼，而受傷，正如大德蘭所描述的那樣：「在這裡，靈魂已經由於淨配的愛而受傷，努力爭取更多的時間獨自一人，按照她的情況，除掉所有這獨居的一切。……靈魂已經下定決心，她不要別的配偶；但是聖淨配卻不看靈魂對訂婚的至極渴望，因為祂要靈魂更加渴望，且為此訂婚好好地付出代價，這是個極大的恩惠。」[283] 此處的「淨配」是指靈魂的良人，也就是主耶穌基督。

在第六層住所中，人的身心受到的煎熬最為激烈，唯有經過這一層徹底的煉淨，我們才能達致第七層住所強調的人神結合的化境。因此，第六重住所就是深入淨化與邁向完美結合的階段。因此，即使在合路階段，我們的靈魂仍有需要煉淨的地方，此處

---

283 大德蘭，《靈心城堡》，第六重住所，1 章 1 節，頁 151。

的煉淨已經從意識轉向潛意識,對付的不是我們肉體中存在的罪欲惡行,而是原罪和本罪在我們心靈深處最深入而隱藏的污染與扭曲。此處的對付確實是深入靈魂深處,深入意識深處,直接除掉我們深處盤根錯節的罪根毒根本身。

3、**靈魂經歷刻骨銘心的痛苦**。在此境界,靈魂已經化蝶飛翔。讓自己自由地去愛!不論說話、傾聽、受苦,一切的一切,都與耶穌基督和三一上帝同在。但是,這並不意味著這個階段就沒有痛苦。恰恰相反,這個階段人的靈魂要經歷更深的刻骨銘心的痛苦。大德蘭描述說:「好似這個痛苦達及靈魂的極深處,但創傷她的那一位拔出靈魂深處的箭矢時,她真的認為,按照靈魂所受的這份深情摯愛,好似要拔出靈魂的極深處要跟隨祂。」[284]

當然,這種痛苦是愛的痛苦,大德蘭稱之為「愉悅的痛苦」(delightful pain, loving pain),是上帝愛的火星碰觸到人的靈魂。[285] 在這種愉悅的痛苦中,靈魂仍然享有寧靜和甜蜜,「通常都會使靈魂決心為天主受苦,渴望承受很多的艱苦磨難,也非常決心地離棄世上的滿足和交往,及其他類似的事」[286]。只有達到這個階段的靈魂,才會甘心樂意地捨棄世上的一切,尤其是在財物方面。

4、**靈魂聽到來自上帝的聲音**。在這個階段,靈魂會聽到來自上帝的聲音。但我們必須分辨,有的聲音是來自上帝,有的是來自魔鬼,有的是出於我們自己的想像,有的是出於別人的暗示。即使是來自上帝的聲音,我們也不要因此而盲目激動,正

---

284 大德蘭,《靈心城堡》,第六重住所,2 章 4 節,頁 160。
285 Teresa of Avila, *The Inner Castle*,第六重住所,2 章 4 節,p. 117.
286 大德蘭,《靈心城堡》,第六重住所,2 章 6 節,頁 161。

如大德蘭所強調的那樣：「即使來自天主的神諭，你們不要以為自己因此就更好，因為祂常常和法利賽人談話，所有的好處來自如何從這些話語中獲益；若是聽到從魔鬼來的話語，你們不要去注意，對於那些不是非常符合聖經的話語，你們更不要留意；即使是來自我們虛弱的想像，也必須視之為信德的誘惑，時時予以拒斥；這樣，它們就會消除，因為它們對你們的影響力會變得很小。」[287]

因此，在這個階段，關鍵不是在內心深處聽到什麼聲音，而是謙卑、忠心地按照上帝已經啟示的聖言去行。否則，我們就會一心追逐靈異的虛無縹緲的聲音和經歷，以此自誇，放鬆警惕，不知不覺就陷入魔鬼的網羅之中。大德蘭把神諭分為三種，一是清楚的能用耳朵聽得見的話語；二是清楚的，但不是用身體的耳朵聽得見的話語；三是沒有清楚的話語，就像在天堂，沒有說話，但靈魂仍有理解。大德蘭描述第三種神諭說：「上主把祂要靈魂知道的事，放進靈魂內的極深處，在那裡，祂使靈魂獲知此事，而沒有形象或清楚的話語。」[288] 第三種神諭是最安全的，也是最常見最有幫助的。

我自己深信，上帝常常賜給我第三種神諭，使我在心靈深處知道明白某些關乎上帝和聖經的真理，也知道上帝在這個時代對於教會和社會的一些心意。當時的感覺就是豁然貫通，內心一片敞亮，平常祈禱、閱讀和思考的一些東西忽然連結起來，並且有新的亮光和發現。在大學中，作碩士論文或寫博士論文的時候，

---

287 大德蘭，《靈心城堡》，第六重住所，3章4節，頁163。
288 大德蘭，《自傳》，27章6節，頁238。

要絞盡腦汁尋找新的發現。但在上帝的光照下，新的發現和領受真的是像泉水一樣自然而然地噴湧出來，常常使我不能自已，遂筆之於書，相信能夠造就到弟兄姐妹。

有的朋友不了解，就指責我不該寫這麼多的書，應當集中精力打磨一本書，使之成為傳世名作。其實，這麼多年來，我自己沒有刻意寫任何書，只是在讀經讀典、祈禱傳道時有很多亮光，自己就記錄下來，然後再不斷推敲整理，就形成我已經出版和正在寫作的書籍。願一切亮光和榮耀都歸給上帝！對於書籍中的不足甚至錯謬之處，我願意承擔一切責任。

5、分辨上帝的神諭的三大識別性標記。 在第六層住所，關鍵是在心靈深處聆聽上帝的聲音，就是用靈魂的耳朵清楚地聽到來自上帝的聖言。因此，如何分辨是來自上帝的神諭就非常重要。

大德蘭提出三大識別性標記：第一個標記是最真確的標記，就是隨之而來的力量和權威，凡是真正來自上帝的話語必然伴隨有改變生命的力量。那在黑暗和枯乾中行走的靈魂，聽到來自上帝的話：「不要憂愁！」她馬上就平靜下來，愁苦全消，內心充滿光明，這種力量和果效就顯明這確實是來自上帝的話語。第二個標記就是靈魂內部得到深度的寧靜，使人敬虔、安靜地收斂好心神，準備好讚美上帝。第三個標記就是，這些話語歷久不衰地停留在記憶之中，並且使人產生特定的確信：「她得到一個像這樣的極大的確信，即使有時在那些看來非常不可能的事上，事情會不會發生尚且存疑，有時理智也躊躇不決，但在這個靈魂內卻有著無法被駁倒的確信，即使事務都與理智所獲悉的相違背，幾年過去了，這想法也揮之不去，深信天主會找到人們不知道的其

他方法,末了,這些話都會應驗,事實就是如此。」[289]

當然,越是來自上帝的話語,越是能夠榮耀上帝、造福靈魂的事,也越會遇到很大的困難,也越是會受到魔鬼的百般攪擾。因此,我們要始終保持謙卑,不要輕舉妄動,要多方查證,並且等待時機,凡是來自上帝的異象必要成就,不要魯莽地獻上自己的凡火,反倒為上帝所不悅納。這是我們必須警醒的。

上帝帶領我把以清教徒神學為經典代表的改革宗神學、英美保守主義與中國傳統文化結合起來,建立以經學研究、靈修操練和牧靈宣教為三大核心的雅和博研修院,在社會上推動「三化異象」(民族福音化,教會國度化,文化基督化),在個人方面推動「三路心禱」(煉路、明路與合路),在家庭方面推動「三愛歸正」(夫妻之愛、父母對子女之愛,子女對父母之愛),在教會生活中推動「三源合流」(教理派與純正教義,敬虔派與內在生活,文化派與文化轉化)。

這是在人看來是匪夷所思、不可能成就的事。但是,上帝賜給我極大的確信,使我一步一步地前行,不僅要在若干地方開設神學講座和研修中心,並且不斷出版各種直接闡釋雅和博經學理念的書籍,使越來越多主內的朋友從中獲益,願意參與上帝的這一聖工。接下來,我們要更多地在華人世界及全世界範圍內推動「雅和博聖約研修院」的建立。這就是來自上帝的話語和感動,是上帝在我心靈深處賜給我的,願榮耀歸給祂。

6、更加深刻地認識到自己的罪惡與不配。另外,大德蘭提到一個非常重要的憑據,這種內心的憑據是至關重要的:「如果

---

289 大德蘭,《靈心城堡》,第六重住所,3 章 7 節,頁 165。

話語是來自上帝的恩惠與安慰，靈魂要留心觀看，是否因此而自認為比別人更好；如果是安慰的話語大量出現，靈魂卻沒有更加覺得謙卑，她要相信，這不是出於天主的靈。非常明確的一件事就是，但這靈真的是出於上帝的時候，靈魂就會更少高看自己；上帝賜給的恩寵越大，靈魂就會越是體察到自己的罪，更加忘記自己的獲益，她的意志和記憶會更多地用於唯獨尋求上帝的尊榮，更加不再思慮自己的利益，行事為人也會更有敬畏之心，免得自己在任何事情上有所偏離，並且更加確信自己不配得這些恩寵，只該下地獄。」[290] 大德蘭在此處的描述和分析是何等地犀利啊！如果基督徒能夠如此保持警醒，必不至於為一些膚淺的預言、虛假的異象而沾沾自喜，四處招搖了！不管我們個人的經歷如何，關鍵還是美德和善工，否則我們所誇口的各種神蹟奇事不過是自欺欺人而已。

7、靈魂與上帝訂婚的神奇經歷。 既然在第六層住所乃是靈魂與上帝訂婚的階段，當然如何訂婚是非常重要的。我們應用大德蘭自己的話：「至尊陛下賜給靈魂出神，吸引她離開自己的感官，因為如果她還存在感官之中，看見自己如此地靠近這麼偉大的至尊陛下，她是不可能倖存的。」[291]

此處大德蘭所說的「出神」（rapture, ecstasy, or transport）就是聖經描述彼得和保羅的神祕體驗時所用的詞「魂遊象外」（徒10:10；22:17）。有時這種出神並非發生在祈禱之中，而是想到或聽到上帝的話語，受到觸動，「好似至尊陛下從靈魂的深處，

---

290 大德蘭，《靈心城堡》，第六重住所，3章17節，頁168，此段根據英譯本重譯。

291 同上，4章2節，頁170。

使我們說的這個火花增強，祂充滿同情，看到靈魂因她的渴望而受苦這麼久，因此受到感動，一切都燃燒起來，靈魂好似鳳凰重生，充滿熱心，靈魂能相信她的罪過全被寬恕了」[292]。

這種出神的經歷完全是上帝的工作，大德蘭描述說：「上主奪取靈魂，現在我們說，就像雲朵凝聚大地的水氣，提拔靈魂完全離開自己。雲朵上升到天上，把靈魂帶走，開始顯示給他，上主為他準備的王國內的事物。」[293] 大德蘭還從身體的變化方面描述了這種出神的經歷：「身體變得這麼輕，失去了全身的重量。有時候，這個感覺竟然達到如此地步，我幾乎不曉得怎樣把腳放在地面上。但身體處在出神中，身體好像是死了一般，常是什麼也不能做。他一直保持出神時被攝住的姿態，無論是坐著或站著，手是張開的、或是緊握的，雖然有時感官失去知覺（有時發生於我，我完全失去知覺），這種情況極少發生，而且只發生在很短的時間。不過，通常靈魂是失去方向的。即使他不能做什麼外面的事，他並沒有失去理解，他所聽見的彷彿來自遠方。……在那時，他看不見、聽不到，也感受不到。」[294]

不論怎麼解釋，這個體驗都是神祕的，是保羅所講的「是人不可說的」的神祕經歷（林後 12:4）。因此，大德蘭最後強調說：「上主使之與祂結合，再次，除了上主和靈魂，誰都不明白，甚至連靈魂也不懂後來要怎樣解說，雖然並非沒有內在的感覺；因為這不是昏迷或突發病，使人失去內、外的知覺。」[295] 雖然似乎

---

292 大德蘭，《靈心城堡》，第六重住所，4 章 3 節，頁 170-171。
293 大德蘭，《自傳》，20 章 2 節，頁 179。
294 同上，20 章 18 節，頁 185-186。
295 大德蘭，《靈心城堡》，第六重住所，4 章 3 節，頁 171。

喪失了感官的感覺和心靈的知覺，但是，大德蘭又指出：「在這情況中，靈魂對天主的事從來沒有這麼清醒，對至尊陛下也不會有這麼大的光明和認識。」[296]

此處人所獲得是來自上帝的直接光照，即使人的語言無從述說清楚，這種經歷和所得也會深刻地鐫刻在靈魂深處，使人無法忘記，正如雅各夢見天梯那樣：「雅各睡醒了，説：『耶和華眞在這裡，我竟不知道！』就懼怕，説：『這地方何等可畏！這不是別的，乃是上帝的殿，也是天的門。』」（創 28:16-17）

這種經歷都關涉到上帝隱祕的事，我們不需要完全用理性來理解和解釋，但絕不要排除這樣的神祕經歷的眞實性和造就性。更加重要的是，這樣神祕的經歷會急劇地改變我們的生命，使得我們更加追求聖潔，更加效法耶穌基督，更加渴慕上帝的眞道，正如耶穌基督的顯現使得追殺基督徒的掃羅變成了爲基督殉道的保羅一樣。

8、直接地親身經歷上帝的美善。在這層住所，靈魂對於上帝的美善有直接的親身經歷。正是因爲這種經歷，我們才能徹底放棄對於各種違背上帝律法的低級趣味的貪戀和追逐，我們能夠輕看這個世界上一切攔阻我們與上帝同行的所謂榮華富貴的虛妄，我們甚至能夠甘心樂意地爲主捨命殉道。

因此，大德蘭對於這個境界的經歷感歎說：「啊！世上的一切是多大的譏諷！如果不帶領和說明我們達到這個目的（與主結合），即使世上的愉悅、富裕和享樂永久存留，無論能想像出來的有多少，比起我們要永無窮盡享受的這些寶藏，全是噁心和齷

---

[296] 大德蘭，《靈心城堡》，第六重住所，4 章 4 節，頁 171。

靚的東西！而比起擁有我們的上主，甚至連這些寶藏都不算什麼，因為祂是上天下地所有寶藏的主。」[297]「啊！當靈魂完全返回己身時，她是多麼羞愧，又是多麼強烈至極地渴望，願專心致志於天主，無論天主要她以什麼方式服事！……這靈魂會渴望擁有一千個生命，好能完全用來為天主效命，渴望塵世的萬有都化為唇舌，幫她讚美天主。……因為懷著強烈的愛，靈魂覺得無論做了多少都沒什麼，也清楚地看出來，殉道者忍受酷刑，他們不是做了什麼大事，因為有了來自我們上主的幫助，受苦是容易的。所以，當她們沒有機會受什麼苦時，這些靈魂會向至尊陛下抱怨」[298]。

沒有這種內在的喜樂和滿足，我們就不能正確地面對外在的苦難和挑戰。只有到了這樣的以上帝為樂的境界，基督徒才會甘心樂意地為主受苦，為義受逼迫。耶穌在登山寶訓中如此教訓門徒：「為義受逼迫的人有福了！因為天國是他們的。『人若因我辱罵你們，逼迫你們，捏造各樣壞話毀謗你們，你們就有福了！應當歡喜快樂，因為你們在天上的賞賜是大的。在你們以前的先知，人也是這樣逼迫他們。』」（太 5:10-12）

各種各樣的「興盛福音」，強調基督徒在經濟上的興盛、身體上的醫治，雖然在教義神學上有其膚淺和錯謬之處，但最終的關鍵還是缺乏生命的經歷和崇高的境界。那些不願意為主受苦的人，就不要奢望與主一同得榮耀；那些沒有在內室中通過靈修而得享上帝大愛的人，也不會甘心樂意地為主受苦。可見，基督徒

---

297 大德蘭，《靈心城堡》，第六重住所，4 章 3 節，頁 171。
298 同上，4 章 15 節，頁 176。

內在生命的操練是何其地重要！如果我們不能通過靜觀心禱的操練在內心深處得生，不管我們的感覺如何，不管外在的興盛如何，我們都是失敗的！

9、第六重住所與心靈的飛翔。在這個住所中，大德蘭還特別談及「心靈的飛翔」（flight of the spirit）。這種心靈的飛翔在本質上也是和前面所提及的出神或魂遊象外一樣，但給人的內在的感覺很不一樣。

在這種經歷中，「非常突然地，靈魂感受到這麼急速的動作，以一種恐怖至極的速度，好像奪走心靈」[299]。大德蘭進一步描述說：「心靈好似真的離開身體，但另一方面，顯然地，這個人並沒有死；至少她不能說，某些瞬間是否在或不在身體內。她認為，自己已完全處於另一個領域，和我們生活的區域大不相同，在那裡，顯示給她的是另一種光，這麼不同於世上的光，及其他的事物，也不可能辦到。事情這樣發生，一瞬間，這麼多事物全都教給她，如果憑她的想像和思想，用許多年來整理，也理不出其中的千分之一。這不是理智的神見，而是想像的，因為用靈魂的眼睛觀看，比起在世上用肉眼看，還要清楚得多，而且對某些事物的理解，是沒有話語的；我是說，好比看見某些聖人，就像非常深交似的熟識他們。」[300]

大德蘭在其《自傳》中如此描述這種經歷：「這個飛翔是賜給心靈的，使之可以提升超越所有的受造物，最重要的是超越

---

299 大德蘭，《靈心城堡》，第六重住所，5 章 1 節，頁 177。
300 同上，5 章 7 節，頁 179。

自己。這個飛翔是平靜的飛翔，愉悅而不喧嘩。」[301] 這種靈魂飛翔的經歷極大地影響到人的生命，大德蘭描述說：「當她恢復知覺，重返己身時，她發現有了這麼大的收穫，也這麼輕看所有的世物，與她所看見的相較之下，世物形同垃圾。從此之後，她生活在世相當痛苦，那些她時常視為好的世物，已看不到有什麼好的，也不再看重它們。好像上主願意稍微顯示那將要去的地方，如同以色列子民派使者到福地帶回信物一般，好使她能承受這麼艱難路途上的困苦，知道必須前往何處去尋獲安息。儘管是這麼瞬間即逝的事，你們不覺得獲益很多，但留在靈魂內的益處是這麼大，只有親身經歷過的人，才會明白其價值。」[302]

這種經歷給人帶來三大益處，首先就是認識到上帝的崇高偉大，其次就是認識到自身的卑微，第三就是認為世上的一切一文不值，除非用來服事這樣偉大的上帝。[303] 這種經歷當然是神祕的，是上帝按照祂自己的美意賜給人的，沒有任何人配得，也沒有任何人能夠求得。大德蘭在談及她的靈修經歷時最大程度地高舉了上帝的主權和恩典。當然，嚴格說來，這種經歷本身也不屬於理論辯駁的領域，因為對於有這種經歷的人而言，不需要別人說服；對於沒有這種經歷的人，別人如何講說也是不明白。

10、第六重住所中靈魂的掙扎。在這個住所中，出神的經歷是經常不斷的，即使在公開的場合也是如此。這就使得各種各樣

---

301 大德蘭，《自傳》，20 章 21 節，頁 188-189。
302 大德蘭，《靈心城堡》，第六重住所，5 章 9 節，頁 180。
303 同上，5 章 10 節，頁 180。

的流言蜚語接踵而來。但是，不管在外部遭遇多少人的攻擊和誤解，靈魂深處仍然深感安全，特別是當人和上帝獨處的時候。

此時，靈魂面臨兩大折磨，一是擔心自己上了魔鬼的當，因而冒犯他深愛的上帝。其次就是儘管他定志不犯任何罪，但仍然看到自己免不了犯許多無意的小罪。因此，靈魂深處還有掙扎，一方面渴慕躲開人群，羨慕那些居住並且生活在曠野的人，一方面又希望自己能夠進入世界，說服他人認識和讚美上帝。至此，大德蘭由衷地發出感歎，她就像奧古斯丁寫《懺悔錄》時一樣，經常在寫作過程中不由自主地沉浸到祈禱和讚美之中：「啊！可憐的小蝴蝶，受縛於這麼多的鎖鏈，不讓你飛往想去的地方！我的天主！憐憫她吧！請整頓秩序，使她對祢榮耀和讚美的渴望，多少得以滿全。不要在意她的不堪當和卑下的本性。上主，祢具有大能，使大海及約旦河倒流，讓以色列民走過。祢不要可憐她，有了祢強有力的幫助，她能夠承受許多的磨難；她已經決心這麼做，也渴望忍受它們。上主，請伸出祢大能的手臂，不要使她的一生消磨在這麼卑賤的事物上。讓祢的宏偉彰顯在這麼女子又卑劣的東西上，好讓世界知道，什麼都不是她的，因而讚美頌揚祢，無論要付出怎樣的代價，她渴望的是這個，給出一千條生命——如果她有這麼多——致使有一個靈魂因她的緣故，多讚美天主一些；她認為那是非常善度生命的，也明白全部的真理是，連最微小的一個磨難，她都不配為祢受，更何況是為祢而死。」[304]

因此，在第六重住所中，靈魂最常感受到的痛苦就是：想到自己已經得到這麼多的恩惠，也徹悟到上帝的宏偉和尊嚴，

---

304 大德蘭，《靈心城堡》，第六重住所，6 章 4 節，頁 183。

但自己有時仍有失誤和犯罪！大德蘭用形象的語言描述說：「這些恩惠的來到，好像流量很大的江河，適時湧來；這些罪過就好像一灘爛泥，經常活現在記憶中，而且是超大的十字架。」[305] 謙卑感恩，願意為主受苦，願意傳道救靈，乃是此時靈魂最重要的特徵。

11、關鍵是在愛主愛人的美德上長進。雖然此時基督徒在靈修上已經進入很精深的階段，但我們無需消極地等待神蹟奇事，更不需要刻意地追求神祕經歷，關鍵還是要在愛主愛人的愛德上勇猛精進。

因此，大德蘭勸告說：「我們曉得的道路是，必須藉著誡命和福音勸諭來取悅天主，我們要很勤快地走在這條路上，默想祂的一生和死亡，及我們虧欠許多；當上主願意時，其餘的自會來到。」[306] 因此，在基督徒的靈修中，特別是在靈修的高級階段，更要注意遵守上帝的誡命和福音的訓誨，注重律法和福音的平衡，也要多多默想耶穌基督的生平，特別是祂的死亡和復活。這一切所行都是我們當盡的責任，也是我們能夠做到的。大德蘭強調在這個階段默想耶穌基督受苦的奧蹟，因為在第六和第七重住所中，耶穌基督更是靈魂的嚮導：「如果失去了嚮導，亦即好耶穌，她們上不了正路。」[307]「生命漫長，一生的困苦很多，我們必須注視著我們的典範基督，看祂怎樣忍受痛苦」[308]。

因此，靈修之路切忌自我高舉，不要試圖尋找方便法門，更

---

305 大德蘭，《靈心城堡》，第六重住所，7 章 2 節，頁 188。
306 同上，7 章 9 節，頁 191。
307 同上，7 章 6 節，頁 190。
308 同上，7 章 13 節，頁 193。

不要刻意尋求神蹟奇事，正如大德蘭所告誡的那樣：「人必須自由地行走這條道路，把自己放在天主的手中。如果至尊陛下願意提拔我們，成為祂的密友，並分享祂的祕密，我們該欣然接受；如果不是，我們就該以謙卑的工作服事，而不要坐在上座。」[309] 否則，我們就是癩蛤蟆想吃天鵝肉！大德蘭用這個風趣的比喻說：「以為癩蛤蟆應該期待，隨時願意時，就能自己飛起來，這是個多古怪的信念啊！」[310] 哈哈！閱讀大德蘭的作品，特別是讀到她所用的詼諧的比喻，真是讓人發出會心的微笑。

12、經歷到耶穌基督的同在和陪伴。當然，在第六重住所，我們就會經歷到耶穌基督的同在和陪伴。大德蘭指出：「會有這樣的事發生，當靈魂沒有料想自己得以蒙受這個恩惠，也不認為堪當時，她感到，好像我們的主耶穌基督就在旁邊，雖然看不到祂，無論是肉身或靈魂的眼睛都看不見。此即所謂的理智神見。」[311]

當然，這種理智上的得見上帝並不是始終存在的，在大德蘭身上，有時延續好多天，有時甚至超過一年。在這種得見上帝中，大德蘭並沒有看見面孔，而是聽到主對她說話。她確實知道，對她說話的就是耶穌基督，這絕不是一時的空想或幻想，更不是來自撒但的欺騙，因為這種神見給人的靈魂帶來極大的內在的益處和效果，就是使人更加認識上帝，認識耶穌基督，同時也使人更加謙卑，更加自覺自願地愛主愛人，並且這種神見也帶給

---

309 大德蘭，《自傳》，22章12節，頁203-204。
310 同上，22章13節，頁203。
311 大德蘭，《靈心城堡》，第六重住所，8章2節，頁195。

人很大的內在的平安,這是魔鬼所無法做到的。大德蘭記載,有一日,「在祈禱之中,我看見,或更好說,我感到基督就在我身邊;用我身體的眼睛、或用我的靈魂,我什麼也沒有看見,而是我覺得基督就在我身邊,我看見那是他,我認為,他正在對我說話。……這不是一個想像的看見,我沒有看到任何形狀。然而我非常清楚地感受到,祂經常在我的右邊,而且是我做每件事的見證者。只要我稍微收心、或沒有過於分心,我無不察覺祂就在我身邊。」[312]

因此,大德蘭說:「在靈魂獲益方面,這神見是最大的恩惠,也是極有價值的。靈魂感謝天主,因為她不堪蒙受這樣的賜予,也沒有什麼世上的財寶或愉悅,她願意拿來交換的。所以,當上主樂意取走這神見時,她感到非常孤單;再者,想要挽回那個陪伴的所有可能努力,也沒什麼用;上主在祂願意時賜予,人不能憑己力獲取。」[313] 這種神見是上帝賜給人的特殊的恩惠,「由於這些恩惠並非賜給所有的人,應該非常珍視,也要努力做更多的服事,因為天主用這麼多的方式來對我們說明。所以,**靈魂不可因此而自視過高**,反而要認為她對天主的服事,比不上世上所有的人。因為**靈魂覺得,她比誰都更應該事奉天主,無論犯了什麼過錯,都會使她痛徹肺腑。**」[314] 此時,人的靈魂就會更多地擺脫犯罪所導致的心靈的剛硬和麻木,更多地為自己的罪痛苦,當然也為別人對上帝的冒犯感到痛苦。

---

312 大德蘭,《自傳》,27 章 2 節,頁 235-236。
313 大德蘭,《靈心城堡》,第六重住所,8 章 5 節,頁 197。
314 同上,8 章 6 節,頁 197。

13、理智的神見、想像的神見與肉體的神見。談完這種「理智的神見」（intellectual vision），大德蘭又談及「想像的神見」（imaginative vision）。這種想像的神見當然不是指人靠著自己的想像而出現的，而是特指人用自己內在想像力看見的耶穌基督的顯現。大德蘭的界定就是：「當我們的上主樂意更恩待這個靈魂時，清楚地以祂願意的方式，顯示給靈魂祂的至聖人性，無論是生活在世時，或復活之後的祂；雖然這麼快速，我們能比喻為一道閃電，這個榮福畫面深刻地刻畫在想像內。」[315]

大德蘭解釋說，此處所說的「畫面」不是指看起來像是圖畫，而是活生生的主出現在想像內，有時對靈魂說話，甚至也顯示給她很大的祕密。之所以比喻為「一道閃電」，是因為這種經歷停留的時間通常非常短暫，因為人無法長期承受這樣的神見。另外，這種神見也是「令人驚懼」的，大德蘭描述說：「因為那是最美麗和愉悅的，遠超過一個人所能想像的，即使耗盡千年，費力設想，也辦不到（因為這遠超越我們的想像和理解），祂的臨在這麼至極尊威，致使靈魂萬分驚懼。」[316] 使徒保羅當初的經歷就是如此（徒 9:3-4）。

當然，大德蘭並不鼓勵人主動地尋求這樣的經歷，因為真正謙卑的人不會尋求這樣的經歷，他們深知這種經歷是自己不配得的，而對於那些不謙卑的人而言，他們絕不會蒙受這樣的賜予，「因為賜下這些恩惠之前，上主先賜給人很深的自我認識。那麼，若真的明白上主極其恩待她，沒有把她放入地獄中，這人

---

315 大德蘭，《靈心城堡》，第六重住所，9 章 3 節，頁 201。
316 同上，9 章 5 節，頁 201。

又怎能有像這樣的想望呢？」[317] 那些真正蒙恩的人，「不會惦念著有否得到更多恩惠，而是記掛著怎樣為所得的恩惠效勞」[318]。即使這種想像的神見，最後所促成的也是人對上帝和自身的認識以及由此而生發的美德：謙卑！謙卑是上帝最喜愛的美德，原因就在於：「天主是至高的真理，而謙虛就是行走在真理中，除了可憐和虛無，沒有什麼好東西是我們的，此乃非常崇高的真理；凡不明此理者，即是行走在謊言中。至於明白這事的人，也越取悅至高的真理，因為他們行走在真理中。」[319]

因此，任何一個有志於靈修的人，都應當向上帝祈求這樣的恩惠，就是使我們絕不離開這樣的自我認識，謙卑地看待自己和所擁有的一切。大德蘭把神見分為三種，由高到低就是理智的神見、想像的神見和肉體的神見，大德蘭總結說：「理智的神見比想像的神見更完善，而想像的神見，則遠比用身體的眼睛看到的神見完善得多。……肉身的神見是最低層次的，魔鬼能從中導致更多的錯覺。」[320] 感謝上帝，賜給我更多的是理智的神見，我也常常在想像的神見中感受到上帝的同在。

14、第六重住所中靈魂的孤寂與痛苦。最後，大德蘭談及在第六重住所中靈魂所經歷的極大的痛苦。既然靈魂已經如此高深，如此地經歷上帝的恩惠，為什麼還會在這樣崇高的境界中經歷極大的痛苦呢？大德蘭認為，原因就在於「她越來越認清天主的崇偉，又看見自己這麼遠離和不得享受天主，她的渴望也增

---

317 大德蘭，《靈心城堡》，第六重住所，9 章 15 節，頁 205。
318 同上，9 章 16 節，頁 206。
319 同上，10 章 7 節，頁 210。
320 大德蘭，《自傳》，28 章 4 節，頁 246。

加得越多；因為，越揭示給靈魂，這位偉大的天主上主多麼值得愛，此時愛也會隨之增加。」[321]

這種痛苦發生在靈魂的深處，並且這種痛苦遠超過肉身的痛苦。在這種痛苦中，靈魂感受到的是「奇異的孤寂」，因為「世上所有的受造物都不能陪伴她，天上的一切，除了所愛的祂以外，我也不相信有什麼能作伴的，相反的，一切都折磨靈魂。再者，她看見自己彷彿是被懸掛起來的人，既不能穩立於地上的事物，又不能登上天；被這個乾渴燃燒起來，卻不能獲得水；這渴是忍無可忍的，而且已經到了這樣的地步，什麼都除不掉這個渴，靈魂也不願除掉。」[322] 只有上帝親自賜給的活水才能滿足這樣的飢渴，任何來自受造物的喜樂和安慰都不足以使得此時的靈魂擺脫這種乾渴。

上帝之所以讓人經歷這樣大的痛苦，乃是為了淨化人的靈魂，使人進入第七重住所。值得注意的是，真正處於第六重住所的人，並不會因為這種痛苦而怨天尤人，相反，「靈魂感到這個痛苦是這麼寶貴，她清楚明白自己的不堪當；然而，這樣的感覺絲毫也不減少痛苦，卻使靈魂甘心樂意忍受此苦，如果天主因而受服事，她也願畢生受盡一切的苦；雖然不是一次就致命，卻是經常的捨生，這真的是不亞於殉道。」[323] 因此，真正的靈修必然需要殉道士的精神，而殉道士的精神必須有內在生命的操練。這種內在生命的操練要比面對外在的政治的逼迫、物質的匱乏與身

---

321 大德蘭，《靈心城堡》，第六重住所，11 章 1 節，頁 210。
322 同上，11 章 5 節，頁 212。
323 同上，11 章 6 節，頁 213。

體的疾病更令人感到煎熬，因為後者我們可以向別人訴說，與別人一同承擔，而在內在的生命操練中，我們卻是獨自一人走向上帝，獨自一人面對人生的痛苦和煎熬。

當然，靈魂深處這樣劇烈的痛苦，不可能持續時間很長，大德蘭認為：「最多三或四個小時，因為如果時間拖長，若非奇蹟出現，虛弱的本性不可能承受得了。」[324] 這種痛苦給人的靈魂帶來極其珍貴的效果，使人不再懼怕世上的任何痛苦，因為這些痛苦與靈魂所經歷的這種深度痛苦相比實在算不了什麼。因此，大德蘭總結說：「所得的益處是這樣的，她樂於時常受此痛苦。然而她也不能那樣做，絕對不行，也毫無辦法重來受苦，得等到上主願意才可以，就像當痛苦來到，既不能抗拒，也不能除去。這使得靈魂極其輕看世俗，遠超過從前，因為她看到，在那個痛苦中，世物毫無用處，也使她更加極度地超脫受造物，因為她已看出來，那能安慰和滿足她靈魂者，唯有造物主，也會懷著更大的敬畏和留神，不要得罪天主，因為她明白，天主不只能安慰人，也能使人受苦。」[325] 大德蘭認為，這種痛苦甚至會使人死亡。

另外一種會使人在靈修路上死亡的危險就是「過分洋溢的歡樂和愉悅，那是在這麼崇高無比的極致中，真的彷彿靈魂昏迷，幾乎不差半點就會脫離肉身」[326]。主啊，我心裡渴慕在這樣的極樂中離開肉身和世界，雖然我知道我完全不配得這樣的恩惠！唯願我的靈陶醉在祢的大愛中，完全追隨祢而去！「我的良人哪，求

---

324 大德蘭，《靈心城堡》，第六重住所，11 章 8 節，頁 214。
325 同上，11 章 10 節，頁 214-215。
326 同上，11 章 11 節，頁 215。

你快來！如羚羊或小鹿在香草山上」（歌 8:14）。當然，我也願意喝祢所賜給我的苦杯，到我本不願意去的地方，唯願祢的旨意在我身上成就！

15、第六重住所中的結合像兩支蠟燭的火焰的交匯。在第六重住所中，靈魂經歷與至尊至美至愛的良人的訂婚，她常常經歷那種魂遊象外的出神經歷，真切地認識上帝和天國之事。只有達到第六重住所的人，才能開始深度地品嘗到主恩主愛的滋味的純粹，大多數基督徒對於恩典的滋味只是停留在偶爾聽聞、淺嘗則止的地步。

此時的結合如同兩支蠟燭的火焰，可以結合在一起，也可以分開。只有到了第七重住所，此時的結合才是永不分離的，就像雨水落進大海、曙光照進窗戶所達成的那種合一一樣。此處靈魂經歷心靈的暗夜，極大的痛苦。上帝用這樣的暗夜來培育聖人和使徒，他觸摸人的心神和官能，將其淨化充實。這種淨化來自上帝的大光，這種充實來自上帝的大愛。唯獨在上帝的大光大愛之中，靈魂的幽暗和孤獨的問題才能得到徹底的解決。上帝把我們置於幽暗之中，置於孤獨之中，祂的目的就是讓我們徹底尋求祂的同在和安慰。這種擺脫幽暗與孤獨，在第七重住所的經歷中才會達到完全。

上帝在一切事上保守進入這種境界的人，賜給靈魂特別的力量和保守，哪怕他們遭受迫害和流言，上帝依舊使他們始終處於祂的大愛之中。不管有多少外在的物質的逼迫，不管有多少他人的誤解和攻擊，只要我們親自在靈魂深處品嘗到上帝的大愛，我們就始終是滿足的，始終是喜樂的，始終能夠勇敢地前行，始終能夠靠著主的恩典站立得穩。哪怕我們一時並沒有感到多大的安慰和喜樂，我們需要做的就是把自己完全交託給上帝，在靜默中

堅韌不拔，加強望德，必能得見上帝的同在和基督的顯現。上帝所興起的人是任何人都無法抵擋的，上帝賜給人的大光能夠驅散周圍一切的黑暗。

八、第七重住所：全然平安——完全者

1、第七重住所與轉化性的結合。 在第七重住所中，靈魂開始經歷到轉化性的結合。只有在第七重住所中，我們才會深度地經歷與耶穌一同復活，生命得到極大的改變，甚至在道德屬性上變得和上帝一樣聖潔，就像純淨燃燒的木炭變得和火一樣熾熱。因此，這個階段才是真正的轉化性的階段。

通常我們抱怨基督徒的生命沒有發生改變，就是因為我們並沒有通過長期的靈修而進入第七重住所，沒有真正經歷上帝那種改變整個生命的大能。此時此處，我們對於上帝的愛情達到高度的內在化和深度化。耶穌基督不僅是我們的朋友，更是我們的良人。中世紀伯納德分享說：「確有一個地方，我們能夠在寧靜的安息中得見上帝，在那裡上帝既不是審判官，也不是教師，而是新郎。對於我而言——因為我不為別人說話——我確實有時榮幸進入這個內室。啊！這樣的時候何其罕見，這樣的停留何其短暫！在那裡人清楚地認識到：『耶和華的慈愛歸於敬畏他的人，從亙古到永遠』（詩103:17）。」[327]

在這種境界中，我們不再怕死，不再怕苦，也不再自私，而是完全與主契合，甚至能夠和保羅那樣充滿信心地宣告：「我活

---

[327] 伯納雅歌講道23篇，Quoted from Bernard McGinn, *Christian Mysticism*, p. 33.

著就是基督。」（腓 1:21）怕死就沒有尊嚴，怕死就無法維權，怕死就不能勇敢地見證耶穌基督恩惠的福音！這個階段，不是沒有暴風驟雨，但靈魂仍然直接與上帝結合，時時充滿平安，她時時得見主的同在，並且全神貫注於主，陶醉其中，達到了物我兩忘的境界，轉化成一個把自己完全獻上，完全投入耶穌基督的大使命的人。只有在這樣的境界中，靈魂才能完全以基督的心為心，具有極大的發自內心的悲憫，能夠在世上那些受苦、受迫害的人身上，得見耶穌的痛苦和呼召，能夠「多受基督的苦楚，就靠基督多得安慰」（林後 1:5）。

因此，在第七重住所的靈修者，痛苦與快樂交集——與上帝聯合時，靈魂非常快樂；靈魂離開上帝時極度痛苦。三位一體的上帝向靈魂啟示自己，人在這種「屬靈的婚姻」、「完美的結合」中與上帝全然聯合，永不能分開，就是雨水落進河流，曙光照進屋中。在第七重住所的經歷中，人在知情意方面的功能在其運作上要比過往正常狀態更好，人在服事他人的能量、渴望和能力上都達到新的高峰。

2、個人靈魂與上帝的直接結合。在第七重住所中靈魂直接經歷到「神婚」或「靈婚」（the spiritual marriage），就是個人靈魂和上帝的直接結合，這種結合乃是世上一切神祕主義的精華。[328] 在理解這個神婚的時候，我們應當唯慎唯微，甚至恐懼戰兢，不要隨意測度，更不要肆意論斷，因為此處涉及上帝與靈魂最深的結合和奧祕，當然也涉及到我們心靈經歷中最幽微、敏

---

328 參考林語堂，《中國印度之智慧》，上冊（南京：鳳凰出版傳媒有限公司，2014 年），頁 3。

感、寶貴、崇高之地。

因此,大德蘭在向修女們談及這種經歷時以祈禱的心情說:「修女們,我希望祂賜給我這個恩惠,不是為了我,而是為了妳們,為使妳們明白,不要阻止淨配和妳們的靈魂歡慶神婚,這對妳們是多麼重要,因為這會帶來這麼多的福分,如妳們所看見的。偉大的天主啊!像我這麼可憐的一個受造物,彷彿打著哆嗦,談論的是這麼陌生的事,是我不堪獲知的。事實上,我甚覺心慚意亂,忖度著,是否寥寥數語結束此一住所,這麼做會更好;因為我認為,人家會認為我是從經驗獲知的,致使我羞愧地無地從容,因為,我很清楚自己的真相,那是很可怕的事。另一方面,我則視之為誘惑和軟弱,儘管你們投來多於這些的評斷。願天主獲得更多些的稱讚和理解,讓全世界都向我吆喝吧!更何況當你們看到我寫的這些時,說不定我已經死了。願現今及將來永遠活著的祂受讚美,阿們。」[329]

清教徒強調,牧師的講道應當是將死之人對將死之人的說話,應當格外地嚴肅真誠,因為不管是牧師還是聽眾,隨時都會面對死亡。當我們面對至高上帝與心靈共處契合的第七重居所時,更是需要極端的嚴肅和真誠之心,因為我們進入的是上帝的至聖所,上帝是大而可畏、輕慢不得的。

3、**靈魂的聖所與上帝的住所**。上帝與靈魂達成神婚的地方就在這第七重住所。在完成神婚之前,上帝首先帶領靈魂進入上帝的住所。大德蘭認為,在天上有上帝的住所,在靈魂裡也有上

---

[329] 大德蘭,《靈心城堡》,第七重住所,1 章 2 節,頁 216。

帝的住所，這是「另一個天堂」[330]！

對於抗議宗基督徒而言，特別是具有改革宗神學背景的人，我們經常強調的是人心的全然敗壞，想到的是「人心比萬物都詭詐，壞到極處，誰能識透呢」（耶17:9）。但是，我們卻常常忽略了聖經另外的教訓：「豈不知你們的身子就是聖靈的殿嗎？這聖靈是從上帝而來，住在你們裡頭的。」（林前6:19）我們的身體就是聖靈的殿堂，我們的心中具有上帝的至聖所，上帝已經把祂的律法刻在了我們的心版上，這是何等偉大的啟示和奧祕啊！

此時此刻，我感到十分地羞愧！身為基督徒，我們對於上帝在個人靈魂中的居所太忽視了！我們習慣了從事各種各樣的外在事工，習慣了用頭腦苦思冥想，但唯獨我們心靈的內室卻成了荒場，唯獨我們心靈的聖所卻從未照料，唯獨我們自己的心靈的葡萄園卻沒有看守（歌1:6）！我們習慣於向外尋找上帝，卻忽略了向內的尋求！我們一心期盼的是耶穌基督肉身的再來，或者自己很快被提，脫離世上的災難，但卻不知道耶穌基督已經通過聖靈降臨在我們的心中！「我要求父，父就另外賜給你們一位保惠師，叫他永遠與你們同在，就是真理的聖靈，乃世人不能接受的；因為不見他，也不認識他。你們卻認識他，因他常與你們同在，也要在你們裡面。我不撇下你們為孤兒，我必到你們這裡來」（約14:16-18）。

正是因為這種忽略，我們所謂的基督徒的生活變得空前地膚淺和混亂，因為我們缺乏通過親近上帝才具有的那種謙卑和滿足，當然也缺乏來自上帝賜福的那種勝過世界的信心和力量！目

---

[330] 大德蘭，《靈心城堡》，第七重住所，1章3節，頁217。

前基督徒普遍處於比較悲觀和低沉的狀態，比較明顯的原因就是不願遵行上帝的律法，當然也不願進行深度的靈修。沒有真誠的順服和深刻的靈修，這樣的基督徒始終處於軟弱不堪、悲觀失望的地步，無法經歷上帝賜給的更大的祝福，活不出在基督裡本有的更加豐富和榮美的生命。

4、救靈的心志與使徒的精神。 對於這種不明白真理，不能通過深度靈修而經歷上帝的人，大德蘭有一個非常形象、凜然難忘的比喻：「設想一下，如果我們看見一名基督徒，雙手被牢固的鎖鏈反綁，又拴在一根柱子上，餓得快死了，不是由於缺少食物，因為他的身旁設有佳餚珍饌，而是由於他做不到，不能把食物送到口裡，甚至他還懷著極大的厭惡，眼看著就要斷氣而死，這不是如同現世的死，而是永遠的死。若舉目注視著他，又不給他東西吃，這豈不是殘酷至極嗎？」[331]

如果我們通過禱告和傳講，能夠幫助他們鬆開鎖鏈，得享自由，難道我們不願意為他們禱告，不願意通過各種形式向他們傳講全備的真道嗎？真正的信徒必然是真正的門徒，真正的門徒必然是真正的聖徒，真正的聖徒也必然是真正的使徒，真正的使徒就是通過深刻的禱告和全備的傳道而與上帝一同拯救世界的人！如果我們沒有這樣的大愛大悲之志，只是一心想著自己的享受和得救，就不配稱為真正的基督聖徒！

因此，保羅明確宣告他對於自己的同胞具有這樣的心志：「我在基督裡說真話，並不謊言，有我良心被聖靈感動，給我作見證：我是大有憂愁，心裡時常傷痛；為我弟兄，我骨肉之親，

---

331 大德蘭，《靈心城堡》，第七重住所，1章4節，頁218。

就是自己被咒詛，與基督分離，我也願意。」（羅 9:1-3）保羅向外邦人也是如此：「我傳福音原沒有可誇的，因為我是不得已的。若不傳福音，我便有禍了。」（林前 9:16）因此，真正進入第七重住所的人，必然具有傳道救靈的心志，具有使徒的精神和使命。

5、最深刻的神祕與最清晰的認識。在第七重住所中發生的神婚的經歷不同於此前各樣的出神。在出神的經歷中，雖然上帝也使靈魂和自己結合，但卻使靈魂眼盲和口啞，不知道自己所享受到的恩惠到底是什麼，「因為在那時，靈魂所感受的極大的愉悅，是看見自己很靠近天主」[332]。

在這種靠近中，靈魂並沒有進入上帝所在的中心。但在第七重住所的結合中，卻是不同的方式，大德蘭描述說：「現在我們的好天主希望除掉靈魂雙眼的鱗片，使她看見並理解一些所賜予的恩惠，雖然是以一種奇特的方式；當靈魂被帶進那個住所，經由理智的神見，經由某種的方式呈現出真理，至聖聖三三位完全顯示給靈魂，首先臨於心靈的是一片灼然焚燒，就像一朵至極明亮的雲，這三位顯然不同，但透過賜給靈魂的一個極美妙的認識，她徹悟了至高的真理，即聖三三位是一個實體，一個能力，一個智識，是唯一的天主；就像這樣，我們經由信德把握的，在這裡，我們能說，靈魂的了悟是經由看見，雖然不是用身體或靈魂的眼睛，因為不是想像的神見。在這裡，聖三三位全部通傳給靈魂，對她說話，說明上主在福音中說的那些話：祂與聖父及聖

---

332 大德蘭，《靈心城堡》，第七重住所，1 章 4 節，頁 218。

神,要居住在那愛祂並遵守祂誡命的靈魂裡。」[333]

此處最深的認識絕對是對三位一體上帝的認識,這不是目前教會中那些膚淺的高喊「以耶穌基督為中心」的人所能理解和接受的。但這卻是耶穌基督本身所應許的:「耶穌回答說:『人若愛我,就必遵守我的道;我父也必愛他,並且我們要到他那裡去,與他同住。不愛我的人就不遵守我的道。你們所聽見的道不是我的,乃是差我來之父的道。』」(約 14:23-24)在我們的救主耶穌基督所宣講的真道中,祂所強調的始終是父的差派和旨意。那些經過基督的救贖而來到父面前的人,是和等地有福啊!那些真正愛上帝並遵守上帝的誡命的人,是何等地有福啊!

終極而言,雅和博聖約經學最終所提倡的不是教義的體系,而是這種與主相愛相契的境界。我們所提倡的靈修學就是由本體到境界,由工夫到境界的指南。這一切都是圍繞心靈的境界而展開的,心靈的境界的終極就是與上帝合一,這種合一首先體現在通過信心與基督達成的合一上。進入這種境界的預備和極致就是愛慕上帝,並且遵守上帝的誡命,正如保羅所強調的那樣:「律法是我們訓蒙的師傅,引我們到基督那裡,使我們因信稱義。」(加 3:24)

幾千年來,無數基督徒沒有愛主愛人之心,更不遵守上帝的誡命,當然也沒有通過深刻的靈修而與上帝相愛相契,卻為了教義表述上的統一而互相定罪,甚至刀兵相見,互相殺戮,實在是極大的對聖經啟示和耶穌基督的教訓的誤解和羞辱!雅和博經學秉承聖經啟示和歷代大公教會的精神,強調基督徒在核心性的基

---

[333] 大德蘭,《靈心城堡》,第七重住所,1 章 6 節,頁 219。

要教義上要同心合意（unity），在非核心性的教義上要求同存異（diversity），更重要的是在學習、靈修和各樣的事工上都要遵守耶穌基督所吩咐的愛主愛人的教訓（charity）。

6、最深切的密契與最自覺的清醒。 在第七重住所中，靈魂雖然享受與上帝密契的關係，但這絕不意味著人的靈魂變得魂不守舍，六神無主，舉止失措，從而忽略自己當盡的本分。大德蘭強調，「恰恰相反，在所有服事天主的事上，靈魂比從前更加靈敏，在沒有工作本分時，她和那愉悅的伴侶相守，而如果靈魂不辜負天主，天主必會賜給靈魂這麼清楚地認出祂的臨在，她有很大的醒來，相信天主既賜給她這個恩惠，就不會讓她失去；她可以這樣想，雖然如此，她懷有前所未有的留神，不在任何事上使天主不悅」[334]。

當然，這種臨在並不像耶穌基督第一次道成肉身降臨在世界時那樣明顯清晰，但靈魂確實感受到她的伴侶的同在。更重要的是，達到這個住所的人，「無論面臨多少磨難和事務，她靈魂的本質部分，一直不動地留守在那個房間裡，致使就某個方面而言，好像她的靈魂是分區的」[335]。此時大德蘭強調靈魂的統一性以及靈與魂的不同：「雖然我們知道靈魂全然合一，但我說的不是一時的空想，而是很平常的事。因此我說，人們看見內在的事，像是這樣的，她確實知道，在靈魂和心靈之間有某些的不同，也辨識得出來，雖然兩者是合一的。辨識出這麼靈巧的一個區分，有時好似兩者有不一樣的作用，就像天主願意賜給兩者的風味也

---

334 大德蘭，《靈心城堡》，第七重住所，1章8節，頁220。
335 同上，1章11節，頁220-221。

不同。我也認為,靈魂和官能也有所不同,並非完全相同的。」[336]

我們在此前已經指明靈魂本身的統一性,以及靈與魂之間功用上的不同。在本書中,我們把人之內在本質的主體性和統一性稱之為靈魂、靈或心靈,而其所具有的知情意的作用或功能則是魂的方面。靈修的祕訣就是辨識靈與魂之間細微的不同之處,確保主體性之靈的不變性,同時確知經歷性之魂的可變性。如此所達到的效果有二,首先就是保持主體性之靈的獨立性和清醒性,使其不受魂之各種感受的影響;其次,就是確保主體性之靈的主動性和目的性,從而更好地發揮魂之功用,並且不斷清除和避免環境和他人對魂的各種污染和不良影響。

7、相似性的合一、生命性的合一與使命性的合一。在第七重住所當分清「靈的合一」(spiritual union,中文譯本翻譯為「心靈的合一」)與「神婚」(spiritual marriage,也可譯為「靈婚」)之間的不同。這種靈的合一是第六重住所上帝與靈魂訂婚時所發生的經歷,而神婚這是在第七重住所特有的經歷。這種神婚的本質是理智的神見,雖然大德蘭本身也經歷了想像的神見,但她特別強調的仍然是理智的神見:「在此沒有對肉身的記憶,而只有心靈,就像靈魂不在肉身內似的,在神婚中,(對肉身的記憶)更是少之又少,因為這個神祕的結合,是在靈魂非常內在的靈心深處經歷的,天主必定是在那裡,而我認為,不必有進入其中的門。⋯⋯上主顯現在靈魂的這個中心處,不是以想像的神見,而是以理智的神見呈現。」[337]

---

336 大德蘭,《靈心城堡》,第七重住所,1 章 6 節,頁 219。
337 同上,2 章 3 節,頁 222。

在這種理智的神見中，上帝使人在一霎那間瞥見天堂的無限榮美，靈魂感受到的是至極的崇高的喜樂，那種卓絕的方式遠勝過人的心靈中所經歷的任何神見和安慰。大德蘭用形象比喻來說明這種神婚，並且指明了這種神婚與此前所經歷的靈的合一的不同：訂婚時的結合能夠分開，各自獨立，而神婚時的結合則是「在那靈心深處，靈魂經常和她的天主相守。我們說，這結合（譯按，指神訂婚）彷彿兩支蠟燭的結合，達到如此的極致，燭光合而為一，或說燭心、燭光和蠟都合成一體；不過，後來很容易能彼此分開，還是兩支蠟燭，或說兩個燭心。這裡則像是天空的雨水落入江河或泉源裡，在那裡全都是水，已經無法區分，也分不開什麼是河流的水，什麼是天上落下的雨水；或者像一條小溪流入海洋，無法再分離；或像在有兩個窗子的房間，強光從兩個窗子照射進來；雖然分別照射進來，卻結合成同一的光」[338]。這就是使徒保羅所說的，「與主聯合的，便是與主成為一靈」（林前6:17）。

這種至高無上的結婚，就是至高上帝與靈魂的結合。保羅又強調說：「因我活著就是基督，我死了就有益處。」（腓1:21）大德蘭指出：「就是在這裡，我們說的小蝴蝶死了，而且懷著至極的喜悅，因為她的生命已經成為基督。」[339] 大德蘭甚至認為，這種結合「斷絕靈魂內所有屬肉身的一切，使她們成為純靈，使靈魂能加入這個天上的結合，即和非受造之靈的合一，這是非常確實的，當我們倒空自己內所有的受造物，又為了愛天主而全然超

---

338 大德蘭，《靈心城堡》，第七重住所，2章4節，頁223。
339 同上，2章5節，頁223。

脫，上主必會以祂自己來裝滿靈魂」[340]。這就是主耶穌基督為門徒所祈禱的：「我不但為這些人祈求，也為那些因他們的話信我的人祈求，使他們都合而為一。正如你父在我裡面，我在你裡面，使他們也在我們裡面，叫世人可以信你差了我來。你所賜給我的榮耀，我已賜給他們，使他們合而為一，像我們合而為一。我在他們裡面，你在我裡面，使他們完完全全地合而為一，叫世人知道你差了我來，也知道你愛他們如同愛我一樣。」（約17:20-23）

當然，此處的合一絕不是本體性或本質性的合一，乃是指在三大方面的合一：首先是相似性的合一——在道德性情上的相似；其次是關係性的合一——在位格性關係上的密契；最後是使命性的合一——完全以成就上帝的旨意為自己人生的使命。人與人之間的合一也是如此，一開始的合一總是人以類聚、物以群分的相似性的吸引與合一，這是人與人之間相遇相知的開始；然後逐步達成生命性的合一，是指人與人之間在現實生活中的交流與親密，這種合一也是關係性的合一；最高的合一乃是使命性的合一，就是因為品格的相似、生命的相契而走向使命上的聯合，同舟共濟，生死與共，成為天路歷程、靈魂聖戰的「同路人」。

8、從理性修、情感修到意志修的深入。在這個階段，任何受造之物都不能拿走靈魂的平安，靈魂也對於自己的得救達到了全然的確信。當然，這並不是說我們可以從此就有恃無恐、毫無張力了。實際上，人的心靈中還會經歷一定的掙扎和痛苦。大德蘭表示，此時靈魂最大的痛苦就是：「看到她能做的這麼少，應

---

340 大德蘭，《靈心城堡》，第七重住所，2章7節，頁224。

該做的卻這麼多，這不是小小的十字架。」[341]

因此，靈魂在這個住所中享有任何受造之物都不能動搖的平安，同時在其他的住所內，仍然有爭戰、磨難和勞累。所以，靈魂既處在格外的平安之中，也經歷各種的磨難和痛苦。大德蘭比喻說：「國王居住在其王宮裡，在他的國內有許多戰爭，也有很多痛苦的事，但他不會因此就不在他的職位上；這裡亦然，雖然在其他的住所非常吵雜混亂，又有許多毒蟲猛獸，也聽見吵雜聲，但沒有人進入此中心住所，迫使靈魂離開那裡；靈魂所聽見的事也不會使她離開，雖然會使她感到一些痛苦，卻不至於擾亂和除去她的平安，因為那些情緒已經被克服，所以，害怕逃到那裡，因為會受到更大的挫敗。」[342]

顯然，在第一、第二第三重住所的煉路與理性修階段，靈魂已經在很大程度上勝過了自己內在的邪情私欲的外在活動；在第四重住所的明路與情感修階段，靈魂開始更加深入地消除邪情私欲在人的情感部分的羈絆和毒化；在第五、第六和第七重住所中，靈魂最終在習慣性的意志抉擇方面從根本上清除了邪情私欲的毒根。靈魂的邪情私欲在意識和意志的最深處盤根錯節，只有經過煉路的潔淨、明路的光照到達合路的契合，才能逐步長進，不僅拔除這種根深蒂固的毒根，並且能夠醫治潛伏在心靈深處的創傷，最終使人活出那種在基督裡彼此相愛的亮麗和榮美。

經過神婚的結合，在意識與意志的大海深處，已經是無比寧靜，任何外在的水面上的驚濤巨浪已經無法影響到這心靈深處。在

---

341 大德蘭，《靈心城堡》，第七重住所，2 章 9 節，頁 225。
342 同上，2 章 11 節，頁 226。

上帝至大的恩典之下,中國古人所嚮往的「寵辱不驚,看庭前花開花落;去留無意,望天上雲卷雲舒」那種超脫之情,已經在神婚階段賜給了靈魂。當然,終極而言,這種超然物外的超脫心境的獲得並不是來自個人的修行,而是來自上帝的恩典;這種超脫心境並沒有消除人的情感,而是使人的情感更加純淨地愛主愛人。

9、**從觀心祈禱、收心祈禱、靜心祈禱到合心祈禱**。從在第一重到第三重住所,靈魂所進行的祈禱是推理性的祈禱——主要是通過我們自己的理性來省察我們自身的罪惡,此謂觀心祈禱,然後收斂我們的心神,也可以稱之為收心祈禱;在第四重住所開始出現灌注性的祈禱,上帝開始澆灌下愛的智慧,使人靈魂深處流露出愉悅,這種祈禱也可以稱之為靜心祈禱;從第五到第七住所,靈魂開始經歷到結合性的祈禱,從相識、訂婚直到最終的結婚,此為合心祈禱。[343]

這種在第七重住所中的合心祈禱帶來兩大效果。第一個效果就是使人忘記自我,此時靈魂全神貫注力求上帝的榮耀,陶醉於上帝的奇妙大愛之中。她深知自己關心上帝的事,上帝也必關心她的事,上帝賜給她的超出她所求所想!因此,正如大德蘭所言:「所有可能發生的事,她都不掛心,而是懷有一種異常的忘記,如我說的,好似她已不是什麼,也不想要在什麼事上成為什麼,除非她知道,從她這方面能做些什麼,來增加一點天主的光榮和榮耀,為此之故,靈魂極其樂意獻出自己的生命。」[344]

---

343 參考 Peggy Wilkinson 著,《修行默觀祈禱》,加爾默羅聖衣會譯(台北:光啟,2012 年),頁 151-171。
344 大德蘭,《靈心城堡》,第七重住所,3 章 2 節,頁 227。

此時的捨己才是真正的全面的深度的捨己。第二大效果就是靈魂極度渴望受苦。當然，這種極度渴望受苦，絕不是為受苦而受苦，而是渴望上帝的旨意在自己身上實現。因此，即使在遭受逼迫的時候，這些靈魂也有很大的內在的喜樂和平安，對於那些惡待她們的人，她們也不會有什麼敵意，相反，「這些靈魂卻對她們懷有特別的愛，竟致在見到她們陷於什麼磨難時，會對她們感到心軟，並想盡辦法解救她們，非常熱切地把她們交託給天主，也樂於失去至尊陛下賜給她們的恩惠，為能將之賜給她們，不使她們得罪我們的天主」[345]。這種對仇敵的愛，當然不是毫無原則、稀裡糊塗的愛，而是在信仰群體內的寬容忍耐，在宣教救靈方面的犧牲之愛。

10、在第七重住所中完全勝過對死亡與人生的恐懼。在第六重住所中，靈魂渴慕死去，從而完全享有上帝，所以不怕經歷諸多的試煉和痛苦。但是，在第七重住所中，靈魂渴慕為主而長久地活在世間。因此，大德蘭指出：靈魂「現在卻懷有這麼大的渴望，要事奉祂，使祂因而受讚揚，如果他們能做得到，也要有益於一些靈魂，她們不只不想死，而且還盼望活很多很多年，忍受至極的磨難，如果這麼做，她們能夠使上主受讚揚，即使是在微小的事上。如果她們確實知道，在靈魂離開肉身時，必會享有天主，她們也不理會，也不去想聖人享有的榮福；她們也不渴望，當下就見到自己置身於光榮中：她們的光榮在於，能夠稍微幫助被釘的基督，尤其是當她們看見，祂是這麼地受凌辱時，及只有

---

345 大德蘭，《靈心城堡》，第七重住所，3章5節，頁228。

少數的人，真正顧念他的光榮，超脫其他所有的一切」[346]。

當然，有時候她們也渴望離開這個流放之地，尤其是在見到自己對上帝的服事很少的時候。不過，她們很快就會回轉，重新注視自己之內就有上帝持續不斷的同在，因此而感到滿足，此時她就「獻給至尊陛下願意活下去的渴望，做為她能夠奉上的最珍貴獻禮」[347]。在這種境界中，靈魂對於死亡已經毫無懼怕，因為她已經品嘗到永生的滋味，就是與上帝同在，正如大衛所歌詠的那樣：「我雖然行過死蔭的幽谷，也不怕遭害，因為你與我同在；你的杖，你的竿，都安慰我。在我敵人面前，你為我擺設筵席；你用油膏了我的頭，使我的福杯滿溢。」（詩 23:4-5）

11、愛的觸動與牧靈救靈的事工。在第七重住所中，靈魂達到格外的超脫。她們的渴望已經不再是自身的愉悅和安慰，而是上帝的榮耀和靈魂的得救。此時，她們心中常有的是來自靈心深處的愛的觸動，這種觸動喚醒她們的各種官能，使得她們投入到各種事奉上帝、牧靈救靈的事工之中。大德蘭深信，「在達到獲得這種結合的祈禱時，如果我們不疏忽於遵守祂的誡命，上主處處給予這種關愛」[348]。

大德蘭所提倡的靈修之所以正統純全，重要原因之一就是因為她對於遵守上帝的誡命的強調。一旦我們在靈修生活中，不再強調遵守上帝的誡命，我們立即就會陷入各種異端邪說之中，喪失了最基本的判斷是非善惡的尺度。當然，這種觸動往往隱含有

---

346 同上，3 章 6 節，頁 228。
347 大德蘭，《靈心城堡》，第七重住所，3 章 7 節，頁 228。
348 同上，3 章 9 節，頁 229。

明確的信息，就是上帝在靈心深處指示靈魂當做什麼，並且賜給靈魂堅定不移的意志，按照上帝在心中的引領去行事。

在這個過程中，靈魂也要經歷禱告和尋求的過程，正如保羅的經歷一樣，他在大馬色路上在異象中得見上帝，就殷切地求問：「主啊，我當做甚麼？」（徒 22:10）。在使徒行傳中有三次記載使徒保羅這次與上帝的神祕相遇，第一次是從第三者的角度描述（徒 9:1-9），第二次和第三次是保羅親自向別人講述（徒 22:6-16；26:12-18）。可見，這一經歷對於保羅而言是何等重要，他的事奉就是圍繞著這次經歷展開的，所以他說：「我故此沒有違背那從天上來的異象。」（徒 26:19）

基督徒都熟悉聖經中的這句話：「沒有異象，民就放肆；惟遵守律法的，便為有福。」（箴 29:18）靈恩派的弟兄常常強調這節經文的上半句，就是強調個人從上帝領受的異象；改革宗的弟兄常常注重這節經文的下半句，就是注重人當遵守上帝賜下的律法。從整個聖經的啟示來看，真正的「異象」絕不是乾巴巴的文法性、歷史性、教義性的解經！教理派人士強調聖經默示的無謬性和聖經啟示的權威性，為了保證聖經文本和教會正傳的穩定性，常常否定聖經成典之後個人仍然會有來自上帝的直接相遇和獨特的領受，因此《威斯敏斯德信條》第一章第一條就強調：「聖經乃為至要，因為上帝從前向祂百姓啟示自己旨意的這些方法，如今已經止息了。」[349]

我們絕不否認按照正意解釋聖經的重要性，也不否認在聖經成典之後沒有任何人能夠把自己個人的領受上升到聖經的地位，

---

349 王志勇，《清教徒之約》（上海：三聯，2012 年），頁 66。

但是我們需要的不僅僅是書面性的、命題性的教義理論，而是個人心靈中對於上帝的親身經歷，特別是大德蘭所傳講的這種上帝大愛的觸動，只有這種親身經歷才能使得我們真正愛上帝，並且胸中燃燒起那種宣教救靈的熱火。今日教會的問題就是，那些聲稱得見異象的人，卻不願意遵守上帝的律法；那些自稱願意遵守律法的人，卻沒有來自內在經歷的崇高的異象！

因此，雅和博經學秉承清教徒神學的正傳，既注重以聖經啓示和教會認信為客觀標準的真理與教義體系，也強調每個人都當善用上帝賜給的蒙恩之道，通過個人的**靈修**而把頭腦的知識轉化為心靈的經歷，從而在信仰上達到主客的圓融和知行的合一。這就是我們貫徹本書所強調的基督徒達成的「以馬內利，天人合一；內聖外王，知行合一」的境界。

12、靈魂擺脫情感和心靈的孤獨。第七重住所的不同之處就在於：「幾乎都沒有枯乾，也沒有內在的騷亂，那些是在其他所有的住所都會有的，靈魂幾乎是常常處在寧靜之中；不怕這麼高的崇高恩惠是魔鬼所能捏造的，靈魂完全確信這恩惠來自天主；因為——如所說的——在這裡，和感官或官能都沒有關係，是至尊陛下親自顯示給靈魂，帶她一起進入其中，按我的見解，魔鬼不敢進入這裡，上主也不許牠進來；在此賜給靈魂的所有恩惠，如我說過的，都不靠她的自力修持，而只靠她已把自己完全交給天主。」[350]

在這個住所中，**靈魂**最終擺脫了最常見的軟弱，就是情感和心靈的孤獨，因為此時她能享有上帝的陪伴，陶醉在上帝的大愛

---

[350] 大德蘭，《靈心城堡》，第七重住所，3 章 10 節，頁 230。

之中，世上的一切愛情都在這種神聖大愛面前顯得格外地蒼白，對於人的情感和心靈喪失了吸引力。因此，雅歌的作者如此深情地歌詠：「願他用口與我親嘴；因你的愛情比酒更美」（歌 1:2）；保羅也這樣果決明確地強調：「不但如此，我也將萬事當作有損的，因我以認識我主基督耶穌爲至寶。我爲他已經丟棄萬事，看作糞土，爲要得著基督。」（腓 3:8）沒有對上帝之愛的深刻切慕和經歷，我們是無法說出這樣的話來的。在這裡，靈魂對神祕完美的愛情的渴慕得到了完全的滿足。正如奧古斯丁所深思和強調的那樣：「不管怎樣卑微，他還是要歌頌祢。實在，他的樂趣，就在歌頌之中；因爲我們是造來爲祢的；我們的心得不到祢，就搖搖不安。」[351]

在這個住所中，即使仍然要背負很多的十字架，身心遭受很多的痛苦，但他們的靈心深處是永遠的安寧，因爲至高上帝在那裡，祂是靈魂良伴，正如詩篇的作者所歌詠的那樣：「上帝是我們的避難所，是我們的力量，是我們在患難中隨時的幫助。所以，地雖改變，山雖搖動到海心，其中的水雖匉訇翻騰，山雖因海漲而戰抖，我們也不害怕。（細拉）有一道河，這河的分汊使上帝的城歡喜；這城就是至高者居住的聖所。上帝在其中，城必不動搖；到天一亮，上帝必幫助這城。外邦喧嚷，列國動搖；上帝發聲，地便鎔化。萬軍之耶和華與我們同在；雅各的上帝是我們的避難所！」（詩 46:1-7）。

13、靈魂仍有可能一時陷入擾亂不安的困境之中。 即使已經進入第七層住所、享受上帝特別賜給的愉悅和安慰的人，也不會

---

[351] 奧古斯丁，《懺悔錄》，第一章，頁 3。

總是充滿愉悅和安慰。大德蘭指出:「有的時候,我們的上主把她們留在其本性的境況中;那時,無非是這樣,城堡的周邊與住所內的所有毒物,聯手傾巢而出,報復她們,為了回敬不能掌控她們的那段時間。」[352] 因此,不管我們進入什麼樣的境界,即使曾經達到過非常崇高的境界,都不要有恃無恐,而是牢記聖經的教訓:「當存畏懼事奉耶和華,又當存戰兢而快樂。」(詩 2:11)

當然,對於那些已經達到了這種屬靈高原的人,他們不會長期陷入這樣的擾亂不安的困境之中。大德蘭認為,此類事情的持續「為時很短,最多一天,或是更短」[353]。上帝之所以允許靈魂陷入這樣的困境,有兩大目的,一是要使靈魂保持謙虛,不要忘記自己的本相,免得我們得意忘形,竊奪天功;二是為了使她更加明白自己對於至尊上帝的虧欠,為自己所領受的崇高恩惠而讚美上帝。

14、在第七重住所的人仍有犯罪的可能。 達到這個境界的人對於事奉上帝懷有極大的渴望和決心,他們得蒙上帝的恩惠,已經從大罪中釋放出來。但是,在面對世上的事物的時候,他們仍然會多次犯過,甚至犯罪。

因此,大德蘭所強調的基督徒的完全,並不是今生今世就能夠達到徹底不犯任何罪的境地,而是不犯任意妄為的大罪,正如大衛所祈求的那種「完全」一樣:「誰能知道自己的錯失呢?願你赦免我隱而未現的過錯。求你攔阻僕人不犯任意妄為的罪,不容這罪轄制我,我便完全,免犯大罪。」(詩 19:12-13)對於他們

---

[352] 大德蘭,《靈心城堡》,第七重住所,4 章 1 節,頁 233。
[353] 同上,4 章 2 節,頁 233。

而言,雖然是小小的過犯,也給他們的內心帶來極大的痛苦。

另外,看見一些迷失的靈魂,他們也會感到痛苦。同時,對於自己的境況,他們也會擔心害怕,因為即使所羅門這樣多次與上帝密切相交的人,也會墮落到可怕的黑暗之中,誰還能自以為永不動搖呢?!所以,大德蘭提醒說:「那自認為最安全的,這人更要害怕。」[354] 因此,我們最大的安全保障不是我們已有的經歷本身,而是要持續不斷地祈求上帝保護我們,不要讓我們得罪祂,這是我們今世所能享有的最大安全。

15、在第七重住所的人更願意為基督受苦。 我們一定要明白,上帝之所以賜給人這樣大的恩惠,並不是為了取悅我們,而是為了讓我們效法祂的愛子耶穌基督所過的生活。因此,大德蘭強調:「這些恩惠是為了堅強我們的軟弱,……為能在祂基督受苦方面效法祂。」[355]

親愛的讀者,你讀到此處,就當掩卷沉思:上帝賜給我們更大的內在的安息,就是為了使我們享有很少的外在的安息,仍然能夠像基督那樣積極做工。上帝讓人完全擁有祂,就是為了讓我們能夠面對我們在世界上的一無所有。上帝讓我們在心靈城堡的深處經歷與祂相交的極大的喜樂,就是為了使我們勇敢地面對我們在世界上面對的慘烈的爭戰和痛苦。

一切的默想和靜觀,絕不是讓我們消極避世,而是讓我們做好準備,投入到道化世界的大爭戰之中,正如耶穌基督道成肉身、勝過世界一樣。那些越是與主耶穌基督親近的人,也越是遭

---

354 大德蘭,《靈心城堡》,第七重住所,4 章 3 節,頁 234。
355 同上,4 章 4 節,頁 234。

受各種磨難和反對的人，不管是心被刺痛的耶穌的母親馬利亞，還是那些使徒們，特別是使徒保羅，他們為了帶領更多的靈魂歸主而經受了多少的艱難困苦啊！關鍵還不是外在的受苦，關鍵是我們有沒有內在的平安和喜樂！

我們越是有內在的平安和喜樂，就越是能夠勇敢地以我們靈魂的力量走向全世界，正如耶穌基督在客西馬尼園流汗如大血點禱告之後，就坦然地走向世界，面對仇敵的凌辱和十字架上釘死的苦難：「起來！我們走吧。看哪，賣我的人近了。」（太 26:46）

16、上帝賜給我們的恩惠乃是裝備我們更好地工作。大德蘭在最後一章特別強調，上帝賜給靈魂這樣大的恩惠，目的就在於使我們把默想和行動結合在一起，把內在生命和國度事奉連結起來，完成上帝賜給我們的治理全地的文化使命。

大德蘭雖然強調靜觀心禱，但她從來沒有把個人的經歷和喜樂視為中心，而是始終強調：「上主這麼特別臨在於其內的靈魂，該多麼忘記她的修習，多麼不掛念榮譽，又多麼願意絲毫不受重視！因為，如果靈魂與祂深度交往，理所當然，她應該很少記掛自己；她的記憶完全專注在如何更加取悅祂，要如何或到哪裡，來顯示自己對祂的愛。我的兒女們，準備好這樣就是祈禱：這個神婚的目的是：從中經常生出工作。」[356]

只有這樣渴望在善工中事奉上帝的靈魂，才具有得蒙上帝賜給神婚這種特殊恩惠的真正標記。其中的關鍵就是雙眼要專注於被釘十字架的耶穌基督，明白祂的受苦和掙扎，我們今生所面對的一切磨難就微不足道，甚至不足介意了。如何默想主耶穌

---

356 大德蘭，《靈心城堡》，第七重住所，4 章 6 節，頁 235。

基督，特別是祂的受難受死，乃是基督徒治死老我的關鍵。更重要的是，不管我們的心境如何，我們都要忠心於上帝賜給我們的工作。

17、被動的密契式靈修與主動的克己性德修的結合。在大德蘭的靈修中，她最擅長的就是深度的密契。但是，更加難能可貴的是，她始終把被動的密契式靈修與主動的克己式德修緊密地結合在一起，尤其是強調謙卑之德。

大德蘭對於靈修的定義更是讓人無法忘卻，給我們的心靈帶來巨大的震撼，久久縈繞在心懷之中，她的定意是圍繞著耶穌基督的十字架展開的：「你們知道什麼是真正的靈修嗎？就是成為天主的奴隸，打上祂的烙印作為標記，亦即十字架，因為她們已經把自己獻給祂，祂能把她們賣給全世界作奴隸，如同祂一般；這麼做，對她們毫無傷害，賜給她們的，也不是微笑的恩惠。對於這事，如果她們不下決心，不用怕她們會有很大的獲益，因為這整棟建築物，如我說過的，謙虛是其奠定的基礎；如果沒有非常真實的謙虛，甚至為了我們的好處，上主不希望蓋得很高，因為不要導致全部傾倒於地。所以，修女們，為了奠定良好的基礎，你們要努力做眾人中最小的，並做她們的奴隸，看看如何或在何處，你們能取悅或服事她們；因為，這麼做，你們為自己比為她們做得更多，這麼堅實地奠定基石，你們的城堡不會傾倒。」[357]

這是保羅靈修神學的精華，也是強調自由和平等、絕對反對一切形式的奴隸制的現代基督徒所不願意面對的。但是，在聖

---

357 大德蘭，《靈心城堡》，第七重住所，4章8節，頁236。

經啓示中，上帝的旨意既是讓我們在世人面前作自由人，也是讓我們在愛心上成為上帝的奴僕：「豈不曉得你們獻上自己作奴僕，順從誰，就作誰的奴僕嗎？或作罪的奴僕，以至於死；或作順命的奴僕，以致成義。感謝上帝！因為你們從前雖然作罪的奴僕，現今卻從心裡順服了所傳給你們道理的模範。你們既從罪裡得了釋放，就作了義的奴僕。我因你們肉體的軟弱，就照人的常話對你們說。你們從前怎樣將肢體獻給不潔不法作奴僕，以至於不法；現今也要照樣將肢體獻給義作奴僕，以至於成聖。」（羅6:16-19）

18、崇高的理想與美德的操練的結合。合乎聖經的靈修之美就在於把崇高的屬靈理想與美德的操練結合起來。值得特別注意的是，雖然大德蘭向眾人展現的是極其崇高的理想、極其神祕的境界，但她絕對沒有忽略美德的操練。她強調說：「你們必不可只以祈禱和默觀奠基；因為，如果你們不力求並修練德行，你們永遠是侏儒。甚至，祈願天主保佑，只是不成長，因為你們已經明白，不進則退；因為我認為，有愛的地方，愛不可能滿足於不變的現狀。」[358] 大德蘭強調：「這些靈魂擁有內在的靜息，是為了讓她們擁有更少的外在靜息。」[359]

上帝賜給靈魂這麼多的感動、熱望和信息，絕不是為了讓靈魂關起門來睡大覺，而是讓靈魂從靈心深處「發動更多的戰爭，使得官能、感官和整個身體都不得閒散，超過從前所遭受的；因為從前還不明確，磨難有那麼大的收穫，或許正是透過這些方

---

358 大德蘭,《靈心城堡》,第七重住所,4章9節,頁236。
359 同上,4章9節,頁236。

法，天主帶領她達到**靈心深處**，而她現在所擁有的同伴，賜給了她前所未有的強大力量。……沒有理由懷疑，經由這麼至高無上的靈與靈的結合，而和這位至強有力者的結合，會從中獲得剛毅，所以我們會看到，聖人們受苦和殉道的剛毅」[360]。

但是，值得注意的是，這種剛毅之人在今生今世註定是悲劇之人，正如耶穌基督在世一樣！但這種悲劇不是荒誕的，更不是無意義的，而是上帝所導演的神聖的戲劇。大德蘭分析說：「她從那裡獲得的剛毅，甚至幫助城堡內所有的一切，即使身體往往好像沒有感受到；然而，靈魂因獲得力量而剛毅，係由於喝了這個酒室裡的酒，是她的淨配帶她進去那裡，又不許她離開，流溢至虛弱的身體，就像放進胃裡的食物，使頭和整個身體強壯，這樣，活著時，會有很不幸的命運；因為，無論她做多少，內在的力量越大，給她的戰爭也越多，所做的一切，她都覺得微不足道。」[361] 不管別人如何看待他們，這些聖徒心中總是充滿了謙卑，深深地意識到自己的不配和虧欠。

19、靈魂的沉醉與神聖的瘋狂。這種靈魂在上帝的大愛中的沉醉，必然帶來一種「神聖的瘋狂」！正如耶穌基督和使徒保羅身上所體現的那樣：「耶穌進了一個屋子，眾人又聚集，甚至他連飯也顧不得吃。耶穌的親屬聽見，就出來要拉住他，因為他們說他癲狂了」（可 3:20-21）；「保羅這樣分訴，非斯都大聲說：『保羅，你癲狂了吧。你的學問太大，反叫你癲狂了！』保羅說：『非斯都大人，我不是癲狂，我說的乃是真實明白話。』」（徒

---

360 大德蘭，《靈心城堡》，第七重住所，4 章 10 節，頁 236-237。
361 同上，4 章 11 節，頁 237。

26:24-25）

大德蘭在其《自傳》中描述了這種心境：「我的君王，我懇求祢，凡我向之說話的人，都因祢愛變成瘋狂吧！否則請不要讓我對任何人說話！主！請下令使我不再注意任何世物，要不然，就使我從中得到解脫！我的天主，祢的這個僕人，再不能忍受看到自己，因為沒有祢而來的很多煎熬。因此，如果她必須活著，她好不想往休息——祢也不會給她休息！這個靈魂現在希望看到自己了無牽掛：吃是殺死她，睡是煩擾她。她看到她的一生在愉悅中度過，而除了祢，再也沒有什麼能給她愉悅的；因為她不再渴望生活於自己，而是生活於祢，她覺得，自己過的不是本性的生活。」[362] 大德蘭如此表達自己的願望：「願我們為了愛祂而發瘋，因為祂為了愛我們而被稱為瘋子。」[363]

在著名《裴德羅篇》中，柏拉圖藉著蘇格拉底的口，強調真正的愛本身就是一種由靈魂的昇華所帶來的「神聖的瘋狂」（divine madness）：「愛美之人一沾上這種迷狂，人們就把他稱作有愛情的人。這樣的人一見到塵世的美，就回憶起上界真正的美，他的羽翼就開始成長，急於高飛遠走；可是這時候他還是心有餘而力不足，無法展翅高飛，於是他只能像鳥兒一樣，昂首向高處凝望，把下界一切置之度外，因此被人指為瘋狂。」[364] 愛的昇華就是美的昇華，愛的故事就是美的故事。我們在追求愛的過程中享受到的是美的體驗，我們在欣賞美的過程中經歷到的是愛

---

362 大德蘭，《自傳》，16 章 5 節，頁 154。
363 同上，16 章 6 節，頁 155。
364 柏拉圖，《裴德羅篇》，249e，《柏拉圖全集》，王曉朝譯（北京：人民出版社，2003 年），第二卷，頁 164。

的滿足。歷史是上帝的故事，上帝在基督裡愛世人的故事，也是我們在基督的愛中愛主愛人的故事。

　　對於基督徒而言，這種神聖的瘋狂並不是身心病態的發作，而是因為受到來自上帝的靈感的啓發而進入忘我的狀態，爲實現上帝賜給自己的愛的使命而奮發圖強，鞠躬盡瘁，甘心樂意，無怨無悔，「衣帶漸寬終不悔，爲伊消得人憔悴」！大德蘭高聲讚美這種神聖的瘋狂：「凡不向基督尋求榮耀，反而樂見自己受貶抑的人，他會是何等的榮耀！凡樂於被視爲瘋狂的人，他是多麼有智慧！因爲這就是所謂的智慧本身——基督。由於我們的罪過，現在的瘋子是多麼少！的確，現在那些被視爲發瘋的人，已經沒有了，這些基督的眞正愛人，由於所做的英豪偉業而被看成瘋狂。世界啊！世界！由於很少人認識祢，祢多麼持續地贏取榮耀！」[365] 我們確實需要爲主瘋狂的人！保羅就是這樣爲主瘋狂的人！我們今天需要一群一同爲主瘋狂的人！當然，爲主瘋狂的人，一定是在主的大愛中陶醉的人！在主的大愛中陶醉的人，一定是在主的眞理中始終保持清醒的人！

　　20、從個人的享受轉向無條件地服事上帝。大德蘭強調，我們努力追求的不應當是個人的享受，而是獲得力量去服事上帝。我們既要注重祈禱和默觀，也要注重行動和事奉。馬利亞和馬大必須結合在一起，才能款待上主，和祂時常同在，又招待周全，給祂食物。馬利亞一直坐在耶穌的腳旁，如果馬大不幫忙，怎能爲耶穌提供食物呢？大德蘭認爲，這食物就是：「我們以所有的

---

[365] 大德蘭，《自傳》，27章14節，頁241。

方式，帶領靈魂獲得救恩，使她們永遠讚美祂。」[366] 如何帶領人信主？關鍵是通過祈禱和善工。人人都可以祈禱，而從事善工的機會在我們周圍也隨處可見，因此任何基督徒都沒有任何理由逃避祈禱和善工。大德蘭深邃地指出，魔鬼給我們一個最大的渴望就是：「不善用近邊的工作，在可能的事情上事奉上主，卻滿足於擁有那些不可能的渴望。」[367]

大德蘭最終把祈禱和善工都落實在自覺自願的心靈之愛上：「我的結論是，我們不要建造沒有地基的塔，上主不是那麼看工作的偉大，他看的是工作時懷有的愛，及我們盡所能地去做，至尊陛下會使我們能夠每天做得更好，好像我們不會很快就疲累，而在今世生命延續的短暫片刻——或許，延續的時間比每個人想的更短——我們以內在和外在的方式獻給上主，我們能做到的犧牲，至尊陛下會使之和祂的犧牲連結，即祂在十字架上，為我們而獻給聖父的犧牲，為使我們以善意得來的功勞有價值，雖然是很微小的工作。」[368]

21、善待自己的同伴與群體的靈修。美德和善行的操練集中體現在愛鄰舍上，大德蘭甚至強調說：「不要想望你們要幫助全世界，而是要善待你們的同伴，像這樣才是更大的事工，因為對待她們，你們負有更大的義務。」[369]

不管是在家庭中，還是在教會或社會之中，基督徒都要學會珍愛周圍的同伴。基督徒蒙召不僅是個人親近上帝，更是融入到

---

366 大德蘭，《靈心城堡》，第七重住所，4 章 12 節，頁 237。
367 大德蘭，《靈心城堡》，第七重住所，4 章 14 節，頁 238。
368 同上，4 章 15 節，頁 239。
369 同上，4 章 14 節，頁 238。

上帝的大家庭中，弟兄姐妹之間彼此相愛，互相成全。因此，基督徒靈修的境界絕不是停留在自我感覺良好上，而是要落實在聖徒相通的共同生活之中。正如使徒約翰所強調的那樣：「我們將所看見、所聽見的傳給你們，使你們與我們相交。我們乃是與父並他兒子耶穌基督相交的。我們將這些話寫給你們，使你們的喜樂充足。」（約一 1:3-4）

中世紀修道院所提倡的不僅是個人性的靈修，更有修道群體之中彼此相愛的群體性的靈修。如今基督教教會中所缺乏的就是這種彼此委身、弟兄相愛撼山河的聖約群體的生活，使得基督徒在教會之中反倒感到空前地寂寞和疏離，同一個教會之中的牧者和同工之間更是很難成為生死相託的朋友。這是我們在教會中感到最可悲的現象。唯願我們能夠在教會中恢復基督與門徒之間亦師亦友、相親相愛的關係！唯願基督徒能夠通過靈修深度經歷上帝在基督裡的大愛，並且能夠靠著這種大愛而愛主愛人！

九、從邪情私欲走向真正的純靈性的愛

1、將自己的情欲轉化為愛主愛人的美德。從靈修角度觀之，「聖人便是那種能將巨大情欲完完全全轉變為創造力、賦予生命能量的人」[370]。能否將自己的情感、情欲分別為聖，轉化成愛主愛人的聖德，乃是基督徒靈修的關鍵。

對照聖經，特別是耶穌基督的所言所行，我們不得不說，今日大多數教會氾濫的是濃濃的宗教味，缺乏的是真正彼此相愛的

---

370 Ronald Rolheiser 著，《靈魂的渴望：細說基督徒靈修》，黃士芬譯（台北：光啟，2006 年），17 頁。

人情味，對於個人的情欲的對付更是很少有人提及！很多基督徒同工之間充斥的是屬血氣的邪情私欲和假冒爲善，缺乏眞正的在基督裡彼此相愛的那種純靈性的犧牲之愛。我們確實需要眞正面對靈魂之愛！今日教會內外流行的愛大多是靠觸覺、視覺開啓，靠相互之間的佔有和利用來維持。

之所以如此，就是因爲我們沒有眞正意識到我們的身體之中還有靈魂，靈魂之間的相愛可以超出肉體的侷限，這種靈魂之愛才能給人帶來眞正的滿足。不管是我們對於上帝的愛，還是我們對於他人的愛，如果還沒有上升到靈魂的層面，這樣的愛就是侷限於滿足口腹、下體之欲的肉體之愛。

愛是一種享受美的渴慕，我們之所以糾纏於肉體之愛，是因爲我們用我們感官能夠感受到肉體之美，特別是我們的眼睛。要達到靈魂之愛，就必須意識到靈魂之美，這種靈魂之美只能靠理性來把握，而我們心靈的眼睛就是藉著信心得蒙光照的理性。因此，在雅和博經學所提倡的靈修中，我們首先強調的就是理性修或思維修，就是我們必須充分地運用我們的理性來認識上帝和眞理之美。這種認識會進一步激發、堅固我們對於上帝和眞理的熱愛。

2、人與人之間需要眞正的靈魂之愛。 人與人之間需要眞正的超越肉體和利益的靈魂之愛。耶穌基督當初強調：「人爲朋友捨命，人的愛心沒有比這個大的。」（約 15:13）使徒約翰更是重申：「主爲我們捨命，我們從此就知道何爲愛；我們也當爲弟兄捨命。」（約一 3:16）

我在多年的牧會生涯中曾經遇到這樣一位長老，他親自給我說：「我是教會的長老，不可能是你的朋友！」他認爲長老就是約束、制衡、監督牧師的，所以不能夠和牧師成爲朋友！在這樣

的教牧團隊中，牧師動輒得咎，根本不可能發揮牧者的帶領性作用。當然，長老天天想著如何制衡、審判牧師，他的日子也不愉快，也不可能得蒙上帝的祝福。另外，很多宣教士既缺乏精深的神學裝備，也缺乏充分的牧會經驗，把宣教視為滿足自己浪漫夢想的旅程，最終在宣教工場上爭風吃醋，造成各種嫉妒紛爭，給宣教事工帶來極大的虧損。

筆者在二十幾年的牧會和宣教事工中經歷到很多教會或事工團隊的分化，這些分化很少是關於基要真理的爭議的，幾乎所有的紛爭都是因著個人私欲而引發的，尤其是因為物欲和情欲而造成的嫉妒紛爭，使得很多教會或團隊無法繼續！此時此刻心中不禁感歎，在教會內部，有多少邪惡藉著「愛心」、「敬虔」或「宣教」的名義而行啊！這樣的私欲、紛爭和離散給彼此之間帶來多大的傷害啊！

感謝上帝憐憫、保守我這卑劣的器皿，賜給我不斷謙卑、悔改的心志，因為我自己也常常陷入黑暗之中，倘若沒有上帝的光照和救拔，按照我的罪惡和卑劣，也早該死在教牧和宣教工場上了，甚至下地獄也是理所當然、毫無推諉的！「我們不致消滅，是出於耶和華諸般的慈愛；是因他的憐憫不致斷絕。每早晨，這都是新的；你的誠實極其廣大！我心裡說：耶和華是我的分，因此，我要仰望他」（哀 3:22-24）。

3、唯獨上帝是我們的靈魂良伴。倘若我們沒有經過深度的靈修，使我們的感情得到昇華，從受造之物轉向造物的主，以耶穌基督為我們靈魂的伴侶和良人，小心清醒地守護我們之間的靈性之愛，我們就會繼續夢想在世間尋找到自己的「靈魂良伴」（soul mate），甚至以牧會宣教之名來滿足自己的私欲，為此而造

成諸般的嫉妒紛爭，內心觸犯上帝明確吩咐的「**不可犯姦淫**」的誡命，給自己、同工和教會帶來巨大的傷害和虧損。

我們必須承認，這是教會事奉中經常會出現的「醜陋」現象——我真不願意用「醜陋」這個詞，但這樣的關係和感情常常生發各種非常「醜陋」的紛爭和傷害，我們確實很有必要在心理上防範和憎惡這樣不合乎上帝旨意的屬血氣的友誼和愛情！大德蘭曾經如此提醒在她修院中的修女們：「除了以寶血救贖人靈的那位，不要讓我們的意志作任何人的奴隸。要明白，你們會發現自己，在不知不覺中，身陷貪戀執著，無以自拔。天主啊，幫助我們吧！源自於此的蠢事，不計其數，然而，由於全是些芝麻瑣事，只有親眼目睹的人才能了解和相信，在這裡，我們無須再說些什麼，只說無論是誰，有這樣的友誼是很不好的，而如果是院長，那就像瘟疫了！」[371]

在教會和同工群體中，我們必須隨時防範、消除這樣的「瘟疫」和「癌變」！在基督裡保持君子之交淡如水的優雅，不可走向拉幫結派，互相敵對。我們必須在主內彼此相愛，治死自己的老我，在基督裡彼此配搭成全，這樣的愛情和友誼乃是世界上最美麗的風景！

4、純靈性的愛是來自上帝的難得的恩賜。「純靈性的愛」非常難得，大德蘭自己也承認：「很少人擁有這純靈性的愛。蒙主恩賜此愛的人，應當極力讚美上主，因為這人必定已達到至高的全德。」[372] 大德蘭甚至承認自己「不以為自己知道何者為純靈性

---

371 大德蘭，《全德之路》，4 章 8 節，頁 61。
372 同上，6 章 1 節，頁 69。

的愛,或什麼時候靈性的愛中混雜感性的愛」[373]。

感性或情欲之愛造成的總是嫉妒紛爭,這種欲愛玷污人與人之間純潔的友誼,是彼此親密同工的人之間最當防範的。正如雅各所警告的那樣:「你們心裡若懷著苦毒的嫉妒和紛爭,就不可自誇,也不可說謊話抵擋眞道。這樣的智慧不是從上頭來的,乃是屬地的,屬情慾的,屬鬼魔的。在何處有嫉妒、紛爭,就在何處有擾亂和各樣的壞事。惟獨從上頭來的智慧,先是清潔,後是和平,溫良柔順,滿有憐憫,多結善果,沒有偏見,沒有假冒。並且使人和平的,是用和平所栽種的義果。」(雅 3:14-18)

在目前情欲氾濫、愛情稀缺的時代,我們最最需要的不是一般的摻雜著男女之間情欲的愛情,我們首先需要的是上帝在基督裡賜給我們的心靈之愛、靈性之愛;我們弟兄姐妹之間也要在主內確實地彼此相愛,按照上帝的律法確定自己的位分和責任,這樣才能夠以上帝所喜悅的聖潔之情彼此相愛,這就是雅和博經學反覆強調的雙重性的聖潔之愛。

當然,優秀的牧師會得蒙很多人的愛情,老年人愛他,覺得他像自己的理想的兒子;少年人愛他,覺得他像自己理想的父親;弟兄愛他,覺得他像自己理想的朋友;姐妹愛他,覺得他像自己理想的丈夫。因此,牧師要警醒謹守,不要辜負弟兄姐妹對他的愛戴,同時也要竭力保持彼此相愛的純潔性。[374] 我們需要追求的是成全的愛,要達到全德之境,需要這樣的愛,大德蘭分析說:「凡被天主引領,達到此一境界的人,都是慷慨的靈魂,高

---

373 同上,6 章 2 節,頁 69。
374 1999 年在芝加哥牧會時參加牧者營會,八十多歲、已經目盲的麥希真牧師分享此類教牧經驗,受益匪淺。

貴的靈魂:他們不滿足於愛像肉身那樣卑賤的事物,無論是如何美麗動人,如何優雅可愛。當他們看見美麗優雅時,雖也感到愉悅,並讚美造物主,卻不會停留在那裡,我說『停留在那裡』,意指他們愛這些事物的心態,他們會感到如此地愛戀事物,如同捕風捉影,這使他們引以為憾,也覺得沒有面子,羞愧萬分,不敢對天主說他們愛他。」[375]

這種完全的靈性之愛,關注的是對方的靈魂,特別是對方的靈魂與上帝的關係,以及對方是否活出上帝賜給他的使命。這種愛是熱情的愛,也是代價極高的愛,正如大德蘭所說:「這個人毫無保留地盡其所能,尋求對方的益處;他情願犧牲千萬性命,而使另一靈魂得些些微的幸福。」[376] 要檢驗這種愛的純粹性和聖潔性,關鍵是看是否有嫉妒紛爭,如果自以為對他人有靈性的純潔之愛,但卻不能對其他弟兄姐妹一視同仁,以溫柔和喜悅對待周圍的人,這樣的愛已經沾染了肉體情欲的成分,是以自我的滿足為中心的自私自利之愛,應當嚴肅地予以對付。

5、對牧者的愛要確保靈性之愛。 大德蘭指出在修道院中有些修女會深深地愛上優秀的在靈命方面指導他們的神父,也就是天主教中所稱的「神師」:「既然我們感到愛那照顧我們肉身的人,對常常操心照顧我們靈魂的人,我們不也應該愛他們嗎?更好說,我認為,愛神師是幫助人突飛猛進的最主要因素,如果神師有聖德又有神修,我也看得出他對我靈魂的進步非常用心,因為我們的軟弱就是這樣的,有時候,這愛極有助於我們在服事天

---

[375] 大德蘭,《全德之路》,6 章 4 節,頁 70。
[376] 同上,6 章 9 節,頁 72。

主上完成大事。」[377]

但是，一定要明白，這種對於牧者的愛是「毫無激情混雜的靈性之愛，因為一旦夾雜激情，和諧即遭破壞。如果我們節制而明智地與有德之士交往，尤其是神師，我們必會獲益。可是，如果你們注意到神師有某些虛榮的傾向，則該事事有所顧忌，絕對不和他交談，即使是好的交談亦然；扼要地辦完告解，即刻告退」[378] 如果神師確實存有一定的問題，大德蘭也不死板，她的建議是最好更換神師，但注意不要傷害對方的名譽，儘量減少對別人和教會的損害。

即使人對牧者有健康的愛，牧者也確實對其靈命有幫助，這時候，魔鬼也會發動攻擊。大德蘭明確指出：「在這裡，魔鬼以顧忌多疑強力打擊，使靈魂飽受騷擾不安，此乃魔鬼的惡意作為。尤其，如果神師引導靈魂更臻成聖，魔鬼則多方折磨，使之放棄神師。儘管靈魂一而再，再而三地變換神師，魔鬼還是不停地以同樣的誘惑打擊她。」[379] 大德蘭在靈修指導上具有豐富的溫柔的智慧，她分析說，即使修女面對著過於喜愛神師而來的誘惑，「無須為此苦惱不安；但魔鬼筋疲力盡後，自會遠離而去」。[380]

非常重要的是，我們必須認識到，人世間人與人之間的「愛」是蒼白的，常常充滿了很多的虛偽和詭詐。如果我們對於這種所謂的「愛」執著不放，甚至因此而爭風吃醋，實在是中了撒但的

---

377 大德蘭，《全德之路》，4 章 12 節，頁 63。
378 同上，4 章 13 節，頁 64。
379 同上，4 章 12 節，頁 62-63。
380 同上，4 章 12 節，頁 63。

詭計。所以大德蘭說：「其所愛的無非只是一條蟲，根本配不上『愛』這個名稱，因為建立在微弱的地基上。」[381] 因此，詩篇的作者告白說：「除你以外，在天上我有誰呢？除你以外，在地上我也沒有所愛慕的。我的肉體和我的心腸衰殘；但上帝是我心裡的力量，又是我的福分，直到永遠。」（詩 73:25-26）

對於修女而言，關鍵是要分辨，這位神師所說的話是否是為了靈魂的益處，如果看到這位神師沒有虛榮之心，是真心敬畏上帝的人，就當靠著上帝的恩典對付自身的軟弱，而不是為彼此之間的關係而糾結。因此，同工之間發生情感上的糾葛或誤會，關鍵不是更換自己所愛的同工或牧者，關鍵是求主賜給自己智慧和謹守，對付自身殘餘的罪，珍惜彼此之間已有的感情和友誼，不因彼此接近而輕慢，不因保持距離而疏遠，好使自己和牧者之間的關係合乎上帝的旨意，成為彼此的祝福、他人的榜樣。我們需要警醒謹守，正如彼得所告誡的那樣：「務要謹守，警醒。因為你們的仇敵魔鬼，如同吼叫的獅子，遍地遊行，尋找可吞吃的人。你們要用堅固的信心抵擋他，因為知道你們在世上的眾弟兄也是經歷這樣的苦難。」（彼前 5:8-9）

6、屬靈的婚姻與完美的結合。總之，第七重住所的經歷是冰火相融，痛苦與快樂交集。人在此處所經歷的是轉化性的結合，人的生命得到徹底的改變，我們的情感得到徹底的昇華，因為上帝完全佔有人的靈魂，使其徹底分別出來，與基督奧祕的身體結合，為教會所用。這種「屬靈的婚姻」和「完美的結合」的恩典會賜給到達第七重住所的人。他們經歷與上帝的深度合一，

---

381 大德蘭，《全德之路》，40 章 7 節，頁 211。

在服事他人的能量、渴望和能力上,都會達到新的高峰。

只有這種在個人的心靈深處深度經歷上帝大愛的人,才能帶出深度的宣教和事奉,正如保羅所見證的那樣:「感謝上帝!常率領我們在基督裡誇勝,並藉著我們在各處顯揚那因認識基督而有的香氣。因為我們在上帝面前,無論在得救的人身上或滅亡的人身上,都有基督馨香之氣。在這等人,就作了死的香氣叫他死;在那等人,就作了活的香氣叫他活。這事誰能當得起呢?我們不像那許多人,為利混亂上帝的道;乃是由於誠實,由於上帝,在上帝面前憑著基督講道。」(林後 2:14-17)唯願我們每個人都通過深度的靈修,透過內心重重的住所,時時活在至尊上帝的面前,成為耶穌基督忠心且有見識的好僕人!

7、哲學王與基督徒在恩典中作王。達到這種靜觀與合一之境界的人,能夠高瞻遠矚,看透世上的一切浮華。首先,他不再留戀塵世生活,「因為所有的塵世生活,都充滿了欺騙和兩面三刀:按照顯明給你的事,你認為你已經贏得了一個朋友,後來你才逐漸認識到那一切都不過是個謊言。不可能繼續生活在人與人之間這樣的詭詐之中,特別是在有利可圖的時候,更是充滿了此類的詭詐」[382]。

當然,關鍵不是看破了紅塵,而是因為認識到上帝及其真理的偉大:「上主帶領,達到了悟真理的靈魂是有福的!啊,這是多麼適合國王的境界!這對他們多麼有價值!努力達到此祈禱

---

[382] 大德蘭,《自傳》,21 章 1 節,頁 191。Teresa of Avila, *The Book of Her life*, 21.1, see *The Collected Works of St. Teresa of Avila*, trans. Kieran Kavanaugh and Otilio Rodriguez (Washington, D.C.: ICS Publications, 1985), vol. 1, p. 185. 筆者對照中英譯本重譯。

境界，比致力於偉大的統治，更勝一籌！在這個王國裡，有何等的公平正直！他們會避開，且已經避開何等的罪惡！在這個境界，一個人不怕為了天主的愛而喪失性命或榮譽。凡負有更大責任照管天主的榮耀，而非關照所有屬下的人，這是何等偉大的祝福！因為，這些屬下都必須跟隨他們的國王！為了增加一丁點的信德、為了啟示給異端者，這樣的國王甘心情願喪失一千個王國——確實如此！因為這是個超大的收穫：一個永無終窮的王國，在這裡，當靈魂只要嘗到其中的一滴水，就會使之對今世的一切事物感到厭惡。如果靈魂沉浸在這種水中，又當如何厭惡這一切呢？」[383]

大德蘭對於了悟真理的國王的讚美，沒有任何肉麻的對於國王本身的吹捧，浸透的是對上帝及其真理的無比崇尚，在這裡我們隱隱地感受到柏拉圖所說的「哲學王」的味道，理想的統治者必須具有最高的知識，智慧是其首要的美德，他致力於提升人的靈魂，脫離洞穴的侷限，超越變動不居的世界，見到終極真理的普世之光。[384] 當然，在耶穌基督裡，每一個基督徒在上帝面前都有君王的權柄和榮美，是和耶穌基督在今生今世一同在恩典中作王的：「若因一人的過犯，死就因這一人作了王，何況那些受洪恩又蒙所賜之義的，豈不更要因耶穌基督一人在生命中作王嗎？」（羅 5:17）

---

383 大德蘭，《自傳》，21 章 1 節，頁 191-192。筆者根據英文譯本增加最後一句。

384 參考柏拉圖，《國家篇》，《柏拉圖全集》，王曉朝譯（北京：人民出版社，2012 年），第二卷，頁 270-648。

8、從密契的經歷到宣教的激情。當然處於這樣完全的境界時,就會有強烈的宣教的衝動。真正的合乎上帝的旨意的宣教必然出於對上帝深刻的認識、經歷和熱愛。今日教會在宣教上的膚淺和混亂就是因為宣教士本身缺乏深刻的學習和靈修。大德蘭明確地談及自己的這種衝動:「不管我是何許人,我體驗到很大且令我銷毀的衝動,要把這些真理告訴統治者。當我做不了什麼時,我轉向祢,我的主,祈求祢補救這一切。祢清楚明白,我非常樂意失去祢已賜給我的恩賜,將之讓給國王們,只要我能處在不冒犯祢的境界。因為我知道,那時他們就不可能同意現在同意的事了,而且這些恩惠,也不會沒有至極的祝福。」[385]

那些具有生命經歷、從而先知先覺的人,總是敏銳地認識到時代的欺騙性,尤其是那些處於執政掌權地位的人更容易陷入各樣的騙局之中。因此,他們最大的渴慕就是讓世界明白真理真相,為此他們不惜自己的生命,正如大德蘭所表述的那樣:「一切都得冒生命的危險;我渴望捨棄生命,這樣的話,付出微薄的代價冒險,卻能大有收穫。因此,現今活著的人,沒有一個人親眼看出,我們處於很大的騙局中,也沒有人看出我們忍受的盲目。」[386] 我常說,人生是嚴肅的,歷史是沉重的,宗教是危險的,讓人踏上靈修之途的宗教則是最危險的,沒有帶領人靈修的宗教則是膚淺乃至虛偽的宗教。許多人在靈修的路途中半途而廢,甚至走火入魔。

---

385 大德蘭,《自傳》,21 章 2 節,頁 192。
386 同上,21 章 4 節,頁 192。

因此，在靈修的旅途上，我們不僅需要合乎聖經啟示和大公教會正傳的教理神學為整體性的地圖，也需要由密契神學為我們指明具體的靈修路徑，由道德神學保護我們基本的安全，由克修神學指引我們具體的前行的階段，更需要由信仰純正、靈力深厚的靈命導師為我們迷途指津、保駕護航。因此，大德蘭所說的這個「很大的騙局」就是指向靈修方面的騙局。靈修方面的騙局就是那些沒有深刻的靈修經歷的人在指導別人靈修！這也是主耶穌基督所警告的：「任憑他們吧！他們是瞎眼領路的；若是瞎子領瞎子，兩個人都要掉在坑裡。」(太 15:14)

真正達到第七重住所、體驗到上帝大愛的人，必然是具有深切的悲天憫人之心的人，而這樣的悲憫之心也必然會體現在行動之中。因此，深刻的靜觀最後必然落實在積極的行動之中，這種行動的動力也是上帝賜給的，所以大德蘭反思說：「一旦靈魂達到這個境界，他對天主懷有的不只是渴望；至尊陛下還賜給他付諸行動的力量。無論什麼事情進到他的腦袋，只要他認為是為天主效勞的事，他無不勇往直前；如此，所付出的代價根本不算什麼。因為，如我說的，他清楚地看見，除了取悅天主，一切都是虛無。」[387] 這種行動不僅僅是積極地改變社會、改革教會的行動，更是幫助基督徒進入靈修的行動。筆者深信，社會的改變來自教會的復興，教會的復興來自靈命的復興，靈命的復興來自靈修的復興。只有那些通過靈修而深度經歷上帝及其大愛的人，才能真正具有聖潔的宣教的激情。

---

387 大德蘭，《自傳》，21 章 5 節，頁 193。

真正的勇敢絕不是來自個人的魯莽，而是來自上帝在內心的感動。最重要的是，大德蘭時時意識到自身的軟弱和卑微，因此，她也時時轉向上帝尋求信心和力量：「麻煩則在於，像我這樣無用的人，少有機會做點什麼事。我的天主，但願祢容許，會有這樣時刻來到，使我能夠稍稍回報我對祢所有的虧欠，即使只報答祢一點點。上主請照祢的意願來處置，使祢這個僕人得以稍稍事奉祢。」[388] 在她的意識深處，她對於上帝的恩典充滿深切的感恩之心，並且也付諸行動：「因為沒有人能忍受，接受了這麼多，卻什麼也回報不了。上主，無論代價如何，請不要使我到祢面前時，雙手空空；因為，報酬之賜予，必定相稱於個人的功業。這是我的生命，這是我的榮譽和意願。我全獻給祢，是祢的，請按照祢的心意來使用我。」[389]

因此，真正靈修上的偉人，也必然是行動上的偉人。我們的偉大不是因為我們自身的偉大，而是因為上帝的恩典和大能在我們身上顯明出來。因此，大德蘭再三重申：「我主，我已清楚看到，我的能力很單薄。然而，一旦接近祢，登上瞭望台，我看見的是真理。只要祢不離開我，什麼事我都能做。要是祢離開了，無論多麼短的剎那，我會故態復萌，這也就是地獄。」[390]

9、始終認識到自身的卑劣和軟弱。要進入這樣崇高的境界，完全在於上帝主權的賜予，祂想賜給誰就賜給誰，任何人都無法勉強上帝。無論我們怎樣靈修，不管我們怎樣行善，我們都

---

388 大德蘭，《自傳》，21 章 5 節，頁 193。
389 同上，21 章 5 節，頁 193。
390 同上，21 章 5 節，頁 193。

不配得上帝這樣恩待我們。改革宗神學強調上帝在揀選罪人得救方面恩典的主權性，大德蘭在靈修方面同樣高舉上帝的恩典的主權性。因此，她始終把這種靜觀視為是來自上帝的賜予，「帶領我們達到這個成全的，不是我們的力量」[391]。「這個工作完全是超性的，是上主在靈魂內的成就」[392]。

值得我們注意和反思的就是，大德蘭雖然有這樣豐富的屬靈經歷，甚至上帝帶領她進入非常崇高的屬靈境界，但她始終清醒地認識到自己的卑微，並且坦誠地向人分享她的軟弱和掙扎：「我真的認為我愛祂，不過，我在自身上看到的工作和這麼多的不成全，使我很沮喪。」[393] 她甚至說：「我除了跌倒再爬起來，實在沒有別的什麼本領了。」[394]「凡我所做的事，無不籠罩在成千的卑劣中，這是何等羞愧的事啊」[395]。「我願一萬次在痛哭，並大聲告訴每一個人我的極端盲目和卑劣」[396]。她深刻地意識到自己不過是上帝使用的工具：「我從未覺得自己做了什麼，現在也不認為這樣。我一直知道是上主完成的，而我該做部分，有這麼許多不成全，我反倒覺得有理由來責備自己。不過，看到至尊陛下使用我，這麼卑劣的人，作為工具，來完成這樣偉大的工作，我感到無比的歡喜。」[397]

---

391 大德蘭，《自傳》，21 章 8 節，頁 194。
392 同上，22 章 1 節，頁 197。
393 同上，30 章 17 節，頁 270。
394 同上，31 章 17 節，頁 280。
395 同上，31 章 25 節，頁 283。
396 同上，35 章 15 節，頁 317。
397 同上，36 章 6 節，頁 320。

大德蘭從未誇口自己的完全，沒有為自己塗脂抹粉，讓別人把她視為完美無瑕的榜樣，她反覆強調的是自己的卑劣和軟弱，然後坦誠並堅定地把一切美善的恩賜都歸給上帝，這是最為我們華人基督徒深思和效法的。我們習慣的是個人崇拜和各種形式的造神運動，但是，作為基督徒，我們必須時刻認識到自身的不完全，這樣我們才能更多地依靠那完全的上帝。

10、趙天恩牧師對中國教會的洞察。我的恩師之一趙天恩牧師精通中國近現代教會史，他在談及中國一九四九年無神論政權對基督教會的逼迫的時候，強調大部分基督教的牧者都紛紛落馬，離經叛道，只留下王明道、林獻羔等若干位忠於上帝的僕人，寥若晨星，屈指可數。在各種壓力之下，「大多數的中國傳道人都簽了名，控訴了同工，也參加了三自。但是妥協結果，並沒有使大多數傳道人保存他們的事工工廠，在屢次的政治運動及學習過程中還是被排除掉了。為什麼呢？主要原因是他們多數對政治，特別是中共的統戰鬥爭理論一無所知，使他們很容易跌入陷阱。第二個原因是他們被懼怕轄制，以至於走妥協的道路。那一代的傳道人，多數知道基本福音的好處，卻少有人知道走十字架道路的意義」[398]。

基督徒傳道人之所以如此紛紛落馬，賣主賣友，就是因為缺乏深度的靈命操練，這也是深諳中國教會歷史與現狀的趙天恩牧師特別指出的。與此相反，天主教內部大多數神父和修女都能夠在烈火一般猛烈的逼迫中持守自己的信仰，這當然和他們平常就

---

398 趙天恩、莊婉芳，《當代中國基督教發展史，1949-1997》（台北：中福，1997 年），頁 59。

注意進行的艱苦卓絕的靈修生活具有極大的關係。當然，在德國納粹統治前後，德國的基督教會和天主教會也都一同墮落了，正如沃格林所分析的那樣，1937 年生活在德意志帝國內的人，在那個時候本質上都是教會人，只有極小的百分比是屬於非基督教信仰的，有百分之一是猶太人，但是，「教會根本對人不感興趣，把自己的興趣侷限於組織和文化方面，也就是說，只對教會的具體利益感興趣，而對人的利益漠不關心」[399]。「德國對共產主義和國家社會主義類型的現代諾斯底運動的特徵極端無知，這種無知一直存到現在」[400]。正是因為這種無知，使得諾斯底主義異端再次成為教會中的顯學，西方整個的基督教幾乎都被諾斯底主義異端顛覆，而諾斯底主義的集中體現就是反對上帝的律法，這種反律主義已經成為目前西方教會最具有普遍性的特徵。

我們基督教教會的信徒們，不要以為自己接受、堅持因信稱義的教義就可以萬事大吉，高枕無憂了，我們需要全方位地回歸整個舊新約聖經啓示和歷代教會正傳的純真話語的規模，當然也包括在公共神學和靈修生活上。否則，即使我們學習了很多聖經和教義方面的真理，卻無法自覺地行出來，只能使我們自高自大，假冒為善，面目可憎，就像一具陰森可怕的骷髏一樣，架子不小，卻沒有生命！純正的改革宗神學，在那些沒有靈修工夫、不能攻克己身的人身上，只能變成四處論斷、以理殺人的「殺人宗」！

---

[399] 埃裡克・沃格林，《希特勒與德國人》，張新樟譯（上海：三聯，2015 年），頁 198。

[400] 同上，頁 199。

雅和博經學所提倡的內在生命和靜觀心禱，就是要破除教理派的冷漠、敬虔派的狂熱、文化派的偏執，使得基督徒在聖經啟示、聖靈充滿和聖徒相通上走向平衡、整全和圓融，這是三源合流的精義，也是本書所提倡的三路靈修的精義。唯願上帝賜給我們謙卑受教的心志，使我們能夠在大德蘭的靈修經歷和理論中有所學習和借鑒。

第五章

靜觀心禱四個階段

「耶和華也必時常引導你,
在乾旱之地使你心滿意足,骨頭強壯。
你必像澆灌的園子,又像水流不絕的泉源」
(賽 58:11)。

雅和博經學繼承清教徒所強調的聖約神學的原則,並把這種聖約內化為基督徒個人自覺地在心靈深處與上帝立約,從高度的自覺意識出發,定志一生一世屬於上帝,一生一世榮耀上帝,一生一世順服上帝的使命和誡命,重建心靈與社會的秩序。這種心靈之約就是基督徒在靈心城堡的深處與上帝相遇相契所訂立和成就的「神聖婚約」(the covenant of divine marriage)。

當然,這種說法並不是來自我們自己的突發奇想,而是聖靈光照我們,使我們明白聖經中已經賜下的啟示。聖經啟示的巔峰就是上帝與我們同在,住在我們的心中,使我們的身體成為聖靈的殿堂,把上帝的約法刻在我們的心版上,使得我們成為完全歸屬耶穌基督的「新婦」。基督就是教會的良人,教會就是基督的

新婦，整個歷史過程就是教會走向完全、新婦預備完好的過程：「我們要歡喜快樂，將榮耀歸給他。因為，羔羊婚娶的時候到了；新婦也自己預備好了。」（啟 19:7）

雅和博經學的一大負擔就是：通過恢復教會歷史上長期盛行的靜觀心禱，培養基督徒深刻靈修的習慣，塑造基督徒堅定不移、愛主愛人的聖徒品格，使他們成為建立基督教文明的基督精兵，組成以家庭、教會和國家為基地的生命共同體，成為抵擋異教侵略和滲透的堅固城堡。正如大德蘭所期冀的那樣：「在這個小城堡內，已經有很好的基督徒，求天主不要使我們中有人去投靠敵方，並使這城堡或城市的指揮官，就是指傳教士和神學家，在天主的道路上非常超群出眾。」[401] 教會的軍隊是由傳教士和神學家組成的，那些在神學、靈修還沒有修證、確信和歷練的人，只能是吃奶的嬰孩，屬於牧養和保護的物件，並不能夠上陣打仗。這樣沒有裝備好的人，冒然去宣教戰場，只能是兔子上門，給人送肉，徒然犧牲，成為宗教戰爭的炮灰！因此，基督徒的靈修，特別是靜觀心禱，不是可有可無的東西，而是每個基督徒都當重視並且踐行的操練。

一、禱告與靈修

1、聖約神學與靈修神學的結合。在雅和博經學中，我們把聖約神學與靈修神學有機地結合在一起。我們以聖約神學建構公共秩序，以靈修神學重建心靈秩序。靈修的核心就是祈禱，祈禱是上帝為我們設定的非常重要的蒙恩之道，我們通過祈禱而認識

---

401 大德蘭，《全德之路》，3 章 2 節，頁 54。

上帝及其對於我們個人和整個世界的計畫。

我們甚至可以說，對於祈禱的認識、操練和經歷，集中反映我們的靈命狀況和靈修境界。我們通過祈禱與上帝交流，訴說我們的心聲，領受上帝的安慰和更新。我們通過祈禱參與上帝的計畫，接受上帝的吩咐和引領。祈禱不僅是我們單向的努力，更是我們與上帝雙向的交流，最終達成生命的結合與使命的共用，就是個人靈魂與上帝之間神聖的婚姻。

通過祈禱，我們努力以本真的自我來到上帝的面前，向上帝傾心吐意。上帝也在我們的祈禱中向我們施恩，逐漸淨化、轉化我們的靈魂，讓我們體驗到自己與上帝、他人之間能夠達到的一種和諧的整合。在這種整合中，我們恩上加恩，力上加力，完成上帝賜給我們的治理全地、救靈牧靈的使命。沒有深刻的禱告操練，我們就不會經歷深刻的生命改變，所謂的改變也不過是我們屬血氣的性情作出的暫時性、表面性的表演，面對逼迫或患難的時候必然站立不住。

2、基督徒的禱告有別於異教徒的念咒。基督徒的禱告絕不是民間宗教中異教徒的念咒，後者的目的就是讓他們所膜拜的神靈聽話顯靈，滿足他們個人的欲求。他們對於上帝沒有敬畏之心，對於上帝的國度和計畫更是毫無所知，也毫不關心。基督徒祈禱的終極目的不是讓上帝聽我們的話，而是表明我們願意聆聽上帝的話，因此聖經中明確地警戒我們：「轉耳不聽律法的，他的祈禱也為可憎。」（箴 28:9）

禱告的關鍵是收斂我們的精神，把我們整個的身心轉向上帝。那些不祈禱的人，就如四肢癱瘓的人，他們的靈命沒有得到鍛練，只能萎縮在以自我為中心的牢籠之中。祈禱就是心靈的操

練，需要持之以恆，既不能操之過急，也不能消極懈怠。我們在此強調的不是一般意義上的祈禱，而是靜觀心禱，就是安靜在上帝面前，歸回自己的心靈聖殿，尋求與上帝的結合和密契，並且把這個結合與密契視為基督徒蒙召為聖徒的中心。然後由此中心出發，轉向上帝賜給的治理全地、傳道救靈的使命。因此，祈禱之路就是修德之路，關鍵是我們在愛主愛人之美德上的長進，而不是我們個人物質欲求的滿足。因此，在基督徒祈禱中，最重要的不是祈禱中的玄之又玄的個人經歷，大德蘭也一再在其著述中提醒讀者不要刻意尋求此類的神祕經歷，而是積極地預備自己，追求在信德、望德和愛德上的長進，特別是在愛德的成全上。

3、通過禱告，基督徒的心靈成為美麗的花園。 在談及靈修和禱告的時候，大德蘭用「花園」這個大家都熟悉和喜歡的東西來比喻形容。她說：「這麼一個污穢惡臭的垃圾堆，上帝卻把它變成一座花園，園中開滿各種美麗的花朵。」[402]「初學者應該明白，為了悅樂上主，他們正在開始的就是在一片非常荒蕪、長滿各種面目可憎的土地上耕種一個花園。至尊陛下除去雜亂的野草，播下美好的種子。現在我們要牢記，當靈魂決心修習祈禱，開始善用祈禱時，這一切都已經完成了。在上帝的幫助之下，我們必須像優秀的園丁那樣使這些植物不斷成長，花費心力來澆灌

---

402 參考大德蘭，《聖女大德蘭自傳》，加爾默羅聖衣會譯（台北：星火，2014 年），10 章 9 節，頁 114。以下簡稱《自傳》。中譯本不清楚時，筆者參考以下引文譯本重譯，表明自譯，並注英文原著頁碼：Kieran Kavanaugh and Otilio Rodriguez 合譯的 *The Book of Her Life*, in *the Collected Works of St. Teresa of Avila* (Washington, DC: ICA Publications, 1976), vol. 2. 本處譯文為自譯，*The Book of Her Life*, p. 110.

它們,使它們不致枯萎,逐漸開花,散發出濃郁的芬芳來,使我們的上主賞心悅目。那樣,上主就會常常來到這花園之中,在這些美德的鮮花之中喜樂享受」[403]。大德蘭在此處強調,靈修如同園丁管理花園,我們每個人都是自己心靈的園丁,其中的鮮花就是屬靈的美德,而澆水就是我們的祈禱。大德蘭認為有四種澆水方式(觀心式祈禱——打水澆灌,收心式祈禱——提水澆灌,靜心式祈禱——引水澆灌,合心式祈禱——雨水澆灌),她以此比喻基督徒祈禱生活的四個階段。

4、大德蘭三本論及祈禱的書籍。大德蘭有三本書比較詳盡地論及祈禱:一是自傳式的分享《自傳》,此書幫助我們了解大德蘭自己在祈禱生活中的經歷。二是講課式的教導《全德之路》,這本書以《國度禱文》為框架,詳盡地講解靜觀心禱的具體步驟。三是經歷與理論並重的詳盡的解釋《靈心城堡》,這本書乃是大德蘭的代表作,我們在本書中有詳盡介紹。在大德蘭的講述中,禱告成為個人靈魂與至尊上帝之間甜蜜的對話和契合。更重要的是,大德蘭為禱告提供了非常具體的指南,既有順序,也有步驟;既有方法,也有方向;既有生動的描述,也有深刻的分析,使凡有感動學習禱告的基督徒都可以按部就班地學習禱告,不斷長進,這是非常難得的。本章主要參考大德蘭這三本著作以及其他相關論述來講授靜觀心禱。

---

403 大德蘭,《靈心城堡》,11 章 6 節,頁 117。本書譯文為自譯,*The Book of Her Life*, p. 113.

二、祈禱與靜觀心禱

1、靜觀是思想與祈禱的合一。 靜觀既是深刻的思想，是得蒙光照的理性在思想上追求更加認識上帝；靜觀也是深刻的祈禱，是得蒙光照的理性在內心中尋求上帝的同在。靜觀所強調的是屬靈的知識，但知識的目的不是知識本身，而是帶領我們的靈魂走向上帝；祈禱所強調的是生命的交流，但交流的目的不是交流本身，而是帶領我們走向與上帝的合一。靜觀心禱乃是深刻的心靈的知識與生命的交流的合一。

對於基督徒而言，不管是靜觀，還是祈禱，都是求主用愛的膏油來膏抹自己的眼睛，從而真正認識和經歷到上帝在耶穌基督裡對世界的大愛：「上帝愛世人，甚至將他的獨生子賜給他們，叫一切信他的，不致滅亡，反得永生。因爲上帝差他的兒子降世，不是要定世人的罪，乃是要叫世人因他得救。」（約 3:16-17）真正的祈禱始終有兩大目的，一是通過祈禱而確定我們個人確實處於上帝的救贖大愛之中，使我們在上帝的大愛中得到更新和醫治；二是通過祈禱明確領受上帝賜給我們的生命的使命，使我們能夠在現實生活中爲周圍的人帶來更新和醫治。

2、以上帝為樂在於經歷與上帝的合一。 清教徒強調，人生的首要目的就是「榮耀上帝，以上帝爲樂，直到永遠」[404]。基督徒如何榮耀上帝，並且以上帝爲樂呢？關鍵是與上帝合一，這種合一不僅包括我們在基督裡通過因信稱義而達成的在地位上與上帝的合一，上帝成爲我們的上帝，我們成爲上帝的子民；也包括我

404《威斯敏斯德小教理問答》第一問。

們在基督裡通過分別爲聖而經歷的在關係上與上帝的合一，使得我們能夠明白上帝的心意，參與上帝的計畫，不再爲自己而活，完全爲榮耀上帝而活，正如保羅所表明的那樣：「我已經與基督同釘十字架，現在活著的不再是我，乃是基督在我裡面活著；並且我如今在肉身活著，是因信上帝的兒子而活；他是愛我，爲我捨己。」（加 2:20）

《威斯敏斯德小教理問答》98 問談及禱告時界定說：「禱告是奉基督的名（約 16:23），向上帝表明我們的心願（詩 62:8），祈求合乎祂旨意的事（約一 5:14），承認我們的罪（詩 32:5-6；但 9:4），並感謝祂的憐憫（腓 4:6）。」在這個定義中，把禱告的精義界定爲「祈求」，正如清教徒神學家文森特所解釋的那樣：「禱告分爲三個部分：一是祈求的禱告，二是認罪的禱告，三是感恩的禱告；但準確地說，禱告在於祈求。」[405] 因此，清教徒把禱告界定爲單向性的祈求。

我們在本書中強調，禱告不僅是個人向上帝發出的單向性的祈求，更是個人與上帝之間雙向性的交流、對話和契合。這是雅和博經學在靈修和祈禱方面比清教徒的教訓更加歸正和豐富之處。其實，加爾文本身也贊同禱告是「與上帝交談」[406]，可惜加爾文對於這種交談並沒有詳盡地展開，他更多的是注重法理性的祈禱，強調祈求赦罪乃是禱告中最主要的部分。[407]

---

405 文森特，《威斯敏斯德小教理問答釋義》，王志勇譯（香港：雅和博聖約書院，2013 年），頁 335-336。
406 加爾文，《基督徒敬虔學》，3 卷 20 章 4 節。
407 同上，3 卷 20 章 9 節。

3、清教徒論奉基督的名禱告。何謂「奉基督的名」禱告？清教徒神學家文森特的解釋非常清楚：「奉基督的名向上帝祈求，並不僅僅只是在結束禱告的時候，在嘴唇上提及基督之名，或者是在禱告的任何部分提及基督之名；而是藉著信心提及基督之名，唯獨倚靠基督在禱告中蒙准來到上帝的面前，使我們的禱告得悅納，得垂聽，得恩惠的回應。『我們因信耶穌，就在他裡面放膽無懼，篤信不疑地來到上帝面前』（弗 3:12）。」[408]

我們之所以必須奉耶穌基督的名禱告，乃是因為：「上帝無限的聖潔，無限的忌邪，也是無限的正直公義，而我們則是如此地不聖潔，如此的有罪，即使我們最好的禱告也是不完全的，混雜著各樣的敗壞，我們這些人不會得蒙上帝的悅納，我們的禱告也不會得蒙垂聽。只是因著基督之名和祂的中保之工，有祂功德的馨香與我們的禱告相和，消除我們禱告中的異味，藉著祂與父的關係，唯獨靠著祂，我們的禱告才得蒙垂聽。」[409]

4、天主教在禱告方面的錯誤。天主教在禱告方面所犯的極大錯誤就是向天使、童貞女馬利亞或其他聖徒禱告，這是清教徒所特別反對的，也是我們今日基督徒必須堅持的真理。文森特在其問答中特別清晰地指出了天主教在禱告方面的這種錯謬之處：「在禱告中，我們可否如教皇派所教訓和實行的那樣，奉天使、童貞女馬利亞或其他聖徒的名，向他們祈求，請他們幫助我們，至少可以利用他們在天國的功德呢？回答：向任何受造物禱告，都是偶像崇拜，唯獨上帝才是禱告和其他一切宗教崇拜的物件；

---

408 文森特，《威斯敏斯德小教理問答釋義》，頁 335-336。
409 同上，頁 336。

因此，我們不當向天使禱告（他們過去拒絕接受人的敬拜），更不用說向任何聖徒禱告了。『不可讓人因著故意謙虛和敬拜天使，就奪去你們的獎賞』（西 2:18）。『我就俯伏在他腳前要拜他。他說：「千萬不可！我和你，並你那些為耶穌作見證的弟兄同是作僕人的，你要敬拜上帝。」』（啟 19:10）

在天上我們只有一位中保和代禱者，就是主耶穌基督，讓任何天使或聖徒作我們的代禱者，都是對他的冒犯。『因為只有一位上帝，在上帝和人中間，只有一位中保，乃是降世為人的基督耶穌』（提前 2:5）。『若有人犯罪，在父那裡我們有一位中保，就是那義者耶穌基督』（約一 2:1）。不管是向天使或聖徒禱告，還是藉著他們禱告，這在聖經中既沒有此類的吩咐，也沒有相關的例證，更沒有任何有關的應許。即使在天上最重要的聖徒也不曉得我們這些在地上之人的狀況；他們在那裡既不能垂聽我們的禱告，更不能應允我們的禱告，因此他們不適合成為我們禱告的物件，也不適合為我們作出特別的代禱。『亞伯拉罕雖然不認識我們，以色列也不承認我們，你卻是我們的父』（賽 63:16）。所以，教皇派在這個方面的教訓和做法既是不當行的，也是可憎惡的。」[410]

5、我們唯獨向上帝禱告的三大原因。 清教徒強調，我們唯獨當向上帝禱告。原因有三，首先禱告是敬拜的一部分，唯獨上帝才是我們當敬拜的對像。「當拜主─你的上帝，單要事奉他」（太 4:10）。其次，唯獨上帝無所不在，看顧祂的子民，聆聽他們的禱告。「耶和華的眼目看顧義人；他的耳朵聽他們的呼求」（詩

---

[410] 文森特，《威斯敏斯德小教理問答釋義》，頁 336-37。

34:15）。第三，唯獨上帝能夠垂聽我們的禱告，滿足我們的願望，把我們所祈求所需要的賜給我們。「凡求告耶和華的，就是誠心求告他的，耶和華便與他們相近。敬畏他的，他必成就他們的心願，也必聽他們的呼求，拯救他們」（詩 145:18-19）。

6、祈禱的雙向性、對話性與靜觀性。清教徒所強調的是單向性、推理性、祈求性的祈禱。我們在這種祈禱的基礎上強調雙向性、對話性、靜觀性的祈禱。祈禱的雙向性是指我們的祈禱不僅是我們向上帝傾心吐意，也是聆聽上帝的聲音，享受上帝的同在。因此，祈禱的雙向性所帶出來的必然是祈禱的對話性。祈禱的靜觀性是指我們強調祈禱的最高境界就是靜觀，就是由上帝主動施恩，使我們達成與上帝在靈性上的融合。在這種融合中，人可以也應當做好配合性的預備，但卻無法掌控，更無法揠苗助長，只能被動地安靜地接受。[411]

在目前科學技術日益發達、人際關係更趨疏離的時代，基督徒確實需要保持冷靜，在內心深處經歷上帝的密契共融，然後在社會變革中發揮光與鹽的作用。沒有冷靜的反思，我們就會被各種時代的潮流裏挾而下，成為個人私欲和社會時尚的犧牲品。因此，儘管祈禱以深刻地經歷上帝為中心，但其導向卻是認識真正的自我，培養彼此相愛的團體生活。這種靜觀性的祈禱就是耶穌基督所強調的「內室的禱告」：「你禱告的時候，要進你的內屋，關上門，禱告你在暗中的父；你父在暗中察看，必然報答你。」（太 6:6）這種靜觀心禱的核心就是保羅在聖經中所強調的「看

---

411 參考大德蘭《自傳》，34 章 11 節；《靈心城堡》，第六重住所，7 章 7 節。

見主的榮光」：「我們眾人既然敞著臉得以看見主的榮光，好像從鏡子裡返照，就變成主的形狀，榮上加榮，如同從主的靈變成的。」（林後 3:18）

7、靜觀心禱與使徒工作的結合。 在高度的靜觀心禱中，人的理性、感性和想像都安靜下來，但人的意志卻完全集中在上帝身上。儘管祈禱引領我們超越語言（口禱）和思想（默禱），進入語言和思想所代表的終極性實在，就是上帝，但靜觀不會僅僅停留在這種密契之中，而是帶領我們走向使徒性的工作，傳揚福音，見證基督，牧養靈魂。

從這種意義上說，唯獨靜觀才是唯一真實的祈禱，口禱和默禱不過是預備而已。因此，一切的祈禱都具有靜觀的性質，否則我們的口禱就變成有口無心，只是毫無意義地重複一些詞句；我們的默禱也就變成異想天開，只不過是滯留在我們自己的意念之中而已。但是，我們通過祈禱所尋求的不是語詞的念誦和重複，也不是思想的深化和享受，而是上帝本身，就是住在我們心中的聖靈上帝。因此，祈禱上向上帝敞開自己，尋求上帝的聖容和心意。因此，我們在本書中特別強調「心禱」，這種「心禱」所注重的就是心靈深處與上帝的關係。

這種靜觀最終的落實和衡量是在美德上多結聖靈的果子（加 5:22），在日常生活中遵守上帝的誡命（約 15:19），完成上帝的賜給我們的時代性的使命。因此，靜觀心禱和使徒工作是完美地結合在一起的。我們越是在靜觀心禱中經歷上帝，被上帝的真理和大愛點燃，就越是能夠在上帝呼召我們所做的治理全地、傳道牧靈的工作中大有作為。偉大的宣教士必然是偉大的靈修者，那些沒有在心靈深處通過祈禱深刻經歷上帝的人，最終向人傳遞的

不過是自居和理論而已。

在靜觀心禱中，我們經歷上帝在耶穌基督裡賜給我們的豐盛的生命，就是上帝的福音所應許的赦罪與平安；在使徒工作中，我們彰顯上帝在耶穌基督裡賜給我們的榮耀的自由，就是上帝的約法所顯明的公義和自由。

8、靜觀心禱的精義是效法基督，以全人愛上帝。 靜觀心禱就是要盡心、盡性、盡意愛上帝（申 6:5）。耶穌基督不僅是完全的上帝，也是完全的人，「所以，他凡事該與他的弟兄相同，為要在上帝的事上成為慈悲忠信的大祭司，為百姓的罪獻上挽回祭」（來 2:17）。耶穌基督在世界上時經常尋求一個孤寂、隱僻、靜默、禁食與醒悟的祈禱生活，從而使得人的本性更加向上帝開放，在認知和愛心上成為更加適宜與上帝結合的器皿。祂在安靜的祈禱中認識父上帝的旨意，並且在愛中完全降服。祂在祈禱中聽到父上帝的話，領受了上帝賜給他的道（約 17:8，14），並且也在祈禱中以愛心認識了父（約 10:15；太 11:25-27）。

我們必須注意，作為完全的人，耶穌基督對於上帝和自身的認識確實有一個不斷成長的過程，「耶穌的智慧和身量，並上帝和人喜愛他的心，都一齊增長」（路 2:52）。聖靈使得我們分享基督的大愛和服從，並且奉獻基督與父的合一（約 17:20-21）。我們在祈禱中效法耶穌基督的祈禱和成長，逐漸在主的榮光中達到圓滿的地步（林前 13:12；約一 3:2）。因此，當耶穌基督吩咐我們背起自己的十字架跟隨祂的時候，不僅指向我們在這個世界上見義勇為，當仁不讓，甚至為義受苦，殺身成仁，更是指向我們的靜觀心禱方面效法耶穌基督，成為一個真正安靜、獨立、祈禱的個人。

9、靜觀心禱與生命的改變。靜觀心禱必然帶來生命的改變，因為真正的靜觀心禱是完全向聖靈開放，必然結出聖靈的果子（加 5:22）。如果我們經過長期祈禱之後，卻沒有生命的改變，肯定是我們的祈禱有問題，就是在我們的祈禱中，我們並沒有來到上帝的面前，並沒有讓聖靈全方位地介入我們的生活。因此，我們的祈禱可能是在眾人面前的假冒為善，或者是自己私下的自言自語。

中世紀一位英國修士如此描述靜觀心禱給人帶來的生命改變：「但靜觀到了成熟時，必會發現：愛自然而然地統禦內外一切舉止。聖寵引人靜觀時，看來也使身體的氣質隨著變化。這人雖然可能具有自然缺點，現在卻顯得可愛引人了。整個人變得如此吸引人，善良者見而起敬，樂於為伍，因他身上放射出一股從上主而來的震波。」[412]「為此，盡你所能和上主恩寵合作，去掙得這個大恩吧！上主的聖寵要教導受此恩典的人怎樣自持，承認一切都是上主的作為。這樣的人在需要時也會分辨別人的性格和氣質。他會適應自己配合任何人，甚至，令人驚奇地，可以不陷於罪而適應執惡不改的罪人。是上主的聖愛透過他在工作，在引人渴慕聖神在他身上所喚起的靜觀的愛。他的舉止和談吐，蘊有屬靈的明智、熱火與愛的美果。他講起話來，必然安詳，毫無偽善欺人的那種虛偽及特意討好人的意味」[413]。這就是通過祈禱而帶來的變化氣質，正如摩西從山上下來時臉上放光一樣。心禱是用心靈祈禱，心禱帶來的也是心靈的轉化。

---

412 十三至十四世紀英國無名修士，《不知之雲》，鄭聖沖譯（台北：光啟，2004 年），頁 138。

413 同上，頁 138。

那些沒有祈禱、內心缺乏平安的人，就會緊張易怒，不容易和別人相處合作，當然也不容易聆聽別人的話，體恤別人的心情。如果堅持一到兩年的靜觀心禱，每一天都通過靜觀心禱來到上帝的面前，人的內在生命和外在氣質，都會在真實的愛德上有明確的積極的改變。

三、靜觀心禱三大預備

1、祈禱與靈修的三大根基。 靜觀心禱的三大預備就是：彼此相愛──對於他人要有愛心；超脫世俗──對於世界要有超脫之心；謙卑自守──對於自己要有警醒謹守之心。

大德蘭自己如此強調：「第一點是彼此相愛，第二點是超脫一切受造，第三是真謙虛。雖然我最後提到謙虛，它確實最重要的，並且涵蓋其他一切。」[414] 這三大方面構成祈禱與靈修的根基。同時，我們也必須認識到，這三大方面並不是我們一開始祈禱的時候就具有的美德，而是在我們祈禱的過程中個性生命不斷被主改變的結果，也就是祈禱的功效。因此，我們也可以從這三大方面省察我們的祈禱生活。

2、靜觀心禱的首要預備是愛主愛人。 靈修的關鍵不是想很多，也不是做很多，而是愛很多！沒有愛主愛人之心，我們在靈修上就不能長途跋涉。若不是去見自己所愛的人，誰能忍受旅途的風波呢？在愛主愛人的美德上沒有成長，我們的靈修就沒有絲毫的成長。

---

[414] 大德蘭，《全德之路》，4 章 4 節，頁 60。

因此，德修是密契的預備，密契是德修的昇華。德修的核心是美德的長進，是知識與善行的結合，就是知與行的合一。基督徒生活的最高境界並不是個人神祕的感覺，而是愛人如己。那些沒有深刻的愛人如己之心的人，不僅不能得蒙上帝的悅納，甚至根本就沒有得救，根本就不是基督徒。因此，約翰強調：「親愛的弟兄啊，我們應當彼此相愛，因為愛是從上帝來的。凡有愛心的，都是由上帝而生，並且認識上帝。沒有愛心的，就不認識上帝，因為上帝就是愛。上帝差他獨生子到世間來，使我們藉著他得生，上帝愛我們的心在此就顯明了。不是我們愛上帝，乃是上帝愛我們，差他的兒子為我們的罪作了挽回祭，這就是愛了。親愛的弟兄啊，上帝既是這樣愛我們，我們也當彼此相愛。從來沒有人見過上帝，我們若彼此相愛，上帝就住在我們裡面，愛他的心在我們裡面得以完全了。」（約一 4:7-12）那些對別人沒有關愛之心，卻在教理上錙銖必較、口誅筆伐的人，無非是發洩私欲、以理殺人而已。這樣的人總是忙於「獵巫」，追殺別人，他們不可能進入深度的祈禱之中。

　　3、超脫無知與感官享樂的捆綁。要進入靜觀心禱，基督徒須有超脫無羈之心，不受世俗無知和感官享樂的捆綁。在明確愛主愛人的美德之後，我們就要棄絕我們對於世上一切受造之物的貪愛。不是不愛，而是不要貪愛！

　　就我們自己而言，我們必須認識到自己的一無所有；就我們在基督裡而言，我們必須認識到自己擁有一切。加爾文談及禱告的第一個原則就是「我們必須有與上帝交談的心態」，就是「除掉一切屬世的掛慮，因為這些事情誘惑我們思念地上的事而不思念天上的事。我的意思是我們應當在某種意義上被提升而勝過世

界，免得我們將任何因我們盲目和愚昧的心智習慣捏造的東西帶到上帝面前，或免得我們自己在虛榮的範圍內求告上帝，我們的禱告必須與聖潔的上帝相稱」[415]。以啓蒙運動和工業革命爲標記的現代社會，其突出特徵就是對物質財富的瘋狂的追求、佔有和享受，這種貪婪不僅使得人與人、國與國之間戰爭不斷，也使得我們處處破壞大自然的和諧，造成各種污染和破壞，使得大地不再是一個安全的樂園式的棲息之地。

格裡夫斯是本篤修會派駐印度的修士，他強調，不管是在印度教還是在基督教的德修之中，一個共同的關注就是根據上帝的啓示重新看待世界，基於對上帝的大愛而善用世上的一切來服務他人。[416] 因此，真正的超脫並不是鄙視世界或一切受造之物，因爲這個世界以及其中的一切都是上帝造的，本身都是美好的，我們若是本著感恩的心按照上帝的律法來享用，就是在榮耀上帝。我們最大程度地按照上帝的律法來享受上帝及其所造的一切，就是最大程度地榮耀上帝。當然，聖經中也有這樣的啓示：「不要愛世界和世界上的事。人若愛世界，愛父的心就不在他裡面了。因爲，凡世界上的事，就像肉體的情慾、眼目的情慾，並今生的驕傲，都不是從父來的，乃是從世界來的。這世界和其上的情慾都要過去，惟獨遵行上帝旨意的，是永遠常存。」（約一 2:15-17）此處聖經中明確譴責的對世界的愛並不是正當的聖潔之愛，也就是合乎上帝的心意的愛，而是違背上帝的律法的貪愛，這種貪愛使得我們成爲自己的邪情私慾的奴隸。超脫之心給我們帶來的是

---

415 加爾文，《基督徒敬虔學》，3 卷 20 章 4 節，頁 859。

416 Bede Griffiths, *Essential Writings*, selected with an introduction by Thomas Matus (Maryknoll, New York: Orbis Books, 2004), pp. 48-49.

真正的幸福，就是內心的自由，使得我們不再擔心身體的舒適、個人的榮譽和財富的得失。

眞正的超脫無羈並不是捨棄一切物質的財富，也不是像佛敎和尙一樣絕情寡欲，古井無波，如如不動，關鍵是要在思想和心態上不要成爲金錢和欲望的奴隸。在超脫方面，最需要對付的就是面子精神，大德蘭認爲：「不除掉這隻毛毛蟲，即使牠不會毀壞整棵樹（因爲，尙存有其他的德行），所有的德行都會被蟲吃光的。樹木旣不美麗，也不茂盛，甚至連鄰近的樹也不得繁茂。所給出好表樣的果實，也不健康；是維持不了多久的。我常說，無論愛面子的問題多麼小，對面子的掛心，猶如荒腔走調的風琴聲；所有的音樂都不和諧。這個掛心，在所有方面都危害靈魂，而在這條祈禱的路上，乃是瘟疫。」[417] 大德蘭認爲貧窮和謙卑是保護修道院的最好的高牆，她甚至向天主祈求：「願豪華修道院蓋好那天，馬上塌下來！」[418] 她希望修道院修女有簡樸的住所、散心的地方，附帶幾間獨修的房間用於退隱祈禱，最好要有大家可以一起勞動、自給自足的田園，但是，「千萬不要有豪宅和大廈」[419]！

倘若上帝允許，將來的雅和博聖約研修院也當如此，我們需要的就是：簡樸的住宅、散心的花園、獨修的居室和耕種的田園。當然，我的奢望是還要有一個好的圖書館，有豐富的藏書，可供大家研究、教學使用，因爲我們要建立的不是一般性質的靈

---

417 大德蘭，《自傳》，31 章 21 節，頁 282。
418 大德蘭，《全德之路》，2 章 8 節，頁 52。
419 同上，2 章 9 節，頁 52。

修院，而是注重研究和宣教的研修院。這樣我們就可以打造經典的文本，或是翻譯，或是創作，為別人提供教材和專著；打造經典的樣本，彼此相愛，天路同行，就是培養世人可以效法的聖徒與聖約群體。如今北美很多華人基督徒擁有自己的豪宅大廈，但卻沒有學而習之、專心求道的修院和田園，這也是華人基督徒本身的恥辱！唯願上帝施恩動工，感動更多的弟兄姐妹出錢出力，使得我們能夠從美國這片自由的土地開始，建立新型的研修院，培養研究、靈修與宣教並重的新型傳道人。如今多少基督徒個人享受著豪宅大廈，但卻沒有學而習之的修院和田園！

4、我們始終需要的是謙卑之心。 一旦我們喪失了謙卑之心，我們心靈的城門就已經被仇敵攻陷，我們已經在不知不覺中成了仇敵的俘虜和工具。因此，**靈修的關鍵不是靠我們個人的修行**，而是自覺地把我們自己的生命完全地交託在上帝的護理之下，當然也要接受靈命導師的教導和提醒，因此我們必須有謙卑之心。加爾文在談及禱告的原則時強調我們「要謙卑地將一切的榮耀都歸給上帝，棄絕一切的自誇和自我價值。總之，我們應當除掉一切的自信，免得我們認為自己有絲毫可稱讚的方面，就變得自高、自大，以至上帝掩面不聽」[420]。

謙卑之心不是故意做出來的姿態，而是發自內心地認識到我們在上帝面前實在不配得到任何恩典，一切美善的東西最終都是來自眾光之父的賜予，包括我們的生命本身也是出於上帝的創造和護理。因此，真正的謙卑不是「釣魚工程」：謙虛使人進步，驕傲使人落後！我們的謙卑不是在人面前的姿勢，不是為要

---

[420] 加爾文，《基督徒敬虔學》，3卷20章8節，頁864。

得到人的欣賞和稱讚,而是在上帝面前真正的自覺,深知我們自身的卑微,深知上帝在耶穌基督裡賜給我們的大恩,深知我們的動作存留都在於上帝的慈愛。大德蘭的祈禱方法本身就是一種臨在法,強調我們在祈禱中要完全地置身於上帝的面前,因為上帝時時都臨在於我們,關鍵是我們心靈是否明確地意識到上帝的臨在,是否向上帝敞開。因此,大德蘭強調說:「我所希望只是,我們要注視且面對著和我們談話的天主,而非以背對祂;我認為在和天主說話的同時,還想著成千的虛榮之事,也就是轉背向祂。所有的損害來自沒有真正的了解,祂就在近旁,反而想像祂在遠處。」[421] 既然祈禱就是尋求上帝的同在,謙卑當然是至關重要的,大德蘭強調說:「祈禱的整個根基在於謙虛,一個靈魂在祈禱中越謙卑自下,天主就越提拔抬舉。」[422]

最能考驗我們是否謙卑的時機就是當我們遭遇別人的不解、誤會甚至攻擊、謾罵的時候,還能夠舉止得宜!大德蘭明確指出:「眼看著沒有過失而挨罵,又默不作聲,這是大謙虛,也是極度效法除免我們所有罪過的上主。」[423] 大德蘭認為,默觀者在教會中就像旗手,「他們必須高舉謙虛的旗幟,忍受所有臨身的打擊,什麼也不還擊。他們的責任就是如同基督一般的受苦受難,高舉十字架,不論看到自己處在什麼危險中,都不讓十字架離開他們的手,也不讓人見到在受苦中有任何的軟弱」[424]。靜觀者

---

421 大德蘭,《全德之路》,29 章 5 節,頁 159。
422 大德蘭,《自傳》,22 章 11 節,頁 202。
423 大德蘭,《全德之路》,15 章 1 節,頁 100。
424 同上,18 章 5 節,頁 114。

擔負旗手的責任，必須認識到「自己乃是眾人中最卑劣的」[425]。有一次在會眾開會交流的時候，我遇到一個人站起來攻擊教會和牧者，心裡覺得非常氣憤。他來到我的面前指著我的鼻子罵我「講假道」，我當時失控，拍了一下桌子，大聲說：「你這樣攪擾教會，辱罵牧師，願上帝審判你！」現在想來，我真為自己這樣的失控感到羞愧，因為這樣做給教會帶來了更大的困擾和傷害。儘管對方這樣做很不對，但我不必這樣激烈地反應。我對於別人對我的人身和牧職的攻擊格外敏感，是因為從小受別人的欺負，使得我內心積聚著強烈的反抗精神。另外，因為我自己辭去律師的工作，用整個的身心來牧養教會，深信牧職是來自上帝的神聖呼召，不願意在我身上使得牧職受到褻瀆。求主繼續醫治我們心靈的創傷，賜給我智慧和溫柔，使我謙卑在主的面前，能夠更加效法耶穌基督的受苦受辱。

當然，終極而言，真正的謙卑不是來自我們自己的修養和克制，而是來自上帝的超然的光照。因此，大德蘭描述說：「當他看見神性的太陽，其光耀的明輝使之目眩；反顧自身時，泥巴蓋住他的眼睛；這只小鴿子的眼睛瞎了。這樣，許多時候，他完全處在盲目、全神貫注和驚駭中，並且由於所看見的許多奇偉而陷於暈厥。在此境界中，會得到真謙虛，他完全不在乎說自己好，也不在意別人這樣說。是上主，而不是靈魂分施園中的果實，沒有什麼黏住他的雙手。他所有好的，全歸於天主；如果他說些有關自己的事，他為天主的光榮而說。他知道，在花園裡，他什麼也沒有；甚至即使願意，他也無法不知道這個真理。無論願意與

---

425 大德蘭，《全德之路》，18 章 7 節，頁 115。

否，他親眼看見，上主使他對所有世物閉上眼睛，使之能張開眼睛了悟真理。」[426]

只有當我們真正得見上帝和耶穌基督的威嚴時，我們才能真正具有發自內心的謙卑，正如大德蘭強調的那樣：「在此神見中，清楚地呈現，審判之日面見這位君王的尊威，看見祂嚴厲地對待惡人，是何等的光景。這個神見是留在靈魂內真正謙虛的根源，他看到自己的可憐，他不能不知道。這神見是慚愧和真正悔罪的根源。」[427] 大德蘭在其信仰經歷上經歷了很多的誤會和攻擊，很多牧者認為她的經歷是來自魔鬼，並且把她私下的懺悔到處傳播，使她遭受到周圍更多人的嘲笑和質疑。然而，因為深刻地經歷上帝的恩典，大德蘭認為此類磨難都是上帝對她的恩惠：「願上主容許，藉此磨難，我多少事奉了至尊陛下，而我非常確定，那些歸咎和譴責我的人，他們是在事奉上主，這一切全是為了我更大的益處。」[428] 能夠達到這樣深刻的認識與自覺，我們確實需要來自上帝的特別的恩典。我越來越深信，上帝拯救我們的特別恩典，不僅覆蓋我們的稱義，也覆蓋我們的成聖。

在教會生活中，常常見到有的人為了一點點小小的冤屈，就四處抱怨，甚至煽風點火，攻擊他人，使得自己和他人都得不到造就。甚至牧者有時也是如此，常常在個人遭受誤解或攻擊的時候，沒有謙卑忍耐，卻大肆宣揚，使得弟兄姐妹都捲入個人性的恩恩怨怨之中，整個教會都受到虧損，這是我們應當特別小心謹

---

426 大德蘭，《自傳》，20 章 29 節，頁 190-191。
427 同上，28 章 9 節，頁 249。
428 同上，28 章 18 節，頁 253。

守的。我們確實需要真正的謙卑,需要發自內心地經歷和深信「萬事都互相效力,叫愛上帝的人得益處,就是按他旨意被召的人」(羅 8:28)。

    5、愛德與超脫、謙卑之心的關係。這三大美德是緊密地聯繫在一起的。沒有愛主愛人之心,我們的超脫無羈就會變得冷酷無情,最多是道家所提倡的逍遙自在,明哲保身。沒有超脫無羈,我們就會陷在自我中心的網羅之中,根本不能夠真誠地愛主愛人。對於謙卑自守而言,也是如此。

    真正的謙卑自守必然包含著超脫自我,不受功名利祿的羈絆。同時,也只有真正的謙卑,才能使得我們更多地愛主愛人,而不是認為自己配得上帝和他人更多的寵愛。因此,大德蘭總結說:「我不能明白,沒有愛怎會有謙虛,或怎能有謙虛呢?我也不懂,沒有謙虛又怎能有愛呢?而沒有極力超脫所有的受造物,也不可能有這兩種德行。」[429] 有來自上帝的大愛,才會有真正的謙卑與超脫。更重要的是,即使我們已經有了來自上帝的大愛,我們在謙卑與超脫上仍然需要不斷長進。

四、第一個階段:觀心式祈禱

    1、四大祈禱與澆灌花園的方式。我們把大德蘭所教導的祈禱分成四大階段,並且分別把它們和澆灌花園的方式聯繫起來。這種祈禱是心禱,是默禱,更是靜觀心禱,導向就是通過靜觀深入祈禱,通過祈禱促進靜觀。

    (1)**觀心式祈禱**——從井中打水澆灌,很不輕鬆。在這種

---

[429] 大德蘭,《全德之路》,16 章 2 節,頁 104。

祈禱中，關鍵是要通過沉思而觀察自己心靈的光景到底如何。因此，靜觀心禱的第一步就是要安靜在主的面前，放下世俗的一切纏累，尋求一個人歸向上帝，向上帝傾心吐意。在這一步，最好有一個相對比較安靜的環境，有利於我們集中注意力。

（2）**收心式祈禱**——用水車提水澆灌，相對輕鬆。在這種祈禱中，關鍵是要把自己散佚在受造物之中的心思意念收攝回來，不再執著、滯留於受造之物，幻想在受造之物中得到完全的滿足。因此，靜觀心禱的第二步是更多地追求安靜，不僅是尋求環境的安靜，更是進入心靈的安靜。

（3）**靜心式祈禱**——用溪流引水澆灌，比較輕鬆。在這種祈禱中，關鍵是安靜在上帝的面前，直接從上帝那裡得到醫治和滿足。此處既有我們個人的努力，也有上帝的恩典扶持。在靜觀心禱第三步的時候，我們不僅處在一個相對安靜的環境之中，我們的心靈也在各樣的欲念的糾纏中掙脫出來，完全安靜在上帝的面前。

（4）**合心式祈禱**——靠天上雨水澆灌，完全輕鬆。在這種祈禱中，人完全處於被動狀態，安靜地接受上帝的光照和轉化。這樣的合心式祈禱雖然是被動的，但往往並不是以石破天驚的突然方式臨到我們，而是我們當我們安靜在主的面前的時候，不知不覺就被帶進了主的同在：「願你吸引我，我們就快跑跟隨你。王帶我進了內室，我們必因你歡喜快樂。我們要稱讚你的愛情，勝似稱讚美酒。他們愛你是理所當然的。」（歌 1:4）

真正的靜觀心禱是在第四個階段出現，這種靜觀心禱完全是上帝對我們生命的主動參與，而我們則是被動領受的。但是，我們仍然可以主動地做一些預備性的工作，第一到第三階段的祈禱

就是預備性的工夫，要充分發揮我們的主動性，潔淨我們自身，預備得見上帝。在我們竭力預備自己的時候，我們往往經歷到上帝格外的祝福和同在，甚至不知不覺進入物我皆忘、心醉神迷的境地。

2、**聖經啟示與四種祈禱**。大德蘭所提及的這四種方式的花園澆灌在聖經中都有提及。上帝一開始創造天地萬物的時候就有花園：「耶和華上帝在東方的伊甸立了一個園子，把所造的人安置在那裡」（創 2:8）；「耶和華上帝將那人安置在伊甸園，使他修理，看守」（創 2:15）。因此，創世的時候，上帝的本意就是提供第三種方式的灌溉系統，通過溪流使土地得到充分的滋潤。但是，因著人的驕傲和犯罪，樂園變成受咒詛之地，「又對亞當說：你既聽從妻子的話，吃了我所吩咐你不可吃的那樹上的果子，地必為你的緣故受咒詛；你必終身勞苦才能從地裡得吃的。地必給你長出荊棘和蒺藜來；你也要吃田間的菜蔬。你必汗流滿面才得糊口，直到你歸了土，因為你是從土而出的。你本是塵土，仍要歸於塵土」（創 3:17-19）。此後，我們需要上帝從天上給我們降下雨水：「他必按時降秋雨春雨在你們的地上，使你們可以收藏五穀、新酒，和油。」（申 11:14）

3、**觀心祈禱與打水澆灌**。祈禱的最初階段是觀心祈禱，那是「打水澆灌」的階段。就像一個人從遙遠的地方用水桶從深井裡打水，然後用雙肩挑回來，這樣灌溉心靈的花園，要消耗許多體能，真是非常辛苦。筆者生在偏僻鄉村，少年之時就開始這樣到井中打水挑水，這是當時村中公認的最艱難的勞動之一。另外一個就是挖豬圈，要把長期積攢的豬圈中的豬糞一鐵鍬一鐵鍬地挖出來，扔到豬圈邊上，不僅味道不好聞，也全身費力氣。

尋求上帝的光照，就像到井中打水，雖然一路可以看看花草鳥獸，肩頭上挑著幾十斤重的水可不輕鬆！對付自身殘餘的罪，就像挖豬圈，這活真是又髒又臭又累，大家都不願意幹這髒活！基督徒要定志通過禱告來對抗罪惡和誘惑，這樣才能逐漸進入深刻的默想。因此，在祈禱的初級階段，需要努力收斂自己到處遊逸飄蕩的感官，在獨居和退隱中深刻反省自己過去的生活，充分認識到自己心靈深處的卑劣和完全的不配。這種獨立性、反思性的省察反映人的本質，是人性的高貴之所在。這個階段，我們覺得就是自己辛辛苦苦的園丁，要好好地打理自己心靈的花園。

4、**觀心祈禱與口禱心禱**。默想式的祈禱包括口禱和心禱。加爾文在談及祈禱的時候也強調，「在禱告時默想上帝的屬性和祂的話語絕非多餘」[430]。口禱就是開口發聲禱告，心禱就是閉口默想默禱。這種口禱和心禱是進入靜觀禱告的前奏。其實，口禱和心禱應當是合一的，其中貫徹的就是愛的交談和思想。在我們的口禱中，我們不能有口無心，要一邊默想一邊口禱；在我們最深沉的默想中，我們情不自禁地發出聲音，或是讚美，或是哀怨，或是感恩，或是定志，或是悔改，美麗的口禱總是由心中發出，是心靈的詠歎和歌聲。

5、**口禱與經文祈禱**。經文祈禱就是藉著經文幫助我們祈禱。口禱就是慢慢地念誦一段經文來禱告，比如《國度禱文》或詩篇等。在我們如此誦念禱告的時候，要通過理智的思維而引動我們的意志去接近主，愛慕主。大德蘭以《國度禱文》為例，叮囑人在念誦這一著名的禱文時候，不要忘記那位教導我們如此禱

---

430 加爾文，《基督徒敬虔學》，3卷20章13節，頁873。

告的救主耶穌基督，要邀請祂到我們的心中，和祂相聚。正如耶穌在聖經所提示的那樣：「看哪，我站在門外叩門，若有聽見我聲音就開門的，我要進到他那裡去，我與他，他與我一同坐席。」（啓 3:20）

在遭遇逆境或情緒低沉的時候，我們可以更好地默想、置身於耶穌基督的受苦受死；用個人的話語，向祂訴說自己的愁煩、痛苦和困惑，並聆聽祂向我們心中吐露的心聲。在遭遇順境或心情歡愉的時候，可以更好地默想、置身於耶穌基督的復活得榮，向祂訴說自己的快樂、收穫和感恩。好的口禱與好的心禱沒有根本性的區別，兩者都涉及理性的反思，並通過思考來驅動我們的感情和意志。倘若我們的口禱是心不在焉，不管我們發出的聲音如何鏗鏘有力，字正腔圓，娓娓動聽，都不算是祈禱，因爲祈禱的精義乃是人與上帝之間心靈的相應和融通。大德蘭甚至認爲，在祈禱的時候，在至高上帝面前，卻不留意自己正在和誰說話，如同對著一個奴隸，開口就講，發號施令，宣洩自己的不滿，宣告自己的欲求，非要上帝滿足自己的需要不可，這不僅不是祈禱，乃是陷於「禽獸的作風」[431]！

6、**口禱與自發祈禱**。自發祈禱，就是自發性地按照心靈的感動祈禱，這種祈禱往往是說話式的、交流式的、對話式的。大德蘭在教導人按照《國度禱文》祈禱時，從一開始就進入與主愛的交談。「我們在天上的父」，大德蘭隨之發出這樣的心聲：「我的上主啊！祢如何顯示自己是這位聖子之父，而祢的聖子又如何顯示自己是這位聖父之子！願祢永無終窮地受讚美！上主，如果

---

[431] 大德蘭，《靈心城堡》，第一重住所，1 章 7 節，頁 190。

這話出現在禱文的結尾，就不會顯得這個恩惠那麼地大，是不是？從一開始，祢就裝滿了我們的手，放進如此之大恩惠，使得理智充滿洋溢，因而佔有意志，以致無法說出話語。」[432]

大德蘭的這種交流自然而然地發自內心，完全是朋友和朋友之間的坦誠相告，又充滿對於至高上帝的敬畏、愛慕和感恩！我們所需要的豈不就是這種與上帝之間的朋友之情嗎？這種口禱並不排除深刻的默想，正如大德蘭進一步祈禱的那樣：「我的上主，由於祢對我們的愛和祢的謙虛，什麼也阻擋不了祢，總之，上主，祢來到人世，也穿上人性，因而具有我們的本性，好像祢就有了一些理由，可以來關心我們的利益；然而，請看，祢的父親在天上；這話是祢說的；祢總是他的榮耀也是理所當然的……好耶穌啊！祢多麼清楚地表示祢和他是合一的，祢的旨意就是他的，而他的就是祢的！……祢對我們所懷的愛，多麼寶貴！」[433] 大德蘭如此坦率、自然向上帝祈禱，豈不勝過我們在上帝面前的扭扭捏捏，矯揉造作嗎？

7、心禱與內心談話。 基督徒的內在生活首先是「心內談話」——心禱（mental prayer），就是通過祈禱與住在我們心中的聖靈交談。這種禱告是靈魂和上帝之間的愛的交流，正如大德蘭所定義的那樣：心禱就是和上帝那種「朋友之間的親密分享，經常和他獨處，我們知道他是愛我們的」[434]。

心禱也被直接稱為默想（meditation），是人通過思考、推理

---

432 大德蘭，《全德之路》，27 章 1 節，頁 149。
433 同上，27 章 3-4 節，頁 150。
434 大德蘭，《自傳》，8 章 5 節，頁 114。

來反思聖經啟示中的一個道理，由此而進入聖經中所啟示的純正真理的規模之中；或是通過想像來複製、推演耶穌基督生平中的一個事蹟，由此而置身於耶穌生平行動的場景之中，因而和耶穌相遇，觀看對談，引發心中對於上主的一份愛意，「我的主啊！祢做的是什麼啊！豈不是為著靈魂的最大好處！而祢已知道這靈魂是屬於祢的。他把自己放在祢的權下，無論祢到哪裡，他都跟隨祢，甚至是死在十字架上。他以決心幫祢背十字架，不讓祢獨自留在十字架上」[435]。這是何等偉大的默想和心志啊！沒有這樣的默想，我們的禱告和生活就走向枯乾和單調，缺乏心靈的柔情。當然，我們在本書中談及的「心禱」不僅包括主動的理性的默想，也包括被動的靜觀。

8、觀心與理性的思考。 觀心始於理性的思考，終於意志的愛慕。我們運用我們的理智進行推斷，用我們的想像進行觀賞。到了一定的程度，就要打開我們的內心，與主相遇，與主交談，因為理智的思考、想像的推想，目的都是為了與主相遇，好讓我們的意志能夠點燃愛火，在心智的覺醒中激發愛的火花。特別是默想耶穌基督的受苦，為祂的大愛而感動流淚，體會保羅在羅馬書中發出的感歎：「為義人死，是少有的；為仁人死，或者有敢做的。惟有基督在我們還作罪人的時候為我們死，上帝的愛就在此向我們顯明了。」（羅5:7-8）。這個階段要注意，「重要的不是想得多，而是愛得多」[436]。當然，我們也不能忽略理智的功用，因

---

435 大德蘭，《自傳》，11章12節，頁120。
436 大德蘭，《靈心城堡》，第四內室，1章6-7節。

為「要使意志燃燒，需要理智的說明」[437]。

9、靜觀心禱與一般口禱的不同。靜觀心禱與一般的口禱有何不同呢？「在靜觀心禱中，你所尋求的知覺，是知覺那話語的內含成為對你實際的臨在」[438]。正如我們在按照《國度禱文》祈禱的時候，首先念誦的就是「我們在天上的父」。口禱和心禱並沒有截然的區分，在口禱之時竭力用心思想上帝及其恩典，那麼我們的口禱就是心禱。大德蘭指出：「在誦念『天主經』（即我們所說的《國度禱文》）或其他禱文時，上主會把你們安置在成全的默觀中，這是非常可能的；藉著這些方式，至尊陛下表明祂聽見這人對祂說話。」[439]

在靜觀心禱中，我們已經超越了字面的範圍，確實知覺到上帝就在我們的心中，並且我們停留在這種知覺之中。此時，當我們發出「我們在天上的父」這句話的時候，就像敲鐘發出的聲音，把我們從沉睡和夢境中喚醒，使得我們回到心靈深處上帝臨在的知覺中。正如唐詩所詠歎的那樣：「姑蘇城外寒山寺，夜半鐘聲到客船。」那種強烈的存在感來自心靈的體悟。基督徒若是缺乏這種心靈的體悟，不管我們如何參加教會生活，如何熟悉基本的教義，我們的信仰始終停留在頭腦的層面，並沒有深入我們的心靈。

10、觀心祈禱與觀察井水的狀況。這種階段要通過自己的努力直接從井中取水，就是要把我們自己的心意從外部世界收

---

437 大德蘭，《靈心城堡》，第六重住所，7 章 7 節，頁 190。
438 鮑斯特，《靜觀祈禱》，頁 14。
439 大德蘭，《自傳》，25 章 1 節，頁 142。

回,此時我們應當把我們的注意力聚焦在耶穌基督十字架上的獻祭上,從祂的肋旁流出生命的活水。這是一個非常痛苦和漫長的階段,甚至就像蝸牛一樣爬行。上帝把水置於我們花園的井中,有時井乾枯無水,我們需要耐心等待。井中無水,我們還要苦苦汲取,就沒有任何收穫。我們必須等到有水的時候,才能重新汲取。有時上帝並沒有光照我們,我們心中沒有什麼領悟,就必須耐心等待,同時修理花園,等待有水的時候再澆灌。這個階段的禱告是與個人的成聖密切相關的,「我們若求在基督裡稱義,卻仍舊是罪人,難道基督是叫人犯罪的嗎?斷乎不是!我素來所拆毀的,若重新建造,這就證明自己是犯罪的人。我因律法,就向律法死了,叫我可以向上帝活著」(加 2:17-19)。我們越是理解基督的獻祭,就越是理解我們的有罪,使得我們的信德得到增強。

11、觀心祈禱階段的兩大決志。在這個階段,針對剛剛進入祈禱生活的人,大德蘭建議至少有兩大決志。第一個決志就是要定志尋求越來越認識上帝的慈愛。「雖然我們嘴裡頌這句禱詞,卻不求理智上的理解,因為看到那樣的愛,會使我們的心化成碎片,現在你們想想看,這是合理的嗎?那麼,世上有哪個兒子,若有父親非常好,又有這麼大的尊嚴和統治權,怎麼會不力求認識他的父親是誰呢」[440]?

其次,我們要決志忠於我們的上帝,唯獨以上帝為我們共同的天父,盡心、盡性、盡意、盡力愛祂。「你們有很好的父親,祂把好耶穌給了你們。在這裡,不要有人認識且談論其他的父

---

440 大德蘭,《全德之路》,27 章 5 節,頁 150。

親。我的女兒們，務必努力，使你們堪當在祂內獲得愉悅，能投入祂的雙臂中。你們早已知道，如果你們是好女兒，祂就不會拒絕你們。那麼，為了不失去這位父親，誰會不努力呢」[441]？這樣，我們就不會因為我們地上的生身之父是誰而虛浮地自誇，並且由此而輕看那些在世上比我們出生低微的人。

12、祈求上帝帶領我們進入深刻的靜觀。 上主啊，唯獨祢能滿足我們的靈魂。在祢面前有滿足的喜樂，在祢右手中有永遠的福樂。求祢親自教導我們祈禱，開啟我們的心竅，使我們得見祢的大愛，並且被祢的大愛吸引，快跑跟隨祢。世上有無數的東西使我們分心，我們的心中也有各樣的小狐狸在破壞我們的葡萄園，求祢幫助我們捉拿小狐狸。主啊，求祢親自看顧我們，使我們更深地進入祢的同在。

五、第二個階段：收心式祈禱

1、收心祈禱與提水澆灌。 祈禱的第二個階段，是收心式祈禱階段，大德蘭稱之為用水車「提水澆灌」階段，就如用水車和水管提水，這樣取水當然比較省力，並且得到更多的水。對於「收心」（recollection），在不同的作品中，大德蘭的表達略有差異。在《自傳》第十四到十五章，她把收心祈禱與靜心祈禱混為一談，但在《全德之路》第二十八至二十九章，則強調收心祈禱是「主動的」、「自修的」祈禱，在《靈心城堡》第四重住所 3 章 8 節，則把收心祈禱視為輕度的靜心祈禱。我們主要以《全德之路》的解釋為主，兼顧《自傳》和《靈心城堡》中的闡述。

---

441 大德蘭，《全德之路》，27 章 6 節，頁 162。

2、從自我為中心轉向以上帝為中心。在《全德之路》第二十八章，談及以《國度禱文》中「我們在天上的父」進行的口禱中，大德蘭強調，此時我們當思想：天父在哪裡，天國就在那裡。聖經告訴我們，天父臨在於我們的心中，因此我們不必跑到外面去尋找，只需要回到我們自己的心靈深處，就能夠發現天父就在我們的靈心深處。此處大德蘭引證奧古斯丁在《懺悔錄》10章27節的講述，「我在外邊找你，我追求妖豔的受造之物，破壞了自身。祢在我身邊，我卻醉心於物，遠離了祢」[442]。如果我們常常能夠收斂心神，專注於默想在自己心中的上帝，即使在口禱之中，我們也能快速地使我們的理智與其他官能集中起來，達到與上帝同在的意識。[443] 大德蘭解釋說，在這種祈禱中：「靈魂收斂所有的官能，進入自己內，和天主在一起。」[444] 因此，收心祈禱的關鍵就是從自我為中心轉向以上帝為中心。[445]

3、把意識專注於上帝的內在的同在。收心式祈禱就是把我們的意識集中到體驗上帝的同在的禱告。這種祈禱仍然是主動的修行，在性質上與觀心式祈禱相同，都不是被動的靜觀式祈禱。人的感官、想像和理智就像許多的窗戶，向外面的世界開放，這樣外邊的各種景觀和聲音隨時都通過這些視窗進入我們的心靈，真是「風聲雨聲讀書聲，聲聲入耳；家事國事天下事，事事關

---

442 奧古斯丁，《懺悔錄》，10卷27章，232頁。
443 大德蘭，《全德之路》，28章2-4節，頁152-153。
444 同上，28章4節，頁153。
445 See Thomas Keating with Tom S., *Divine Therapy and Addiction: Centering Prayer and the Twelve Steps* (New York: Lantern Books, 2009), p. 3.

心」！這種心靈向外和世界入心的過程，使得我們的心靈很難安靜下來，專注地聆聽內在的聲音，經歷上帝在我們心中的同在。只有當我們主動地收心祈禱時，才能自覺地把注意力從四散遊蕩的狀態轉向聚精會神，以愛心的眼睛注視心中的上帝。

這種祈禱的方式，既可以是口禱，也可以是心禱，關鍵是把意識專注於上帝的同在。加爾文在談及禱告時指出，聖徒禱告時經常存在的問題就是：「他們經常因自己冷漠的心掙扎，且他們的需要和悲慘也不能激勵他們熱切地向上帝禱告。他們也經常不專心，甚至幾乎不想到上帝，因此在這個方面，他們也需要上帝的赦免，免得他們懶洋洋、支離破碎、分心、籠統的禱告被拒絕。人生來就知道這原則，即唯有專心仰望上帝的禱告才合乎上帝的旨意。」[446]

4、在收心祈禱中獨自面對上帝。人的心靈就是天堂。至高的上帝就在我們的心中，但我們卻常常意識不到祂的同在。我們感到形單影隻，空前孤獨，「前不見古人，後不見來者。念天地之悠悠，獨愴然而涕下」[447]。此時我們更當尋求和經歷上帝的同在，正如耶穌基督所說的那樣：「看哪，時候將到，且是已經到了，你們要分散，各歸自己的地方去，留下我獨自一人；其實我不是獨自一人，因為有父與我同在。」（約 16:32）

孤獨是人必須面對的生存處境，人生的大部分時間都是孤獨的，最起碼我們睡眠時不得不自己一個人睡覺，哪怕有很多人陪伴，我們還是要自己入睡，別人無法取代。因此，當我們進入睡

---

446 加爾文，《基督徒敬虔學》，3 卷 20 章 16 節，頁 878。
447 陳子昂，《登幽州台歌》。

眠與做夢的時候，我們每個人都要獨自面對上帝。上帝讓人每天都要睡覺，每天都是至少睡覺五、六小時，使人意識到他不得不回到自己，不得不面對自己。孤獨並不可怕，可怕的是寂寞！寂寞就是無法面對自己的孤獨，在自己的孤獨中感到煩躁不安，因此就試圖通過各種活動來排解寂寞，打發時間，或者是找人聊天、喝酒、甚至做愛，或者是自己去吃飯、喝酒、購物、旅遊等等。很多人犯罪，就是因為耐不住寂寞，不能享受自己的孤獨，不能自己面對自己，就去接觸自己不當接觸的人與物。收心式的祈禱的核心就是讓我們面對自己，歸回自己的心靈，在心靈深處走向上帝。

5、把心靈的意識從受造物收回。在收心式祈禱中，人的感官要避開世上的事物，從而專注於住在他心中的上帝。收心就是要把我們的心靈的意識從一切受造物收回，回到我們心中居住的創造天地萬有的上帝那裡。因此，大德蘭分析說：「凡懂得收心的人，如人們所說的，已經出航入海了；雖然尚未完全看不到陸地，在那樣的時刻，他們竭盡所能不受其約束，收斂感官，專注於內。如果收心是真的，感受會非常清楚，因為會有一些效應。我不知道如何解說這事。凡有經驗的人，自會明瞭。靈魂彷彿從遊戲中起身，他已看盡世間的一切。他一定是在最佳的時刻起身，就好像進入設防堅固的城堡的人，因而不必害怕敵手：感官從外在的事物撤離，並且捨棄它們，竟至在不知不覺中，閉上雙眼，不看外物，因為對靈魂的事物，他具有更清醒的眼光。這樣，凡行走此路的人，幾乎總是閉上雙眼祈禱，由於許多的理由，這是個極好的習慣，因為這就是努力不留意世上的事物。開始時需要這麼做，後來就無需努力了，反而在祈禱時，若想張開

雙眼，則必須更加費力。」[448] 此時，甚至連想像也要保持安靜，使理智能夠更加容易地集中在上帝身上。通過這種收心式的祈禱，循序漸進，我們就能夠習慣於上帝的陪伴，習慣於享受自己單獨與上帝相處的時光。

6、收心式的祈禱不侷限於任何形式。一旦我們領悟到上帝在我們心中的臨在，我與上帝合一的生活就開始了，因為這種領悟開始改變我們的整個生活，使我們始終意識到上帝的臨在，不僅僅是在祈禱的時候，就是在日常生活中也是如此。當然，這種收心式的祈禱不侷限於任何形式，我們能以任何形式享受與上帝的親密交往：或以愛的眼光單純地注視上帝，或以口禱的方式念誦禱文，或是繼續與主進行愛心的交談，或是默想基督的受苦，等等。

收心祈禱能夠兼具任何方式的祈禱，[449] 關鍵就是在祈禱時自覺、主動地把注意力從散向受造物的傾向收回來，一心轉向上帝本身。這個世界本身不能傷害我們，除非我們許可。這個世界不能擁有我們，除非我們自己把鑰匙交給世界，這鑰匙就是我們的心靈。首先就是把我們心靈的鑰匙重新收回來，當然更重要的是把我們的心靈交託給上帝，只有上帝是我們心靈的所有者。在收心式祈禱中，我們必須完成這樣的轉換，把我們此處飄搖、流蕩的心緒收回來。我們的心緒就像耶穌所講的那個浪子，它寧肯在冷漠的雇主家中與豬狗爭食，也不願回到天父上帝的家中參加榮美的宴席，除非它徹底甦醒過來。

---

448 大德蘭，《全德之路》，28 章 6 節，頁 154。
449 賈培爾，《從祈禱到全德之路》，加爾默羅聖衣會譯（台北：星火，2015 年），頁 165-166。

7、收心式祈禱第一大益處是掌管自己的感官。收心式祈禱有三大益處。收心祈禱的強度越高，得到的益處就越大。首先，收心祈禱能夠幫助我們掌管自己的感官。感官就像烈馬，理性就是韁繩，靈修的精義就是我們的靈魂自覺地用理性的韁繩駕馭感官的烈馬，使其奔跑在正路上，達到我們所要去的地方。當然，收心祈禱不是嫻熟地控制感官的烈馬自由馳騁，而是把這些烈馬拴在馬廄之中，使這些烈馬得到適當的餵養和安息，而我們自己的心靈也得到適當的餵養和安息。

現代人習慣了狂奔亂行，卻不習慣停止下來，安靜地思考上帝的作為，我們必須有意識地從各種活動之中收攝身心，在安靜之中重新得力。正如聖經記載，上帝自己也有停止和安息的時候：「到第七日，上帝造物的工已經完畢，就在第七日歇了他一切的工，安息了。上帝賜福給第七日，定為聖日；因為在這日，上帝歇了他一切創造的工，就安息了。」（創 2:2-3）尤其是我們改革宗信仰的弟兄姐妹，從書本和明牧領受了一點教訓和亮光，就巴不得去告訴全世界所有的人！今日基督徒最最需要的還不是急匆匆地「去」傳福音給萬民聽，首先我們應當安靜地在耶路撒冷等候聖靈充滿我們（徒 1:4-8）！

8、收心式祈禱的第二大益處是更加自覺地愛上帝。收心式祈禱的第二大益處就是更容易在心中點燃對上帝的愛，因為在這種祈禱中我們更加敏銳地體察到上帝的同在。愛、被愛、使愛（也就是上帝）被愛，乃是大德蘭學派的整個理想。[450] 筆者強調雅

---

[450] 賈培爾，〈詮釋聖女大德蘭的《全德之路》〉，見《全德之路》，頁 274。

和博經學，核心就是強調聖愛，這種聖愛本身首先強調的就是上帝在耶穌基督道成肉身、死裡復活中向我們顯明的大愛，其次就是我們上帝通過聖靈不斷地向我們澆灌的大愛，而我們一生的使命既是見證上帝的大愛，使得更多的人領受上帝的大愛，並且以上帝的大愛彼此相愛。在這收心的祈禱中，我們心靈的意識如同蜜蜂從外出採集的繁忙中飛回蜂巢，要進去釀蜜。[451] 只有在這種收心祈禱中，我們才能經歷到大衛所詠歎的上帝的律法「比蜜甘甜，且比蜂房下滴的蜜甘甜」（詩 19:10）。

因此，在收心祈禱中，神性的愛火更加快速地點燃，「因為用理智輕輕地吹動，他們就像在這愛火的近旁，小小的火星一碰觸，燒盡一切。由於沒有外在的障礙，靈魂和他的天主獨處；為了這個燃燒，他已有了徹底的準備」[452]。正是在這種收心式祈禱中，我們的理智更深刻地進入到默想之中，「細想在我們內的是個華麗至極的宮殿，整棟建築滿是黃金和寶石，簡而言之，就是適於我們上主的皇宮；也想想，這座宮殿之所以這麼華麗，也有你們應盡的部分，事實也是這樣，因為沒有一座建築物的美麗，比得上潔淨又充滿德行的靈魂，德行越卓越，寶石也越燦爛輝煌；再想想，在這座宮殿中的是這位偉大的君王，祂慈悲為懷，成為你們的父親；祂坐在貴重至極的寶座上，那就是你們的心」[453]。

---

451 大德蘭，《全德之路》，28 章 7 節，頁 155。
452 同上，28 章 8 節，頁 155。
453 同上，28 章 9 節，頁 155。

9、**收心式祈禱的第三大益處是為靜觀式祈禱做準備**。不管是靜心式祈禱，還是合心性祈禱，都是被動的灌注性祈禱，是在不知不覺中發生的，是來自上帝自己在我們靈魂中的工作。雖然我們自己無法在靜觀式祈禱上做什麼，但我們確實可以主動地做一些預備性的工作，而收心式祈禱就是為進入靜心式的祈禱提供最好的準備。

我們不斷地操練收心的祈禱，即使感官仍然散逸飄蕩的時候，靈魂可以更快地把它們召回。大德蘭描述說：「靈魂只要發出想要收斂的訊號，感官全都服從而收心斂神。雖然後來還會跑掉，再次分心，然而曾經順服過則是個大事，因為，感官再來是以俘虜或屬下的身分外出，不會造成先前那樣的傷害。當意志再召回感官時，它們回來得更快速，直到許多次的返回再進入之後，上主樂意，使感官完全留守於完美的默觀中。」[454] 因此，在收心式祈禱中，最重要的是靠著上帝的恩典把感官收服，使得我們不再跟著感覺走，而是把感覺置於心靈的掌管之下。

10、**三種促進收心式祈禱的修行**。首先就是理智上的修行，因為在切實地理解上帝的臨在之前，我們必須知道祂的存在。因此，研讀聖經，學習教理神學，對於密契神學的操練是不可缺少的準備。

其次，我們要把我們的意志完全降服在上帝的掌管之下，主動地順從上帝的旨意。大德蘭有一句名言：「整個的重點在於，我們能懷著完全的決心，將自己獻給祂，清除我們的障礙，使靈魂空虛，好讓祂能放進來，也能拿走什麼，好像對待自己的

---

454 大德蘭，《全德之路》，28 章 7 節，頁 155。

所有物。……由於祂一定不會強迫我們的意願，祂接受我們給的一切；然而，除非我們完全給出自己，祂不會把自己完全給我們。」[455]

第三，就是在日常生活中整天修行上帝的臨在。大德蘭勸告說：「要不厭其煩地養成習慣，也就是逐步漸進的自我控制，也不再徒然勞碌；為了他的益處克勝自己，即是為了內在的生命，使用感官。如果他在說話，要努力記得自己內室和誰說話。如果是在聆聽，則要記得，所聆聽的這位比誰都靠近他。總之，務必記得，假若他願意，就絕不能離開這麼好的伴侶；他要感到難過，因為許多時候讓他的父獨處，而他是那麼地需要祂。如果可能，一天中要多次收斂心神，如果辦不到，就次數少一些。一旦養成習慣，遲早會體驗到其中的益處。等上主恩賜這樣的收心之後，什麼寶物也無法與之交換。」[456]

如果我們每天都有這樣的堅持和操練，大德蘭認為在很短的時間內就能見到明顯的果效：「我知道，賴天主的祝佑，如果你們這麼做，一年或可能半年之內，你們就能學有所成。請看，用這麼少的時間，卻得到這麼大的收穫，如同奠定很好的基礎，倘若上主想要提拔你們達到高超的事物，祂發現你們已準備妥當，而且很靠近祂。但願至尊陛下保佑，不許我們讓自己避開祂的臨在。」[457]

---

455 大德蘭，《全德之路》，28 章 12 節，頁 157。
456 同上，29 章 7 節，頁 161。
457 同上，29 章 8 節，頁 161。

11、**在收心祈禱中開始接觸超自然領域**。在這個階段,靈魂開始收斂自己的意識,也開始接觸超自然領域。此時的靈修仍然非常緊張,但負擔相對減輕。我們開始更多地為上帝的大愛感動,更多地明白屬靈的事情。此時此刻,人的心靈也逐漸開始安靜下來,對於物質享受的貪戀也有所減輕。在靈修的時候,注意力也越來越集中。

在我們因信稱義之後,我們分別為聖的過程就開始了。值得注意的是,在整個過程中,不是我們要自己改變自己的生命,而是上帝在基督裡改變我們的生命,我們就近上帝,領受更多的光照,當然也就在我們的生命中反映出更多的來自上帝的大光。在靈修的過程中,始終要牢記的就是我們不是光本身,我們當然也不是光的本源,只有上帝是光,也只有上帝是眾光之源、眾光之父,正如大衛在其禱告中所表明的那樣:「因為,在你那裡有生命的源頭;在你的光中,我們必得見光。」(詩 36:9)在我們的靈修中,我們也逐漸在心中覺察到我們自己的生命在不斷改變,就是更多地把我們的意識轉向上帝,更多地意識到上帝的同在。

12、**祈求上帝帶領我們進入深刻的靜觀**。主啊,求祢向我們施恩,使我們收心回到我們靈魂之中那小小的天堂,那是祢與我們同住的地方。讓我們在心靈深處發現祢,感受到祢在心中與我們最最親密,祢預備我們的靈魂進入與祢同在的密契。主啊,幫助我們,把我們的感官從外物中收回,使它們溫柔地降服在意志的吩咐之下,與祢交流相契,正如蜜蜂在蜂房中安靜地釀蜜一樣。

六、第三個階段:靜心式祈禱

1、靜心祈禱與引水澆灌。這個階段可以稱之為「引水澆灌」階段。這種靜心式祈禱是專注性的禱告,就是不用任何人為的強制的努力,離棄一切的緊張、興奮、焦慮、憂愁、自憐和貪欲,進入上帝同在的那種安息之中,閒靜地放下一切,輕鬆地解除對個人和境遇的關心,從各種愁煩和焦慮中解放出來。大德蘭強調,這種祈禱是一種超性的祈禱,不能靠自己的力量取得。當我們祈求「願人都尊你的名為聖,願你的國降臨」的時候,「由於我們能力的渺小,無法相稱地崇敬、讚美、稱頌、榮耀永恆天父的聖名,除非至尊陛下為我們做好準備,在今世就賜給我們祂的國」[458]。

2、在靜心式祈禱中預嘗到天堂的滋味。在這種寧靜式的祈禱中,我們開始預嘗到天堂的滋味,心中有一種洋溢著喜樂的感受,體驗到上帝的美善。正如大德蘭所強調的那樣:「在天國裡,最大及許多的福分,是已經不再看重塵世的事物,而是在我們內心有一種寧靜和光榮,歡欣於萬有皆歡欣。在我們內心有一種永恆的平安,一種很大的滿足,因為看見萬有都崇敬、頌讚上主,讚美祂的聖名,沒有人冒犯祂。萬有都愛祂,而靈魂除了愛祂,什麼都不想,也不能停止愛祂,因為靈魂認識祂。」[459]

此處我們對於上帝的認識乃是心靈體驗性的認識。在這種初步的靜觀境界中,我們對於上帝的認識和在榮福之境對於上帝的

---

458 大德蘭,《全德之路》,30 章 4 節,頁 163。
459 同上,30 章 5 節,頁 163。

認識有密切的關係。「非常確定的是,祂不會要我們祈求不可能的東西;這是可能的,賴天主的恩惠,是居此流放之地的靈魂能獲得的,雖然並非完美,如同已經離開監獄的靈魂,因為我們仍在海上航行,處在路途上。不過,有些時刻,因行路而疲憊時,上主來靜息官能,使靈魂安靜;好似透過一些記號,讓我們清楚了悟,獲知上主帶領我們進入天國者,祂所賜給我們的是什麼。那些在今世就已獲得我們所祈求的人,祂給予信物作為擔保,使他們懷有大希望,將永遠享受在今世只嘗到一小口的福樂」[460]。

3、口禱也能和靜觀心禱聯繫起來。大德蘭是在談論口禱的時候談到這種靜心祈禱的。我們往往認為口禱比較容易,也比較膚淺,真正的得蒙上帝的悅納的祈禱乃是默禱或心禱,但大德蘭認為並非如此。當我們專注於口禱的時候,上帝也會把我們的靈魂提升到完美的靜觀境界。因此,大德蘭認為,口禱和靜觀也能夠緊密地結合在一起。她舉例說,有一位修女只會念誦《國度禱文》(天主教稱之為《天主經》),其餘什麼都不會。但她非常虔誠地念誦,用幾小時連續念誦口禱,「雖然只念《天主經》,她已有了純默觀,而上主舉揚她,在結合中與她共融」[461]。因此,我們不可小看口禱的作用,一味注重形式更加複雜的祈禱,關鍵還是單純的信心和持久的追求,上帝必不輕看。口禱不僅運用我們的喉舌,也運用我們的大腦,最容易把我們的心口意聯繫在一起。因此,操練口禱不僅能夠幫助我們最大程度地集中注意力,我們也能夠通過自己的口禱直接給他人帶去安慰與醫治。

---

460 大德蘭,《全德之路》,30 章 6 節,頁 164。
461 同上,30 章 7 節,頁 164。

4、**靜心祈禱是靜觀心禱的初步階段。**大德蘭強調靜心祈禱是「超性之事」[462]，就是超出我們自己的本性所能夠達到的。這種祈禱的推動來自上帝，不是來自我們，因此這在本質上是一種被動的祈禱。但我們談及這種「被動」時，並不是說我們可以放任自由，不需要個人的行動和主動，而是說我們不能以個人的努力達到這種祈禱的境界，只能準備好自己來接受，這就是大德蘭所強調的「並非是靠自己勤奮努力獲得的」[463]。因此，在這種祈禱中，儘管我們是否能夠進入這種寧靜完全取決於上帝，但我們仍然能夠預備自己，前面兩個階段的觀心式和收心式祈禱就是最好的預備。

5、**在靜心祈禱中得到的是對上帝之愛的實際體驗。**在這種靜心祈禱中，雖然上帝已經在人心中做工，但人往往對此毫無知覺。然而，突然之間，他漸漸明白上帝在他生命中的引領，這種明白不是單憑他自己獲得的，而是來自更深的心靈的經歷。大德蘭以義人西緬的經歷為例證分析這種經歷，西緬所見到的聖嬰無非是一個貧窮的嬰兒，看到孩子的襁褓和隨行之人的稀少寒酸，他能判斷眼前的人並非出於顯赫之家。但是，是嬰孩耶穌親自讓西緬明白祂就是他所等待的救主。因此，西緬發自內心地吟唱：「主啊！如今可以照你的話，釋放僕人安然去世；因為我的眼睛已經看見你的救恩——就是你在萬民面前所預備的：是照亮外邦人的光，又是你民以色列的榮耀。」（路 2:29-32）因此，這種感知不是經由感官，而是經由內在的經驗，然後理智經由這種內在

---

462 大德蘭，《全德之路》，31 章 2 節，頁 165。
463 同上，31 章 2 節，頁 165。

的愛的經驗而得到認識。最重要的不是理性的了解，而是在於這種對愛之實際體驗的認識。所以，在這種情況下，靈魂「不懂自己是怎樣懂得的。但是，他自知在天主的國內，至少靠近那位會將天國賞給他的君王」[464]。

6、在靜心祈禱中我們的意志感受到上帝的吸引。這種直接來自上帝的吸引，是在何處感受到的呢？大德蘭認為是在意志部分。意志覺得自己是個俘虜，他被上帝吸引，進入上帝的懷抱，一點也不願意再有自己的自由。理智總是傾向於領悟這樣的經驗，但這經驗卻是理智無法領悟的，也是理智無法表達的。當然，人的意志越是被上帝吸引，人的理性也越是會安靜下來，對於上帝的意識或感覺更加地敏銳和深入。大德蘭描述說：「他們已在王宮內，臨近君王，他們看出來，就在這裡，祂已經開始將祂的國賜給他們。他們不覺得自己還在這個世界上，除了天主，他們既不想看、也不想聽。沒有什麼讓他們痛苦，也看不出會有什麼使之受苦。總之，當這祈禱持續下去，他們在自己內心擁有滿足和愉悅，這麼地沉醉和入神，記不得想多要什麼，而是熱切地渴望想和聖彼伯多祿（彼得）一起說：『主啊，讓我們在這裡支搭三個帳棚。』」[465]

7、在靜心祈禱中開始經歷我們的意志與上帝相合。在這種靜心祈禱中，有時上帝會賜給另外的一個恩惠，就是我們的意志和上帝結合，而我們的其他官能則忙於事奉。大德蘭描述說：「意志此時已和它的天主結合，而讓其他的官能自由，靈巧地投

---

464 大德蘭，《全德之路》，31 章 2 節，頁 166。
465 同上，31 章 3 節，頁 166-167。

入服事祂的工作。為此，它們那時反而有很好的能力；但若是處理世俗事物，這些官能卻是愚蠢的，有時就好像是如醉如癡一般。」[466] 大德蘭進一步分析說：「凡獲得上主此一賜予的人，是很大的恩惠，因為他的活動和默觀生活已結合在一起。那時所有的官能都能一起服事上主；因為意志專注於其工作卻不知是什麼工作，也專注於默觀。」[467] 此時另外兩種官能，也就是理性和記憶，則忙於馬大的服事，這樣馬大和馬利亞就結合在一起，深刻的靜觀和積極的行動合二為一。

8、在靜心祈禱中需要安靜的獨處。 此時，我們需要的是安靜的獨處，這樣的氛圍能夠使得我們的靈魂向更純潔與更深入的愛開放。如果我們不能忍受獨處之孤獨，我們就沒有做好單獨朝見上帝的心靈準備。但是，值得注意的是，在寧靜祈禱中，我們不僅要保持孤獨，更要注意安靜地注視，就像那位稅吏安靜地仰望上帝的憐憫一樣。既然這種祈禱是超性的恩賜，我們不過是被動地領受，就像太陽升起，我們只能仰望觀賞一樣，所以在這種境界中不需要「使用理智整理出許多的話語」[468]，這樣做只能導致意志無法專注。

在靜心祈禱中，因為尚未達到完全合一的境地，理智與意志仍然會有不協調之處，大德蘭描述說：「有時靈魂正處於至極的寧靜中，而理智卻如此遠走高飛，不像留守在那個處於寧靜的家中；這樣，那是理智覺得並非在自己的家中，反而像在別人家裡

---

466 大德蘭，《全德之路》，31 章 4 節，頁 167。
467 同上，31 章 5 節，頁 167。
468 同上，31 章 7 節，頁 168。

做客,並且尋找其他的住處,理智不滿足於所在之處,因為它幾乎不知道如何保持平靜。」[469] 但意志處於這種狀態中的時候,最好的辦法就是「不要留意理智,只拿理智當個瘋子。因為如果意志想和理智同在,必會迫使意志遭受一些侵佔和干擾。處於這樣的祈禱時刻,無論做什麼都是徒勞無益的,只會喪失上主所賜予的,而這賜予毫無他的功勞。」[470]

9、靜心祈禱與結合祈禱的不同。大德蘭強調寧靜祈禱和結合祈禱的不同之處。在結合祈禱時,理智、記憶和意志三大官能全都合一,人完全處於被動的狀態,但在「寧靜祈禱時,似乎還需要一點點的努力,雖然是這麼地安靜,幾乎察覺不出」[471]。

大德蘭用母親餵奶的比喻來形容這種寧靜祈禱:「靈魂就像個小嬰兒,仍在母親的懷裡餵奶,不等乳兒張口動舌,母親早已將奶放進嬰兒口中,使他歡喜。在此亦然:理智沒有做什麼,意志已經在愛;上主願意的是,不用想什麼,就能了解意志是和祂在一起的,這無非是吸吮至尊陛下放入它口中的奶水,享受那份柔美甘甜。因為意志知道賜下恩惠的是上主,歡享這份享受。然而,意志卻不想明白它是怎麼享受的,或它享受的是什麼;反而在那時忘卻自己,因為就在身旁的祂,不會疏於看顧那對意志最適宜的。因為如果意志去和理智鬥爭,為了讓理智也分享,而吸引理智來相隨,那根本辦不到;反而迫使口中的奶水流失,喪失那神性的食物。」[472] 因此,在這樣的祈禱中,儘管理智想要把握

---

469 大德蘭,《全德之路》,31 章 8 節,頁 168。
470 同上,31 章 8 節,頁 168-169。
471 同上,31 章 10 節,頁 169。
472 同上,31 章 9 節,頁 169。

所發生的事，但我們不要留意理智的這種渴望，因為如果跟隨理智而行動，就會使人變得分心走意。

10、靜心祈禱與超脫之心。人必須謙卑自持，力求超脫一切。西班牙卡巴拉信徒阿克的以撒（約 1300 年）講過這樣一個故事：「得到親近上帝的奧祕的人，就得到了寧靜；得到寧靜的人，就得到了孤獨；這樣，他就來到聖靈面前，得到了先知的能力。關於寧靜的奧祕，拉比押尼珥告訴過我下面的話：從前，有一個熱愛祕密知識的人去見一個隱士，請求當他的弟子。隱士對他說：孩子，你的目標是好的，但你是否能保持寧靜？他回答說：我得到你稱讚而喜悅，因侮辱而心痛，但我不報復，也沒有惡意。大師對他說：孩子，回家吧，只要你不能做到泰然自若，還能覺得侮辱的刺痛，你就不能將思想與上帝相連。」[473] 真正的超脫之心需要長期的操練。

雖然在靜心祈禱之境界的人，還沒有完全超脫世俗，但他確實應當竭力追求超脫世俗，否則他就會裹足不前。大德蘭分析說：「如果不是由於靈魂的過失，他將會突飛猛進。不過，如果上主看到，將天國賜予靈魂的內室之後，他卻轉向塵世，上主不只不會把天國的祕密顯示給靈魂，而且賜恩的次數會很少，時間也會很短。」[474]

很多人在靈修上不能進一步深入，就是因為此類的原因。大德蘭總結說：「若沒有以相稱這麼大恩惠的服事來回應，也沒有準備好再次領受恩惠，反而從上主手中取回他們的意志──這是

---

[473] G. G. 索倫，《基督教神祕主義主流》，塗笑非譯（成都：四川人民出版社，2000 年），頁 95。

[474] 大德蘭，《全德之路》，31 章 11 節，頁 170-171。

上主早已視為己有的意志,並且用之於卑賤的事物,所以,上主就會去尋找那些愛的人,賜給他們更多恩惠。雖然如此,當人以潔淨的良心生活時,他不會將所給予的全部拿走。」[475]

11、靜心祈禱與神聖的悠閒狀態。總之,在寧靜祈禱階段,開始進入靜觀與合一階段,人的意志更多地與主的旨意相合。此時人的心靈處於一種神聖的悠閒狀態,物質身體的感官不再以各種喧囂的聲音攪擾我們心靈的安寧。正像馬利亞一樣,我們喜歡安靜地坐在主的腳前,聆聽主的聖言。上帝開始佔據我們的心靈,我們因而開始感受到上帝就是我們心靈花園的園丁,祂親自牧養我們。

要預備自己進入真正靜觀的禱告和生活,必須堅定地獻身於平安的生活。這種內在的平安乃是靜觀心禱的條件,也是靜觀心禱的果實。要從收心祈禱進入靜心祈禱,必須自覺地勝過七大死罪,也就是在我們心中攪擾我們的七大罪根:驕傲、嫉妒、憤怒、貪財、貪色、貪吃、貪睡。在這七大罪中,最隱而不顯的罪根就是驕傲,驕傲是萬惡之根,其餘的各大罪根最終都是從驕傲生發的。別人得到美善的東西,我們卻沒有得到,我們就會對別人感到嫉妒,這種嫉妒之情是由驕傲生發的。我們想得到的美善的東西卻沒有得到,所以我們就會憤怒。我們的心靈沒有在上帝面前得到滿足的喜樂,就會把我們的欲望投入到酒色財氣上去。我們必須不斷地收斂謹慎,治服己心。

靜心祈禱階段就是從河流、小溪引水入園的階段,園丁的工作量就減少許多。此時人的靈魂的官能,也就是認知、記憶、

---

475 大德蘭,《全德之路》,31 章 2 節,頁 171。

意志等也開始平靜下來。前兩個階段的默想和收心是初習者階段，需要個人主動地竭力追求，按照耶穌基督的吩咐，把六個石缸打滿水，只等到聖靈做工，把這些水變成美酒。第三個階段是成熟者階段，聖靈開始更多地在人心中進行轉化之工。這個階段最顯著的就是在謙卑這個美德上的長進，而謙卑的最大體現就是甘心樂意地接受上帝的護理和旨意，同時竭力集中注意力來潔淨自己。

12、**祈求上帝帶領我們進入深刻的靜觀**。至高的上主，我們的心靈如此地卑微、軟弱，我們的情欲常像海中的狂浪翻騰不止，縱然我們千般辛苦，萬般定志，要潔淨自己的污穢，勝過自身的罪習，仍然是常常在犯罪上反覆，「狗所吐的，牠轉過來又吃；豬洗淨了又回到泥裡去滾」（彼後 2:22）。唯願我們心中憎惡自己像豬狗一般在罪的污穢中反覆打滾！「我這樣愚昧無知，在你面前如畜類一般。然而，我常與你同在；你攙著我的右手。你要以你的訓言引導我，以後必接我到榮耀裡」（詩 73:22-24）。唯願我們認識到自己的愚頑！主啊，求祢繼續憐憫我們，攙扶我們，使我們靠著祢的恩典能夠站立得穩，安靜在祢的膀臂之下！

七、第四個階段：合心性祈禱

1、**合心祈禱與雨水澆灌**。祈禱的第四個階段，我們稱之為「雨水澆灌」階段，就是上帝親自澆灌我們心靈的花園，沛降甘霖，我們不需要做任何事，只是安靜地享受、觀看上帝在我們心靈的花園中的奇妙作為。

在上帝的恩雨澆灌之中，我們的靈魂的官能雖然失去作用，但我們心中卻感受到說不出的大喜樂，這是我們肉體和靈魂的官

能都無法表達的喜樂。第四個階段乃是成全者階段，完全是聖靈在人心中充滿，使人直接經歷上帝。這種結合性的祈禱乃是真正的靜觀心禱，以上的祈禱不過是靜觀心禱的預備。因此，靜觀心禱乃是一種追求和境界，必須經過長期的操練和預備，並不是人人都能夠在短時間內就能輕易達到的。只有在經歷這種靜觀心禱之後，我們才能真正品嘗到禱告的甜美和滿足。

2、上帝的應許與上帝的誡命。上帝賜下的應許之地就是第四種類型的灌溉方式：「你們要過去得為業的那地乃是有山有谷、雨水滋潤之地，是耶和華—你上帝所眷顧的；從歲首到年終，耶和華—你上帝的眼目時常看顧那地。你們若留意聽從我今日所吩咐的誡命，愛耶和華—你們的上帝，盡心盡性事奉他，他必按時降秋雨春雨在你們的地上，使你們可以收藏五穀、新酒，和油，也必使你吃得飽足，並使田野為你的牲畜長草。」（申11:11-15）這是上帝的應許，也是靈修之人今生就能在心中經歷到的境界。

首先，我們要進入上帝賜給我們要得的地土，我們不能在曠野天天兜轉，不思進取。因此，那些僅僅滿足於「信耶穌，升天堂」的人，就像當初那些出埃及的以色列人，他們不願意繼續前進，其次，即使我們進入上帝應許給我們的迦南地之後，我們仍然需要持守上帝賜給我們的諸般誡命。那些不願持守上帝的誡命的人，根本沒有愛主之心，不管怎樣靈修都不會得蒙上帝的悅納。倘若我們進入上帝給我們的命定，並且以愛心遵守上帝的誡命，我們的土地和心靈就必然得蒙上帝賜給的秋雨春雨的澆灌。

3、順服主的旨意與向上帝祈求患難。談及這種結合性的祈禱，大德蘭集中在「願你的旨意行在地上，如同行在天上」這句

禱詞上。令我們感到震驚的是，大德蘭認為，在這樣的祈願中，我們就是在向上帝「祈求患難」！大德蘭毫不模糊地說：「對那些不敢向上主祈求患難的人，我會覺得好笑，因為他們以為這麼一來，他們立刻會受到磨難。我不是說那些由於謙虛，想自己無法承受而不敢這麼求的人；雖然如此，我認為，給予他們『愛』的那一位，使他們祈求這麼嚴厲的方式，以表達他們的愛，祂也會賜予他們承受艱辛的能力。我想要詢問，那些很怕祈求患難，免得磨難立即臨身的人：當他們祈求上主在他們身上實現祂的旨意時，究竟是什麼意思呢？也許他們這樣說，只是跟著眾人念經，而不是為了要實行祂的旨意。」[476]

加爾文在談及這一處的祈禱的時候強調：「我們所祈求的不是我們為自己所想的，而是祈求上帝的聖靈在我們心中顯明祂的旨意。聖靈在心中教導我們，同時我們也當學習愛慕那些上帝所喜悅的事，恨惡上帝所不喜悅的一切。」[477] 無論如何，在基督徒的靈修和生活中，最大的挑戰始終是遵行上帝的旨意。倘若我們不願意遵行上帝的旨意，我們的祈禱和靈修就沒有任何意義。

4、把自己的意志自由地奉獻給上帝是最難的。 其實，正如大德蘭所強調的那樣，「不論我們喜歡與否，祂的旨意必定會實現，會奉行在天上，也在地上」[478]。因此，我們首先不需要有過分的壓力，因為上帝的旨意的實現並不取決於我們這樣卑微的人的意志。但是，上帝仍然願意使用我們這樣卑賤的器皿，這是上帝

---

476 大德蘭，《全德之路》，32章2節，頁172-173。
477 加爾文，《敬虔生活原理》，頁100。
478 大德蘭，《全德之路》，32章4節，頁173。

要抬舉我們，使我們與祂同坐，成為祂聖約的夥伴，成為祂創造歷史的同工，並且在工作中享受上帝同在的快樂。我們越是自覺地把自己的意志降服在上帝的意志之下，就越是能夠經歷到上帝的祝福。因此大德蘭說：「我自由地獻給祢我的意志，雖然有時我仍免不了自我中心；因為我已經證實，也對此大有經驗，自由地把我的意志交付給祢，會有怎樣的收穫。」[479] 但是，我們一定要明白，這樣許諾把自己的意志交給上帝，看起來最最簡單，實際上最最難行！大德蘭提醒道：「說放棄我們的意志，服從他人的意志，聽起來非常容易，直到從經驗得到證實，我們就會了解：如果要做到所該做到的，這能夠是最艱難的事。」[480]

因此，在人與上帝的關係之中，在人與人的關係之中，最難做到的就是意志的降服！不管是德國哲學家叔本華強調的「生存意志」，還是尼采強調的「權力意志」，這種意志決定人的本質和追求。對於基督徒而言，雖然我們不是唯意志論者，我們並不強調意志決定一切，但我們在意志上的交託和降服確實在生活和靈修中發揮著一錘定音的作用！如果我們的意志不願意降服在上帝的意志之下，對於上帝而言，我們就是悖逆之子；如果我們的意志不願意降服在群體中任何人的權威之下，任何群體生活都不能通過自願的方式來維繫。我們又離不開群體生活，沒有自願的意志的降服，剩下的就是強者暴力的征服和弱者無力的屈服。人間之城所充滿的就是這種以暴力為後盾的征服和屈服，而上帝之城則是以甘心樂意地順服上帝和彼此順服為特徵的，這就是真正

---

479 大德蘭，《全德之路》，32 章 4 節，頁 173。
480 同上，32 章 5 節，頁 173-173。

的愛主愛人，就是落實在意志的交託和降服上。

大德蘭特別強調：「世人若是真有決心奉行祂的旨意，他們能夠成就相當多的事。」[481] 是啊，倘若每個基督徒都能立定心志遵行上帝的旨意，我們必能夠在「立言」（先知的職分）、「立德」（祭司的職分）、「立功」（君王的職分）上建立不朽的功業！可惜的是，我們在背叛和掙扎之中耗費了我們大多數的心力和生命，我們在自愛自憐所生發的抑鬱之中、在互相懷疑所導致的內爭之中，耗費了我們多少的心力和時光啊！想到這裡，真是心潮滾滾，扼腕歎息！

5、體味耶穌基督在客西馬尼園中的祈禱。 我們祈求「願你的旨意行在地上，如同行在天上」，此時我們最當想起的就是我們的救主耶穌基督在客西馬尼園的祈禱（太 26:39）。此處隱藏著基督徒生活最大的奧祕，雖然已經記載在聖經之中，只有那些在禱告中不斷祈求上帝的人才能得蒙特別的光照而明白其中的真諦。正如保羅所強調的那樣：「只有上帝藉著聖靈向我們顯明了，因為聖靈參透萬事，就是上帝深奧的事也參透了。除了在人裡頭的靈，誰知道人的事？像這樣，除了上帝的靈，也沒有人知道上帝的事。我們所領受的，並不是世上的靈，乃是從上帝來的靈，叫我們能知道上帝開恩賜給我們的事。」（林前 2:10-12）

基督徒常常注重研讀聖經，學習教義，二者都是重要的，但我們在尋求聖靈的光照方面遠遠不夠，因此我們所領受的多是書面性、頭腦性的知識，這樣的知識並不能夠改變我們的生命，只能叫我們自高自大，妄自菲薄。所以聖經上強調：「論到祭偶像

---

481 大德蘭，《全德之路》，32 章 8 節，頁 173。

之物，我們曉得我們都有知識。但知識是叫人自高自大，惟有愛心能造就人。」（林前 8:1）靜觀心禱所得到的知識就是愛心性的知識，有靜觀心禱經歷的改革宗就是成為愛心牌的改革宗！上帝的旨意行在耶穌基督的身上，特別是祂被釘死在十字架上的時候！有誰能接受上帝的旨意這樣行在我們的生命中呢？所以，耶穌基督強調，我們必須背起自己的十字架來跟隨祂，「若有人要跟從我，就當捨己，天天背起他的十字架來跟從我」（路 9:23）。

其實，無論如何，我們今生今世肉體的生命終要走向死亡，關鍵是我們的死亡到底有沒有意義？任何物質的財物，我們都是生不帶來，死不帶去，關鍵是我們的奉獻是否合乎上帝的旨意！禱告就是與上帝談話，也是與上帝摔跤，若非上帝明確地賜福我們，使我們得見祂的面，我們就不要讓祂離去（創 32:24-32）！

6、上帝的給予與我們對上帝的愛。談及上帝對我們的給予，大德蘭說：「祂的給予，根據祂對我們所懷的愛：祂愛得較多的人，給的這些恩賜也較多；愛得少的，恩賜也少。祂所根據的是，祂在每個人身上看見的勇氣，及這個人對至尊陛下的愛。那愛祂很多的人，祂看得出來，也能為祂受很多苦；愛得少的，能受的苦也少。我認為，我們能負荷的十字架，或大或小取決於我們的愛。」[482]

因此，我們在雅和博經學中既強調上帝對我們的大愛，也強調我們對於上帝當有的愛，並且我們把這種愛與背負十字架直接聯繫起來。背負十字架的精義關鍵不是受苦，而是願意為著愛人的緣故無條件地順服上帝的旨意，正如耶穌基督所做的那樣。保

---

[482] 大德蘭，《全德之路》，32 章 7 節，頁 175。

羅反思說：「我已經與基督同釘十字架，現在活著的不再是我，乃是基督在我裡面活著；並且我如今在肉身活著，是因信上帝的兒子而活；他是愛我，為我捨己。」（加 2:20）。保羅此話之深刻，非進入靜觀禱告的境界就無法完全明白，只有當我們反覆地深刻默想耶穌基督為我們釘十字架的歷程和大愛的時候，我們的心才能更多地被上帝的大愛充滿和聖化。

7、嚴肅地對待我們心中對於上帝的委身。要進入靜觀心禱，我們必須嚴肅地對待我們心靈中對於上帝的委身。大德蘭提醒說：「當你們和這麼偉大的上主說話時，努力不要只說恭維的話，而要堅強有力地承受至尊陛下要你們忍受的。因為，如果不是這樣，當你們要給出意志時，就如同向人秀出珠寶，表示要送人，又請求人收下，可是當對方伸手過來拿時，你們卻把手縮回，緊緊握住珠寶。他已為我們忍受太多的嘲弄，實在不該再這麼愚弄祂。即使沒有別的理由，我們這麼多次愚弄祂是不對的，因為我們念《天主經》的次數不少。讓我們一次而完全地把珠寶給祂，這是先前這麼多次要給祂的。其實，早在我們給祂之前，祂已經將之賜給我們了。」[483]

我們改革宗人士，特別是那些具有教理派傾向的人，總是在教義上錙銖必較，彷彿我們的得救就是依靠我們在理性上對於這些詞句的背誦和解釋一樣，真是因為我們在這些外表的象徵性的詞句上爭來爭去，但卻沒有安靜下來通過祈禱親近上帝，這就使得我們變成「頭上長角，身上長刺」的怪物，動不動就去攻擊、傷害別人！但是，最最要緊的是我們要安靜在主的面前，省察我

---

483 大德蘭，《全德之路》，32 章 7-8 節，頁 175。

們自己在上帝面前的光景如何。因此，保羅沒有讓我們去考察信仰告白或教理問答，而是提醒我們省察自己的內心：「你們總要自己省察有信心沒有，也要自己試驗。豈不知你們若不是可棄絕的，就有耶穌基督在你們心裡嗎？」（林後 13:5）沒有靜觀禱告所促成的靈心深處與上帝密契的經歷，我們所謂的改革宗神學就會滑向理性主義、理神論、自由派，最終歸於不信！我在教會中見到很多這樣為改革宗神學大發熱心的人，他們喜歡改革宗神學所呈現的體系之宏大、內蘊之精深、論證之嚴謹、應用之廣泛，就頭腦發熱，以為自己完全是改革宗人士了，卻不曉得他們對於改革宗的認識不過是頭腦中皮毛性的認識，根本沒有體驗到改革宗神學的骨脈精粹，更不要說一以貫之、推陳出新了。

8、自覺地把我們的意志完全交託給主。《全德之路》是大德蘭論及祈禱和靈修的經典之作。她強調：「我在本書中勸告你們的一切，總是朝向把我們全獻給造物主，把自己的意志交給祂，並超脫受造物。」[484] 要暢飲那生命的活水，我們必須按照主的旨意就近祂。「沒有把我們的意志全交給主，使祂在一切屬於我們的事工上，都合乎祂的旨意而行，我們就絕不許喝到那水。此即完美的靜觀」[485]。因此，大德蘭發出這樣的祈禱：「上主，願祢的旨意以祢、我的上主，所願意的任何方法和方式實現在我身上。如果祢要的是磨難，請賜我堅強有力，並使磨難來臨；若是迫害、疾病、羞辱、貧困，我在這裡，我的父親，我絕不會轉面而去，轉身背對祢，也是不對的。那麼，祢的聖子既以眾人的名

---

484 大德蘭,《全德之路》, 32 章 9 節, 頁 175。
485 同上, 32 章 9 節, 頁 176。

義，把我的意志給了祢，我沒有理由不在其中。不過，請賜我祢的恩惠，給我祢的國，使我能奉行祢的旨意，由於祂已為我祈求了，請處置我，一如對待祢之所有，全隨祢的旨意。」[486]

其實，即使我們不願意把自己的意志交託給上帝，我們也無法完全實現我們自己所嚮往的一切。最終而言，我們的一切都是領受的，生命本身也是來自上帝的恩賜，一切美善的恩賜都是來自眾光之父。我們的奉獻和交託不過是提醒我們自己，我們本來就不是這一切的主人。但我們自覺地把這一切——特別是我們的意志——都交託給上帝的時候，我們反倒在這個世界上成為真正的自由人，我們就可以一無掛慮，毫無所缺，隨遇而安，並且多結果子，正如上帝所應許的那樣：「倚靠耶和華、以耶和華為可靠的，那人有福了！他必像樹栽於水旁，在河邊扎根，炎熱來到，並不懼怕，葉子仍必青翠，在乾旱之年毫無掛慮，而且結果不止。」（耶 17:7-8）否則，我們就是離棄上帝，自行其是，最終不過是勞苦愁煩，轉眼成空，正如上帝藉著耶利米所責備的那樣：「因為我的百姓做了兩件惡事，就是離棄我這活水的泉源，為自己鑿出池子，是破裂不能存水的池子。」（耶 2:13）

因此，身為基督徒，我們必須認識到：「如果沒有所領受的，我們什麼也不能給！我們只能認識自我，並做所能做的，亦即給出我們的意志，完完全全地給出。凡蒙上帝帶領到這裡來的靈魂，其餘的一切都會阻礙、傷害他，並且毫無益處，因為只有謙虛能有些用處，但並非從理智獲得的謙虛，而是來自一個清晰的真理，此乃片刻之間的了悟，而非想像用長時間的辛勞所能獲

---

[486] 大德蘭，《全德之路》，32 章 12 節，頁 177。

得的；這真理就是，我們是多麼一無所有，天主又是多麼無所不有。」[487] 我們必須認識到自身在上帝面前的一無所有。

9、靜觀與默禱的不同。 靜觀與默禱或心禱有何區別呢？根據鮑斯特的界定，默禱或默想「是集中在腦海裡，構想、思索、反省和回想天主和祂美好的作為的祈禱，用頭腦尋求領悟和理解；在默想時，口唇寂靜，而頭腦繁忙」[488]。在靜觀中，我們「不再對真理作反覆的思索，而是停留下來對它觀望，同時在內心深處覺悟到天主的臨在。默想可與作畫相較。靜觀心禱則是對已完成的畫作靜靜地觀賞，看它的全貌，注意畫家刻意所描繪的實況」[489]。

默禱就是默想式的祈禱，包括觀心祈禱與收心祈禱都是默想性的祈禱，是我們主動地運用我們的理性來觀察自己心靈的狀況，將我們的注意力集中在上帝身上。靜心祈禱則是默禱和靜觀之間的過渡。寧靜祈禱（靜心祈禱）與結合祈禱（合心祈禱）並沒有本質的區別，只有程度上的不同，因此大德蘭常常把二者聯繫在一起，談及「結合或寧靜祈禱」[490]。在這種完美結合的境界中，我們才可以發自內心地說：「我活著就是基督」（腓 1:21）。大德蘭描述說：「我們的作為越流露出並非恭維的話語，上主越會把我們帶到近旁，高舉靈魂超越一切世物和他自己，使之能夠領受大恩惠，因為對這樣的服事，祂絕不會不在今世給予酬報。祂如此看重此事，我們不知要如何為自己祈求，而至尊陛下從來

---

487 大德蘭，《全德之路》，32 章 13 節，頁 177。
488 鮑斯特，《靜觀祈禱》，頁 13。
489 同上，頁 14。
490 大德蘭，《自傳》，27 章 4 節，頁 237。

都不會倦於給予。因為,祂並不滿足於靈魂只經由結合,和祂合一而已,祂會開始和靈魂同樂,透露祂的祕密,欣喜於靈魂明瞭自己的收穫,也獲知祂給予靈魂的。祂使外在的官能喪失,是為了不讓任何事物佔有靈魂。這就是出神。祂開始以這麼親密的友誼和靈魂交往,不僅將靈魂的意志還給靈魂,也把自己的意志交給靈魂。因為在這麼親密交往友誼中,有時上主欣悅於讓靈魂出命令,如同人們說的,由祂來完成靈魂要求,如同靈魂奉行上主的命令一般,而上主所做的更好,因為祂大有權能,想做什麼都行,祂的嚮往都會實現。」[491]

10、合一階段的經歷是人的理性所無法分析的。在這個狀態中,我們不再能夠有意識地分析自己的經歷。這樣的階段和經歷是短暫的,大德蘭說她自己只有經歷了大約半小時的時間。在這個階段,時間、記憶和想像都消融了,人完全進入上帝的同在,就像已經被提升到高天之上。在佛教中也提到這樣的經歷,其實一切神祕主義者追求的最高境界都是這種心醉神迷的狂喜或極樂狀態。當然,基督徒的這種經歷都是以基督的救贖為前提和根基的。

第四階段是合一的階段,我們的靈修就如春雨沛降,澆灌大地,不需要我們個人的任何努力。我們完全陷入狂喜的狀態,真是「久旱逢甘霖」!這種狂喜來自靈魂與上帝完美的結合,儘管這種結合可能是短暫的,但仍然是真實存在的,這種高峰體驗使得我們整個的靈命得到提升,正如保羅在前往大馬士革路上與耶穌基督的相遇一樣,他整個的生命都被這次相遇徹底改變,因為他在自己生命的晚期強調:「亞基帕王啊,我故此沒有違背那從

---

491 大德蘭,《全德之路》,32章12節,頁177。

天上來的異象。」（徒 26:19）此處我們強調這是靈修過程中上帝賜給我們的特別的恩典，並不是每個人都能經受到的，也不是我們按照一定的靈修程式就一定能夠得到的。

11、上帝的特殊恩典在我們成聖過程中的作用。基督新教更多地是側重個人的得救，因此我們傾向於把個人的得救視為來自上帝特別的恩典，這是正確的。但是，我們不能把上帝特別的恩典僅僅侷限在救恩論中。既然我們承認那使人稱義的恩典是特殊性的恩典，並且這種恩典也是使人成聖的恩典，那麼我們就不能否定在我們成聖過程中也有來自上帝的特殊恩典。在成聖過程中，上帝的特殊恩典把我們帶入與上帝的深度結合之中。

大德蘭把這種與上帝的深度結合比喻為烈火和鐵塊的結合，在熊熊烈火的烘烤之下，鐵塊的性質發生了改變，也變得紅彤彤地燃燒發光。此時人的生命的本質似乎也發生了改變，變得彷彿和上帝一樣，但上帝仍然是上帝，人仍然是人，人和上帝之間仍然有著本質性的不同。但在那種神人相遇、心醉魂迷的境地中，在人的感覺中確實會覺得喪失了自己，甚至喪失了那種上帝與人之間區分的感覺。這種共融與密契發生在意志的領域中，十七世紀路德宗密契主義者博愛彌（Jacob Boehme, 1575-1624 年）分析說：「上帝在棄絕的意志中做工，靈魂由此成聖，得享神聖的安息。老我之身破碎，靈魂承受神聖大愛的重壓，並且得蒙上帝之光的光照，正如烈火通過鐵塊而發光燃燒，使得鐵塊本身喪失了黑暗。」[492] 保羅勸誡我們，「總要披戴主耶穌基督，不要為肉體安

---

492 Jacob Boehme, *The Way to Christ* (Mahwah, N.J.: Paulist Press, 1978), p. 182.

排，去放縱私慾」（羅 13:14）。這種披戴基督就是在靈修中使個人的意志完全合乎上帝之愛的模式。

12、祈求上帝帶領我們進入深刻的靜觀。恩惠的上主，祢竟然如此恩待我們這樣卑微的人，賜給我們榮耀尊貴為冠冕，使得我們能夠藉著信心今生今世就能夠與耶穌基督一同執掌王權，成為祢百般恩賜的好管家。祢是讓我們做工，更是讓我們享受，正如祢在創造之工中觀賞祢一切的受造物如此美好，在神聖的安息日進入奇妙的安息，祢如今在耶穌基督裡也賜給我們這樣的福分，讓我們能夠享受魂遊象外的大樂。主啊，我們常常小信，求祢用祢的慈繩愛索來牽引我們，使我們在祢的大愛中得醫治，被改變；使我們不再是我，也讓我們像保羅那樣，活著就是基督，死了就有益處！

八、如何進行靜觀心禱：從觀心到合心

1、靜觀心禱並非每個基督徒都能進入的。在改革宗神學中，我們強調罪人稱義是唯獨藉著上帝賜給我們的信心，但並不是每個人都有得救的確信，這種確信並不是得救的必需條件。在靜觀心禱中，我們強調基督徒人人都可操練靜觀心禱，但並不是每個操練的人都能進入靜觀的狀態。

首先，靜觀心禱只是基督徒靈修的傳統與範式之一，並非是唯一的。大德蘭強調：「成為默觀者是天主的恩賜⋯⋯既然默觀不是得救所必需的，天主也不作此要求，就不當認為有什麼人會這樣要求我們。」[493] 當然，大德蘭也深信，「如果真有謙虛和超

---

493 大德蘭，《全德之路》，17 章 2 節，頁 109。

脫,祂不會不賜給的」[494]。那些真正從事默觀的人,絕不是懶惰和怯懦之人,他們都是「勇氣十足和決心受苦的;因為如果他們軟弱,上主做的第一件事是給他們勇氣,使他們不懼磨難」[495]。但是,不管我們如何忙於行動,我們都不能忽略靜觀的操練,大德蘭斷然無疑地說:「我們全都要努力成為默觀者,因為我們在這裡並不為其他的理由;我們的努力不是只一年,或只兩年,也非十年,因為我們不要像個放棄工作的懦弱者,讓上主了解我們無所保留是很好的。」[496]

在談及靜觀心禱時,大德蘭特別強調:「要有一個很大和非常決心的決心,不達目的絕不甘休,無論什麼事情臨頭,或發生什麼事,不管工作怎樣辛勞,或有神祕流言蜚語,不論達不達到目的,或死在途中,或面對路途的磨難,灰心喪志,甚或整個世界都坍塌。」[497] 基督徒走的是不歸路,開弓沒有回頭箭!可惜,大部分基督徒太缺乏這種清醒的決斷之心了!美國愛國者在獨立戰爭時期強調「不自由,毋寧死」,基督徒要有「不靈修,毋寧死」的心志,這樣才能在靈修之路上勇猛精進、堅持不懈,直到最終達到應當達到的完全的地步。

大德蘭在另外一處談及下定決心的理由時更加形象:「他知道無論遭遇什麼,都不會讓他回頭。就像一個人身處戰場,他知道,如果打敗了,對手絕對不會饒他一命,要是沒有死在戰場上,隨後還是必死無疑。他更決心地奮戰,希望——如同人們說

---

494 大德蘭,《全德之路》,17 章 7 節,頁 111。
495 同上,18 章 2 節,頁 112。
496 同上,18 章 3 節,頁 113。
497 同上,21 章 2 節,頁 128。

的──好好地賣命，也不害怕那麼多的打擊，因爲他深知獲勝的重要性，得勝就是得命。」[498] 對於基督徒而言，得勝就是得命！我們若非通過靈修而勝過世界、撒但和老我，就會倒斃在曠野之中。若是不能得勝，就是我們自己感覺得救了，但仍然活得畏畏縮縮，仍然活得窩窩囊囊，這樣的所謂的得救對於我們今生今世的光景並沒有多大益處。

2、靜觀心禱需要靈命導師的指導。修習靜觀心禱的人必須選擇好的靈命導師來指導自己，並且對導師的建議有順服的心志。大德蘭甚至保證說：「只要她無法服從，就絕對達不到成爲默觀者，甚至也無法做個好默觀者；這一點我非常清楚確定。即使是一個沒有服從義務的人，如果他渴望或有志於達到默觀，爲了使他走的路正確無誤，他必須下定完全的決心，將他的意志交給神師，而神師必須是這樣的 [能了解他的]。這個修行已經是非常熟悉的事，有神師指導，一年中的進步，超過自行摸索好多年。」[499]

筆者深信，目前很少有基督徒真正進入靜觀心禱的境界，就是因爲我們已經喪失了修院的傳統，當然也喪失了拜師修道的傳統。儘管我們不必完全像中世紀的修士修女一樣一生獨身，但修道院中所提倡的那種神貧、貞潔和順服這三大原則始終還是有著非常重要的借鑒意義，尤其是修道生活中對神師的尊重和順服，也是非常重要的幫助。

筆者曾有恩師趙天恩牧師指導學習改革宗神學，雖然我已經下了很多自學的工夫，但趙牧師給我的指點、分析和建議，確實

---

498 大德蘭，《全德之路》，23 章 4 節，頁 138。
499 同上，18 章 5 節，頁 115。

使我受益無窮。另外，筆者在加爾文神學院授業恩師瑞慕勒先生，他在歷史神學——特別是加爾文和清教徒神學研究方面——對我的指導，也常常具有醍醐灌頂的作用，在方法和結論上都對我多有糾正。清教徒神學院院長周畢克牧師也在清教徒神學與教牧方面給我許多亮光。恩福宣教使團的陳宗清牧師，也在教牧和神學研究上給予我很多個別性的指導，很有針對性和前瞻性，使我少走很多彎路。

　　名師出高徒！筆者不敢聲稱自己是高徒，但有名師指導，肯定是一個莫大的福分。孔子曾言：「三人行，必有吾師。」這是基本的常識。那些不願意拜師學習的人，往往缺乏基本的謙卑受教之心。這樣的人不僅在**靈修**方面，就是在其他生活和工作方面，也都很難達到卓越的地步。

　　3、靜觀心禱與大愛大悲之心。要真正進入靜觀心禱，必須具有大愛大悲的心志，就是對於失喪靈魂的關愛。沒有這種悲天憫人的心志，我們就不能長期投入到艱苦卓絕的靈修操練之中。我們必須從一般意義上的信徒真正成為主的門徒，從定志學道的門徒成為真正的分別為聖的聖徒！只有我們成為真正的聖徒的時候，我們才能成為上帝合意的器皿，才能真正幫助到那些失喪的人。

　　許多弟兄姐妹經常問我如何傳福音，但問題的根本不是如何傳福音，而是我們自身如何經歷福音的應許，真正能夠在耶穌基督裡因信稱義，因信行義，得享豐盛的生命。否則，我們傳福音給別人聽，自己卻被棄絕了！我們修理別人的葡萄園，自己的葡萄園卻荒廢了，這豈不是世界上最荒唐的事嗎?!靈修就是確知確信我們自己在福音裡的自由，並且確實經歷到上帝的同在和主恩的滋味，而靜觀心禱所追求的就是只有與上帝相遇相知才能產

生的深度的確知確信。

因此，靜觀心禱所塑造的就是個人在愛主愛人的美德上達到完全階段的人，這樣的人對於失喪靈魂也必具有大悲大愛之心。大德蘭強調：「一位具備全德的人，所能成就的，超過許多不成全者。」[500] 大德蘭如此談及自己的心志：「為了拯救許多失落靈魂中的一個，我情願死千萬次。」[501] 沒有這種大悲大愛之心，我們就不能在靈修之路上勇猛精進，更不能打退魔鬼的進攻和攪擾。

4、賈培爾論靜觀心禱七個步驟。根據賈培爾的研究，這種心禱分為七個步驟：兩個是前奏：準備——把自己置身上帝面前；閱讀——選取聖經或好的靈修書籍；兩大要素：默想——對於自己閱讀的內容仔細思考；對話——用發自內心的話語表達對上帝的愛慕，表明自己要通過順服上帝的旨意行動而增進自己的愛德。三個是任選的：感恩——為上帝賜給我們的一切恩惠忠心感恩；奉獻——定意以具體的行動過感恩的生活；懇求——時刻牢記自己的軟弱，呼求上帝幫助。[502]

5、靜觀心禱的地方與姿勢。在準備階段，最好找一個比較僻靜的地方，避免來自他人和環境的干擾，使得自己的身心能夠安靜在上帝的面前。至於身體姿勢並沒有機械的規條，最好是跪在上帝的面前，表明我們的謙卑；也可以五體投地，表明我們在

---

500 大德蘭，《全德之路》，3 章 5 節，頁 55。
501 同上，1 章 2 節，頁 47。
502 Father Gabiel of St. Mary Magdalen, *Divine Intimacy: Meditations on the Interior Life for Every Day of the Liturgical Year*, trans. Diacaced Carmelite Nuns of Boston (MMX: Baronius Press, 2010), xxiv-xxv。賈培爾，《聖女大德蘭的靈修學校》，加爾默羅聖衣會譯（台北：星火文化，2014 年），頁 226。

上帝面前完全的降服；當然，也可以站立，甚至慢慢地行走踱步，使自己沉浸在與上帝同行的意識之中。到林間、海邊、池塘旁邊，都是很好的靈修之地。在早晨太陽升起的時候，在黃昏日落的時候，都能幫助人找到一定的靈感。早晨未起床之前，晚上未入睡之前，都可以躺著思想上帝在自己生命中的恩典和作為。

6、靜觀心禱與靈閱。在閱讀方面，「禱讀」、「靈閱」（*lectio divina*），是一種傳統的非常重要的操練。早在四世紀的時候，很多修士在個人靈修時就開始以禱告的方式來朗讀經文，一般選自詩篇或福音書，修士大聲讀出經文，若是被某個字詞觸動就停下來沉思，從而明白上帝的話語的意思。這樣就從閱讀進入默想，從默想進入祈禱。[503] 大德蘭強調：「要甘心情願修行，且要時常閱讀。」[504] 大德蘭甚至坦白地說：「我有超過十四年之久，不閱讀就無法做默想。」[505]

當然，大德蘭在閱讀的書目上非常謹慎，她強調：「要不是作者非常夠資格，我不會想看他們的書。」[506] 以屬靈的心態閱讀屬靈的著作，乃是基督徒非常重要的靈命操練。閱讀可以幫助我們把注意力集中起來，特別是那些有一定的難度的書籍，更能夠使我們謙卑警醒，迫切地尋求聖靈的光照。現代社會書籍氾濫，我們更需要選擇閱讀精品書籍，在這個方面，導師的推薦非常重要。現代很多基督徒不喜歡讀書，當然也不可能安靜下來，不可

---

503 Richard Peace，《默想式讀經手冊：在聖經中經歷神》，林瑋玲譯（台北：中華國際聖經協會，2000年），頁15-16。
504 大德蘭，《全德之路》，3章5節，頁55。
505 同上，17章3節，頁55。
506 同上，21章4節，頁129。

能進入深度的靈修。

7、**閱讀的環境與姿勢**。在閱讀之時，我們首先要準備好我們的環境和心態。閱讀的環境非常重要，儘量尋找比較幽靜的地方，能夠安心閱讀。不僅環境要儘量保持幽靜，也要放鬆身體，保持舒適的姿勢，或者坐著，或者站著，或者跪著，或者慢行，只要能夠促進自己閱讀的姿勢都是好的。筆者最喜歡的是跪著閱讀，這樣最能在上帝面前謙卑自己，也能集中注意力。在閱讀之前，也要調整好自己的性情，提醒我們是以信心進入神聖的領域，我們不是一般的文字性、信息性的閱讀，乃是通過閱讀來認識上帝，認識上帝對我們的心意，聆聽上帝對我們的聲音。因此，閱讀的關鍵就是要使成文的字句變成活潑的聖言，因此我們要帶著「上帝正對我們說話」的心態來留心聆聽。覺得某節經文，或者某句話，特別吸引、觸動我們，就開始思想這節經文、這句話語對於自己的特別意義，這樣就開始進入默想。

8、**閱讀當有的心態**。閱讀的時候我們渴慕、期待與主相遇，上帝向我們顯現，賜給我們亮光。此時，我們要把觸動我們的文字反覆思想，用祈禱的心來尋求上帝的光照，如牛吃草反芻一樣，細細地嚼了再嚼，沉思這句話對自己的意思，甚至可以運用想像力，走入聖經故事之中，身臨其境地體驗那段經文對於我們個人的意義，這樣就使得上帝的聖言內在化、個人化。

比如筆者有一次在教會事工報告交通會的時候聽到袁東輝長老讀哥林多前書十四章十二節：「你們也是如此，既是切慕屬靈的恩賜，就當求多得造就教會的恩賜。」這句話給我帶來很大的觸動，我當時就反覆思想，把這句話默記在心。是的，人人都想得到更大的恩賜，但是，上帝賜給我們的恩賜不是為了讓我們自

我表演,而是讓我們造就教會,使得基督的教會更加成熟成全,在這個世界上發揮中流砥柱的地位和作用。我甚至聯想到當時哥林多教會的情況,他們很多人強調說方言的恩賜,但是這種恩賜如果不是配合翻譯的恩賜,就對於別人在真理的認識上沒有任何造就,只能帶來內在的混亂和外人的輕看。

在今日教會中也是如此,極端靈恩派如此強調方言禱告的功用,甚至在聚會中也是咿哩哇啦地用別人聽不懂的所謂的方言禱告,使得上帝的教會顯得像是瘋子的聚會一樣,因此保羅警告他們:「所以,全教會聚在一處的時候,若都說方言,偶然有不通方言的,或是不信的人進來,豈不說你們癲狂了嗎?」(林前14:23)。這種默想是自發性的,並沒有一定的規律可循,我們在操練的過程中就會體會到其中的奧秘。無論如何,在這樣的閱讀和默想中,最起碼我們記住了一定的經文,並且開始發自內心地明白經文的含意與應用。

9、閱讀與對話、寫作。在閱讀的時候,如果是屬於我們自己的書籍,就可以用筆劃出我們喜歡或有觸動的句子,甚至寫上我們自己的感想。這樣,我們的閱讀就成為與作者的對話,上帝就會通過這樣的閱讀使我們一同得蒙光照。另外,在閱讀時也可以寫作,如果作者的觀點對我們有益處,那就可以吸收引證,在註腳部分加上作者的名字、書名、出版地點、出版社、出版年份、頁碼,養成把作者當得的尊重歸給作者的習慣,也學會自覺地在前人的基礎上繼續前行。如果作者的觀點有一定的偏頗,我們也可以在自己的寫作中對其進行指正補充,這樣我們就能夠豐富人類對於上帝和真理的認識。

10、反覆閱讀與默想。在反覆默想時感受到主的愛深入我

心，自然當以愛來回應，此時就進入祈禱，正如大衛所表達的那樣：「我的心在我裡面發熱。我默想的時候，火就燒起，我便用舌頭說話。」（詩 39:3）閱讀的時候，上帝的話語在我們的口中；默想的時候，上帝的話語在我們的頭腦中；祈禱的時候，上帝的話語進入我們的心中，我們開始對於上帝賜給我們的話語作出愛的回應。我們向上帝表達自己的愛慕、感恩，向祂訴說我們的需要。當我們祈禱的時候，內心就會生發出聖潔的渴望以及對於屬靈美德的羨慕。這個時候，我們可能認識到自己的罪過、軟弱和虧欠，我們就在上帝面前誠實地認罪，對付自己的老我。這樣，我們就會更加深刻地潔淨自己，也會更加深刻地接受上帝的同在和祝福。[507] 這種祈禱一開始是默想式的祈禱，也就是觀心式祈禱；然後就能逐漸進入靜心式與合心式的祈禱，也就是靜觀。

11、操練靜觀心禱八大要素。靜觀心禱可以從以下八大要素入手：（1）時間：早晨起床之後，夜晚安歇之前，獨自安靜在上帝的面前，三十分鐘左右即可；自己習慣的其他時間也可；（2）姿勢：選取一個舒適的姿勢，靜坐也好，跪下也好，要閉上自己的眼睛，關鍵是集中自己的注意力；（3）心態：通過口禱或默禱向上帝表明我們的心願，願意放下自己，向上帝敞開，走入心靈的城堡與上帝相遇相知，像所羅門那樣求上帝賜給我們智慧；（4）沉思：思想自己讀過的經文或書籍；思想自己生命的經歷；思想耶穌基督的道成肉身、死裡復活；思想上帝賜給自己的恩賜和使命；（5）收心：整理自己的思路，聚焦到對上帝的認識和愛

---

[507] 參考謝智偉，〈默觀祈禱中的「歸心祈禱」——一種教會靈修傳統的探討〉，http://ir.taitheo.org.tw:8080/ir/bitstream/987654321/417/1/A515 謝智偉.pdf，頁 9。

慕上,向上帝呼求:主啊,祢的僕人是要認識祢,願祢向祢的僕人顯現;(6)醫治:請求上帝潔淨自己內在的意念,醫治自己內在的創傷;(7)安靜:在上帝面前完全安靜自己,尋求上帝的光照和安慰;(6)記錄:記錄自己在閱讀、沉思和安靜時的領受;(8)行動:按照禱告中的領受來調整自己的行動。另外,非常重要的是,正如大德蘭提醒的那樣:「無論是多麼崇高的默觀,常要以認識自己作爲祈禱的開始和結束。」[508]

12、從觀心式祈禱轉向收心式祈禱。 在操練靜觀心禱的過程中,從觀心式祈禱轉向眞正靜觀心禱的關鍵就是收心式祈禱。人的心思往往像是脫韁的野馬,不知道它向何處奔行。如何收攝心神,全神貫注,安然入靜,這乃是一切宗教修行的中心問題。《不知之雲》的作者向我們指明了這種收心式祈禱的關鍵:「當你感覺上主的恩典引你去作靜觀,你也決意去作靜觀時,便單純地,順著愛的振奮舉心向主吧!要念茲在茲地只想念上主:創造你、救贖你,親手引領你作靜觀的上主,不要讓別的思念混入你的心靈。就這一點已算太多了,一份赤裸裸的渴慕上主之情,一份渴願唯一上主之情就已足夠。若你願把一切心願濃縮成一句話,以便於記住,要儘量避用長語,而選那短句:『上主』或『愛』等的短語是再好不過的;不過,該選那對你具有意義的。隨後,把它銘刻在心,任其自然地留在那裡,這句話將是你在衝擊與安寧中的護衛。用這句話去敲擊在你上面的那朵烏雲,也用它去擒住一切的分心;把擒住的分心雜念,交給你下面的『坐忘之雲』。遇有困思追問你在做何事時,只用這句話去回答。你

---

[508] 大德蘭,《全德之路》,39 章 5 節,頁 208。

的心神如果企圖推敲這句話的含意，要切記：它的價值在於簡單。」[509]

13、教會的合一在於靈命與靈修的操練。 教會的復興與合一，關鍵是靈命的復興與合一；靈命的復興與合一，關鍵是在基督徒個人和群體的靈修操練上。不管有多少繁複的信條法規，都無法帶來合一的秩序；不管是多麼豐富的神學論述，都無法改變人心的敗壞；不管是多麼龐大的教會組織，都無法維持長久的動力。面對社會與文化的挑戰，如果我們單純依靠人的方法，最終都會迷失在環境之中。教會的牧長必須有深刻的靈修才能洞燭先機，通達時務，未雨綢繆。

更重要的是，作為教會的牧長，我們必須把眾人帶到上帝的面前，直接領受來自上帝的大光大愛。我們越是通過祈禱來到上帝的面前，呼求「我們在天上的父」，就越是能夠在上帝面前有赤子之心；我們越是能夠直接從上帝那裡領受祂的神聖大愛，就越是能夠在弟兄姐妹之間彼此相愛。「當時，門徒進前來，問耶穌說：『天國裡誰是最大的？』耶穌便叫一個小孩子來，使他站在他們當中，說：『我實在告訴你們，你們若不回轉，變成小孩子的樣式，斷不得進天國。所以，凡自己謙卑像這小孩子的，他在天國裡就是最大的。凡為我的名接待一個像這小孩子的，就是接待我。』」（太 18:1-5）。真正的祈禱能夠化解我們彼此之間的爭競，讓我們每個人都變得像小孩子一樣，就是在謙卑的美德上長進。何處有真正的祈禱，何處就有真正的謙卑；何處有真正的謙卑，何處就有真正的合一。

---

[509]《不知之雲》，7 章，頁 31-32。

14、祈求上帝帶領我們進入深刻的靜觀。至高的上帝，求祢向我們施恩，使我們能夠在祢的光中得見光。不要任憑我們在黑暗中獨自摸索，寂然前行，更不要任憑我們在黑暗中互相譭罵，彼此吞咬，一同滅亡！求祢親自扶持我們，用祢的真理潔淨我們的心靈，用祢的聖火點燃我們的心靈，用祢的大愛醫治我們的心靈，使我們在祢面前成為完全人，成為祢所用的聖潔器皿！「主就是那靈；主的靈在哪裡，那裡就得以自由。我們眾人既然敞著臉得以看見主的榮光，好像從鏡子裡返照，就變成主的形狀，榮上加榮，如同從主的靈變成的」（林後 3:17-18）。

第六章

《國度禱文》與靜觀心禱

「耶穌回答說:『人若愛我,就必遵守我的道;
我父也必愛他,並且我們要到他那裡去,與他同住。』」
(約 14:23)。

祈禱是靈魂的呼吸,「讓信徒體會到與上主之間位格親密交流、自我生命的深度改變」[510]。祈禱最能反映人心靈的自由,祈禱最能得到上帝賜給的自由,祈禱也是自由的最好的使用。黃立華牧師把禱告與「自由的操練」聯繫在一起,指出:「禱告本身是一個不能被限制的行動,開聲能禱告,不開聲也能禱告;開心時能禱告,悲憤時也能禱告;人身有自由能禱告,失去亦能禱告。總之,只要人活著,禱告就不受限。為何能如此?因為禱告是上帝賜給祂的子民的特權,藉著禱告,祂的子民能隨時和祂接通關係,這是享受自由的條件。之所以要從主禱文來談,另一個理由

---

[510] 柳海龍,《欣然相遇——禱告體驗與靈命導引》,金智娥譯(台北:道聲,2014 年),頁 16。

是上帝是自由的本體,從祂出來的關乎禱告的教導必體現自由的實質,具有啓示性和超越性,聖靈的內住使合乎眞理的禱告具有實踐性,使人在操練與上帝同在的過程中領受從上頭而來的智慧和能力,使上帝所賜自由的生命可以被經歷,被擁有。」[511]

祈禱使得我們的神學走向敬虔,也讓敬虔走向神學,這種敬虔與神學的密切結合就是靈修神學,尤其是以祈禱爲中心的靈修神學更是注重在基督教整個眞理體系中界定祈禱與靈修的關係。身體若沒有呼吸,就會很快死亡;靈魂若沒有祈禱,靈命也會很快枯乾。對於基督徒而言,祈禱是最最重要,最最熟悉,也是最最混亂的。唐崇榮牧師強調說:「今日教會所缺乏的,就是『禱告神學』的訓練。爲什麼教會需要學習禱告的神學呢?人人自認爲懂得如何禱告,卻很少想過自己究竟根據什麼標準來評定。」[512] 既然大多數基督徒連禱告的標準也不明白,也不關心,我們的祈禱只能淪落到各種形式的念咒的地步。

今日在中國教會中流行的關於禱告的書籍和資料,多是靈恩派性質的。改革宗教會並不是不注重禱告,因爲改革宗一直強調禱告是基督徒生活中三大蒙恩工具之一(其餘二者是讀經和參加聖禮,參考《威斯敏斯德小教理問答》第88問)。然而,我們不能不說,靈修和禱告並不是很多改革宗人士的強項,我們更多是以心智的思辨、教理的研習、建制的完善、社會的參與取代了懇切的禱告與密契的交通。同時,現代教會中流行的很多人所謂的禱告,嚴格說來並不是合乎聖經的禱告,而是異教徒的念咒,目

---

511 黃立華,〈從耶穌禱文談談自由的操練〉,雅和博研修院《海德堡教理問答》研習版學習心得第10號。

512 唐崇榮,《主禱文精義》(唐崇榮國際佈道團,2017年),頁153。

的就是想方設法地讓上帝聽我們的話，滿足我們的願望和需求，只不過是把中國人所熟悉的「阿彌陀佛」換成了「耶穌基督」！極端靈恩派更是以亂七八糟的所謂的「方言禱告」來代替悟性的禱告，求主憐憫這樣的無知！

本章我們主要是從上帝的律法和耶穌基督教導的《國度禱文》來解析合乎聖經的禱告到底是什麼樣的，尤其是把改革宗對《國度禱文》的注解和大德蘭所提倡的靜觀心禱聯繫在一起。改革宗對《國度禱文》的注解強調要按照上帝的心意禱告，而以大德蘭為代表的靜觀心禱所強調的乃是心靈中對於上帝的經歷性認識，這種認識是對上帝充滿愛的知識（弗 3:16-19），「是與上帝親密而得的知識，是關係全人的，而不只是理性的、頭腦的知識」[513]。與主相契乃是基督教的精義，也是每一個基督徒都當殷切追求的目標，而禱告乃是不可或缺的蒙恩之道，是以我們的心靈直接來到上帝的面前。靜觀心禱的核心就是個人心靈與上帝之間的相遇相識，相愛相契。這種祈禱的終極就是「聖靈親自用說不出來的歎息替我們禱告」（羅 8:26）。這一禱文讓我們學習耶穌基督禱告的語言和精義，使我們和耶穌基督一起進入父的同在。

不管是改革宗，還是路德宗，還是天主教，在其教理問答中都是以《使徒信經》、《約法十章》和《國度禱文》為基本框架。因此，我們按照《國度禱文》的樣式祈禱，不僅能夠增進我們與上帝之間的關係，更能促進基督徒彼此之間的相通，甚至能夠一同祈禱。有時我想基督徒的合一其實不是在字句上，正如夫妻的

---

513 張慧琴，〈歸心之路：一條轉化生命之路〉，http://www.ctts.org.tw/newsletter/2012/20302.pdf，2017 年 4 月 3 日查考。

關係不在於結婚證一樣。基督徒之間的合一關鍵是通過祈禱，在祈禱中一同尋求聖靈的同在和引領。毫無疑問，祈禱能夠使得各種宗派背景的基督徒，都能夠一同安靜在上帝的面前，一同尋求上帝的心意。如果我們承認上帝是上帝，是三位一體的上帝，是又真又活的上帝，是我們共同信仰、敬拜和事奉的上帝，那麼在這樣的同一位上帝面前，我們就會有真正的合一與團契。

一、《國度禱文》及其重要性

1、《國度禱文》與靜觀心禱。按照《國度禱文》的思路和精神禱告，必然進入深刻的靜觀心禱。可惜很多人或者忽略《國度禱文》的重要性，很少使用耶穌基督教導門徒禱告的這個禱文來指導自己的禱告生活；或者僅僅是在理性上明白這一禱文的含意，機械地在字句上重複這個禱文，沒有堅持在日常生活中，通過口禱或默禱的方式，用這一禱文來增進自己與上帝的關係，更沒有進入真正的靜觀心禱。

2、《國度禱文》與聖約框架。在《國度禱文》中，我們也可以看到聖約的架構。當然，這個架構本身也是國度的架構。把國度神學與清教徒所強調的聖約神學結合在一起，乃是雅和博經學所重點強調的。[514]

（1）立約者：「我們在天上的父」，首先指向立約的超驗的上帝，聖約的設立者是聖約的第一大要素，當我們進入禱告的時

---

514 See Ray R. Sutton, *That You May Prosper: Dominion By Covenant* (Tyler, Texas: Institute for Christian Economics, 1987)。此書把聖約的框架總結為：上帝、人、律法、賞罰和未來五大要素。雅和博經學所採納的聖約框架乃是由此書而來。

候必須明白我們到底是在向誰祈禱。當然，上帝是與我們立約的上帝，也是全地的大君王。

（２）受約者：「願人都尊你的名爲聖，願你的國降臨」，上帝的聖名代表上帝自己，上帝的國度就是上帝的主權，此處的祈禱承認上帝的聖名和國度，表明我們是屬於上帝及其國度的子民，上帝是我們的上帝，我們是上帝的代表，我們與上帝之間存在一定的等級關係，因此我們必須明白自己的位分，對於上帝有敬畏和順服之心。當然，我們是上帝的約民，也是上帝的國度的子民。

（３）標準：「願你的旨意行在地上，如同行在天上」，此處主要指向上帝顯明的旨意，也就是上帝的律法，上帝的律法乃是聖約的標準，「轉耳不聽律法的，他的祈禱也爲可憎」（箴28:9）。我們若是藐視上帝的律法，就必被上帝藐視，不蒙上帝的祝福。當然，上帝的律法也是國度的律法。我們否定上帝的律法，就是背叛上帝的國度和主權。

（４）賞罰：「我們日用的飲食今日賜給我們，免我們的債，如同我們免了人的債」，上帝必然按照祂的聖約以及我們的順服來對待我們，包括祂在耶穌基督裡赦免我們的過犯，賜給我們不配得的恩典和賞賜。聖約規定了賞罰，而上帝的國度則把這種賞罰執行出來。

（５）延續：「因爲國度、權柄、榮耀，全是你的，直到永遠。阿們」，上帝的國度、權柄和榮耀永無窮盡，祂也必會按照祂的旨意和應許不斷更新祂與我們和我們的子孫後代的約。當然，簡單而言，上帝與我們所設立的聖約就是：上帝要作我們的

上帝，我們要作上帝的子民。我們與上帝之間是相屬相愛的關係。因此，我們的祈禱必須是聖約式的祈禱，靜觀心禱的最高境界就是我們的靈魂與上帝建立婚約性的關係，自覺地成爲上帝的新婦。對於當今的基督徒而言，大多數人既缺乏聖潔的愛情和婚姻，也缺乏深度的靈修和敬虔，根本不關注這種相屬相愛的聖約關係。所以，我們的祈禱都集中在單向地讓上帝滿足我們的需求上，缺乏雙向的關係性的交流與契合。因此，上帝的聖約是「直到永遠」，上帝的國度也是「直到永遠」。

3、《國度禱文》與自由發揮。我們用《國度禱文》進行祈禱，作爲我們禱告的公式，並非只是口中機械地念誦，而是像一位藝術家的創作一樣，按照藝術的法度來自由創作，但在自由發揮中始終遵循法度。因此，在《國度禱文》的框架內，我們能夠向上帝傾心吐意，表達我們心靈的願望，呈現我們心靈的需要，也可發自內心地悔改、讚美、感恩。

在這一禱文中，我們既能面對我們自己與上帝的關係，也能面對我們自身與鄰舍和世界的關係。最重要的是，《國度禱文》是耶穌基督親自教導門徒祈禱的禱文，我們若是忠心地按照這一禱文的精義來祈禱，必然得蒙上帝的賜福，親自得見耶穌基督向他顯現，這是耶穌基督特別向那些愛祂並且按照祂的話去行的人所特別應許的：「有了我的命令又遵守的，這人就是愛我的；愛我的必蒙我父愛他，我也要愛他，並且要向他顯現。」（約14:21）此處的「命令」是複數形式，特指上帝的諸般誡命。只有那些承認上帝的誡命的權威性，並且甘心樂意地遵守的人，才是眞正愛耶穌和上帝的；也只有這樣愛耶穌和上帝的人，才是眞正得蒙上帝眷愛的人，他們必然得見耶穌基督向他們顯現！其中隱

含著極大的奧祕，我是指我們個人與基督的關係。

4、《國度禱文》與樂觀盼望。凱瑞‧諾斯（Gary North）在談及這一禱文的時候，提出幾個令人不得不沉思的問題：「你認為上帝賜給祂的子民這一禱文，卻不想應允嗎？你認為上帝把這一禱文賜給祂的子民，卻不期望他們如此祈求嗎？你是否認為上帝的子民用這一禱文已經祈禱了幾乎兩千年？如果他們確實這樣祈禱了，上帝是否已經漸進地回應了他們的祈求？更具體地說，當你用這一禱文祈求的時候，你是否期盼上帝漸進地應允你這樣的祈求？你是否相信我們的子孫後代繼續這樣祈求，他們就會更多地得見上帝應允的證據？換言之，如果基督徒持續不斷地用這一禱文祈禱，並且是用信心祈禱，你相信世上的萬事必然會變得不再那麼罪惡嗎？」[515] 雅各強調：「你們中間若有缺少智慧的，應當求那厚賜與眾人、也不斥責人的上帝，主就必賜給他。只要憑著信心求，一點不疑惑；因為那疑惑的人，就像海中的波浪，被風吹動翻騰。這樣的人不要想從主那裡得甚麼。心懷二意的人，在他一切所行的路上都沒有定見。」（雅 1:5-8）我們深信，隨著基督徒忠心地祈禱和工作，上帝的聖名必然更多地被尊為聖，上帝的國度必然不斷地降臨，上帝的旨意必然不斷行在地上。

5、《國度禱文》與口禱念誦。大德蘭極其推崇用《國度禱文》來口禱，主耶穌特別用這種原則性的框架來教導我們禱告，

---

515 Gary North, *The Covenantal Structure of Christian Economics* (2015),xvii-xviii. See http://www.garynorth.com/CovenantalEconomics.pdf, 2017 年 3 月 31 日查閱。

目的就是讓每個人都在禱告中享有最大程度的自由。大德蘭獲知很多深奧的祕密，都是她在教導眾人念誦《國度禱文》時得到的光照。她強調：「把你們的祈禱生活建基於上主親口傳授的禱文上，總是極好的。」[516]「這是確實的，《天主經》蘊含這麼大的祕密，[517] 從來不曾進入我的心思意念中；你們已經看得出來，其中包含著整個的靈修道路，從開始直到天主使靈魂完全著迷，賜予靈魂暢飲活水之泉，可以說，這是路程的終點。」[518]「令我驚訝的是，看到在這麼少的字句中，涵蓋了所有的默觀和全德，好似除了學習這篇禱文，我們就不需要其他的書籍了。」[519]

6、從法理性祈禱轉向密契式祈禱。在改革宗神學中，我們對於《國度禱文》的解釋多是法理性的解釋與祈禱，這是正確的，也是需要的，但還不全面。大德蘭強調的是這篇禱文所反映的在基督裡我們與上帝的關係的密契。在雅和博經學中，我們在祈禱中既注重聖約式、法理性的認信、認罪、讚美和感恩，也注重關係性、密契性的對話、交流、仰望與合一，同時也注重通過祈禱達到心靈的醫治、生命的改變、使命的確信和爭戰的得勝。

二、祈禱與心靈的仰望

1、祈禱與走向上帝。禱告就是與上帝交通。在很多東方宗教中，也有類似祈禱的做法，甚至孔子也有祈禱的習慣，他強

---

516 大德蘭，《全德之路》，21 章 3 節，頁 129。
517 羅馬天主教稱之為《天主經》，就是此處所說的《國度禱文》。
518 大德蘭，《全德之路》，42 章 5 節，頁 222。
519 同上，37 章 1 節，頁 197。

調：「獲罪於天，無所禱也。」[520] 此處之「天」，「為一意志的主宰，而為古人共同信仰的至上神」[521]。東方宗教的打坐、默想等修練注重的是培養專注的能力，從而使人達到心智上的澄明。但是，因為他們缺乏對於位格性上帝的救贖性的認識，就是上帝通過先知、使徒，特別是通過耶穌基督而賜給人的拯救的信息，他們的祈禱主要還是仰賴個人的努力，他們所強調的是自身的修行。對於基督徒而言，祈禱就是走向上帝。若是依靠自己，真比登天還難；若是靠主恩典，就能自然而然。當然，我們一定要牢牢記住，祈禱的核心不是乞丐乞討，祈禱的核心是神人相會。通過祈禱，上帝最終把我們提到三重天之上，使得我們親口品嘗到天國的滋味。因此，真正的祈禱需要我們全人全心地投入。

2、心禱的精義。讀經就是我們聆聽上帝藉著聖經向我們說話，而禱告則是我們以心靈和誠實向上帝說話，大德蘭稱這就是「心禱」的精義。[522] 基督徒的一生是學習的一生，基督徒的一生也是禱告的一生。我們所信的上帝是聖經中所啟示的自有永有的三位一體的上帝，我們信仰的標準是上帝所啟示的自證內證的無謬的聖經。但要真正明白聖經，我們還是需要上帝親自教導我們。因此，我們禱告，就是以我們的心靈仰望上帝，與上帝交談，領受上帝的教誨。「耶和華啊，我的心仰望你。我的上帝啊，我素來倚靠你；求你不要叫我羞愧，不要叫我的仇敵向我誇勝。凡等候你的必不羞愧；惟有那無故行奸詐的必要羞愧。耶和華啊，求

---

520 《論語‧八佾》。

521 傅佩榮，《予豈好辯哉：傅佩榮評朱注四書》（台北：聯經，2013年），頁35。

522 大德蘭，《全德之路》，22章8節，頁136。

你將你的道指示我，將你的路教訓我！求你以你的真理引導我，教訓我，因為你是救我的上帝。我終日等候你」（詩 25:1-5）。只有經過上帝在我們心靈之中對我們的教導和開啟，聖經才能從外在的字句成為滋養我們心靈的飲食。

3、禱告需要謙卑學習。聖經一再強調學習的重要性，基督徒當「學習行善」（賽 1:17）。不是一般性的學習，而是研究性的考察。「耶和華的作為本為大；凡喜愛的都必考察」（詩 111:2）。只有犯罪不需要學習，我們從老祖宗繼承下來的性情，使我們天生就喜歡犯罪，人人都是無師自通，自學成才，都是犯罪專家。但是，要行善，要得蒙上帝的悅納，卻必須攻克己身，潛心學習（賽 1:15-17）。

當初亞當墮落也是因為不想忠心地從上帝所創造的自然和啟示中謙卑地學習，而是想一旦吃了分別善惡樹上的果子，就可以如醍醐灌頂，無所不知，自己做主。主耶穌為我們樹立的榜樣就是：「他雖然為兒子，還是因所受的苦難學了順從。」（來 5:8）有人認為既然禱告就是向上帝說話，是不需要任何學習的。這只是人的想法，並不合乎聖經的啟示。主耶穌基督的門徒也曾經請祂教導禱告，這就是著名的主禱文的來歷（路 11:1）。主耶穌在教導門徒禱告之前，首先提醒他們：「你們禱告，不可像外邦人，用許多重複話，他們以為話多了必蒙垂聽。你們不可效法他們；因為你們沒有祈求以先，你們所需用的，你們的父早已知道了。」（太 6:7-8）

從這段經文以及相關的經文來看，外邦人的禱告有以下幾大特徵。一是從禱告的形式來看，他們用很多重複的話；其次，從禱告的內容來看，他們所求的就是「吃甚麼？喝甚麼？穿甚麼？

這都是外邦人所求的」（太 6:31-32）。第三，從他們對禱告的認識來看，他們認為「話多了必蒙垂聽」，他們把禱告視為操縱上帝滿足他們的欲望的方法。如果我們不認真學習，心意更新，我們的禱告就會和外邦人祈求的一樣。因此，我們務要牢記，基督徒的禱告不是想方設法讓上帝聽我們的話，滿足我們的心意，而是我們安靜在上帝的面前，願意接受、明白並遵行上帝的旨意。

4、禱告須有使命感。 人生的關鍵是要有異象或使命感（箴 29:18）。上帝是有目的的上帝，他的一切作為都不是盲目的。上帝創造我們是有他的目的的，就是讓我們擔負起治理全地、建立文明的使命來（創 1:26-28）。這個使命是文化性的使命，也是歷史性的使命，就是在歷史過程中建立和捍衛基督教文明。祂在基督裡使我們重新恢復上帝的形象，「為要叫我們行善，就是上帝所預備叫我們行的」（弗 2:10）。

這種行善不是零零碎碎、隨機而行的行善，而是有計畫地完成在第一個亞當裡無法完成的治理的使命。治理的使命就是文化的使命（創 2:15；20），屬靈爭戰就是文化爭戰（林後 10:3-5）。耶穌基督所吩咐的大使命是治理使命的延伸和成全（太 28:16-20）。不學習，無文化，不長進，很顯然，這樣是無法完成上帝給我們的託付的。「所以，你們禱告要這樣說：我們在天上的父，願人都尊你的名為聖……因為國度、權柄、榮耀，全是你的，直到永遠。阿們」（太 6:9-13）。這一禱文從一開始到結束所貫徹的都是聖約的精神和國度的追求。

我們之所以名稱上把大家熟悉的「主禱文」改成「國度禱文」，目的就是回到耶穌基督的強調，就是先求上帝的國度和公義（太 6:33），就是要高舉上帝的主權和約法，建立「敬畏上帝，

信靠基督；愛主愛人，守約守法」的基督教文明。筆者此生最主要的祈求就是改革宗神學在華人文化中的處境化，如何使純正的改革宗神學在華人文化中落地生根，開花結果，這是我一生主要的負擔。願上帝垂聽！

5、祈禱是心靈的仰望，是與上帝的相會。我們需要獨自面對自己的心靈，並且敞開自己的心靈來面對上帝。大德蘭強調，「至尊陛下的教導是要獨處」[523]。這恰恰是耶穌基督在教導門徒禱告時所強調的：「你禱告的時候，要進你的內屋，關上門，禱告你在暗中的父；你父在暗中察看，必然報答你。」（太 6:6）。正是因為缺乏這種獨處時與上帝的交通，我們的祈禱往往變成了「獨白」、「獨唱」，祈禱的內容經常變成對於自己的生活瑣事的「報告」，甚至向上帝陳列我們生活中需要滿足的物質或事物的「清單」，我們並沒有專注地聆聽上帝的聲音。

許多基督徒在其禱告中從未體驗過與上帝互相交通帶來的那種親密、甜美、平安和喜樂，所以就形成一種惡性循環：越是禱告少，越是感受不到禱告的甜美；越是感受不到禱告的甜美，越是禱告少。要擺脫這種惡性循環，擺脫這種狹隘的、枯燥的，甚至是庸俗的祈禱，我們需要學習以天人交通為中心的靜觀心禱，「獨與天地精神往來」[524]。我們不否定個人口禱和公共祈禱的作用，但是，即使在個人口禱和公共祈禱的時候，我們也當用心靈和誠實來敬拜上帝，把我們心靈的感動和訴求陳明在上帝面前，而不是僅僅滿足於外部的儀式和言語的重複。華人教會之所以禱

---

523 大德蘭，《全德之路》，24 章 4 節，頁 140。
524《莊子‧逍遙遊》。

告會比較冷淡,乃是因為大家平常都缺乏深刻的祈禱,也缺乏學習祈禱、一同祈禱的心志。若非復興這樣的心志,不管我們的禱告會在形式上如何調整,都不會有什麼大的改善。

三、祈禱與心靈的順服

1、上帝垂聽我們的禱告。我們之所以禱告,是因為上帝垂聽我們的禱告,正如聖經所言:「他的耳朵聽他們的呼求」(詩34:15)。今天很多基督徒強調禱告,並且對禱告如何蒙上帝垂聽,提出了很多的公式性的東西,並竭力在聖經上尋找根據。其實,創造天地萬物的上帝早已曉得一切,並不需要我們講述才能知道。聖經是上帝用人的語言向人啓示真理。「聽」就是悅納、祝福,表明我們與上帝的關係。

2、要奉耶穌基督的名禱告。基督徒大多知道,我們禱告的時候要奉耶穌基督的名禱告。「我實實在在地告訴你們,你們若向父求甚麼,他必因我的名賜給你們。向來你們沒有奉我的名求甚麼,如今你們求,就必得著,叫你們的喜樂可以滿足」(約16:23-24)。然而奉耶穌基督的名禱告到底是什麼意思呢?「耶穌」的意思是「拯救者耶和華」(Jehovah-saved),「基督」的意思是「受膏者」(anointed)。奉耶穌基督的名禱告,是指我們必須明白確定我們的身分和地位。基督徒是在耶穌基督裡,也就是因信耶穌基督而進入上帝的恩典之約,成為上帝聖約的代理和使者(林後5:17-20)。所以,「**奉耶穌基督的名**」,關鍵不是把「耶穌基督」之名當作一個有魔力的符咒,而是要明白自己是個罪人,靠著上帝的恩典得救,在耶穌基督裡罪得赦免,得兒子的名分,得享豐盛的生命。

我們來到上帝的面前祈禱，既然是奉耶穌基督的名祈禱，那麼作為耶穌基督的代表，我們向上帝所祈求的絕不是我們自己的私慾私事，而是國度的大事！這是我們必須首先深思、必須明白的！當然，上帝始終顧念我們的軟弱和需要，但我們也要留心明白上帝的心意，包括上帝對於我們的祈禱的心意。

3、禱告當以上帝的訓誨和法度為標準。我們的禱告要蒙上帝垂聽，我們自己必須遵行上帝的旨意。上帝的旨意有隱祕的旨意和顯明的旨意。「隱祕的事是屬耶和華——我們上帝的；惟有明顯的事是永遠屬我們和我們子孫的，好叫我們遵行這律法上的一切話」（申 29:29）。

禱告的目的不是窺探上帝隱祕的旨意，而是以上帝顯明的旨意——也就是上帝啓示的律法——為標準，求上帝憐憫、光照、賜福。「律法」的原義就是訓誨（torah），是上帝顯明的旨意。我們得救、稱義完全靠上帝主權的恩典，而上帝的律法則是我們聖潔生活的標準和治理的尺度。「人當以訓誨和法度為標準；他們所說的，若不與此相符，必不得見晨光」（賽 8:20）；「轉耳不聽律法的，他的祈禱也為可憎」（箴 28:9；參考約 14:15；約一 5:14）。

4、路德與帕斯卡論祈禱。宗教改革領袖馬丁·路德用十誡來指導他自己的禱告生活。他每天都是根據十誡來禱告，並從四個方面來根據每條誡命來省察自己：（1）我當為什麼而感恩？——感恩；（2）我有什麼當悔改的？——認罪；（3）我當

請求什麼？──祈求；（4）我當做什麼？──行動。⁵²⁵ 我們必須重新把祈禱與上帝的律法結合起來，這也是雅和博靈修神學所突出強調的。

帕斯卡在反思上帝為什麼讓我們祈禱的時候，指出三條：（1）為了向祂的受造物傳達因果性的尊嚴；（2）為了教導我們，我們是從誰那裡獲得德行的；（3）為了使我們由於勞動而配得其他的德行。⁵²⁶ 因此，對於帕斯卡而言，在原因與結果、禱告與德行、德行與工作之間是有一定的關係的。如今，很多基督徒離開上帝的律法和個人的德行而禱告，這實在是受異教哲學的影響。離開上帝的律法，我們的禱告就喪失了上帝賜給的判斷是非的標準；不為個人的美德禱告，我們的祈禱就淪落到滿足邪情私欲的地步。因此，在雅和博經學中，雖然我們在靈修上強調關係性、密契性的靜觀心禱，但我們在靜觀心禱中始終強調上帝的律法和個人的美德與善行。

5、因信稱義與祈禱。 首先我們必須是在基督裡因信稱義的義人，這樣我們才能確信我們的禱告必然得蒙上帝的垂聽。「耶和華的眼目看顧義人；他的耳朵聽他們的呼求。……耶和華救贖他僕人的靈魂；凡投靠他的，必不致定罪」（詩 34:15-22）；「義人祈禱所發的力量是大有功效的。以利亞與我們是一樣性情的人，他懇切禱告，求不要下雨，雨就三年零六個月不下在地上。他又禱告，天就降下雨來，地也生出土產」（雅 5:16-18）。因此，祈禱本身並不能使我們因信稱義，但祈禱本身能夠說明我們

---

525 參考 Walter Trobisch, *Martin Luther's Quiet Time* (Madison, Wisconsin: Inter Varsity Press, 1975).

526 帕斯卡,《思想錄》, 頁 229。

認識自己有沒有在基督裡的認罪與悔改之心。一旦我們明白確定自己有這樣的認罪與悔改之心，我們就知道聖靈已經在我們心中作工。既然我們已經明白確定自己是在基督裡因信稱義的人，我們也必深信上帝垂聽我們的祈禱。

四、祈禱與上帝的同在：「我們在天上的父」

1、**上帝與慈父**。耶穌在教導門徒禱告的時候，首先讓門徒認信「我們在天上的父」（太 6:9）。上帝是一位如此偉大的上帝，在基督裡卻成為我們的慈父！因此，當我們開口念誦「我們在天上的父」的時候，我們的心立即來到上帝的面前。對於我們而言，上帝不再是抽象的原理，也不是高不可及的神靈，更不是隨時向我們發怒的「老天爺」，而是事事眷顧我們的親愛的天父。

2、**按照上帝的旨意祈禱**。禱告非常重要，但更重要的是按上帝的旨意禱告。雖然靜觀心禱注重的是心靈所意識到的那種上帝同在的靈覺，但我們首先注重的則是對於上帝及其旨意的認識，有了這種認識，我們才能超越這種認識。真正的知識就如載人過河的舟楫，沒有舟楫，就無法過河；過河之後，我們不必把舟楫帶在身邊，前面還有更美的風景，我們可以輕鬆地前往。有一句拉丁名言，*lex orandi, lex credendi*，意思就是「如何禱告，就如何相信」。基督徒所信的，直接影響他們禱告與敬拜的方式；反之亦然。因此，我們絕不提倡禱告就能解決一切問題，相反，我們強調首先解決禱告的問題，就是我們的禱告本身首先就需要歸正！我們應當在禱告之前就擺正我們對於上帝的認識。更準確、深入地進行祈禱，在禱告之前，我們就當明白合乎上帝的心意的禱告到底是什麼性質和樣式的禱告。

3、聖約式祈禱與密契式祈禱。合乎聖經的祈禱乃是聖約式祈禱。聖約式禱告是以上帝，而不是人為起始的，因為萬有都是始於上帝。聖約式禱告絕不是以人為中心，想方設法欺騙、操縱上帝，讓上帝滿足自己的要求。這並不是說人和人的需要是不重要的，但是，正如基督所教導的那樣，禱告的核心並不是在於讓上帝知道我們的需要，我們所需要的祂已經知道了。聖約式禱告是先求上帝的國，先求上帝的義（太 6:33），所表達的是祈禱者「飢渴慕義」的心（太 5:6）。

基督教導門徒們，首先說在天上的上帝，這就是教導我們，要曉得上帝與所有的受造物都是不同的。正是因為上帝與受造物截然不同，正是因為上帝是絕對的至高無上的上帝，這正是我們向祂禱告的根本原因。既然上帝是與人截然不同的存有，在本質上是迥然相異的，要保持雙方之間的關係，彼此之間的交通是必不可少的。這種交通不是按照我們的想法可以隨心所欲，而是必須按照上帝的啟示和吩咐。上帝對我們的啟示和吩咐都是按照立約的方式進行的。自上帝至人是通過上帝的聖言，上帝向我們立約；而自人至上帝則是通過人的禱告，我們以順服來領受、回應上帝的聖約。在我們進入密契式祈禱之先，我們必須首先認識上帝是立約的上帝。密契式的祈禱首先是以聖約式的祈禱為前提的，特別是在觀心祈禱、收心祈禱階段，我們更當以上帝所啟示的聖約為框架，省察我們自身的生命狀態。

4、祈禱的次序。我們不僅要明白禱告的內容和精義，也要明白主耶穌基督教導我們的禱告的次序。主耶穌基督首先吩咐，禱告的時候要向「我們在天上的父」祈求。祂是「父」，因此，上帝是位格性的，祂並不是一個抽象的概念。祂是「我們的」，

因此，上帝也不是與其受造物毫無關係的存有，而是在耶穌基督裡與我們立約的上帝，收納我們爲祂的兒女的上帝。因此，上帝既是超然的，也是內在的。我們因信基督，成爲上帝的兒女，所以稱上帝爲父。

禱告有禱告的根基、框架和次序。「都按著長幼的次序」（創43:33；參考路1:3；林前14:40）。禱告的次序體現聖經中所啓示的三位一體的次序。聖父是三位一體的根基，聖子從聖父受生，由聖父差派，最終審判之後還要把國交於父。聖子來是要榮耀聖父的，聖靈來是要榮耀聖子的，而聖靈的工作則是隱祕的。「你禱告的時候，要進你的內屋，關上門，禱告你在暗中的父；你父在暗中察看，必然報答你」（太6:6）。因此，按照耶穌基督的吩咐，我們應當向父上帝禱告。「你們奉我的名無論求甚麼，我必成就，叫父因兒子得榮耀」（約14:13）。因此，我們的禱告應當奉耶穌基督的名進行。「況且，我們的軟弱有聖靈幫助；我們本不曉得當怎樣禱告，只是聖靈親自用說不出來的歎息替我們禱告。鑒察人心的，曉得聖靈的意思，因爲聖靈照著上帝的旨意替聖徒祈求」（羅8:26-27）。我們在禱告上應當仰賴聖靈的引領，並且聖靈也按照上帝的旨意爲我們禱告。

5、**擺正我們的心態**。禱告是心靈的尋求，因此我們在進入禱告之前必須擺正我們的心態，或者在禱告的時候首先求主調整我們的心態。最起碼我們應當在四個方面注意我們的心態如何：（1）**敬畏的心**：「來啊，我們要屈身敬拜，在造我們的耶和華面前跪下」（詩95:6）；（2）**信靠的心**：「我們因信耶穌，就在他裡面放膽無懼，篤信不疑地來到上帝面前」（弗3:12）；（3）**兒女的心**：「你們中間誰有兒子求餅，反給他石頭呢？……何況你們

在天上的父,豈不更把好東西給求他的人嗎」(太 7:9-11);(4)**相愛的心**:「這城的居民必到那城,說:『我們要快去懇求耶和華的恩,尋求萬軍之耶和華;我也要去。』」(亞 8:21;參考徒 12:5;弗 6:18;提前 2:1-2)

6、禱告的形式有多種。通常而言,禱告分為口禱、心禱和靜觀三種形式。「口禱」(vocal prayer)就是念誦《國度禱文》或其他經文;「心禱」(mental prayer)就是在禱告時用心思想上帝和耶穌基督的恩惠,不需要發出聲音,觀心與收心祈禱都屬於心禱或默禱。「靜觀」(contemplation)則是最深層的禱告,是上帝施恩向人顯現,人直接得見上帝,享受上帝的同在和大愛。大德蘭指出:「深思並了解我們在說什麼,以及我們和誰說話,我們又是誰,膽敢和這麼偉大的上主說話。深思這事及其他類似的事:我們服事祂多麼少,我們又多麼有義務事奉祂,這就是心禱。」[527] 至於靜觀,「我們什麼也做不到:至尊陛下完成一切,這是祂的工作,超越我們的本性」[528] 當然,要進入靜觀心禱,必須有長期的口禱和心禱的操練和預備。在本書中,我們不僅從狹義的角度使用「心禱」這個詞,也從廣義的角度使用。狹義的角度是指默禱,也就是不出聲,用心思想並禱;廣義的角度是指我們的祈禱都當用心靈和誠實進行,分為觀心式的祈禱、收心式的祈禱、靜心式的祈禱,最終是合心式的祈禱。

7、直接來到天父面前。《國度禱文》帶領我們直接來到「我們在天上的父」面前。上帝是創造者,是護理者,是立法者,是

---

527 大德蘭,《全德之路》,25 章 3 節,頁 143。
528 同上,25 章 3 節,頁 143。

審判者，也是我們的拯救者，唯獨祂是我們的大君王，我們都是祂的兒女。不管我們的出生如何，這並不重要，關鍵是我們在基督裡都成為上帝的兒女。因此，作為上帝的家人，上帝的子女，我們不可驕傲，因為我們在至高上帝面前確實沒有任何驕傲的資本；當然，我們也不可自卑，因為至高上帝是我們的上帝，我們都是上帝的兒女，在上帝面前都是同樣尊貴的。此時，我們需要默想我們自己與上帝的關係：「細想在我們心內的是個華麗至極的宮殿，整棟建築滿是黃金和寶石，簡而言之，就是適於我們上主的皇宮；也想想，這座宮殿之所以這麼華麗，也有你們應盡的部分，事實也是這樣，因為沒有一座建築物的美麗，比得上潔淨又充滿德行的靈魂，德行越卓越，寶石也越燦爛輝煌；再想想，在這座宮殿中的是這位偉大的君王，祂慈悲為懷，成為你們的父親；祂坐在貴重至極的寶座上，那就是你們的心。」[529]

　　8、心靈定位的自由。廣州黃立華牧師在談及「我們在天上的父」時強調「操練望天，脫離狹隘」：「這是身分的超越性，因我們有父在天上，且祂統管萬有，所以我們生命的保障就不以地上可見的勢力為依靠，活著的意義不是世人說了算，而是天父說了算。這是一種出離，因居住在地上的身體成了聖靈的殿，使得實質性地活在聖靈中成為可能。有一位傳道人的個性簽名是『用度假的心情走人生的道路』，常常想著自己是在人間度假的，便不會花時間糾結在不當耗費時間的事上，常常想到永恆的家鄉在高處，順服聖靈的帶領也就不那麼難了。這便是自由。」[530]《國

---

529 大德蘭，《全德之路》，28章9節，頁155。

530 黃立華，〈從耶穌禱文談談自由的操練〉，雅和博研修院《海德堡教理問答》研習版學習心得第10號。

度禱文》一開始,就教導我們過一種真正超脫、超越的生活,這是人的心靈定位的自由。

五、第一大願望:「願人都尊你的名為聖」

1、祈禱的目的。我們之所以首先應當如此祈願,是因為上帝的榮耀經常為我們的忘恩負義和惡毒敗壞所模糊。我們罪人所想的是自己得榮耀。上帝的榮耀是整個世界的中心,比所有的人得救都重要。罪人賴恩得救,因信稱義,使祂的恩典得著榮耀;罪人死不悔改,最終滅亡,則使他的公義得著榮耀。主耶穌基督所給我們強調的也是盡心盡性盡意愛上帝,這是最大的誡命(太22:38)。宗教改革的一個口號就是「唯獨上帝的榮耀」。因此,《威斯敏斯德小教理問答》第一問:「人生的首要目的是什麼?」回答:「人生的首要目的就是榮耀上帝,以祂為樂,直到永遠。」上帝在自然界中,也在歷史和人中間彰顯祂的榮耀。「耶和華——我們的主啊,你的名在全地何其美!你將你的榮耀彰顯於天。你因敵人的緣故,從嬰孩和吃奶的口中,建立了能力,使仇敵和報仇的閉口無言」(詩8:1-2)。佈雷克在解釋第一大祈求的時候強調,這一祈求是「所有祈求的共同目的」,而接下來的五個祈求則是「達到這個目的的方式」[531]。

2、對上帝的敬畏之心。我們要尊祂的名「為聖」,聖經中「聖潔」的意思就是分開,此處的意思就是說我們不要把上帝的聖名與人的任何名字混淆。上帝的名字在世上一切文明或文化之上,聖經中所啟示的真正的上帝,並不是人的心思意念的投影,

---

531 佈雷克,《理所當然的侍奉》,69章1節,三冊,475頁。

祂是天地萬物的創造者,也是天地萬物的主宰,更是所有受造物都當敬拜的獨一真神。我們首先祈求的是「願人都尊你的名為聖」,其主要的意義就在於:我們願意上帝得著祂一切的光榮,人想到或提到上帝的時候,必須有最高的崇敬。現代人失去對上帝的敬畏之心,即使基督徒也往往把上帝看作自己的僕人,利用上帝來達成自己的目的。所以,那些有世人的智慧,但並不敬畏上帝的人,總是把宗教作為穩定社會的工具,從對人的用途來評估宗教的價值。積極而言,有人把基督教當作立憲建國的工具;消極而言,馬克思之流的人則稱「宗教為人民的鴉片」。人一旦失去對上帝的敬畏之心,就為人間種種的惡事和妄語打開了大門。一個人如果連創造天地的上帝都不害怕,他還害怕什麼呢?我們最最需要的就是對上帝的敬畏之心。

3、**求上帝行作萬事,使祂自己得榮耀**。不管是我們處在順境中,還是處在逆境中,都不要從我們自己的感覺出發,也不是從我們自身屬世的利益出發,而是完完全全把自己交託上帝,相信一切都處在祂的掌管之中,沒有父的旨意,一個麻雀也不會掉在地上。祂讓萬事互相效力,叫愛上帝的人得益處。「我赤身出於母胎,也必赤身歸回;賞賜的是耶和華,收取的也是耶和華。耶和華的名是應當稱頌的」(伯 1:21);「哪怕他殺了我,我仍信靠他」(伯 13:15,根據英文欽定本新譯:Though he slay me, yet will I trust in Him)。主耶穌基督為我們樹立了完美的榜樣,祂完完全全地順服上帝的旨意,順服至死,且死在十字架上(腓 2:5-11)。耶穌基督為榮耀上帝而甘心被釘死在十字架上:「我現在心裡憂愁,我說甚麼才好呢?父啊,救我脫離這時候;但我原是為這時候來的。父啊,願你榮耀你的名!」當時就有聲音從天上

來，說：『我已經榮耀了我的名，還要再榮耀。』」（約 12:27-28）爲榮耀上帝，基督徒當有不怕死、願意死的心志，這樣我們就能夠抵擋一切暴君暴政，更能避免因爲怕死而成爲人的奴僕，當然更不會因爲日常生活衣食住行方面的問題而抱怨上帝了。

4、**對於上帝的聖名，我們要充滿敬慕和榮耀之心。**上帝的聖名代表的就是上帝本身，我們應當敬畏上帝，渴慕我們能夠榮耀祂的聖名，渴慕更多的人歸向上帝。榮耀之心，就是我們要有自豪感，因爲上帝揀選我們，使我們歸到祂的名下。我們是至高上帝的子民，應當爲此高興歡喜，正如保羅所教訓的那樣：「我們既因信稱義，就藉著我們的主耶穌基督得與上帝相和。我們又藉著他，因信得進入現在所站的這恩典中，並且歡歡喜喜盼望上帝的榮耀。不但如此，就是在患難中也是歡歡喜喜的；因爲知道患難生忍耐。」（羅 5:1-3）當然，要在患難中還能歡歡喜喜，我們必須通過祈禱來尋求上帝的旨意和安慰，否則我們的歡喜不過是故作歡顏，假冒爲善，不僅我們自己做得辛苦，上帝也不喜悅。

5、**追求聖潔，脫離污穢。**黃立華牧師在默想「願人都尊你的名爲聖」時強調「操練聖潔，脫離污穢」：「聖潔若是我們的追求，從情欲而來的敗壞就難以使我們陷入網羅。約瑟便是一個非常好的例子，當他面對波提乏妻子的引誘時，他說：『我怎能作這大惡，得罪上帝呢？』」（創 39:9）從家奴到囚徒以至到埃及的宰相，約瑟憑的，是忠心地活在耶和華的聖潔面前。常將耶和華擺在自己的面前才能自由地活著，心思意念聖潔，肉體也就跟著聖潔。能斷然拒絕那污穢的事，喜悅做聖潔的事，這便是自

由。」[532] 我們越是聖潔，就越是自由，越是幸福，就越是接近上帝，越是得蒙上帝的祝福。因此，我們首先祈求的就是聖潔。

六、第二大願望：「願你的國降臨」

1、祈禱與上帝的國度。主禱文第二祈願與第一祈願的內容一致，只是從不同的角度強調。前者著眼點是上帝的聖名，此處是上帝的國度。僅在《和合本》馬太福音中，就有 35 處提到「天國」。

天國就是上帝的國度，問題是何為上帝的國度？我們可以從國王、國民、國法、國土、國運這一框架來理解上帝國度的豐富的內容。（1）國王：上帝就是其國度的大君王；（2）國民：上帝的選民就是上帝的國度的子民；（3）國法：上帝的律法就是國度的律法；（4）國土：全地都是屬於上帝的，上帝又把全地賜給祂的子民管理；（5）國運：上帝的國度必然得勝，一切抵擋上帝的人最終必然滅亡。

因此，上帝的國度既在人的心中，也在人的中間（路 17:21,The Kingdom of God is within you），並彰顯在全地上。因此，上帝的國度指向上帝的統治，祂是治理全地的大君王，「地和其中所充滿的，世界和住在其間的，都屬耶和華。他把地建立在海上，安定在大水之上」（詩 24:1-2）。世界歷史就是上帝的國度不斷顯明和得勝的過程，正如啟示錄所強調的那樣：「世上的國成了我主和主基督的國；他要作王，直到永永遠遠。」（啟 11:15）

---

[532] 黃立華，〈從耶穌禱文談談自由的操練〉，雅和博研修院《海德堡教理問答》研習版學習心得第 10 號。

2、上帝的恩典的國度。當我們談及上帝的國度的時候，我們從三個角度展開。首先是上帝的恩典的國度，就是上帝施恩拯救的人，也就是上帝的教會。其次就是撒但的國度，也就是那些抵擋上帝的人及其各樣的權勢。第三是上帝榮耀的國度，也就是上帝的榮耀完全顯明的國度。首先，我們在祈禱中願上帝恩典的國度得以進展。現在，我們都生活在上帝恩典的國度中，哪怕是罪人也處在上帝恩典的隱蔽之下。然而，我們一定要明白，上帝豐富的寬容、恩賜和忍耐，目的是引領我們悔改，如果我們剛硬不悔改，在審判的日子，是無可推諉的（羅 2:4-5）。所以，我們要祈求上帝在我們的生命中執掌王權，消除我們身上罪的殘餘。我們要為我們的家人禱告，要為我們的國家禱告，要為萬民代禱，願更多的人回轉歸向上帝，參加上帝的教會，進入上帝的國度。

3、撒但及其國度。其次，我們求上帝使撒但的國度滅亡。我們在傳福音，撒但也在傳另外一個福音。我們撒好種在田裡，撒但就撒稗子在田裡（太 13:24-30）。我們既要殷勤作工，也要求上帝敗壞撒但的作為，親自在歷史中施行審判，使一切撒但的差役蒙羞受辱，這就是屬靈爭戰的禱告：「願你使他們滿面羞恥，好叫他們尋求你—耶和華的名！願他們永遠羞愧驚惶！願他們慚愧滅亡！使他們知道：惟獨你—名為耶和華的—是全地以上的至高者！」（詩 83:16-18）這也是蘇格蘭改教領袖約翰·諾克斯最喜歡的詩篇和禱告。

當然，撒但在這個世界上絕沒有超越上帝的權柄，牠不過是墮落天使而已，在本質和地位上仍然屬於受造物。因此，我們不可誇大撒但的能力，彷彿我們一切的罪過都是由撒但造成的。這

樣，我們就把一切責任推在撒但身上，捏造各種形式的陰謀論，推脫我們自己的責任，這是不合乎聖經啓示的。關鍵是我們自己要真正認識上帝，遵守上帝的約法，發揮先知、祭司與君王的職分，這樣才會邪不壓正！

極端靈恩派和民間宗教一樣，總是把注意力集中在趕鬼上，但是如果我們心中沒有主的同在，沒有上帝的律法，此類的趕鬼就像主耶穌基督所說的那樣：「污鬼離了人身，就在無水之地過來過去，尋求安歇之處，卻尋不著。於是說：『我要回到我所出來的屋裡去。』到了，就看見裡面空閒，打掃乾淨，修飾好了，便去另帶了七個比自己更惡的鬼來，都進去住在那裡。那人末後的景況比先前更不好了。這邪惡的世代也要如此。」（太12:43-45）

4、上帝榮耀的國度。 第三，我們求上帝榮耀的國度速速臨到。上帝榮耀的國度指向上帝的主權在全世界徹底的彰顯，那時一切不悔改的人都會被投到硫磺火湖之中，整個世界將得到徹底的更新。「這一切既然都要如此銷化，你們為人該當怎樣聖潔，怎樣敬虔，切切仰望上帝的日子來到。在那日，天被火燒就銷化了，有形質的都要被烈火鎔化。但我們照他的應許，盼望新天新地，有義居在其中」（彼後 3:11-13；參考啓 22:20）。「虛心的人有福了！因為天國是他們的。……應當歡喜快樂，因為你們在天上的賞賜是大的。在你們以前的先知，人也是這樣逼迫他們」（太 5:3-12）。

這種徹底的更新絕不是整個世界徹底的毀滅，而是那些不悔改的人受到審判：「惟有膽怯的、不信的、可憎的、殺人的、淫亂的、行邪術的、拜偶像的，和一切說謊話的，他們的分就在燒

著硫磺的火湖裡;這是第二次的死。」(啓 21:8)更重要的是,求主開我們的眼睛,此時此刻就能得見上帝及其國度的榮耀:「上帝作王治理萬國;上帝坐在他的聖寶座上。列邦的君王聚集要作亞伯拉罕之上帝的民。因爲世界的盾牌是屬上帝的;他爲至高!」(詩 47:8-9)

5、默想我們在天國中得到的福分。此處我們應當默想我們在天國中得到的福分。這種福分不是我們將來才能得到的,而是我們在基督裡今生今世就已經得到,因爲當我們悔改信主的時候,我們已經被納入上帝的國度。雖然我們今生今世對於上帝的國度的順服和享受還未達到完全,但我們在本質上已經成爲上帝的國度的子民,正如彼得所宣告的那樣:「惟有你們是被揀選的族類,是有君尊的祭司,是聖潔的國度,是屬上帝的子民,要叫你們宣揚那召你們出黑暗入奇妙光明者的美德。」(彼前 2:9)

大德蘭明確強調:「在天國裡,最大及許多的福分,是已經不再看重塵世的事物,而是在我們內有一種寧靜和光榮,歡欣於萬有皆歡欣。在我們內有一種永恆的平安,一種很大的滿足,因爲看見萬有都崇敬、頌讚上主,讚美祂的聖名,沒有人冒犯祂。萬有都愛祂,而靈魂除了愛祂,什麼都不想,也不能停止愛祂,因爲靈魂認識祂。」[533] 上帝的國度的核心就是聖潔有序的聖愛,撒但的國度特徵就是放縱犯罪的欲愛。

---

533 大德蘭,《全德之路》,30 章 5 節,頁 163。

七、第三大願望:「願你的旨意行在地上」

1、順服上帝的旨意。 作為基督的門徒,基督徒的使命就是效法基督,順服上帝的旨意,尤其是上帝顯明的旨意,就是上帝的律法。墮落之人總是高舉自己,把自己一時的意志和現世利益看得高過一切。這恰恰是我們在這一禱告中所要對付的,因為我們的生命中仍然有罪性的殘餘,我們的祈禱仍然不知不覺會受到我們身上殘餘的邪情私欲的影響。

2、誡命性的旨意與使命性的旨意。 我們在禱告中所要尋求的首先是上帝的旨意,不是我們自己的想法和欲求的實現。由於我們的愚頑和罪惡,很多時候我們並不了解上帝的旨意。所以,我們需要謙卑自己,積極尋求。學習上帝的話語(申 29:29;彌 6:8);留意我們的良知(撒上 25:31;徒 24:16;羅 9:1;林後 4:2;來 13:18);注意周圍的環境(出 40:34-38;書 5:12);接受別人的忠告(撒下 7:1-17)。

上帝的旨意既包括上帝在律法中向我們顯明的誡命性的旨意,也包括上帝呼召我們去行的使命性的旨意。誡命性的旨意都是相同的,因為上帝的律法是不變的,人人都當順服上帝的道德誡命,這是人當盡的本分。使命性的旨意則是有所不同,因為上帝對我們的呼召各不相同。上帝給我們的呼召到底是什麼?有的人領受的恩賜和呼召是開創性、帶領性的,有的人領受的呼召是執行性、推動性的。我們必須在禱告中明白確定自己的「天命」,為自己一生一世的事奉找到明確的定位。

3、祈禱的最大挑戰是放下自己的想法。 在禱告中最具有挑戰性的就是明確地放下自己的想法,完全願意順服在上帝的旨意

之下。在天上蒙保守的眾天使都恬靜地奉行上帝的旨意,所以我們祈求在人間的一切都順服上帝的命令,消除所有叛逆、頑固和腐敗之事。我們必須放棄我們肉體的欲望,把全部感情都歸給上帝。我們之所以抗拒上帝的旨意,是因為心中仍有罪惡。

藉著這一祈願,我們就知道當放棄自己,讓上帝照祂自己所喜悅的來治理我們。對於上帝隱祕的旨意,我們要以溫柔的態度去接受一切上帝所賜予或不賜予的事物,毫無怨言;至於上帝顯明的旨意,我們要求上帝教導我們當做的事情,求祂不但使我們甘心樂意地去做,還能勝任自如。許多基督徒試圖通過祈禱來讓上帝成就自己的想法,這樣的祈禱的本意不是要尋求上帝的旨意,而是高舉自己的想法,甚至把祈禱當成操縱上帝的方式,這種祈禱當然是上帝所不喜悅的。真正的合乎上帝旨意的祈禱是我們全人降服在上帝的面前,包括放下我們自己的想法,一心尋求上帝的旨意。

4、我們要在祈禱中自覺自願地與上帝立約。 上帝藉著基督的寶血與我們立新約,我們也要回應上帝的要約。讓我們在此來到上帝的施恩寶座前,重申祂是我們的上帝,我們是祂的子民。此時,我們可以在上帝面前禱告:我們在天上的父,祢在基督裡揀選了我們,使我們在祢的恩約中有分,我們願意以喜樂的心擔負這順服的軛,盡心盡性盡意愛祢,尋求、完成祢的旨意。我不再是屬於自己的,而是屬於祢的。求按祢的旨意放置我,褒貶我;叫我作工,叫我受苦;使用我,或擱置我;將我高舉,將我降卑;讓我滿載,讓我倒空;使我得著一切,使我一無所得。無論如何,我全心全意,毫無保留地將一切都交託給祢,求祢掌管。聖父、聖子和聖靈,配得榮耀和稱頌的上帝,祢是屬於我

的，我也是屬於祢的。願我在地上所立的約，在天上得蒙悅納。阿們！「耶和華的慈愛歸於敬畏他的人，從亙古到永遠；他的公義也歸於子子孫孫──就是那些遵守他的約、記念他的訓詞而遵行的人」（詩 103:17-18）。

5、自我的放棄是意志抉擇上最高的自由。黃立華牧師在默想這一祈願的時候強調「操練專注於上帝的旨意，脫離自我中心」：「主被賣的那一夜，祂在客西馬尼園俯地禱告，說：『我父啊，倘若可行，求你叫這杯離開我。然而，不要照我的意思，只要照你的意思。』（太 26:39）主作為人之子，實踐了這句禱告，祂順服以至於死。自我的放棄是意志抉擇上最高的自由，因為祂選擇了上帝的旨意。」[534] 談及上帝的國度和旨意，我們必須放棄我們自己的國度和旨意。因此，禱告的精義不是讓上帝來滿足我們的欲求，而是願意放棄我們自己。如果我們執著於自己的想法和欲求不放，我們本身已經把自己放在頂禮膜拜的地位了。

八、第一大祈求：「我們日用的飲食」

1、三大願望與四大祈求。主禱文是主耶穌親自教導我們的禱告模式，每一句都是以上帝的榮耀為中心。第一部分是前三祈願，將我們完全吸引到上帝的榮耀裡，完全不問我們自己的利益，完全降服在上帝的旨意之下。後一部分也是四大祈願，雖然所求的似乎是全為自己，側重我們的軟弱和需求，然而仍是以上帝的榮耀為中心，是為了在我們身上達成前三大祈願，祈求上帝

---

[534] 黃立華，〈從耶穌禱文談談自由的操練〉，雅和博研修院《海德堡教理問答》研習版學習心得第 10 號。

按祂的美意，為祂自己的榮耀，而在我們身上行作一切。更準確地說，《國度禱文》所教導的前三大祈願首先不是祈求上帝為我們做什麼，而是表明我們願意為上帝做什麼！這是值得我們深思的！因此，在我們對《國度禱文》的解釋中，我們把前三大祈願明確界定為我們的「三大願望」，後四大祈求才是真正的「四大祈求」。

2、此處所祈求的是日用的飲食。但我們必需曉得「日用的飲食」與「上帝的話」的關係。當初主耶穌在曠野受魔鬼的試探的時候，祂說：「人活著，不是單靠食物，乃是靠上帝口裡所出的一切話。」（太 4:4）假如我們不接受上帝口裡所出的一切話，僅僅注重尋求我們肉身要吃的食物，那麼，我們就是吃也吃不飽，喝也喝不足。「主耶和華說：日子將到，我必命饑荒降在地上。人飢餓非因無餅，乾渴非因無水，乃因不聽耶和華的話」（摩 8:11）。

在遵行上帝的話和有充分的「食物」可吃之間是有一定的因果關係的。一個只注重食物的民族往往沒有足夠的食物。國家與民族的盛衰首先並不是因為有形的肉身食物的問題，而是在於是否遵行上帝的話。「耶和華在你們面前怎樣使列國的民滅亡，你們也必照樣滅亡，因為你們不聽從耶和華—你們上帝的話」（申 8:20）。因此，此處耶穌所強調的是：我們要遵行上帝的聖言，忠心地工作，並請求上帝祝福我們手中的工作，使我們可以食物充足，不僅能夠自己養身，還能照料別的有需要的人。「我今日所吩咐的一切誡命，你們要謹守遵行，好叫你們存活，人數增多，且進去得耶和華向你們列祖起誓應許的那地。你也要記念耶和華—你的上帝在曠野引導你這四十年，是要苦煉你，試驗你，

要知道你心內如何，肯守他的誡命不肯。他苦煉你，任你飢餓，將你和你列祖所不認識的嗎哪賜給你吃，使你知道，人活著不是單靠食物，乃是靠耶和華口裡所出的一切話」（申 8:1-3）。

3、我們肉身的需要也是重要的。 上帝關心我們肉身的需要，並不亞於祂關心人靈命的需要。上帝的旨意並不是讓我們基督徒作苦行僧，而是讓我們作代理王，就是代表上帝在地上施行治理全地的權柄，並且「在他勞碌中喜樂」（傳 5:18-19）。「日用的飲食」包括我們現在肉體上所需要的一切，食物、衣著等，求上帝賜給我們祂眼中認爲對於我們有益的一切東西，叫我們得以平安生活。「惟獨敬虔，凡事都有益處，因有今生和來生的應許」（提前 4:8）。我們既要滿足於天父所賜予的福分，不以非法的方法取財；同時，我們應當牢記，日用的飲食之所以屬於我們，乃是出於上帝的恩賜（利 26:20；申 8:17）。既然上帝今日將日用的飲食賜給我們，我們更當思考自己當如何遵行上帝的旨意，榮耀上帝的聖名。

4、我們的一切享受都是來自上帝的祝福。 我們請求上帝把我們日用的飲食「今日賜給我們」。「今日」告訴我們，對人生暫時需要的東西，不可有過分的要求。信賴我們的天父，祂今天養活我們，明天也不會讓我們挨餓。不論我們似乎是多麼的富有，仍要不斷地祈求日用的飲食。若沒有上帝的恩眷，容許我們使用手中的財物，我們仍然不得飽足。我們的生命和力量都靠主的力量維持，雖然祂以有形的物質來供給我們，但沒有祂的祝福，我們卻是吃也吃不飽，喝也不止渴（利 26:26）。

但是，也要時刻記得，我們所求的是以誠實無欺的勞力去獲取的，絕非出於欺詐和劫掠的行為，因為以犯罪行為取得的，

就不是「**我們的**」。我們祈求上帝「**賜給**」，這是表明無論從何處獲得，都是上帝的恩賜。即使是從我們自己的技巧和勤勞得來，也是主所賜的，因為只有祂賜福，我們的勞力才能生效（申 8:17）。「若不是耶和華建造房屋，建造的人就枉然勞力；若不是耶和華看守城池，看守的人就枉然警醒。你們清晨早起，夜晚安歇，吃勞碌得來的飯，本是枉然；惟有耶和華所親愛的，必叫他安然睡覺」（詩 127:1-2）；「所以我告訴你們，不要為生命憂慮吃甚麼，……一天的難處一天當就夠了」（太 6:25-34）。

5、「**日用的飲食」指向肉身的食物。**大德蘭認為此處「日用的飲食」顯然不是指向肉身的食物。「上主置身於最崇高的默觀中，祂有必要那麼強調為祂和我們祈求吃什麼嗎？我認為這是沒有意義的。祂在教導我們，把我們的意志放在天堂的事物上，並祈求能從今世開始享有祂；祂會要我們涉及這麼卑賤的事物，就想祈求吃的嗎？好像祂不認識我們似的！因為我們一開始投入身體上的需求，就會忘記靈魂的需求」[535]！

其實，上帝給我們說的第二句話就關涉到我們的飲食：「上帝說：『看哪，我將遍地上一切結種子的菜蔬和一切樹上所結有核的果子全賜給你們作食物。至於地上的走獸和空中的飛鳥，並各樣爬在地上有生命的物，我將青草賜給牠們作食物。』」（創 1:29-30）我們確實沒有必要輕看飲食，人的一切活動都是圍繞飲食展開的，人類始祖的墮落也是與飲食有關（創 2:16-17），這是今日許多基督徒所忽略的。我們對於飲食的重要性遠遠沒有給予充分的合乎聖經的重視，今日我們在飲食上的工業化所導致的各

---

535 大德蘭，《全德之路》，34 章 2 節，頁 182。

種有毒的食品更是在大範圍地摧毀我們的健康，破壞我們周圍的自然環境，這是基督徒當特別警醒和悔改的。

當然，大德蘭並未完全排除「我們日用的飲食」也可以指向我們日常生活中的物質需要，但這因人而異。「對於默觀者和其他獻身事主的人，他們已不嚮往世物，所祈求的是天上的恩惠，因著天主的慈惠，在今世就能獲得賜予。至於人生活在世上的人，度著合乎其身分的生活是很好的，他們也祈求食糧；他們必須維生，並且供養家人，而這是非常正義和聖善的，同樣，祈求其他相稱於其需求的事物亦然」[536]。

6、操練知足與感恩。 黃立華牧師在默想這一祈求的時候強調「操練知足與感恩，脫離驕傲與焦慮」：「不因等待供應而焦慮，不因富足而驕傲。保羅說：『我知道怎樣處卑賤，也知道怎樣處豐富；或飽足，或飢餓；或有餘，或缺乏，隨事隨在，我都得了祕訣。』（腓 4:12）保羅在服事中若得供應，欣然接受；若缺乏，他親手做工供應同工的需要。對他而言，都不是問題。相信上帝必按時分糧，相信若有餘也是出於恩典。讓少的沒有缺，多的沒有餘，這是上帝的心意。若能明白而踐行，必能活在上帝的美意中，這便是自由。」[537] 我們不僅在靈命上要仰望上帝在基督裡赦免我們的罪，在生活上也要仰望上帝在現實環境中的供應。

---

536 大德蘭，《全德之路》，37 章 2 節，頁 198。
537 黃立華，〈從耶穌禱文談談自由的操練〉，雅和博研修院《海德堡教理問答》研習版學習心得第 10 號。

九、第二大祈求:「免我們的債」

1、罪得赦免與饒恕他人。這一祈願的核心是罪得赦免,標記是饒恕他人。「基督徒憑赦罪而活,這就是因信稱義的真諦」[538]。假如不是上帝的獨生子為我們捨命贖罪,使我們從罪的捆綁中得到釋放,我們就不能從上帝那裡得生命和盼望。饒恕他人,愛人如己,是我們罪得赦免的標記,也是我們得救的確據(約一 5:1-2)。

2、消極之罪與積極之罪。我們是在基督裡罪得赦免。聖經對罪的定義非常明確:「凡犯罪的,就是違背律法;違背律法就是罪。」(約一 3:4)一是消極之罪,當做的不去做;一是積極之罪,不當做的反倒去做。我們更多的罪是消極的罪:「人若知道行善,卻不去行,這就是他的罪了。」(雅 4:17)罪就是虧欠,虧欠了上帝的榮耀(羅 3:23)。加爾文指出:「基督稱罪為債,因為我們欠了因罪所應受的刑罰,無法償還,只能祈求罪蒙赦免,方得釋放,這赦罪是從上帝的白白恩典而來的。基督為救贖我們捨了自己,上帝出於祂自己的慈愛,接納基督的補償,就無條件地取消了我們的罪債,不要求我們償還。」[539] 我們雖然在上帝法庭面前因信稱義,但我們身上仍然有罪的殘餘。基督徒一定要天天「靠著聖靈治死身體的惡行」(羅 8:13),立志努力過聖潔的生活,因為「上帝的旨意就是要你們成為聖潔」(帖前 4:3)。

---

[538] 巴刻,《基督徒須知》,頁 155。
[539] 加爾文,《基督徒敬虔學》,3 卷 20 章 45 節。

3、我們當在基督裡饒恕別人。我們與別人的關係，反映我們與上帝的關係（約一 4:7-21）。「免了人的債」就是饒恕一切因為不公義的行為或非禮的語言而傷害過我們的人。赦罪與饒恕是完全不同的。我們不能夠赦免罪行或過犯，赦罪的權柄唯獨屬於上帝。「我們對人寬恕就是消除我們心中的憤怒、怨恨和報復的念頭，甘心情願地忘記一切舊惡。除非我們能饒恕別人加於我們的一切冒犯或侵害，不論是現在的或是過去的，我們就不能求告上帝赦免我們的罪」[540]。

寬恕別人不是罪得赦免的條件，而是標記；同時，我們對於別人的罪的赦免也不是無條件的，而是始終以上帝的律法為標準。「得赦免其過、遮蓋其罪的，這人是有福的！凡心裡沒有詭詐、耶和華不算為有罪的，這人是有福的！……你們心裡正直的人都當歡呼」（詩 32 章）；「那時，彼得進前來，……你們各人若不從心裡饒恕你的弟兄，我天父也要這樣待你們了」（太 18:21-35）。

當今很多基督徒不明白上帝的旨意，認為饒恕和赦罪都是無條件的，這並不合乎聖經的啟示，當然也不合乎上帝的旨意。即使我們自己得蒙上帝的饒恕和赦罪，也當在上帝面前認罪悔改，並且耶穌基督也已為我們付出贖價，使得我們過去、現在和未來的一切罪最終都能得到上帝的赦免。所以聖經上宣告說：「如今，那些在基督耶穌裡的就不定罪了。」（羅 8:1）但是，我們必須牢記，即使我們一切的罪都在最終審判的時候得到赦免，但這絕不意味著我們在歷史過程中不再承擔我們自己的責任。相反，

---

540 同上，3 卷 20 章 45 節。

正是因為我們最終罪得赦免,我們在歷史過程中要承擔更重的責任。

4、我們對他人的寬恕的重要性。大德蘭的觀察非常敏銳,她指出,為什麼我們的主耶穌基督在教導門徒禱告的時候,涉及這樣重要的赦罪問題,祂卻強調「免我們的債,如同我們免了人的債」呢?我們的上帝寬恕我們這樣的大罪,就是本該下地獄、受永刑的大罪,而這種寬恕卻是有賴於我們對他人的寬恕!上帝的寬恕是何其偉大啊,我們對他人的寬恕是何其重要啊!

其實,上帝在這裡提醒我們,對於我們這樣錙銖必較的人而言,發自內心地寬恕別人是何其艱難啊!我們很不容易記住他人對於我們的恩典,但是對於他人加於我們身上的傷害,特別是那些傷害我們的自尊心、讓我們感到大丟面子的事,我們的心裡實在很難放下,很難寬恕!越是親近的人之間,越是容易互相傷害,越是很難寬恕對方。沒有寬恕,我們彼此相愛的關係就會受到破壞,並且無法恢復。其實,上帝看重的並不是寬恕本身,而是我們彼此之間的相愛。

大德蘭分析說,其實耶穌可以向我們提出其他的德行,比如說:主啊,求祢寬恕我們,因為我們經常施捨、祈禱、禁食,因為我們為祢捨棄一切,我們非常愛祢,我們甚至願意為祢捨命!但是,耶穌卻強調:「因為我們寬恕了別人!」耶穌之所以如此教訓門徒,可能是「因為祂知道我們如此喜愛這個可憐的榮譽,對我們來說,寬恕是件很難的事,但卻很能取悅祂的聖父」[541]。

---

541 大德蘭,《全德之路》,36 章 7 節,頁 194。

5、在靜觀心禱中更清醒地看清自己所受的磨難。饒恕他人涉及如何看到我們所受的磨難的問題。我們之所以難於饒恕他人，是因為他人的過犯給我們帶來巨大的痛苦。因此，要按照上帝的心意來饒恕他人，關鍵是如何看到我們自己因為他人的過犯而受到的磨難。對於那些真正進入靜觀境界的人而言，這樣的寬恕並不是難事。因為已經達到這種境界的人深知，即使是他人的過犯給我們帶來的磨難，也有上帝的美意。大德蘭分析說：「如果在今世，上主真的賜予祂的王國時，在這個世界上，靈魂就不會想要榮譽。而為了能上達更崇高的境界，他了悟這是真正的道路；透過經驗，他看得出來；為天主而受苦時，使一個靈魂有很大的獲益和進步。因為至尊陛下賜予這麼大的恩惠，是少之又少的，除非有人情願為祂忍受許多的磨難。因為，……默觀者的磨難是很大的，因此上主尋找其中最經得起考驗的人。」[542]

大德蘭進一步分析說：「這些默觀者已了悟萬事萬物的真相，轉眼即逝的事物不會常常耽誤他。若遇有一個很大的侮辱和磨難，最初的反應是痛苦，但是，痛苦還尚未完全徹入時，理智已前來相助，好似高舉旗幟，懷著喜樂，幾乎滅絕那痛苦。這喜樂是由於他們看到，上主已在他們手中放入一些事物，這些東西使他們能獲得至尊陛下更多的永恆慈惠和恩典，遠超過他們願憑己之力、十年的辛勞所能得到的收穫。就我所知，這是非常普遍的；我接觸過許多的默觀者，確知事實如此；就好像別人珍視黃金珠寶，他們看重磨難，也渴望受磨難，因為他們知道，磨難必

---

542 大德蘭，《全德之路》，36 章 8 節，頁 194。

會使他們致富。」^543 只有這樣看待苦難，我們才能安靜地進入禱告，我們才能甘心樂意地饒恕別人。否則，我們所經受的苦難就會成為我們的陷阱，使得我們無法走出患難的陰影，一直被籠罩在受害者的心態之中。

6、饒恕他人涉及自尊與超脫的問題。 在世間最難對付的就是「自尊」（self-esteem）的問題。我們容易為自己所愛的人、為那些欣賞自己的人受苦受累，流血流汗，但是面對那些不愛我們，甚至與我們為敵、刻意羞辱我們的人，我們會怎麼反應呢？恰恰就是此時我們自然的反應，最能反映我們的靈命和心境。就像當初主耶穌基督被釘十字架，那些人出賣祂，陷害祂，鞭打祂，給祂戴上荊棘的冠冕，往祂的臉上吐唾沫，用惡毒的話語嘲笑祂，祂仍然能夠在十字架上發出寬恕的聲音，「父啊！赦免他們；因為他們所做的，他們不曉得」（路 23:34）。

要真正進入靜觀的境界，我們必須具有超脫的心態，看透世間的一切浮名和我們所謂的自尊並沒有多大的價值，關鍵是要成就上帝的旨意，塑造我們自己堅韌不拔、超然物外的聖徒品格。因此，大德蘭分析說：「這些人已經遠遠避開受人敬重。他們喜歡別人知道他們的過錯，若看到有人敬重他們時，也喜歡說出自己的過錯。至於他們的血統亦然，他們已經知道，在永無終窮的王國裡，他們不會因為血統而獲得什麼。如果他們欣喜於出生名門世家，這是遇有為了更服事上主有所必要時；如果不是時，他

---

543 同上，36 章 9 節，頁 195。

們會因別人過於高估而難過;若讓人大失所望,他們非但不難過,反而高興。凡蒙賜予這個謙虛及深愛天主之恩的人,就是這樣的,而在能給天主更大的服事上,他們已經如此地忘我,他們甚至不能相信別人會在意一些什麼事,也不能視之為羞辱。」[544]

當然,這種忍辱不是被動地忍受,而是發自內在的甘心樂意,是通過這種饒恕向上帝表明我們自己的感恩和順服。大德蘭認為,這種決心忍受侮辱,雖然痛苦也能忍受,這種剛毅乃是來自上帝的恩惠,是那些已經達到合一性祈禱的人才能做到的。如果我們真的認識上帝,認識耶穌基督,並且從而認識自己的本相,曉得上帝對於我們的饒恕,我們就會非常容易地寬恕別人,甚至和那些曾經侮辱我們的人保持非常友好的關係。如果我們不能發自內心地寬恕別人的過犯,確實顯明我們自己並未蒙恩,或者說我們自己對於上帝的恩典的認識非常有限。[545]

7、饒恕他人幫助我們脫離罪的捆綁。黃立華牧師在默想這一祈求的時候強調「操練饒恕,脫離罪的捆綁」:「不饒恕會扼殺我們的心。有這麼一句話:『不饒恕是我為了殺死你而喝的毒藥。』罪若不從心裡被清除,必切斷我們和上帝的交通。因此,父賜予我們饒恕他人的能力和盼望,祈求必獲得。饒恕使我們經歷從寶座流出來的活水的洗滌和醫治,使我們脫離苦毒的捆綁,獲得自由與平安。自由是鬆開我們捂住傷口的手,讓上帝的愛自由地來醫治。」[546] 能夠真正地饒恕他人的過犯,直接影響到我們

---

544 大德蘭,《全德之路》,36 章 10 節,頁 195-196。
545 大德蘭,《全德之路》,36 章 11-12 節,頁 196-197。
546 黃立華,〈從耶穌禱文談談自由的操練〉,雅和博研修院《海德堡教理問答》研習版學習心得第 10 號。

的禱告,當然也直接影響到我們的心靈是否得享真正的自由。

十、第三大祈求:「不叫我們遇見試探」

1、**深入靜觀的人仍需要警醒謹守**。接下來的祈願就是:「**不叫我們遇見試探,救我們脫離兇惡。**」這一祈願本身包含了兩大祈求。前半部分是祈求免去試探,後半部分是祈求救助。此處所反應的心態是不敢盲目自信,完全仰賴上帝。「所以,自己以為站得穩的,須要謹慎,免得跌倒」(林前 10:12)。在前面的祈求中,可以說,那些已經達到靜觀之境的人已經達到了人在今世渴望達到的圓滿的至善。然而,大德蘭提醒說,對於這樣的靈魂,「上主看來,有必要喚醒我們,讓我們想起來還有敵人,輕忽這些敵人,又是多麼大的危險,況且我們需要永恆天父的更多協助,因為,我們會從更高的地方跌下來,為了不使我們因不了解自己而受迷惑,對我們仍生活在此流放之地的所有人,祂做了要緊的祈求:『不要讓我們陷於誘惑,上主,但救我們免於兇惡。』」[547]。

2、**不要讓我們進入試探**。我們要祈求「不叫我們遇見試探」。更準確地說,這節經文的翻譯應當是「**不要讓我們進入試探**」!在基督徒的生活和事奉中,我們不可能不遇見試探,關鍵是我們不要進入試探。在我們得救時,上帝藉著祂的靈把祂的律法刻在我們心中。然而我們身上仍然有殘餘的罪性,對上帝的律法的順服不免有持續的掙扎和劇烈的衝突。所以,在基督徒一生

---

547 大德蘭,《全德之路》,37 章 5 節,頁 199。

分別為聖的過程中，時刻都需要上帝的憐憫和說明。試探從兩個方面發出：一是物質的興盛，容易使我們得意忘形，忘記上帝；一是環境的險惡，容易使我們垂頭喪氣，背離上帝。不管富足貧窮，我們都需要上帝扶持，靠著祂的力量，作剛強的人。處順境時，謙卑感恩；處逆境時，溫柔忍耐。加爾文明確指出：「然而，我們在這裡所祈求的並不是完全免除一切的試探，因為我們很需要試探的激勵和鼓舞，不然我們將因過於寧靜而陷於麻木之中。」[548] 從上帝來的試煉和從撒但來的試探不同。前者是上帝為要考驗我們的至誠，潔淨並鍛練我們的肉體，使我們有成聖的工夫。後者是為了「偷竊，殺害，毀壞」（約 10:10）。同一事件，撒但用來試探我們，但上帝卻用來試驗我們，祂使「萬事都互相效力，叫愛上帝的人得益處」（羅 8:28）。

3、靜觀心禱與時刻備戰。當然，已經通過靈修而達到完全境界的人，不會貪圖安逸，而是成為耶穌基督的精兵，他們渴望為上帝的榮耀而戰。正如大德蘭所言，「不會祈求上主免除磨難、誘惑、迫害或戰鬥。……他們猶如軍人，戰爭越多，就越高興，因為有希望得到更大的收穫。如果不打仗，他們照領薪水，但也知道發不了大財」[549]。

那些有靜觀經驗、致力於祈禱的人，時刻處於備戰的狀態，他們不會害怕公開的敵人，因為他們已經認出敵人，並且能夠靠著上帝賜給的力量勝過這些仇敵。但是，他們應當害怕的就是「背叛的敵人，那裝作光明天使的魔鬼；牠們是偽裝前來的。直

---

548 加爾文，《基督徒敬虔學》，3 卷 20 章 46 節。
549 大德蘭，《全德之路》，38 章 1 節，頁 200。

到牠們嚴重地傷害了靈魂,才會被識破。牠們吸盡我們的血,毀盡我們的德行,我們置身於如此的誘惑中,卻毫不知情」[550]。對於這樣狡猾的隱藏的敵人,我們要特別祈求上帝解救我們,不讓我們陷在此類的誘惑之中,求主使我們不要上當受騙。同時,我們也當求主賜給我們看見和膽量,使得我們能夠揭露仇敵的詭計和毒物,使其無法掩蓋光明和真理。另外,魔鬼能夠給我們施加極大的傷害的地方就是「讓我們相信,已經有了其實沒有的德行,這就是瘟疫。由於我們沒有覺察,自認為走得安全,掉入無法脫離的坑裡」[551]。即使上帝已經賜給我們什麼德行,祂也可以隨時拿走,事實上上帝確實有時拿走我們已經有的德行,好讓我們明白「除了所領受的,我們什麼都沒有」[552]!

大德蘭特別謙卑、誠實地談及自己的軟弱和掙扎,比如在超脫方面,她說:「有時候,我們根本不在意別人的閒言碎語,對我議論紛紛;經過考驗,也往往得到印證我是這樣的,其實我反而從中感到高興。然而,遇到某些日子,只一句話就會使我愁苦,並盼望離開塵世,因為彷彿事事都令我疲倦。關於這事,並非只有我這樣,我看到,許多比我好的人亦然,所以我知道,事實如此。」[553]因此,在教會事奉中,那些信誓旦旦地強調自己動機完全純正的人常常是假冒為善,甚至是自欺欺人。我在十幾年中國宣教的旅程中,有的同工談及自己的所作所為完全是為了教會和事奉的緣故,我就知道這樣說話的人並沒有認識到人性的軟

---

550 同上,38 章 2 節,頁 200。
551 同上,38 章 5 節,頁 201。
552 同上,38 章 7 節,頁 205。
553 大德蘭,《全德之路》,38 章 6 節,頁 204。

弱和自身的敗壞,更沒有認識到自身的軟弱和問題。事實證明,這樣缺乏自覺和清醒的同工也往往給團隊和教牧事奉帶來極大的損害。因為他們覺得自己的動機完全純正,這本身不僅忽略了自己身上仍然有著殘餘的罪的影響,也會把責任和問題都推到別人身上。

4、靜觀心禱之路充滿險惡。在這個喧囂的世界中,靜觀心禱之路並不平靜,正如大德蘭所觀察的那樣:「不走祈禱之路的人,魔鬼也不誘惑他。」[554] 在諸般的誘惑之中,我們「總要警醒禱告」(太 26:41)。上帝藉著試驗來造就我們,撒但就藉機來毀壞我們(彼前 5:8)。所以,我們總要保持警醒。一是要曉得撒但的詭計,二是明白我們自身的敗壞和軟弱。救主耶穌在面臨十字架的苦難時,也曾這樣禱告:「我父啊,倘若可行,求你叫這杯離開我。……總要警醒禱告,免得入了迷惑。你們心靈固然願意,肉體卻軟弱了。」(太 26:39-41)

馬丁・路德曾說:你們不能阻止雀鳥在頭頂上飛過,但可以阻止牠們在頭髮裡築巢。上帝可能用試探來造就我們,但我們不要故意去找試探。沒有試探的時候要祈禱:「不叫我們遇見試探」;試探臨到的時候要祈禱:「救我們脫離兇惡。」「主—耶和華啊,我的眼目仰望你;我投靠你,求你不要將我撇得孤苦!求你保護我脫離惡人為我設的網羅和作孽之人的圈套!願惡人落在自己的網裡,我卻得以逃脫」(詩 141:8-10);「忍受試探的人是有福的,因為他經過試驗以後,必得生命的冠冕;這是主應許給那些愛他之人的。人被試探,不可說:『我是被上帝試探』;因

---

[554] 同上,39 章 7 節,頁 208。

為上帝不能被惡試探,他也不試探人。但各人被試探,乃是被自己的私慾牽引誘惑的。……他按自己的旨意,用真道生了我們,叫我們在他所造的萬物中好像初熟的果子」(雅 1:12-18;參考太 4:1-11)。

在這危險重重的爭戰之中,我們最最需要的就是愛和敬畏,大德蘭明確強調:「愛加速我們的腳步;敬畏使我們看清前行的路,不致在障礙重重的途中跌倒,這條路是所有活著的人都要行走的。有了愛和敬畏,就會很安全,我們不至於受騙。」[555] 愛和敬畏「是兩座堅固的城堡,我們可從那裡迎戰世俗和魔鬼」[556]。其中,「敬畏必須常走在前頭,不可粗心大意」[557]。

5、時刻保持對於上帝的敬畏之心。當初上帝賜下律法的時候以大而可畏的形式向以色列人顯現,摩西解釋說:「不要懼怕;因為上帝降臨是要試驗你們,叫你們時常敬畏他,不致犯罪。」(出 20:20)大德蘭特別談及對於上帝的敬畏。「要細心和留神,這非常重要,你們不要粗心大意,除非看到自己這麼大的決心,不冒犯上主,情願死一千次,也不願放一個大罪,至於小罪則小心翼翼,不要違反。……我不知道,我們何以這麼的大膽,竟敢冒犯如此偉大的上主,即使是在最微小的事上。更何況,對一位這麼尊威的至尊陛下,要是違逆祂,又明知祂正看著我們,都不能算是小事!在我看來,這是嚴重的蓄意犯罪,就像有人說:『上主,雖然會傷祢的心,我還是要這麼做;我曉得祢看得

---

555 大德蘭,《全德之路》,40 章 1 節,頁 209。
556 同上,40 章 2 節,頁 210。
557 同上,41 章 9 節,頁 218。

見,也知道祢不喜歡,我都了解;不過,我更願隨從自己的任性和欲望,超過祢的聖意。」在這一類的事上,我不認為可視之不算什麼;所犯的罪過可能是輕微的,確實非常、非常地嚴重」[558]。

寫到此處,我跪下禱告,求主救拔我脫離這樣任意妄為的罪!唯願讀者讀到此處都能夠停下來,掩卷沉思,自己到底對於上帝有沒有真正的敬畏之心?我們還有故意隱藏的不願意對付的罪嗎?難道我們一面祈求「不叫我們遇見試探」,還一面繼續故意停留在罪中而不悔改嗎?我們必須此時此刻就把我們的意志完全降服在上帝的旨意之下,定意自潔,分別為聖,成為合乎主用的器皿。因此,大德蘭一再提醒說:「為了天主的愛,如果你們想敬畏天主,了悟冒犯天主是多麼嚴重的事,是很重要的,並且你們要經常加以深思細察;為使這個美德在我們靈魂中生根,值得我們付出生命或更多。除非你們很真實地知道自己已有這德行,否則必須時時常常、非常小心,凡不幫助你們潔淨天主的場合或同伴,都要避開。我們的一切行事,要極其留意,使我們的意志屈服,也要注意使我們的言談能感化人心;無關天主的談話處所,要逃避。」[559]

6、要時刻保持警醒之心。非常重要的是,對於我們定志敬畏主的決心也要警醒,因為我們的決心並不可靠。大德蘭指出,即使靈魂已經下定決心,任何受造之物都不會使他冒犯天主,但是「後來還是會有跌倒的時候,因為我們是軟弱的,沒有理由信靠自己(決心越大,對自己的信靠則越小,因為必須信靠的是天

---

[558] 大德蘭,《全德之路》,41 章 3 節,頁 215。
[559] 大德蘭,《全德之路》,41 章 4 節,頁 216。

主)。我所說的這事,若是我們能了解,就不必這麼的畏縮和緊張,上主會救助我們,已修成的習慣也有助於不冒犯祂」[560]。如果靠著主的恩典,我們在愛主、敬畏主的美德上有所長進,就要常常顧念我們周圍那些還沒有信主、或者信主之後沒有多大長進的人,要通過我們自身的嘉言懿行來感化他們,切切不可對他們隨意論斷,大德蘭勸誡說:「你們要竭盡所能,不冒犯天主,盡力和藹親切,也要曉得如何對待所有和你們交往的人,使之喜愛你們的言談,渴望你們的生活方式和作風,不致使人害怕,而被德行嚇到。」[561]

7、求主把祂的大愛澆灌在我們的心中。上帝啊,把祢的大愛澆灌在我們的心中,使我們的心中在祢的大愛中得到飽足,由此使我們輕看世上一切所謂的愛。這些愛不過是天上完美之愛的影子,離開那天上的實體,就沒有任何意義。賜給我們敬畏之心,使我們認識祢的大而可畏,讓我們因為敬畏祢而擺脫各樣的誘惑。我們生活在這麼多的誘惑和危險之中,即使我們常常定志行善,但行出來也由不得我們自己。所以,我們祈求祢憐憫我們,時常以祢自己大能的膀臂救拔我們脫離試探。阿們!

十一、第四大祈求:「救我們脫離兇惡」

1、靈修的路上多有兇惡。主啊,祢知道我們身處許多重大的危險之中,也知道我們不能經常站立得穩;求祢堅固我們,保守我們,在危險中托著我們,帶領我們勝過一切的試探。「兇惡」

---

[560] 同上,41 章 4 節,頁 216。
[561] 同上,41 章 7 節,頁 217。

就是各樣的危險，最大的危險就是死亡的危險，而罪則是導致一切危險的源頭。

今日教會中，很多人把物質上的貧窮和身體上的疾病視為「兇惡」。對於牧者而言，人數減少，奉獻減少，似乎就是最大的「兇惡」。然而，最大的「兇惡」就是罪，因為罪使我們與上帝隔絕。加爾文界定說：「至於『兇惡』二字，不問是把它當作魔鬼或罪都不是最重要的。撒但本身就是那埋伏要取我們的性命的仇敵，而罪乃是牠用來毀滅我們的武器。因此我們所祈求的是，不為任何試探所摧毀攻克，卻因倚靠主的能力，堅強穩立，能夠抵擋一切攻擊我們的邪惡勢力，不為試探所克服；我們既然是在上帝的看顧之下，就可以堅忍不屈，勝過罪惡、死亡、地獄的大門，以及魔鬼一切的權勢。這就是『脫離了兇惡』。」[562] 在我們遭遇兇惡的時候，我們理當向我們的上帝求救：「耶和華啊，求你拯救我脫離凶惡的人，保護我脫離強暴的人！……我知道耶和華必為困苦人伸冤，必為窮乏人辨屈。義人必要稱讚你的名；正直人必住在你面前。」（詩 140 篇）

2、**我們本來就生活在各樣兇惡之中**。在這個世界上，我們時刻都是生活在各樣的「兇惡」之中。沒有上帝的保守，我們一時一刻也不能得平安。兇惡一般分為兩類，一是我們外面的敗壞，困苦、憂傷、疾病和各樣不如意的事情。「我受苦是與我有益，為要使我學習你的律例」（詩 119:71）。二是我們裡面的敗壞，表現在不道德和放縱情欲的行為上。對於前者，我們要默默忍受，「心裡歎息，等候得著兒子的名分，乃是我們的身體得贖」

---

562 加爾文，《基督徒敬虔學》，3 卷 20 章 46 節。

（羅 8:23）。對於後者，我們要積極地去抵擋。在這一問題上，最要小心的是自欺的問題，就是自以為平安，「被罪迷惑」（來 3:13），其實並沒有平安。撒但的詭計就是「迷惑」我們。在屬靈爭戰中，我們一定要繫上真理的腰帶，拿好聖靈的寶劍，並且時時呼求上帝的保護和拯救：「凡求告耶和華的，就是誠心求告他的，耶和華便與他們相近。敬畏他的，他必成就他們的心願，也必聽他們的呼求，拯救他們。耶和華保護一切愛他的人，卻要滅絕一切的惡人。」（詩 145:18-20）

3、基督徒的人生就是以上帝為本。我們雖然軟弱、敗壞，但上帝的應許總不落空。「凡求告主名的就必得救」（羅 10:13）。在面對各樣的兇惡時，都要呼求、仰望上帝的憐憫和拯救（林後 1:10；詩 91:14）。這一祈求中也有上帝的應許。不僅要脫離兇惡，更要靠主得勝。「勝過世界的是誰呢？不是那信耶穌是上帝兒子的嗎」（約一 5:5）。我們靠著主的力量，「才得施展大能」（詩 60:12）。「耶和華，我的力量啊，我愛你！耶和華是我的嚴石，我的山寨，我的救主，我的上帝，我的磐石，我所投靠的。他是我的盾牌，是拯救我的角，是我的高臺。我要求告當讚美的耶和華；這樣我必從仇敵手中被救出來」（詩 18:1-3）。當然，正如大德蘭所揭示的那樣，「若以為當我們還活著時，能免於許多的誘惑、不成全，甚至免於罪過，這種想法是沒有用的，因為經上說，凡自認無罪者是在自欺，事實就是這樣。那麼，如果我們說身體的病痛及磨難，誰沒有各式各樣、許許多多的經歷呢？我們祈求免去這些，是不對的」[563]。

---

563 大德蘭，《全德之路》，42 章 2 節，頁 219。

4、**肉體的死亡使得我們脫離今生一切兇惡**。上帝最終救我們脫離兇惡，就是使得我們完全離開這個世界，也就是肉體的死亡。大德蘭充滿疲憊地說：「由於我過著這麼不好的生活，我怕還要活得更久，而這麼多的磨難使我好累。凡享有天主愉悅的人，他們渴望的地方，並不是只享有一小口；他們也不想活著，因為有這麼多的障礙，阻止人享有這麼多的福樂；他們渴望的是公義的太陽永不落下的地方。後來他們看到塵世全是黑暗的，我們很驚奇他們怎麼活得下去。誰若開始享受，並在今世就得到天主的國，必不會有所滿足，他也一定不會按照自己的意願而活，而是為了國王的旨意。」[564] 這樣，我們就能理解為什麼摩西和以利亞這兩個上帝重用的先知都曾經向上帝求死，因為今生今世的諸般兇惡實在使人不勝其煩，以至於上帝的僕人也會陷入抑鬱之中！

5、**操練警醒，脫離仇敵的網羅**。黃立華牧師在默想「不叫我們遇見試探，救我們脫離兇惡」這一祈求的時候強調「操練警醒，脫離仇敵的網羅」：「如果上帝允許仇敵的試探和兇惡臨到，目的是讓我們學會隱藏在祂翅膀的蔭下，知道哪裡是安全之所在。耶穌上十字架前對門徒說：『我將這些事告訴你們，是要叫你們在我裡面有平安。在世上，你們有苦難；但你們可以放心，我已經勝了世界。』（約 16:33）披戴基督便有自由，或爭戰或安息，上帝是我們的山寨，是我們的高臺。」[565] 要得享真正的平安，關鍵是藏身在基督裡，披戴基督，進入耶穌基督的得勝。

---

564 同上，42 章 3 節，頁 220。

565 黃立華，〈從耶穌禱文談談自由的操練〉，雅和博研修院《海德堡教理問答》研習版學習心得第 10 號。

十二、信心的宣告:「國度、權柄、榮耀全是你的」

1、祈禱的根基是上帝的主權。 在七大祈願之後,主耶穌引導門徒重新回到禱告的根基:「因為國度、權柄、榮耀,全是你的,直到永遠。」這是禱告的原因,本身也是一個讚美的禱告。加爾文稱這一句話是「我們信仰的一種切實和鞏固的基礎;因為倘若我們的禱告是憑藉我們自己的功勞,那麼,在祂面前誰敢說一句話呢?現在,既然我們是可憐的、貧窮的,不配向上帝祈求什麼,可是我們仍不缺少禱告的理由或禱告的信心,因為國度、權柄、榮耀都屬於父,是永遠不能動搖的」[566]。「地的四極都要想念耶和華,並且歸順他;列國的萬族都要在你面前敬拜。因為國權是耶和華的;他是管理萬國的」(詩 22:27-28);「他要執掌權柄,從這海直到那海,從大河直到地極。住在曠野的,必在他面前下拜;他的仇敵必要舔土。他施和海島的王要進貢;示巴和西巴的王要獻禮物。諸王都要叩拜他;萬國都要事奉他」(詩 72:8-11)。

2、最終回到上帝的主權。 此處我們首先宣告的就是上帝的主權。《國度禱文》完全是國度的禱文,完全以上帝為中心。我們的信心也是建立在上帝的主權的根基上,不管是我們蒙揀選,還是蒙保守,都是基於上帝主權的恩典,是祂要在我們身上成就祂在創世以前就已經預定的美意。基督徒禱告的核心並不是改變上帝的心意,而是無條件地願意上帝的旨意成就。所以,主耶穌在教導主禱文之前警告說:「你們禱告,不可像外邦人,用許多

---

566 加爾文,《基督徒敬虔學》。

重複話，他們以爲話多了必蒙垂聽。你們不可效法他們；因爲你們沒有祈求以先，你們所需用的，你們的父早已知道了。」（太6:7-8）現在有很多書告訴人禱告如何成功，多是假借基督教之名，引用諸種異教的方法，是違背上帝律法的巫術迷信。上帝給我們的警告是：「……悖逆的罪與行邪術的罪相等；頑梗的罪與拜虛神和偶像的罪相同。你既厭棄耶和華的命令，耶和華也厭棄你作王。」（撒上 15:22-23）

3、當然我們也要承認人類的治權和責任。上帝賜給人治理全地的使命，我們藉著禱告來尋求上帝的旨意，使我們明白當盡的本分，也藉著禱告，使我們始終保持與上帝活潑的關係。但是，我們一定要明白，禱告並不代替行動，而是要伴以信心的行動。上帝曾經對約書亞說：「起來！你爲何這樣俯伏在地呢？……你起來，叫百姓自潔。」（書 7:10-13）上帝讓約書亞不再禱告，而是積極地採取行動，對付以色列民中的罪。所以，我們一定要明白禱告並不是人生使命的全部，更不可膚淺地以爲禱告的時間越長就越敬虔。

現代教會中，由於喪失了治理的異象和成聖的標準，人敗壞的本性就乘機作亂，把各種人的經驗作爲屬靈和聖潔的尺度，遂有人「假意做很長的禱告」（太 23:14；可 12:40；路 20:47），甚至盲目地效法摩西和耶穌的四十天禁食禱告，然而他們卻不願意按上帝顯明的旨意，也就是上帝的律法，去盡自己的本分，他們這樣迴避上帝明確賜給自己的責任，也是人類的悖逆。唯願我們

自覺而謙卑地降服在上帝的面前，歸榮耀給上帝並祂的教會，正如聖經中所宣告的那樣：「列國要在城的光裡行走；地上的君王

必將自己的榮耀歸與那城。城門白晝總不關閉，在那裡原沒有黑夜。人必將列國的榮耀、尊貴歸與那城。」（啓 21:24-26）。

4、通道行道，成為真門徒。 黃立華牧師在默想此處的宣告的時候強調「通道行道，成為耶穌基督真正的門徒」：「上帝說有就有，命立就立，祂憑己意行做萬事，祂超越一切，是自由的本體。當摩西在荊棘火焰的異象中遇見上帝，他問上帝是誰，上帝說：『I am who I am』。我們能用什麼描繪上帝呢？唯有藉著祂啓示和祂進入時空中與我們的連結，我們才能稍微認識祂。從伊甸園起，始祖就企圖想按著自己想要的自由行事，巴別塔的築夢也揭示了墮落人性的自由取向，就是允許私欲無限擴大，與上帝對抗。人若嚮往自由而不知自由為何物，若人人都想按著自己認為的自由生活，那麼，70 億人口的地球將是怎樣的混亂？承認自己的無知是獲得真理與智慧的前提，人若不認識上帝就無從認識自己，若不認識自己也很難認識上帝。耶穌說：『你們若常常遵守我的道，就真是我的門徒；你們必曉得真理，真理必叫你們得以自由。』（約 8:31-32）可見，若想活在自由中，我們不但要明白何為自由，還要操練如何活出來。自由不是說說聽聽的事。」[567]

人人都想自由，但我們不能把自由當成白日夢，必須付諸實踐，既要在靈修上堅持不懈地操練靜觀心禱，也要在具體的現實生活中遵行上帝的誡命，甘心樂意地盡我們自己當盡的本分。正如詩篇的作者所歌詠的那樣：「我要常守你的律法，直到永永遠

---

[567] 黃立華，〈從耶穌禱文談談自由的操練〉，雅和博研修院《海德堡教理問答》研習版學習心得第 10 號。

遠。我要自由而行，因我素來考究你的訓詞。」（詩 119:44-45）

十三、信心的宣誓：「阿們」

1、「阿們」的本意。「阿們」的意思是「誠如所願」，帶有宣誓的意思。阿們雖是基督徒在信經宣告、唱詩讚美和禱告中最常用的詞，但其在聖經中的本義，似乎已經由於人本主義對教會的侵蝕而被逐漸遺忘了。對於大部分基要主義者和福音派人士來說，阿們的意思就是「我覺得好」，這種主觀式的以人為中心的態度，在過往的兩個世紀中幾乎主宰了整個的歐美教會，也直接影響到中國教會。

2、「阿們」表示對於上帝的律法的認同。路斯德尼考察「阿們」一詞指出，「阿們」經常是對上帝律法的贊同，在啓示錄中，是與基督見證人身分直接聯繫在一起的。他說：「基督是阿們，因為祂是『爲誠信眞實見證的』，律法是由祂宣布的，祂也見證一切對律法的冒犯，任何人如果不是在基督的贖罪裡接受死刑，祂最終就會對那些冒犯律法的人執行死刑。」[568]

丘頓在其神學力作中重申：「根據聖經神學，阿們的眞正意思是很強烈的。實際上，阿們是一個誓言：說阿們，就是祈求聖約的咒詛臨到自己（參考民 5:21-22；申 27:15-26；尼 5:12-13）。作為我們的阿們，藉著祂完全的順服，救贖的獻祭，在天庭持續的代禱（林後 1:20；加 3:13；來 7:22-28；9:24-28；10:10-14），基督是聖約之應許的保證人。因此，在敬拜儀式中，當我們對上帝的聖言說阿們的時候，既是一個誓言，也是承認我們的救贖並

---

568 加爾文，《基督徒敬虔學》，3 卷 20 章 47 節。

不是依賴我們自己持守聖約，而是完完全全依賴耶穌基督對聖約完全的持守，他親自代替我們處於聖約的規定之下，代替我們擔當了聖約的咒詛。」[569]

因此，當我們禱告完畢，在說「阿們」的時候，要省察自己：有沒有在耶穌基督裡與上帝和好？有沒有以上帝為本，並以他為樂？有沒有以上帝啟示的律法為標準？「願上帝憐憫我們，賜福與我們，用臉光照我們」（詩 67:1）。

3、「阿們」是立約的誓言。當我們發自內心地說「阿們」的時候，是我們在上帝面前宣誓要遵行上帝的律法，這實在是一個嚴肅的事情。如果我們沒有定意按上帝的律法去行，盡自己當盡的本分，我們的禱告就是自招咒詛，「轉耳不聽律法的，他的祈禱也為可憎」（箴 28:9）。「當日，摩西囑咐百姓說：……『不堅守遵行這律法言語的，必受咒詛！』百姓都要說：『阿們！』」（申 27:11-26）。

我們的禱告雖是與我們在天上的父交通，有基督徒的喜樂和自由，但同時也是一個嚴肅的事情。當今基督徒因為不曉得聖約的概念，並不明白上帝是一個「大而可畏」的上帝，禱告往往淪落為異教徒的念咒，目的就是讓上帝來滿足自己的需求。一本在福音派教會中廣傳的關於禱告的書籍，就是這樣給禱告下定義的：「禱告無非就是讓耶穌來滿足我們的需要，此外沒有別的意思。禱告就是讓耶穌運用祂的大能大力，作我們患難中隨時的幫助。禱告就是讓耶穌在我們的需要中榮耀祂自己的名。」[570]

4、唯願我們以上帝的律法為我們禱告的指南。改教領袖加

---

569 大衛‧丘頓，《報應的日子——啟示錄注釋》，頁 132-133。
570 哈列斯比，《禱告》，顏路裔翻譯（台灣：道聲，1998 年）。

爾文高度讚譽主禱文，以為「我們向上帝所當求，或可能求的，都包括在這一禱文裡了，這禱文是親自傳授給我們的。基督是天父賜給我們的最好的老師，而且是我們唯有要聽從的，因為基督是上帝的永恆智慧；⋯⋯這一禱告是如此地齊備完全，所以凡有與它的意義不相符或沒有關係的，就是不虔、無益，而不為上帝所許可的」[571]。唯願我們以上帝的律法為我們禱告的指南：「你的話是我腳前的燈，是我路上的光。你公義的典章，我曾起誓遵守，我必按誓而行。我甚是受苦；耶和華啊，求你照你的話將我救活！耶和華啊，求你悅納我口中的讚美為供物，又將你的典章教訓我！我的性命常在危險之中，我卻不忘記你的律法。惡人為我設下網羅，我卻沒有偏離你的訓詞。我以你的法度為永遠的產業，因這是我心中所喜愛的。我的心專向你的律例，永遠遵行，一直到底。」（詩 119:105-112）。唯願我們長存敬畏上帝的心：「你到上帝的殿要謹慎腳步；因為近前聽，勝過愚昧人獻祭，他們本不知道所做的是惡。你在上帝面前不可冒失開口，也不可心急發言；因為上帝在天上，你在地下，所以你的言語要寡少。」（傳 5:1-2）

---

571 加爾文，《基督徒敬虔學》，3 卷 20 章 48 節。

附錄一

耶穌基督師尊歌

讀主僕陳黔開牧師〈經師、人師、恩師：無盡的恩典與感謝！〉緬懷主僕鮑會園牧師一文，其中談及「經師難得」（teacher by book），「人師難覓」（teacher by example），「恩師何求」（teacher by mentoring）！有感賦詩，感謝陳牧師多年對我關懷、代禱，求主興起更多具有為父情懷的牧者師長，使我們一同效法基督，彼此相愛。

耶穌基督，我眾師尊；
上帝之子，道成肉身。
舊約新約，律法福音；
惠賜聖靈，開我心門。

耶穌基督，我眾師尊；
同住同行，垂範以身。
彎腰洗足，十架捨命；
惠賜聖靈，愛主愛鄰。

耶穌基督，我眾師尊；
捍衛妥拉，治病救人。
審慎判斷，廣樹門徒；
惠賜聖靈，相愛相親。

耶穌基督，我眾師尊；
高山仰止，至聖至仁。
扶我前行，安慰我心；
惠賜聖靈，永在永臨。

弱肢：王志勇　牧師

二零一三年十月十五日於香港

附錄 二

雅和博心齋證道歌十首

王志勇　牧師

　　二零一二年十月十二日清晨家中靈修默想，得詩十首，闡明雅和博經學十大精義。雅和博經學為西方改革宗神學在華人文化中的處境化，目的在於用中文來表達聖經啓示和教會正傳，並且與華人文化和現實處境結合起來。願上帝憐憫，使用這卑微的五餅二魚，使主名得榮耀，聖徒得造就！

　　第一頌乃為概要，從總體上闡明雅和博經學之綜述：「聖學為體，世學為用；仁教心學，法治德政」，然後分八頌來解釋「聖學」、「道體」、「世學」、「器用」、「仁教」、「心學」、「法治」、「德政」，最後一頌則以基督教文明之「異象」為結束，凸顯雅和博經學所強調的基督教文明之主張。此處「十頌」嘗試以凝煉、優美的中文短詩的形式表達基督教改革宗神學的要義。不僅是十六個，而是一百六十個字，可說全方位地詮釋了雅和博經學的內涵和精義。

一、解經總原則

> 盡心盡性盡意力，愛主愛人即愛己。
> 律法先知福音書，都在耶穌基督裡。

小注：「耶穌基督，天人合一；愛主愛人，以愛為旗」——這十六個字就是雅和博經學所強調的解釋聖經的關鍵，這種解經所強調的是生命與教牧解經，就是在基督裡以造就聖徒生命、建立教會為導向的解經。因此，雖然我們在整個的真理體系中強調以上帝為中心，但我們時刻清醒地意識到基督教與猶太教、伊斯蘭教、摩門教等各種異端邪說的根本分別在於對拿撒勒人耶穌的認信。

「雅和博」在希伯來文中是 ahavah，意思是「愛」，相當於希臘文中的「阿加佩」(agape)。「經學」本身強調對聖經的研究。雅和博經學之「解經」強調按照新約聖經所記載的耶穌基督的生平與教訓以及眾使徒們的傳承來解釋舊約聖經，其總原則就是在耶穌基督裡愛主愛人：「耶穌對他說：『你要盡心、盡性、盡意愛主—你的上帝。這是誡命中的第一，且是最大的。其次也相倣，就是要愛人如己。這兩條誡命是律法和先知一切道理的總綱。』」（太 22:37-40）

因此，我們的解經絕不能在任何方面廢除上帝的律法，更不能廢除舊約聖經，特別是其中的律法書和先知書，因為這是我們主耶穌基督和眾使徒們所使用的聖經。我們當按照耶穌基督的教訓來成全上帝的律法，就是按照耶穌基督的所教所行來解釋和遵

行上帝的律法。因此,雅和博經學旗幟鮮明地反對各種形式的反律主義異端。這種反律主義異端的核心特色就是廢除、貶低上帝所啓示的律法在基督徒生活中的權威性和規範性,使得基督徒喪失分別爲聖的標準、治理全地的工具以及愛主愛人的指南。

我們對於聖經的解釋必須明確地以在愛中造就聖徒爲導向。「他所賜的,有使徒,有先知,有傳福音的,有牧師和教師,爲要成全聖徒,各盡其職,建立基督的身體,直等到我們眾人在眞道上同歸於一,認識上帝的兒子,得以長大成人,滿有基督長成的身量,使我們不再作小孩子,中了人的詭計和欺騙的法術,被一切異教之風搖動,飄來飄去,就隨從各樣的異端;惟用愛心說誠實話,凡事長進,連於元首基督,全身都靠他聯絡得合式,百節各按各職,照著各體的功用彼此相助,便叫身體漸漸增長,在愛中建立自己」(弗 4:11-16)。即使我們講說眞理,也必須根據聽眾能夠領受的程度,不是要彰顯我們自己的才華和領受,而是以造就聽眾爲目的。

二、神學處境化

攻克己身複天禮,任重道遠誰與共?
行公行義好憐憫,心存謙卑與主行。

小注:「**克己復禮,天下歸仁;博學於文,約之以禮**」——這十六個字是雅和博經學對中國文化之慧命的繼承和轉化,也是雅和博經學所主張的以改革宗會通中國文化的綱要。我們對中國傳統文化的繼承落實到對文化傳統的繼承,即其中代表上帝的普

遍恩典和普遍啟示的精髓部分。

雅和博經學是西方改革宗正統神學在華人的處境化，強調學習、成全華人傳統文化，絕不可藐視和毀滅華人傳統文化，而是應當予以尊重性的理解、平等性的對話和創造性的轉化和愛心性的成全。孔子強調：「克己復禮，天下歸仁」（《論語・顏淵》）；「君子成人之美，不成人之惡。小人反是」（《論語・顏淵》）；「士不可以不弘毅，任重而道遠。仁以為己任，不亦重乎？死而後已，不亦遠乎」（《論語・泰伯》）。

作為基督徒，我們必須具有這種傳道救世的使命與責任意識。正如保羅所言，「我已經與基督同釘十字架，現在活著的不再是我，乃是基督在我裡面活著；並且我如今在肉身活著，是因信上帝的兒子而活；他是愛我，為我捨己」（加 2:20）。這種處境化的根本就是效法耶穌基督的道成肉身和十架捨命的精神，願意為靈魂的得救和文化的更新獻上我們的生命。

因此，雅和博經學反對各種形式的文化虛無主義，強調即使在異教文化中也有來自上帝的普遍恩典和普遍啟示的亮光，我們應當根據聖經啟示的真理予以鑒別和使用。「只是我告訴你們，要愛你們的仇敵，為那逼迫你們的禱告。這樣就可以作你們天父的兒子；因為他叫日頭照好人，也照歹人；降雨給義人，也給不義的人」（太 5:44-45）。真正的基督徒當像「麵酵」一樣，把自己所在的文化「全團都發起來」：「他又對他們講個比喻說：『天國好像麵酵，有婦人拿來，藏在三斗麵裡，直等全團都發起來。』」（太 13:33）

三、靈修心法

> 人心唯危誰能知？道心唯微主顯明。
> 唯精唯一清教徒，允執厥中改革宗。

小注：「**人心唯危，道心唯微，唯精唯一，允執厥中**」——這十六個字乃是雅和博靈修學中貫穿儒家「格物、致知、誠意、正心、修身、齊家、治國、平天下」的關鍵。對於華人文化的會通，我們不能停留在字句的層面，必須在其骨脈精粹的層面。宗教的核心就是心靈對於上帝的認識和經歷，字句和典籍不過是表達這種經驗的象徵而已。宗教的會通關鍵不是字句的會通，而是通過靈修所達成的精神上的會通。如果我們僅僅停留在字句的層面，就是買櫝還珠了。此處我們所強調的當然不是宗教上的混合主義，而是強調「心學」上的相通之處。

王陽明認為：「夫聖人之學，心學也。學以求盡其心而已。堯、舜、禹之相授受曰：『人心唯危，道心唯微，唯精唯一，允執厥中。』」因此，王陽明認為這十六個字就是來自堯舜禹三大聖人的心學綱要，是「心學之源」，也是古代中國智者治國的心訣（王陽明：《重修山陰縣學記》）。這也是雅和博經學靈修心法概要。「你要保守你心，勝過保守一切，因為一生的果效是由心發出」（箴 4:23）；「人心比萬物都詭詐，壞到極處，誰能識透呢？我—耶和華是鑒察人心、試驗人肺腑的，要照各人所行的和他做事的結果報應他」（耶 17:9-10）；「不要效法這個世界，只要心意更新而變化，叫你們察驗何為上帝的善良、純全、可喜悅的

旨意」（羅 12:2）；「隱祕的事是屬耶和華——我們上帝的；惟有明顯的事是永遠屬我們和我們子孫的，好叫我們遵行這律法上的一切話」（申 29:29）；「我是攻克己身，叫身服我，恐怕我傳福音給別人，自己反被棄絕了」（林前 9:27）。

因此，雅和博經學反對各種形式的教條主義，基督徒的信仰不能停留在字句的地步，甚至也不能停留在理念或教義的地步，必須深入我們的心靈深處，使得我們的潛意識都得到光照和轉化。因此，雖然我們非常珍惜正統教義的指導性，但我們不能滿足於書本和頭腦的知識，要自覺地通過靈修尤其是靜觀心禱在心靈中真正經歷上帝的大愛和光照，品嘗到主恩的滋味。

四、經學方法四要

訪問古道回聖經，重建新牆新耶城。
聖靈在心多安慰，通達時務做主工。

小注：「歸回聖經，訪問古道；通達時務，聖靈內證」——這十六個字是雅和博經學研究的方法概要，就是經學方法論，當然也是雅和博經學所提倡的基督徒靈修與生活的方法論。「歸回聖經」代表聖經神學，「訪問古道」指向教義與歷史神學，「通達時務」指向實踐神學，而「聖靈內證」則指向靈修神學。

不管教會的信條和正傳如何重要，我們仍然需要不斷地歸回聖經，最終要通過聖經來規範、更新我們對於上帝和自身的認識：「聖經都是上帝所默示的，於教訓、督責、使人歸正、教導人學義都是有益的，叫屬上帝的人得以完全，預備行各樣的善

事。」（提後 3:16-17）我們總是在一定的歷史處境之中，我們對於上帝的認識和聖經的理解也要遵循一定的歷史性的路徑，不可忽視聖靈對於歷代大公教會和先聖先賢的光照和引領：「耶和華如此說：你們當站在路上察看，訪問古道，哪是善道，便行在其間；這樣，你們心裡必得安息。」（耶 6:16）

我們對於教會正傳的繼承，對於聖經啓示的查考，最終的目的乃是裝備我們成爲合乎上帝的心意的時代工人：「以薩迦支派，有二百族長都通達時務，知道以色列人所當行的；他們族弟兄都聽從他們的命令。」（代上 12:32）「他們必修造已久的荒場，建立先前淒涼之處，重修歷代荒涼之城」（賽 61:4）。

不管是歸回聖經，訪問古道，還是通達時務，關鍵還是要尋求聖靈的光照和引領：「聖靈與我們的心同證我們是上帝的兒女。」（羅 8:16）因此，雅和博經學反對各種形式的反智主義，鼓勵弟兄姐妹追求敬虔的智慧，在心志上作大丈夫，心竅習練得通達，就能分辨好歹，免得被各種異教異端之風吹來吹去，不能在至聖的眞道上生根建造。

五、經學範式概要

　　　　天道聖學爲本體，中西世學爲器用。
　　　　仁教還需眞心學，法治卻是爲德政。

小注：「**聖學爲體，世學爲用；仁教心學，法治德政**」——這十六個字是雅和博經學的概要，是雅和博經學在整體上的「範式」（paradigm），也是雅和博經學所宣導的華人基督教文明的總

範式。同時，這十六個字也是雅和博經學所高舉的基督教世界觀與文明論的旗幟。

在方法上，以聖經所啓示的「天道聖學」爲本體，以世上各種學問古往今來的各種「中西世學」爲應用。在內容上，我們強調上帝的慈愛──仁教、心靈的變革──心學、律法的功用──法治、美德的培養──德政。「這律法書不可離開你的口，總要晝夜思想，好使你謹守遵行這書上所寫的一切話。如此，你的道路就可以亨通，凡事順利」（書 1:8）；「各樣美善的恩賜和各樣全備的賞賜都是從上頭來的，從眾光之父那裡降下來的；在他並沒有改變，也沒有轉動的影兒」（雅 1:17）；「惟有你們是被揀選的族類，是有君尊的祭司，是聖潔的國度，是屬上帝的子民，要叫你們宣揚那召你們出黑暗入奇妙光明者的美德」（彼前 2:9）。孔子強調：「政者，正也。子帥以正，孰敢不正」（《論語·顏淵》）；「其身正，不令而行；其身不正，雖令不從」（《論語·子路》）。政治的根本不是爭權奪利，而是爲政以德，以德治國，

因此，雅和博經學反對各種形式的混合主義，我們旗幟鮮明地強調唯獨聖經中所啓示的聖父、聖子、聖靈三位一體的上帝才是眞正的上帝，唯獨主耶穌基督才是上帝與人之間獨一的中保，唯獨聖靈的大能才能使罪人出死入生、分別爲聖，唯獨上帝默示的聖經才是基督徒信仰和生活的最高標準。我們所提倡的經學不是皓首窮經，百無一用，而是一定要落實在愛主愛人、經世致用上，尤其是政治領域，更是人人都不可迴避的公共事務。

六、聖經內容綜述

> 敬畏上帝為根基，信靠基督得安息。
> 守約守法靠主恩，愛主愛人在心裡。

小注：「**敬畏上帝，信靠基督；愛主愛人，守約守法**」——這十六個字是雅和博經學對聖經眞道的綜述，當然也是聖經所啓示的聖學綱要，也是雅和博經學所宣導的基督教國家與文明的四大特徵。敬畏耶和華是智慧的開端，認信耶穌基督爲主是得救的標記，愛主愛人是聖經教訓的總綱，而守約守法乃是眞正愛主之人必有的標記。

眞宗教的精義在於對上帝的敬畏之心，但這種敬畏之心必須是也必然是來自個人對於上帝的經歷。眞正敬畏上帝的人，必然遵行上帝的誡命，也必然接受上帝賜給的獨一的救主耶穌基督。「惟願他們存這樣的心敬畏我，常遵守我的一切誡命，使他們和他們的子孫永遠得福」（申 5:29）；「因爲只有一位上帝，在上帝和人中間，只有一位中保，乃是降世爲人的基督耶穌」（提前 2:5）；「凡信耶穌是基督的，都是從上帝而生，凡愛生他之上帝的，也必愛從上帝生的。我們若愛上帝，又遵守他的誡命，從此就知道我們愛上帝的兒女。我們遵守上帝的誡命，這就是愛他了，並且他的誡命不是難守的」（約壹 5:1-3）。

因此，雅和博經學反對各種形式的靈知主義，這種靈知主義否定基督徒在世界歷史中作爲上帝的兒女和管家所承擔的文化使命，否定上帝所啓示的律法在基督徒生活中的權威性和適用性，

他們試圖通過異夢異象等各種直接的方式來領受聖經之外的新啓示。他們如此否定聖經啓示在引領我們得救和生活方面的充足性，已經淪落在異端邪說之中。

七、救恩精義縱覽

罪人蒙選因主愛，罪人得救靠主恩。
因信稱義基督裡，分別爲聖通天衢。

小注：「**由愛被選，賴恩得救；因信稱義，分別爲聖**」——這十六個字是雅和博經學對聖經中所啓示的救恩論的綜述，核心就是基督徒的重生與成聖。我們在救恩論上不僅強調耶穌基督的救贖，也強調聖父上帝的揀選與聖靈上帝的更新。更重要的是，此處我們強調稱義與成聖的平衡。

在救恩論上，我們首先強調的是上帝的揀選，然後是上帝的恩典，最後才是我們的信心。當然，真正的信心絕不會停留在因信稱義的地步，必然走向分別爲聖。「上帝從創立世界以前，在基督裡揀選了我們，使我們在他面前成爲聖潔，無有瑕疵；又因愛我們，就按著自己的意旨所喜悅的，預定我們藉著耶穌基督得兒子的名分，使他榮耀的恩典得著稱讚；這恩典是他在愛子裡所賜給我們的。我們藉這愛子的血得蒙救贖，過犯得以赦免，乃是照他豐富的恩典」（弗 1:4-7）；「你們得救是本乎恩，也因著信；這並不是出於自己，乃是上帝所賜的；也不是出於行爲，免得有人自誇。我們原是他的工作，在基督耶穌裡造成的，爲要叫我們行善，就是上帝所預備叫我們行的」（弗 2:8-10）；「既知道人稱

義不是因行律法，乃是因信耶穌基督，連我們也信了基督耶穌，使我們因信基督稱義，不因行律法稱義；因為凡有血氣的，沒有一人因行律法稱義」（加 2:16）；「上帝的旨意就是要你們成為聖潔，遠避淫行；上帝召我們，本不是要我們沾染污穢，乃是要我們成為聖潔」（帖前 4:3；4:7）。

因此，雅和博經學反對各種形式的貝拉基主義，這種異端強調人的得救關鍵在於個人意志的自由抉擇，不承認罪人死在過犯罪惡之中，只有聖靈才能使得罪人出死入生。得救完全出自上帝的恩典──白白的恩典，主權的恩典！即使我們領受救恩的信心本身也是上帝賜給我們的。同時，我們強調上帝拯救我們的目的不是僅僅讓我們個人得救，而是讓我們分別為聖，建功立業，重新成為上帝百般恩賜的好管家，在這彎曲悖謬的時代像明光照耀，用美德和善行來彰顯上帝的榮耀，見證耶穌基督恩惠的福音。

八、聖約神學精義

上主施恩賜靈風，聖約聖法刻心中。
律法福音雙飛翼，唯有聖靈能貫通。

小注：**「良人屬我，我屬良人；聖約聖法，聖靈聖徒」**──這是雅和博經學對西方改革宗神學所強調的聖約神學的概要，強調在基督裡依靠聖靈的光照來把握律法與福音之間的平衡，這種平衡的關鍵是在基督裡相屬相愛的關係。這種關係的根本乃是在基督裡藉著聖靈達成的生命的連結，而體現則是彼此相愛、聖徒

相通的生命共同體的建造。

聖約神學是清教徒神學的精華，人類歷史本身就是亞當背離聖約、基督為我們成全聖約、我們在基督裡守約守法、得勝得榮的進程。雅和博經學把聖約神學提升到聖約框架這種思維模式的地步，從而進一步把聖約神學拓展為聖約國度觀、聖約世界觀、聖約文明論，為基督教帶來範式的革命。「所以你們要謹守遵行這約的話，好叫你們在一切所行的事上亨通」（申 29:9）；「作惡違背聖約的人，他必用巧言勾引；惟獨認識上帝的子民必剛強行事」（但 11:32）；「主又說：那些日子以後，我與以色列家所立的約乃是這樣：我要將我的律法放在他們裡面，寫在他們心上；我要作他們的上帝；他們要作我的子民」（來 8:10）。

因此，雅和博經學反對各種形式的化約主義，這種化約主義在對聖經真理的認識上缺乏整全性和有機性，撕裂舊約聖經與新約聖經、律法與福音、理性與信心、教會與社會、文化使命與福音使命的關係，人為地把二者對立起來，使得基督徒在真理體系上支離破碎，不能構建系統的世界觀和文明論，不能全方位地領受並活出上帝對我們的善良、純全、可喜悅的旨意。

九、雅和博經學三統

上帝教會聖而公，歸正要歸改革宗。
道統法統與國統，全在上帝聖言中。

小注：「**大公教會，正統傳承；道法國統，一貫圓融**」——這十六個字乃是雅和博經學世界觀和文明論的綜述。此處所強調

的是人生的至善與大公教會在真理和生命上的圓融。

此處我們強調以《使徒信經》為綜述的道統，以《約法十章》為標記的法統，以《國度禱文》為指南的國統。此處我們強調「道」與「術」的不同，終極之「道」乃是三一上帝，而「術」則指向我們治理全地之途徑，這種途徑乃是法治與靈修。溫州教會稱此三大檔為「基督教三大法寶」，這是非常具有華人特色的表達。「以色列啊，你要聽！耶和華—我們上帝是獨一的主。你要盡心、盡性、盡力愛耶和華—你的上帝。我今日所吩咐你的話都要記在心上，也要殷勤教訓你的兒女。無論你坐在家裡，行在路上，躺下，起來，都要談論。也要繫在手上為記號，戴在額上為經文；又要寫在你房屋的門框上，並你的城門上」（申 6:4-9）；「所以，你們禱告要這樣說：我們在天上的父：願人都尊你的名為聖。願你的國降臨；願你的旨意行在地上，如同行在天上。我們日用的飲食，今日賜給我們。免我們的債，如同我們免了人的債。不叫我們遇見試探；救我們脫離兇惡。因為國度、權柄、榮耀，全是你的，直到永遠。阿們」（太 6:9-13）；「耶穌進前來，對他們說：『天上地下所有的權柄都賜給我了。所以，你們要去，使萬民作我的門徒，奉父、子、聖靈的名給他們施洗。凡我所吩咐你們的，都教訓他們遵守，我就常與你們同在，直到世界的末了』」（太 28:18-20）。

因此，我們反對各種形式的反傳統主義，這種反傳統主義使得我們不能學習、借鑒並繼承教會幾千年的大傳統，不知不覺落入自己或新興的小傳統之中，難免流於膚淺、混亂甚至錯謬。我們應當珍惜傳統，但不要迷信傳統，要在前人開啟的道路上繼續前行。在今日教會中，我們需要重新重視傳統與傳承，然後才會

有道可傳，免得我們瞎編亂造，混亂真道，自以為是在傳道授業，實際上是在教會中「傳異教」：「我往馬其頓去的時候，曾勸你仍住在以弗所，好囑咐那幾個人不可傳異教。」（提前 1:3）

十、基督教文明異象

十年樹木百年人，千年萬年樹文明。
前提框架與根基，神權神法神得榮。

小注：「**榮耀上帝，關愛世界；神權神法，新天新地**」——這十六個字不僅概括了雅和博經學所宣導的基督教文明，也指明了建立這種基督教文明的整體方向與策略。此處所表達的是雅和博經學世界觀的理想和異象：十年樹木，百年樹人，千年樹文明。要使華人擺脫幾千年皇權專制的毒酵，我們既要勇猛精進，也要恆久忍耐。

「榮耀上帝」指向清教徒所強調的人生的首要目的，而「關愛世界」則指向荷蘭新加爾文主義所強調的文化使命。「神權神法」乃是我們在本書中所指明的神權制與神法論的簡括，而「新天新地」則指向上帝讓我們在基督裡所參與的世界更新並成全的歷史進程。

我們在真理體系上提倡前提論形上學——以三一上帝為本體性前提，以無謬聖經為認知性前提；聖約說知識論——強調聖靈把上帝的約法刻在我們的心版上，就是光照我們認識上帝的約法並榮耀賜給我們約法的上帝；美德論倫理學——在聖潔生活上我們強調基督徒當以上帝所啟示的律法為順服上帝的標準，以造就

聖徒效法基督、愛主愛人的美德為導向；國度論歷史觀——基督徒當在現實生活中以追求上帝的國度和公義為優先；神權制政治學——高舉上帝的主權，尊重個體的人權，從而捍衛、建立並弘揚以敬畏上帝、尊重人權為特色的聖愛文明。「我照著耶和華——我上帝所吩咐的將律例典章教訓你們，使你們在所要進去得為業的地上遵行。所以你們要謹守遵行；這就是你們在萬民眼前的智慧、聰明。他們聽見這一切律例，必說：『這大國的人真是有智慧，有聰明！』哪一大國的人有上帝與他們相近，像耶和華——我們的上帝、在我們求告他的時候與我們相近呢？又哪一大國有這樣公義的律例典章、像我今日在你們面前所陳明的這一切律法呢」（申 4:5-8）；「信就是所望之事的實底，是未見之事的確據。古人在這信上得了美好的證據。我們因著信，就知道諸世界是藉上帝話造成的；這樣，所看見的，並不是從顯然之物造出來的」（來 11:1-3）；「凡事都不可虧欠人，惟有彼此相愛要常以為虧欠，因為愛人的就完全了律法。像那不可姦淫，不可殺人，不可偷盜，不可貪婪，或有別的誡命，都包在愛人如己這一句話之內了。愛是不加害於人的，所以愛就完全了律法」（羅 13:8-10）；「愛是恆久忍耐，又有恩慈；愛是不嫉妒；愛是不自誇，不張狂，不做害羞的事，不求自己的益處，不輕易發怒，不計算人的惡，不喜歡不義，只喜歡真理；凡事包容，凡事相信，凡事盼望，凡事忍耐。愛是永不止息」（林前 13:4-8）。

因此，我們反對各種形式的野蠻，這種野蠻的集中體現就是挑戰上帝的主權、違背上帝的約法、踐踏個體的人權。雅和博經學在華人教會歷史上第一次系統地把基督教從神學拓展到世界觀與文明論的領域，自覺地在哲學上反對反智主義，在靈修上反對

逃避主義，在道德上反對反律主義，在政治上反對極權主義。更重要的是，我們在哲學上闡明神法聖約論超越批判哲學，強調以上帝為中心，以上帝啓示的律法為標準，以上帝設立的聖約為框架，以在耶穌基督裡重生得救所具有的超越視角，分析自身和社會上的一切現象。我們在靈修上提倡靜觀心禱，通過觀心、收心、靜心的操練而逐漸臻達以基督的心為心禱境界。我們在道德上通過效法基督、攻克己身而使人成為信心的英雄。在政治上，我們通過對家政、教政和國政，使得這些聖約組織成為高舉神權神法、注重人權人責的文明共同體。求主繼續保守使用！

附錄三

靈魂與靈修

　　靈修首先是修心，強調的是心靈的自覺，而心靈的自覺就是對知覺或意識的領悟。因此，在靈修過程中，我們首先面對的就是意識的問題。

　　人的意識既具有超驗性，也具有內在性。這種超驗性是指意識本身所具有的自我反思與超越的能力，而內在性則是指意識對現實生活的參與。基督徒的靈修就是通過默想和靜觀等方式使我們的意識脫離對物質世界和感官滿足的執著，甚至脫離知情意三大心靈官能的侷限，直接與上帝相合，得享上帝的同在；通過禱告和善行而自覺地把我們的意識聚焦到行動上來，以實際的行動來愛主愛人，榮耀上帝，見證福音。意識的這種超驗性使得人能夠脫離我們對於身體的認同，我們不是我們的身體，因為我們的身體會逐漸衰殘，最終徹底喪失功能，直等到身體復活，但我們依然存在；意識的這種超驗性也使得人能夠擺脫我們自身對於理性認知、情感愛憎和意志抉擇的認同，保持我之所是，從而在類比的意義上人也是自有永有的存有。這種「自有永有」不同於上帝的「自有永有」，因為我們的存有確實來源於並有賴於上帝，

並不是完全獨立性的存有。但我們的存有確實可以不受今生今世包廓身體以及知情意在內的一切功能的侷限。

人的靈魂所具有的這種意識超驗性使得人的生命具有了類似上帝所具有的那種神聖存有，這就是我們所強調的個人生命的「神聖性」。只有當人充分地體驗和認識到這種靈魂的神聖性的時候，我們才能徹底地擺脫自己種種為物所役的低級趣味，就像雄鷹一樣飛向蔚藍的天空。人所具有的意識內在性則使得人的生命具有了類似上帝所具有的那種對萬有的神聖參與，這就是我們所強調的個人生命的「參與性」。雖然人所具有的這種神聖存有和參與性與上帝本身所具有的神聖存有和參與性具有本體上本質性的差異，但這種存有和參與確實使得人在受造物中具有獨特的尊嚴，使得人在整個受造界中具有「頂天立地」的獨特地位，只有人能夠經過靈修達到先知先覺、自知自覺的程度，不再像動物一樣依靠自己的本能行事。因此，雅和博經學所強調的靈修注重的是個人的主體性和尊嚴性。只有這樣深刻地認識上帝的人，才能深刻地認識自身和世界。只有這樣深刻地認識上帝、自身和世界的人，才能自覺地在天地之間成為真正頂天立地的大器之人，不受任何受造之物的桎梏，唯獨與天地精神往來，就是生活在上帝和他人相親相愛的和諧之中。

我們注重心靈和意識，強調基督徒當通過靈修而達到先知先覺的境地。當然，這種先知先覺並不是那種讓我們自高自大、鶴立雞群的感覺，而是在上帝面前的謙卑和溫柔、平安與喜樂。同時，我們強調「靈」在人生命中的獨特地位，這種「靈」乃是個人的主體性的集中體現。把「魂」視為人的「靈」在「肉體」中的發揮的認知、情感與意志的功用，而「肉體」則是「靈」的載

體和工具。「靈」與「魂」之間具有不可分割的關係,「靈」與「魂」的密切相合稱之為「靈魂」,而「靈魂」與「肉體」之間也有不可分割的關係,人始終是有靈魂的人,當然也是有肉體的人,人同時是靈魂和肉體兼具的存有。真正的人乃是整全的人,而整全的人乃是「靈」與「魂」相統一,「靈魂」與「肉體」相統一的。在這樣的架構中,「魂」處於「靈」與「肉體」之間的樞紐地位。我們的「靈」通過「魂」來發揮功能,統帥「肉體」;我們的「肉體」通過「魂」而影響到我們的「靈」。因此,我們從整全的角度來看到人所具有的「靈」、「魂」、「肉體」三個方面,既強調三者之間微妙的不同,同時自覺地避免以下三種對聖經勉強的解讀、對人機械的劃分:(1)「靈」的一元論;(2)「靈魂」與「肉體」的二元論;(3)「靈」、「魂」與「肉體」的三元論。

我們根據「靈」所具有的「魂」的功能(認知、情感、意志三個方面),把基督徒的靈修明確地分為「理性修」——用我們的理性來愛上帝,關涉到我們的「智商」,也就是我們理性的品質。這個方面的靈修主要是信德的操練,承受的是先知的恩膏和能力,既包括使我們被罪扭曲、被人洗腦的理性得到醫治,也包括充分地發揮我們的理性,更在於使我們確實以認識上帝為樂。「情感修」——用我們情感來愛上帝,關涉到我們的「情商」,也就是我們情感的品質。這個方面的靈修主要是望德的操練,承受的是祭司的恩膏和能力,既包括使我們被罪傷害、受到壓抑的情感得到醫治,更在於使得我們的情感在上帝的大愛中得到充分的發揮和享受。「意志修」——用我們的意志來愛上帝,關涉到我們的「德商」,也就是我們的意志的品質。這個方面的靈修主要是愛德的操練,承受的是君王的恩膏和能力,既包括使我們被罪

奴化、剛硬悖逆的意志得到醫治，更在於使我們的意志具有愛主愛人的堅定不移的美德和善行。「全人修」——如此而用整全的人來「盡心、盡性、盡意愛上帝」（申 6:5；太 22:37），這就是我們的「靈商」，也就是我們全人的品質。這個方面的靈修強調全人的操練，求主醫治人在罪惡撕裂下經常出現的精神與人格的分裂的病症，活出聖徒的榮美來，能夠以全人見證主。「群體修」——就是帶領家庭、教會、國家等聖約群體，一起建立敬天愛人的基督教文明，這就是我們的「文商」，這種「文商」乃是我們理性、情感、意志乃至全人的品質的體現。這個方面的靈修乃是把個人的靈命與家國天下結合起來，使得基督徒的靈修最終能夠把內聖與外王、赦罪與醫治、教義與靈修、天人合一與知行合一、內在生命與外在使命結合起來，從而塑造聖徒與英雄合一的聖雄式的人格。

我們在教義上充分繼承啓蒙運動之前教會對三一論、基督論、美德論、救恩論方面的界定，同時我們也清醒地正視十七世紀啓蒙運動之後理性主義、浪漫主義和唯意志論對教會的衝擊，強調理性、情感和意志在基督徒生活中的地位和作用。「理性修」使得我們充分借鑒啓蒙運動以來理性主義對理性及其認知功能的強調，消除教會中經常出現的反知主義傾向對理性和科學的排斥，使得基督徒能夠充分地運用一切知識來榮耀上帝，造福他人。這種理性上的深刻和**警醒**，就是基督徒生命當有的「深度」。「情感修」使得我們充分借鑒啓蒙運動以來浪漫主義和敬虔主義對情感及其愛憎功能的強調，消除教會中經常出現的律法主義對情感和心理的排斥，使得基督徒能夠充分地運用各種情感來愛主愛人，恨惡罪惡。這種情感上的熱心和愉悅，就是基督徒生

命當有的「熱度」。「意志修」使得我們充分借鑒啓蒙運動以來唯意志論對意志及其抉擇功能的強調，消除教會中經常出現的反律主義對人的自由意志和責任的排斥，使得基督徒能夠充分地運用意志來攻克己身，效法基督，增進美德。這種意志上的堅強和勇敢，就是基督徒生命的「力度」。「全人修」使得我們充分借鑒啓蒙運動以來人本主義對於整體性之個人的強調，消除教會中經常出現的聖俗二分對人的身體和靈魂造成的撕裂，使得基督徒把敬虔的操練落實到全人上。這種全人性的關愛和鍛練，就是基督徒生命的「精度」。「群體修」反思啓蒙運動以來馬克思主義對群體和社會生活的強調，消除教會中氾濫的以個人得救爲核心的福音，使得基督徒重新重視個人的群體性和社會性，重新參與到社會的改良和文化的更新中來。這種群體上的聖潔和文明，就是基督徒生命的「廣度」。

　　唯獨這種具有深度、熱度、力度、精度和廣度的基督徒，才能夠在這個彎曲悖謬的時代像明光照耀，在人性的敗壞、社會的罪惡、異端邪說的猖獗中屹然不動，在眞理和愛心上發揮中流砥柱的作用。這恰恰是教會當有的承擔和責任：「這家就是永生上帝的教會，眞理的柱石和根基。」（提前 3:15）

靜觀與心禱

附錄四

靈魂與身體

「耶和華上帝用地上的塵土造人，
將生氣吹在他鼻孔裡，
他就成了有靈的活人，名叫亞當」
（創 2:7）。

闡明人生的目的和幸福之後，我們簡略考察人本身。到底人是由靈、魂、體三部分構成呢？還是由靈魂和身體兩部分構成呢？倪柝聲弟兄以靈、魂、體三元論來架構他在《屬靈人》一書中所傳講的靈修神學，傳統改革宗神學所主張的則是靈魂與身體二元論。這種三元論與二元論是截然相反、無法融合的範式，還是定義不同，實質上有相合之處的互補性範式呢？關鍵還是定義的問題。在本書中，我們仍然採用靈體、魂體、肉體三分的框架，但我們強調魂體並非獨立於靈體之外的實體，乃是靈體本身所具有的認知、情感與意志三大心靈性的官能。這三大官能本身也需要在靈修中得到更新和整合。同時，我們需要竭力擺脫的就是靈魂與身體機械性二分的思想，強調靈或心靈乃是人

的中心，而魂則是心靈本身具有的知情意的功能，而身體本身則是人的知情意三大功能發揮功能所使用的載體。正如杜伊威爾所言，人的心靈乃是其「整個存有的中心」（the center of one's whole existence），人的身體乃是靈魂「暫時性的工具」（only the temporal organ）。[572]

一、靈體與魂體

1、筆者認為，靈魂體並不能截然三分，正如靈魂與身體不能截然二分一樣。我們強調人的主體性的本質乃是靈，也就是靈體，正如上帝是個靈一樣，人也是靈。人的靈本身來自上帝直接的創造和賜予，但人的靈並非來自上帝本身。也就是說，人的靈並不是上帝的一部分，而是上帝從無中創造出來的，因為上帝是不能分割的單一體，並且造物主與受造物之間有著本體上或本質性的界限和差異。

2、這個靈體本身確實具有直覺、良心和交通三大方面的功能。這種直覺也就是靈的直覺，所側重的是位格之間的關係上的相應；這種良知也就是靈的良知，所側重的乃是關係上的判斷；這種交通乃是靈的交通，所側重的是位格之間關係上的契合。人因為有靈體而保持自己的主體性和獨立性，這種靈體是不變的，不管是在天堂，還是在地獄，人都是「依然故我」。非常重要的是，人的靈具有「超時間的屬性」（supratemporal）。因此，孔子能夠說：「自在川上曰，逝者如斯夫，不舍晝夜。」我們可以觀察時間的變化，感受到時間就像河流一樣奔流，而我們的真

572　See Friesen, *Neo-Calvinism and Christian Theosophy*, p. 72.

我──也就是我們的心靈──卻可以不受時間變化的影響。在本書中，我們特別用「靈商」一詞來界定人的靈體在這三大方面所達到的境界和層次。

3、人的靈體在與身體相合的時候確實產生了魂體，並且這個魂體具有獨特的功能，就是理性的認知、情感的愛憎和意志的抉擇。魂體的這些基本功能是靈體本來就有的能力，只是人的靈體在與身體結合的時候就通過肉體中眼耳鼻舌身等五大感官為工具來實現已有的功能。因此，魂體並不是獨立於靈體和肉體的第三個實體，而是依附於靈體的載體，也是靈體與肉體相通的媒介。

4、魂體大有不同，有的人生來是認知型的，認知能力比較強，注重思考，成為沉思型類型的人；有的人生來是情感性的，喜歡今世的權力、愛情、金錢、名譽等等，注重行動，成為行動型的人；而意志則處於理性和情感的影響之下，根據理性的認知和情感的愛憎做出抉擇，本身不是獨立的。在本書中，我們把記憶力歸在理性的認知方面。很顯然，記憶沒有直接涉及到人的情感和意志，而是自動地把人生的經歷儲存起來，成為理性思考所必須的資料。

5、人的魂體會有先天不足，也會受到後天的傷害。有的人生來就是白癡，缺乏理性認知的能力，從而在情感的愛憎和意志的抉擇上也受到侷限。有的人雖然出生的時候正常，但在其成長的過程中，情感上受到極大的傷害，就在情感上產生極大的扭曲，甚至導致理性上的瘋狂和意志上的崩潰。但是，不管人的理性或情感具有多大的先天不足，或後天傷害，人仍然是人，他的靈體仍然是上帝所創造的靈體。

6、人的靈體通過魂體之知情意的功能而與肉體和外界產生接觸，因此，人的魂體就是靈體的載體和工具。但是，特別值得注意的是，人的魂體不能在靈體之外獨立爲自己設立標準，必須接受上帝賜給人並且刻在人的良知中的律法爲標準。理性的認知本身並不能爲人提供道德判斷的標準，這就是說理性本身沒有立法的職分和功能，理性只是去發現和認識上帝已經設立的法則，卻不能自己靠自己創立法則。不管是自然界的自然法則，還是道德界的道德法則，還是心理界的精神法則，這些法則本來已經由上帝設立，並且是客觀不變的。理性的職分和功用就是去發現和認識這些已經存在的法則。情感的愛憎也不能提供這樣的標準，我們不能跟著感覺走，隨著愛憎行，只能根據理性對於上帝的法則的認識而行動。

7、理性的最大僭越就是自己爲自己立法。理性如何能夠爲自己立法呢？就是理性不承認自己的有限性，不接受上帝的律法的先在性，而是凸顯自己的觀察和認識，把自己的觀察和認識上升到普遍性法則的地步，從而僭越最高者上帝之立法者的主權和地位。正如荷蘭改革宗哲學家杜伊威爾所指出的那樣，近現代哲學和自由派神學的基本傾向就是「理性的自法性」。

二、肉體與靈魂

1、魂體是靈體的載體和工具，肉體是魂體的載體和工具。當初上帝創造人的時候，是讓人的靈體主導魂體，讓人的魂體主導肉體，從而達到靈魂體三體的和諧。可惜，在人墮落的時候，人整個的秩序混亂了：「於是女人見那棵樹的果子好作食物，也悅人的眼目，且是可喜愛的，能使人有智慧，就摘下果子來吃

了，又給她丈夫，她丈夫也吃了。他們二人的眼睛就明亮了，才知道自己是赤身露體，便拿無花果樹的葉子爲自己編做裙子。」（創 3:6-7）

2、人的肉體本身是好的，是上帝創造的。肉體具有眼、耳、鼻、舌、身五大器官，這五大器官的功能或作用分別是視覺、聽覺、嗅覺、味覺、觸覺，這五大肉體的感官所感覺的物件則分別是色、聲、香、味、觸。當然，人的身體還有其他重要器官，比如大腦、心臟、肺臟、胰腺、肝臟、腎臟等等，這些器官主要是內部維持身體運作的器官。眼耳鼻舌身這五大器官在我們接觸外部世界的時候爲我們提供直觀的感覺，使得我們的知情意能夠接觸到外部的世界。

3、人的魂體主要體現在心理性的欲求上。美國心理學家馬斯洛（A. H. Maslow）揭示了人不同層次的需求。他把人的需求劃分爲六大層次，首先就是「生理需求」（the physiological needs），這是最常見、最基本的人之生存的需求，如食物、水、空氣、性欲、住房等等。第二就是「安全需求」（the safety needs），這和生理需要一樣，屬於低級別、比較基本的需要，其中包括對人身安全、生活穩定以及免遭痛苦、威脅或疾病等。第三就是「愛與歸屬的需要」（the love and belonging needs），這種情感性、關係性、社交性的需求屬於比較高層次的需求，比如對友誼、愛情、歸屬關係的需求。第四就是「被人尊重的需求」（the esteem needs），這種需求屬於較高層次的需求，如成就、名聲、地位和晉升等。尊重需求既包括對個人成就或自我價值的感覺，也包括他人對自己的認可和尊重。第五就是「自我實現需求」（the need for self-actualization），這是人心理中最高層次的需求，

包括針對真善美聖等最高境界的追求，注重的是自我實現，發揮潛能等。[573] 第六就是「超自我實現需求」（over actualization），這是一個人的心理狀態充分地滿足了自我實現的需求之後，仍然存在的超越自我的需求，這種需求使人經歷自我實現的「高峰體驗」（peak-experience），達到「忘我」、「心醉魂銷」的體驗。這種使人極度喜樂的美妙體驗有的來自大自然，有的來自音樂，有的來自兩性生活，甚至來自生育，並不侷限於傳統的宗教領域內。這種高峰體驗使得人的認知能力發生根本性的轉化，使人對存在的價值和目的產生深刻的整全性的認識和領悟。[574]

4、馬斯洛主張人格本身的價值，強調人性的基本需求，並且將科學和價值結合起來研究人的心理，破除了長期形成的科學與價值之間的二元對立、彼此競爭的尷尬地位。他以世界上最優秀的人為研究物件，不像佛洛伊德那樣以心理變態者、精神病患者為研究物件，然後把結論推演到所有的人身上；也不像行為主義者那樣以小白鼠為研究物件，然後把結論從小白鼠推演到人身上。他對人本身的研究更具有人性的色彩，主要以那些社會上比較成功、自我實現程度比較大的人為研究物件。

5、從靈修的角度言之，基督徒的靈修不能忽視人性的基本需求，正如耶穌基督所強調的那樣：「人活著，不是單靠食物，乃是靠上帝口裡所出的一切話。」（太 4:4）許多基督徒在心理

---

573 A. H. Maslow, *A Theory of Human Motivation* (Mansfield Center, CT: Martino Publishing, 2013), pp. 2-8.

574 See Abraham H. Maslow, *Motivation and personality* (New York, NY: Harper, 1954). 參考維基百科（https://zh.wikipedia.org/wiki/%E9%9C%80%E6%B1%82%E5%B1%82%E6%AC%A1%E7%90%86%E8%AE%BA）。

上是扭曲的，他們受傷的心靈需要得到醫治。我們需要對人的心理需求具有基本的認識和尊重。當然，終極而言，只有上帝的大愛，才能滿足人心靈的飢渴，尤其是通過靈修而經歷心靈深處與上帝合一所帶來的喜樂，更是從根本上改變人對周圍一切的看法。

三、靈體、魂體與肉體的合一

1、筆者傾向於從整體的角度來看待人。人既有身體，也有靈魂。靈是人的本質，人在本質上是靈，也就是靈體。這一靈體既具有魂體，也具有肉體。魂體是靈體的載體和工具，具有知情意三大方面的功能。身體是靈體和魂體的載體和工具，能夠使人感受外在的世界、表達內在的意向。

2、正常情況下，我們的靈體應當統帥魂體和身體，展開人生思考與行動兩大方面。因著墮落和犯罪，特別是我們背離上帝的主權和約法，不知不覺就受到撒但的影響和轄制。撒但借助外在的環境和內在的意念來影響我們，使得我們效法世界，隨波逐流，喪失了人生的正確方向。上帝也通過外在的環境和內在的光照來引領我們，使得我們認識上帝，治理全地，成為上帝百般恩賜的好管家。

3、在我們得蒙拯救的時候，上帝賜給我們新靈，從根本上扭轉我們心靈的傾向，使得我們轉向上帝及其約法。但是，我們的魂體仍然需要更新，因為積累、沉澱了太多不合乎上帝的心意的東西，所以保羅特別提醒我們：「不要效法這個世界，只要心意更新而變化，叫你們察驗何為上帝的善良、純全、可喜悅的旨意。」（羅 12:2）我們的身體仍然還沒有完全得救，要在這個世

界上經歷死亡。當我們死亡之時，我們的靈體就帶著魂體離開身體這輛馬車，歸回上帝，直到復活之日，重新與身體聯合。

4、基督徒靈修的工夫主要集中在魂體的知情意上。魂體是連結我們的靈體與身體的工具。我們在本書中所說的「理性修」，就是指我們在理性的認知上更多地回歸真理，用上帝所顯明的旨意來更新我們的心思意念，充分發揮我們的認知力；「情感修」就是指在情感上更多地通過上帝的愛來醫治、潔淨我們的邪情私欲，充分發揮我們的情感力；「意志修」則是指在我們意志的抉擇上更多地降服在上帝的旨意之下，克服意志軟弱和愚頑，自覺地效法耶穌基督，追求上帝的國度和公義，充分發揮我們的意志力。我們必須始終牢記的就是，知情意本身乃是人的心靈的官能，心靈乃是人之生命的中心。因此，不管是我們的理性修、情感修，還是意志修，最終的落實都是我們心靈的經歷和成長。

附錄五

心靈與意識

> 「你要保守你心,勝過保守一切,
> 因為一生的果效是由心發出」
> (箴 4:23)。

　　靈修的核心就是我們內心深處對於上帝的臨在的意識。[575] 意識是人的心靈所具有的綜合性功能,心靈的意識的核心就是對上帝、世界和自我的感知。上帝是神性的存在,一切受造物是物性的存在,而具有自覺意識的人這是間際兼際(In-Between,處於兩者之間)的存在。意識的核心是參與經驗,就是與自我之外的實在相聯繫。經驗既不在主體之中,也不在客體之中,而是處於間際兼際之中,也就是處於人與他經驗到的實在這兩端之間。靈修就是使得我們的意識更加自覺地參與、經驗個人之外的實體,從而使得我們的意識獲得更多因參與而得到的經驗,在這種經驗

---

575 See Bernard McGinn, *Christian Mysticism* (New York: The Modern Library, 2006), xvi.

中我們的人生得到了豐富和成全。

我們不僅強調人的意識，還特別強調人的潛意識，就是潛伏在我們心靈深處，我們雖然沒有意識到，但卻在影響著我們的情緒和抉擇的那部分意識。意識就像漂浮在海面上的冰山，而潛意識則是沉潛在水下的更大的冰山。靈修的目的不僅在於使我們自身的意識領受聖靈的光照，也要使得我們的潛意識完全得蒙光照，使我們心靈深處整個意識的冰山都融化在上帝大愛的陽光之下。因此，靈修的目的就是要使人從不知不覺的混沌狀態到開天闢地、自知自覺的境地，然後從自知自覺到先知先覺，投入到以先知先覺啓迪後知後覺到傳道大業之中。因此，靈修就是修心，修心就是修德，修德就是改變習慣，改變習慣要從我們的定志開始。孔子強調自己「十五有志於學」，聖經強調以斯拉的「定志」（拉 7:10）。明確定志，成聖成賢，至關重要。在成聖成賢的過程中，如何完成從意識的轉化到潛意識的轉化，乃是脫蛹化蝶的關鍵。如果我們的信心只是停留在意識的層面，沒有滲入到潛意識的層面，那麼我們的信心就是膚淺的，甚至是自欺欺人的。今天大多數基督徒的信仰是膚淺的，重要原因就在於他們的信仰自始停留在意識的層面，沒有正面自己心靈深處的幽暗。

基督徒的靈修就是在愛主愛人的美德和善行上不斷長進，從而在品格上逐漸達於完全，就是攻克己身，效法基督，完全以上帝為樂，完全為上帝而活，「不以物喜，不以物悲」，既在世界之中，又能超然世界之外。在雅和博經學中，這種靈修的核心就是靜觀之路，儘管就是在我們人性的生命中，向內觀看，走入我們心靈的城堡，眞正得見住在我們心靈深處的上帝，「主就是那靈；主的靈在哪裡，那裡就得以自由。我們眾人既然敞著臉得

以看見主的榮光，好像從鏡子裡返照，就變成主的形狀，榮上加榮，如同從主的靈變成的」（林後 3:17-18）。靜觀之路，就是內在之路，內在之路就是意識之路，就是通過意識滲入自我心靈深處，繼而進入耶穌基督的意識之內，繼而在耶穌基督的意識內認識三位一體的上帝的奧祕，這奧祕也是基督徒啓示給使徒們的最寶貴的生命的內涵。[576]

基督徒攻克己身的關鍵就是攻克己心，勝過老我。所羅門強調：「你要保守你心，勝過保守一切，因為一生的果效是由心發出」（箴 4:23）；「不輕易發怒的，勝過勇士；治服己心的，強如取城」（箴 16:32）。耶穌基督也強調說：「從人裡面出來的，那才能污穢人；因為從裡面，就是從人心裡，發出惡念、苟合、偷盜、凶殺、姦淫、貪婪、邪惡、詭詐、淫蕩、嫉妒、謗讟、驕傲、狂妄。這一切的惡都是從裡面出來，且能污穢人。」（可 7:20-23）

因此，基督徒的靈修就是不斷地尋求聖靈在心靈中的光照，明白上帝的旨意，從而更加全面、精深地認識上帝和自身，[577] 自覺地使自己的心靈與上帝的旨意相合，效法基督，「以耶穌基督的心為心」（腓 2:5），不斷靠著上帝的恩典重新得力，在具體的生活中行事為人與蒙召的恩典相稱。

---

576 吳永恆，〈甘易逢的靜觀思想〉，黃克鑣、盧德主編《基督徒靈修的回顧與前瞻》（台北：光啓，2015 年），頁 213。
577 加爾文，《基督徒敬虔學》，1 卷 1 章 1 節。

一、心靈與意識

1、喪失了意識，人就處於死亡狀態。人的意識有肉體的意識，也有魂體的意識，當然也有靈體的意識。靈體的意識有時我們也稱之為心靈的知覺，往往以直覺的形式出現。肉體的意識更多的是眼耳鼻舌身與外界接觸時所生發的直接感覺，因為我們可以稱之為感覺。魂體的意識則是知情意三大方面的感受。我們此處在談及意識的時候，更多地是指魂體與靈體的層面。

2、我們把心靈與意識聯繫在一起。基督徒的靈修就是心靈的修證，而這種心靈的修證是與心靈的意識直接聯繫在一起的。基督徒靈修的關鍵就是要使自己在信仰和生活上從「不知不覺」的境地進入「自知自覺」的境地，袪除我們潛意識中的幽暗情結，發揮我們潛意識中的善良傾向，從而能夠達到最大程度的「先知先覺」。經過靈修，不斷地提升這種「先知先覺」的意識，然後才能幫助到那些「後知後覺」的人。正如保羅所強調的那樣：「為這緣故，我也受這些苦難。然而我不以為恥；因為知道我所信的是誰，也深信他能保全我所交付他的，直到那日。」（提後 1:12）保羅雖然身處困境，但他明確知道自己所信仰的到底是誰，他對上帝和耶穌基督有內在深刻的心靈的認識，當然這種心靈的認識進一步使其對於上帝的大能和慈愛有著敏銳的心靈意識，這種心靈意識又進一步促進他生發心靈的確信，而這種心靈的確信則使得他即使身陷苦難和困境之中也能夠大有安慰，甚至能夠在困苦中轉過來安慰別人。

3、我們所談及的「心靈」，並不是人軀體內部的物質性、肉體性的心臟部分，而是具有「意識」（consciousness）、「知覺」

（awareness）或「覺悟」（realization）的心靈或靈魂。[578] 這種心靈或靈魂是存在的，但卻不是我們物質的感官所能直接感受得到的存在。我們強調意識是主體之人的意識，或者說這種意識本身就是人的心靈的主體在發揮作用，因為人的主體絕不是一種靜態的物質性、機械性的存在，而是始終活潑的在知在覺的存有。一旦喪失了這種意識或知覺，人的心靈就已經離開了身體，人的主體就已經從這個世界上消失，所剩下的只不過是僵死的軀殼而已。

4、這種意識是由個人的心靈發出的，唯獨個人才具有意識，任何組織或團體都不具有這種心靈的知覺。正如聖經所啓示的那樣，最終來到上帝面前交帳的，既不是家庭、教會、國家，當然也不是任何政黨，而是每一個人，因為只有個人具有上帝的形象，具有心靈和認知上的知覺性，也具有承擔責任的主體性。正是因為意識的存在，我們才能自覺地追問人生的本源和意義，才能自覺地承擔自己的道德責任。促使人不斷追求眞理和秩序的，當然也是人所具有的這種意識。

基督徒的靈修就是排除罪惡和世俗給我們的心靈意識所帶來的「貪嗔癡」等各種迷障和扭曲，也就是原罪和本罪本身給我們的心靈帶來的污染、傷害和扭曲，使我們能夠眞正地認識上帝和自身，使我們把這種知覺從死在過犯罪惡中的「不知不覺」的境地，提升到時刻認識到自己在上帝面前的處境的那種「先知先覺」境地，使我們從被動的怨天尤人的外在環境的侷限者和受害者，昇華為主動的愛主愛人的外在環境的認知者和轉化者，這種轉化

---

[578]「知覺」或「意識」在英文中是同樣的詞，本書對這兩個詞不作嚴格的區分，而是交叉使用。

首先是通過內在明確而堅定的意識達成的,這就是華人傳統文化所強調的內聖,也就是基督教靈修神學所強調的內在生活、內在生命。

這就是我們所說的:心境決定環境,心態決定生態。雅和博經學所強調的一心開二門,就是基於人的心靈所具有的這種間際兼際性:一方面,我們心靈的大門朝向上帝敞開,從而達成我們的內聖的境界,這就是聖徒的修養;另一方面,我們的心靈的大門也朝向世界敞開,從而完成我們的外王的使命,這就是使徒的承擔。這種聖徒的修養和使徒的承擔的合一就是內聖外王境界。

5、意識是一般性的,而直覺則是指特殊性的意識或知覺,這種直覺不僅具有內在性,更具有直接性,使人能夠直接認識到自身或思維物件的特徵,並把握到關鍵之處。直覺可以分為三類,第一類是「創造性直覺」(creative intuition),其次是「發現性直覺」(discovery intuition),最後則是「自發性直覺」(spontaneous intuition)。[579] 創造性直覺與上帝的創造相仿,通過這種直覺我們展開的是藝術性的創造,使原來不存在的東西從無到有,使已經存在的東西從粗到精。發現性直覺與上帝的救贖類似,就是通過已經存在的語言與物質的碎片發現其中的統一性、連貫性和整全性,透過物質與心靈的迷障而找尋到人生與世界的本源、本質與法則。發現性直覺所注重的是找到本源,而創造性直覺的特色則是其新穎性與獨特性。

---

579 See "Intuition and the Intimacy of Instinct and Consciousness," http://www.westga.edu/psydept/index_8582.php

6、自發性直覺是在個人行動或是人與人的互動中出現的意識，比如在舞蹈、彈琴、男女愛情、宗教領悟中，那種發自心靈的悸動、明悟和契合，甚至超出人的理性分析和語言描述，不可言說，不落言詮，但卻是實實在在的經歷，並且能夠為心靈直接把握到。同時，這種經歷也能夠用語言、圖畫、音樂等各種象徵形式表達出來。這種表達都不是複製性的表達，而是創造性的表達，具有一定的神祕性。

　　當然，若非對於這些象徵符號具有一定的了解，也無法了解這些象徵符號所藉以表達的經驗。即使對於這些象徵符號所表達的經驗有一定的體悟，也會因為每個人自己心靈的歷史各不相同，因此每個觀賞這些象徵符號的人所得到的共鳴性體驗也是各不相同。不同境界的人，在不同程度和角度透過符號所帶來的聯想進入符號所表徵的境界，這就是一種藝術性的意境。人們常提及「母親的直覺」、「戀人的直覺」、「藝術家的直覺」等等，這種直覺之敏銳性往往超出理性的觀察和推理。當然，修道者的頓悟或漸悟也屬於這種直覺。這種自發性直覺在人際與神人關係中具有重要的地位。我們的理性思考得到的是「有關」上帝的知識，而自發性直覺則使得我們直接認識上帝和其他實體本身。[580]

　　7、當我們談及直覺的時候，並不排除理性。實際上，理性和邏輯乃是約束直覺的兩大工具，也是引導直覺向良性方向發展的指南。當然，對於基督徒而言，聖經乃是上帝所賜給我們的規範我們直覺的標準和工具。同時，歷代教會所積累的信經信條也

---

580 Peggy Wilkinson，《修行默觀祈禱》，加爾默羅聖衣會譯（台北：光啓文化事業，2009 年），62 頁。

是先聖先賢所得到的亮光——也就是直覺性洞見——的累積，甚至可以稱之爲群體性的直覺。這些群體性的直覺也是我們不能忽略的。因此，我們所提倡的直覺並不是缺乏自覺和培訓的單純感覺性的直覺，而是經過靈修操練之後，在聖經啓示和教會正傳規範之下的直覺，這種直覺能夠幫助我們對人對事獲得很多洞見。

二、意識與本能

1、本能是人作爲存在而有的基本傾向和需要，是人趨向於某種特定的行爲的傾向和模式。在動物身上，本能性的行爲具有以下特徵：（1）是自動的；（2）是不可抗拒的；（3）在其發展的特定時期出現；（4）在環境中被某種事件激發；（5）這一種類的動物每個都發生；（6）不可改變的；（7）不需要特別的訓練。[581] 心理學家馬斯洛認爲，人類不再具有動物性的本能，因爲我們有能力在特定環境中勝過此類的本能。這些本能，對於人類而言，不過是本能性的衝動而已，能夠受到理性的控制。[582] 聖經啓示也告訴我們，人並不是受本能支配的動物，而是具有上帝形象的有理性的管理者。上帝賜給我們管理世界的使命和責任，當然我們也能夠管理我們自身。因此，我們不能把自己貶低到動物的地步，僅僅受本能的驅使，而是能夠也應當自覺地本著信心和愛心行事。

---

581 See F. B. Mandal, *Textbook of Animal Behavior* (Prentice-Hall of India, 2010), p. 47.

582 See Abraham H. Maslow, "Instinct Theory Reexamined," *in Motivation and Personality* (New York: Harper & Row, 1954).

2、當然，從意識的角度而言，人身上確實仍然存在著一些本能性的衝動，比如生存的本能，特別是在飲食男女方面。人的性本能也屬於這種本能，主要是爲了繁殖後代。但是，人的性本能與動物有著根本的不同，男女之間的結合首先不是爲了性的緣故，而是彼此陪伴，互相幫助。因此，上帝在創造了亞當之後就說：「那人獨居不好，我要爲他造一個配偶幫助他。」（創 2:18）上帝在其律法中也明確規定夫妻在一定的時候不可同房，比如女人在月經期間，「男人若與那女人同房，染了她的污穢，就要七天不潔淨」（利 15:24）。因此，即使夫妻之間的同房也不能隨心所欲，必須遵守上帝的法度。正是因爲我們有意識地遵守上帝的法度，使得我們人與憑著本能行事的動物區分開來。

3、在雅和博經學中，我們承認人生來其心靈就具有五種本能性的傾向，一是認知性的，二是宗教性的，三是道德性的，四是政治性的，五是文明性的。在雅和博經學所提倡的靈修中，我們注重純正的教義，強調對眞理的研究和默想，這本身就滿足了人認知性的本能與傾向；我們強調個人與上帝的關係，這本身滿足了人的宗教性的本能與傾向；我們強調上帝所啓示的道德律在個人和社會生活中的重要性，這本身就滿足了人的道德性的本能與傾向；我們強調敬虔的治理，強調在個人、家庭、教會和社會的管理中都要注重培養愛主愛人的品德，注重聖徒之間彼此相愛的關係，這就滿足了人在政治上的本能和傾向。最終我們強調個人的修養和文明的建造，這就滿足了人在文明方面的本能和傾向。

三、意識與潛意識

1、知覺或意識是我們能夠明確意識到的東西,而「潛意識」或「無意識」(subconsciousness or unconsciousness)則是我們非經深刻反思就認識不到的隱藏的意識。因此,潛意識也是一種意識或知覺,只是因為個人和環境的無知和壓抑而不為人所知。潛意識是人內心深處被壓抑而無從意識到的欲望,人的意識組成就像是一座冰山,露出水面的只是一小部分,也就是人的意識,而隱藏在水面之下的絕大部分卻對其餘部分產生影響,這種隱藏的卻對人的意識發揮作用的意識就是潛意識。洛伊德醫生認為:「人的信念有百分之九十是無意識的。」[583] 有效的治療一定要觸及到無意識或潛意識的部分。人的許多心理疾病都是因為我們沒有面對潛意識中隱藏的創傷,「自我分裂,就是人無法分清意識和潛意識、幻象和真實」[584]。基督徒的靈修就是不斷地經歷上帝的恩典對心靈的醫治,通過深度的靈修來分析我們心靈深處的創傷,從而使我們的心靈因罪而承受的失序和疾病得到調整。

2、這種潛意識的存在是我們無法避免的。榮格分析說,首先,我們必須認識到我們對於任何東西的理解都不是完全的、透徹的。我們可以去感覺,去認識,但是我們的感覺和認識都受我們自身和環境的侷限。不管我們使用什麼樣的工具,不管我

---

583 亞歷山大·洛伊德,班·強生,《療癒密碼——探萬病之源,見證遍佈五大洲的治癒療法》,張琇雲譯(台北:方智,2017 年),頁 132。

584 邵達德、邵康娜、周健文,《鬼魔與精神病》(香港:角聲出版社,1988 年),頁 73。

們的感覺和認知達到了什麼樣的程度,總有我們還沒有意識到的東西。因此,我們對於現實的認知始終具有潛意識、無意識的方面。其次,對於我們周圍發生的事件而言,即使是發生在我們的身上,發生在我們的眼前,我們也不一定馬上就能夠認識到事件本身對於我們的意義和影響。但這些事件的影響卻在我們的心中發揮著潛移默化的影響,甚至出現在我們的夢境之中。[585] 比如我在 1989 年六四運動期間曾經遭受員警的毒打,在相當長的一段時間內,我經常夢到員警的追殺,在夢中經歷到那種四面八方都是追捕之人,個人無處逃遁的那種痛苦常常使得我在夢中發出慘痛的呻吟。

3、按照主體的不同,潛意識有個人潛意識,也有集體潛意識。個人潛意識是個人在成長過程中逐漸積聚形成的,比如我的一個同學不吃豆子之類的圓形的東西,這種意識主要與人在童年時期的經歷有關,甚至與出生或在母腹中這一時期的經歷有關。集體潛意識則是在長期的文化、習俗的歷史中形成的,比如種族歧視就是一種典型的群體性的潛意識。在靈修的過程中,我們要通過反思、默想和靜觀,懇求聖靈帶領、光照我們,使我們深入我們意識的深層,從而使我們隱藏的心思意念也得到更新和醫治。大衛向上帝所祈求的就是這樣的光照和保守:「誰能知道自己的錯失呢?願你赦免我隱而未現的過錯。求你攔阻僕人不犯任意妄為的罪,不容這罪轄制我,我便完全,免犯大罪。」(詩 19:12-13)

---

585 Carl G. Jung, *Man and His Symbols,* pp. 4-6.

4、潛意識是個寶藏,既有光明面,也有陰暗面。潛意識的光明面來自上帝的創造和保守,就是人墮落之後心中殘餘的上帝賜給追求真善美聖的傾向,我們稱之為知識的種子——在認知上求真的傾向、宗教的種子——在宗教上求善的傾向、道德的種子——在道德上求美的傾向、政治的種子——在政治上求聖的傾向。用孟子的話來說就是:「惻隱之心,人皆有之;羞惡之心,人皆有之;恭敬之心,人皆有之;是非之心,人皆有之。」[586] 不管人性如何受到罪的污染和扭曲,不管罪惡文化如何試圖抹殺人心中本有的傾向,這些傾向仍然潛伏在人的心靈深處,仍然不時發出一些亮光來。潛意識的陰暗面來自人的原罪以及社會和個人的罪惡,就是這些罪惡在人的心靈中所留下的陰影和創傷。約翰森分析說:「潛意識的世界並非都是美好的,有其陰暗之處。在人的潛意識中,有懼怕、焦慮、一般已經忘記的震盪和童年時期的創傷。另外,在人的潛意識世界中,還有各種人所意識不到或意識模糊的衝動、上癮和悸動,這些都不是人『我要』或『我不要』就能控制的,因為這些都在人的有意識理性的控制之外。再者,對死亡的懼怕以及對生命的留戀,也都深深地隱藏在人的潛意識之中。這一切就是心理學家榮格所說的人性的陰影和幽暗面。既然每一個人都是罪人,所以每一個人都有自己的陰影。實際上,每一個人群或集體、每一個宗教都有自己的陰影;整個人類都有自己的陰影,這種陰影潛伏在我們每個人的潛意識中。」[587] 洛伊德醫生在其研究中強調:「我們會去做的,一直是自己相信

---

586 《孟子・告子上》。

587 William Johnston, *Mystical Theology*, pp. 214-215.

的事；⋯⋯實際上，你不可能做自己不相信的事。問題出在潛意識信念，但我們甚至無法覺察這種信念的存在。」[588]「潛意識信念才是我們大多時候依循的信念。你的心所相信的，才是你真正相信的事」[589]。因此，深度的靈修和輔導一定要面對潛意識的問題，直面我們心靈深處的陰影、創傷和苦毒。

5、對人的潛意識的認識和分析確實屬於深層心理學的問題（depth psychology），我們也應當為近現代心理學上的一些發現而感恩。真正的基督教絕對不是反對所有的心理學，而是始終依據聖經啟示來衡量心理學的得失。但無論如何，我們必須承認，比心理更深層的則是人的靈魂，心理學家所研究的是人的心理活動的事實與資料，而人的靈魂本身則是心理學家所無法觸及的。相比於人的靈魂而言，人的心理不過是人的靈魂中比較膚淺的部分，甚至是沒有必然關係的部分。比如性欲並非出自一般人所理解的對異性或同性的欲望，而是人的靈魂中對於位格性的關係的渴慕，這種渴慕只有在真誠而深刻的愛主愛人的關係中才能得到滿足，僅僅想從肉體的性交中滿足心靈中對深層關係的渴慕，不過是隔靴搔癢，永遠不能使人滿足。因此，奧古斯丁發出感歎：「你造我們是為了你，我們的心除非是安息在你的懷中，否則就無處安息。」[590]

---

588 亞歷山大・洛伊德，班・強生，《療癒密碼——探萬病之源，見證遍佈五大洲的自然療法》，頁 140。

589 同上，頁 149。

590 奧古斯丁，《懺悔錄》，1 卷 1 章。

6、值得注意的是，我們永遠無法徹底抹除這些心理中存在的這些陰影，我們只能隨著自己靈命的成熟而予以面對和轉化。這就是說，我們要認識到並且承認自己是一個罪人，不僅是因為我們在言語行為上犯了具體的罪行，而是我們心靈深處就有犯罪的種子和欲望。這就是使徒保羅在羅馬書第 7 章中所面對的掙扎，這種掙扎使得我們不斷回到上帝，回到上帝在耶穌基督裡的慈愛和赦罪，正如保羅自己所認信的那樣：「我真是苦啊！誰能救我脫離這取死的身體呢？感謝上帝，靠著我們的主耶穌基督就能脫離了。這樣看來，我以內心順服上帝的律，我肉體卻順服罪的律了。如今，那些在基督耶穌裡的就不定罪了。」（羅 7:24-25；8:1）只有當我們承認自己的罪惡和軟弱的時候，我們才能更加明確地信靠上帝，靠著上帝的恩典而重新得力，這就是保羅所說的：「我甚麼時候軟弱，甚麼時候就剛強了。」（林後 12:10）

四、意識與超覺

1、「超意識」就是「超覺」（superconsciousness），是超出人的本性的知覺（supernatural consciousness），就是經過反思、默想、靜觀等宗教修練之後所達成的意識或知覺的昇華。人本有的意識就是天然的玉石，超覺則是經過能工巧匠反覆打磨之後的精美的玉器。

2、超覺具有神祕性。超覺來自與超驗的上帝的相遇和經歷。先知先覺性的人物總是具有非凡的超覺，這種超覺超越自身的利益和環境，能夠看到時代和教會的弊病與需要，從而發出前瞻性、先知性的聲音。這種非凡的超覺的終極本源是上帝，上帝賜給誰就賜給誰，不是人自己能夠決定的。但是，從人自身的角

度而言,我們若是善用上帝所賜給我們的通常的蒙恩之道,就必然能夠得蒙上帝的特別眷顧,得到上帝特別的光照,與上帝產生神祕的相遇和相契。這也是靈修神學的意義之所在。否認人的這種主動性的存在,否認人的這種主動性能夠得到上帝的回應和賞賜,我們就直接否定了靈修的意義,當然也否定了人的一切責任和努力的意義。耶穌會之靈修的精華就是強調人的主動性,我們必須承擔責任,作出判斷和抉擇。改革宗神學承認上帝具有百分之百的主權,也強調人具有百分之百的責任。我們不能因為上帝的主權和預定,就否定人的主觀性和能動性。

3、超覺具有欣賞性。一般人的知覺始終處於世俗的各種塵垢的污染和蒙蔽之下,很難欣賞上帝和真理之美,正如沒有受到一定的音樂和繪畫訓練的人就不能欣賞經典音樂與繪畫的優美一樣。基督徒只有經過長期的靈修,才能滌除心靈的污垢,明心見性,更加明晰地在心靈之中得見上帝和真理之美,達到以上帝自身為樂的境界。中國古人所景仰的那種灑脫自由的境界:「寵辱不驚,看庭前花開花落;去留無意,望天上雲卷雲舒。」這種境界只有在得見上帝之美以後,才能不為受造物之美而意亂情迷。

4、超覺具有被動性。我們強調靈修的關鍵就是意識或知覺的轉化,就是從一般性的知覺逐漸轉化到超性的知覺。大德蘭強調,靈修的過程就是「意識的逐漸改變」(gradual altered states of consciousness)。[591] 改變的方法就是靜觀,靜觀本身是超性的,來自上帝的主動做工和賜予,人力只能參與一定的預備,但無法揠苗助長,只能等待上帝所定的時間。愛德華茲的偉大之處就在

---

591 大德蘭,《靈心城堡》,第四到第七重住所。

於在《論各種敬虔的情感》一書中強調，眞敬虔有一種標記，這種標記就是在人的自然才能即理解和意志以外，上帝將一種新知覺——超自然的知覺——白白賜給重生之人。他把奮興運動中由人所激動而生的各種感情與上帝賜給的超自然知覺所產生的眞敬虔分別開來。

附錄六

清教徒論靈修與靈命
―― 從周必克《清教人物思想及著作》談起

王志勇 牧師

簡介

　　筆者強調清教徒神學，因為清教徒神學不僅是宗教改革的集大成，並且也在追求敬虔上達到相當高的水準，周必克牧師所著的《清教徒改革宗靈修神學》全面地闡明了清教徒在靈修方面的強調和特色。清教徒在靈修上強調智慧的敬虔、個人的責任、良心的抉擇，非常重視個人心靈性的經歷，這就是著名的「經歷性的敬虔」。

　　這種敬虔強調我們個人對於上帝的位格性生命的直接性的經歷。正如東正教所強調的那樣：「我們接受聖徒的經歷，努力在我們的生活中作出個人性的實驗，目的在於運用並證實這樣的經

歷。」[592] 同時，清教徒不僅強調個人的敬虔，也強調積極地效法基督，按照上帝的約法，把這種敬虔落實到家庭、教會與社會生活的各個方面。教父神學與中世紀修道主義有苦修避世的傾向，清教徒所提倡的則是一種積極的超世而入世的心態，他們注重遵行上帝的律法，不僅強調個人性的靈修與成聖，也強調把上帝的律法應用到社會生活的各個領域之中。

因此，我們對於清教徒神學的繼承不應當僅僅停留在以《威斯敏斯德準則》為代表的教義神學方面，還當學習清教徒追求敬虔的精神。當然，在靈修神學上，雅和博經學不僅繼承清教徒對於敬虔的追求，更是直接溯及中世紀與教父傳統，明確提倡以煉路、明路與合路為標記的「三路心禱」，這樣我們就把教父神學所強調的位格論、中世紀比較成熟的靈修論與清教徒所提倡的聖約論有機地結合在一起，使得我們的靈修神學更加具有生命與力量，這種繼承性和綜合性乃是我們在靈修神學上比教父、中世紀和清教徒傳統更進一步的地方。

因為強調教父神學所強調的位格論，所以我們始終在靈修神學中強調上帝與人之間本體性、本質性的不同，絕不會混淆造物主上帝與受造物之間的不同，這樣我們在靈修上就不至於走向泛神主義；因為強調清教徒神學所強調的聖約論，這樣我們在靈修神學上不僅強調個人與上帝之間神祕性的契合，更是強調基督徒在美德與善行兩大方面的長進，而美德與善行是始終以上帝的律法為標準的，這樣我們在靈修上就不至於走向寂靜主義。

---

592 Metropolitan of Nafpaktos Hierotheos, *The Person in the Orthodox Tradition*, p.34.

我們回到位格論，由此而強調基督徒靈修的最高境界就是與上帝在位格上的契合，而不是在本質上的等同，因此我們反對各種形式的混淆上帝與人的本質的本質性的神祕主義；我們回到聖約論，由此而強調基督徒靈修的最終落實就是在這個世界中根據上帝的聖約活出愛的生命和意義，我們絕不可以靈修之名擺脫聖經律法與教會規條的約束，更不能以靈修之名破壞上帝所命定的權能所建立的各種制度，從而走向放縱主義。

基督徒的靈修就是基督徒的「修行」，也就是基督徒在成聖上下工夫，使上帝的真理在心靈深處紮根，從而使自己在道德品格上效法基督，在各種善行上多結果子。可以說，沒有靈修，就沒有靈命的成長；對於靈修沒有任何渴慕，就是沒有靈命或靈命枯乾的標記。

眾所周知，中國傳統儒道釋都注重個人的修行，基督徒也強調這個方面嗎？基督徒對靈修的強調和其他宗教又有何不同呢？這些問題是我個人長期關注的問題，因為我自己1966年出生在山東，在社會主義的背景下長大，一直注重的就是「物競天擇，適者生存」，特別強調個人奮鬥；1986年開始修習印度教十年，重視吃齋受戒、苦修苦行。1996年開始歸信基督教，一開始在靈恩派裡三年，非常注重禁食、禱告等靈命操練，1999年開始轉向基督教改革宗神學，為其精深的聖經解釋和恢宏的神學與世界觀體系所折服，因此一心學習、研讀改革宗神學，並且努力按照自己領受的真理來改變自己、家庭和教會的事奉。當時看到的一個奇怪現象就是，很多改革宗人士不重視傳福音，也不注重靈修，只是熱衷於神學辯論，時不時地給別人貼上「異端」、「不是真改革宗」的標籤。

對於這一現象，我感到非常痛心，就開始進一步思索到底真正的改革宗具有什麼特色？改革宗是否有自己的靈修主張和做法？2003年我在牛津大學威克利夫學院訪問學習，2004年至2009年在美國加爾文神學院五年全職學習，逐漸認識到靈修神學才是改革宗神學的精粹，尤其是在清教徒神學中，對靈修神學的強調和實踐實在是達到了教會歷史上新的高峰。為了向華人教會和社會介紹改革宗清教徒的靈修神學，我特別主領翻譯並編輯了荷蘭清教徒佈雷克四卷本大型系統神學之作《基督徒理所當然的事奉》，並且在編輯中特別為書名加上副標題，就是《改革宗靈修系統神學》。佈雷克的書雖然博大精深，但畢竟是一家之作，我一直在尋求一本系統地介紹改革宗清教徒靈修方面的書籍。

　　2006年8月在美國大溪城見到我的老師和朋友周必克博士所著的《清教徒改革宗靈修神學》一書，眼睛為之一亮，有一種「那人卻在燈火闌珊處」的感覺，就定意把這本書翻譯成中文，介紹給華人教會和社會。嚴格講，基督教文明的精粹並不在於教義體系和典章制度，而是在於在此基礎上深入人心的靈修體系。沒有深入的靈修工夫的操練，一切教義體系和典章制度，不過是鏡花水月，既不能夠深入人心，也不能發揮作用，只能是供人觀賞、評頭論足而已。整體而言，傳福音是「得其皮」──只是形似；講律法是「得其肉」──有了一些具體內容；注重教會治理是「得其骨」──能夠在一定程度上發揮聖約群體的力量；注重靈修操練，真正效法基督，才是「得其粹」──只有通過靈修，才能使人心意更新，攻克己身，活出上帝造我們本有的榮美。

一、靈修論的必然性與自覺性

簡言之，基督徒的靈修就是靠著上帝的恩典，攻克己身，分別為聖。許多正統基督教人士只講正統的教義，卻不講合乎聖經的靈修，已經是太久、太久了！陶恕（Aiden Wilson Tozer，1897 - 1963 年）不無遺憾地指出：「現在的福音派產生不出聖徒。整個宗教經驗從超驗轉移到功利主義。上帝因有用而受到尊重，基督因祂讓我們脫離困境而被感激。祂能讓我們脫離過去經歷的後果，舒緩我們的神經，給我們心靈的平靜，還讓我們事業成功。」[593] 陶雷被稱為福音派教會的先知，他在慈湖對福音派教會和神學所表達出來的失望之情乃是真誠的。對於宗教人士而言，越是喪失了宗教的精義，就是我們自身對上帝的經歷，越是強調外在的字句和社會的功用，因為他們要以經文字句和社會效果填補自己心靈的空虛。

首先，我們必須認識到，靈修論是不可避免的，關鍵是我們的靈修論是否合乎聖經的啟示和大公教會的正傳，能夠真正帶領人經歷上帝。靈修的核心就是在心靈和生命中經歷上帝，激發我們更加自覺、感恩地愛上帝，並且愛人如己。我們一生所遇到的一切，尤其是苦難和逆境，都是上帝對我們的試煉，讓我們能夠煉盡生命中的渣滓，放棄對自我和世界的貪執，使我們對上帝的信心和愛心更加精純，使我們能夠更加自覺地享受上帝的同在。因此，我們在此煩擾的世界上首先所要追求的就是心靈的自覺和內心的安靜，而這種心靈的自覺和內在的安靜都是因為我們認識

---

[593] 陶恕，〈陶恕論閱讀〉，鄭小梅譯，引自《橡樹閱讀》5 期，26 頁。

到上帝的同在才能達到的。進一步而言，我們自我認識的最高境界不僅僅是認識到上帝與我們同在，而是認識到上帝就在我們心中，並且認識「那在我們心中的上帝」（the God within us）。真正的靈修就是真正的經歷上帝，在這種對上帝的經歷中，我們的生命本身得到轉化，我們意識就像牛奶受到提煉，逐漸轉化成澄明的黃油，從而不再與世界之水相溶，而是在世界之中，卻始終保持與世界分離的超越性的心境。

要達到這種意識上的自覺和精純，默想的工夫是必不可少的。這也是周必克博士在本書第四章專門闡明的。默想的精義不僅是要明白真理，而是不斷地回到上帝本身。只有不斷回歸上帝，從上帝支取力量，我們才能在現實生活中不斷得勝。只有通過默想，我們才能不僅控制我們的欲望，並且自覺地超越我們的欲望，得見上帝的榮光，明白上帝對我們人生的旨意，並且甘心樂意地把自己的願望降服在上帝的帶領之下，正如耶穌在面對苦難和死亡所禱告的那樣：「我父啊，倘若可行，求你叫這杯離開我。然而，不要照我的意思，只要照你的意思。」（太 26:39）這種心靈的自覺、對上帝完全的降服，乃是基督教的精義。因此，基督教不是讓人機械性、口號性地回歸聖經，而是帶領人效法歷代先聖先賢的腳蹤，最終效法耶穌基督本身，在聖靈的不斷光照之下，在心靈中更深刻地經歷上帝，更自覺地以上帝為樂，通過美德和善行來榮主益人。

二、稱義、成聖與靈修

對成聖與靈修的強調，本來就是改革宗的重要特色。路德神學更多地強調稱義的教義，受加爾文影響的改革宗神學在堅持因

信稱義的基礎上更多地強調成聖的教義，強調神學與實踐、教義與生活不可分離。加爾文窮盡畢生心血所凝結的名著《基督徒敬虔學》在第一版時副標題就是「敬虔大全」（Containing the whole sum of piety）。在本書中，周必克博士專門用了前三章的篇幅介紹加爾文在敬虔、確信和傳福音方面的主張和特色，從根本上糾正了一些人認為加爾文和改革宗只講神學和教義、不注重靈修和生活的誤解和偏見。

當然，基督徒靈修生活的關鍵就是分清稱義與成聖的不同和關係，尤其是以上帝的律法為標準分清人的行為在稱義與成聖中的地位和作用。因此，周必克博士專門在第五章〈律法的教導功用〉中闡明了律法在基督徒生活中的重要地位，同時駁斥律法主義和反律主義兩大異端。律法主義的謬誤在於對於人的全然敗壞缺乏深刻的認識，認為人仍然能夠通過自己完全遵行上帝的律法；反律主義的謬誤在於對於上帝的主權和聖潔缺乏深刻的認識，認為得救之人不再需要遵守上帝的律法。律法主義和反律主義這兩大異端一直在教會歷史上存在，但表現更突出和猖獗的則是反律主義，因為正如聖經所強調的那樣：「原來體貼肉體的，就是與上帝為仇；因為不服上帝的律法，也是不能服。」（羅 8:7）

首先，從遵行上帝的律法的本質來看，我們之所以應當遵守上帝的律法，是因為上帝是我們的創造者，我們是上帝的受造物。因此，從這種造物主與受造物的關係來看，不管是在稱義方面，還是在成聖方面，上帝的律法都是不改變的，都是人應當遵守的愛主愛人的道德標準。「這些事都已聽見了，總意就是：敬畏上帝，謹守他的誡命，這是人所當盡的本分。因為人所做的事，連一切隱藏的事，無論是善是惡，上帝都必審問。」（傳

12:13-14）赫治在注釋《威斯敏斯德信條》第十九章〈論上帝的律法〉的時候一開始就強調：「上帝是全世界至高無上的道德主宰，是祂創造了人，並且使人成為道德性的受造物，生來就一直處於完美的道德律之下。這些道德律的各個部分都對人的良心具有約束力，並且要求人完美地順服。」[594]

其次，從遵行上帝的律法的程度來看，不管是已經信主的人，還是沒有信主的人，亞當墮落之後沒有任何人能夠完全遵行上帝的律法，當然也沒有任何人能夠通過自己遵行上帝的律法而在上帝面前稱義，只有靠著上帝的恩典，通過耶穌基督的救贖才能在上帝面前稱義。「因為世人都犯了罪，虧缺了上帝的榮耀；如今卻蒙上帝的恩典，因基督耶穌的救贖，就白白地稱義」（羅3:23-24）。

第三，我們必須界定清楚的就是基督徒的靈修就是成聖的過程和工夫。因此，亞歷山大在編輯《基督徒靈修學》一書的時候副標題直接就是「五種成聖觀」。[595] 所以，基督徒的靈修絕不是可有可無的東西，而是基督徒在稱義的根基上攻克己身的成聖的工夫。不管是稱義，還是成聖，標準仍然是上帝的律法，這是聖經中所啟示的最基要的真理之一，是清教徒所特別強調的，也是我們傳統中國教會所特別忽略的。最近網上還披露有一位「傳道人」主張：「凡是聖經中講到律法都是不好的，凡是基督徒提到律法都是想靠律法稱義，律法只是上帝在舊約時期給猶太人的，與我無關。耶穌之後律法就被完全廢棄了，基督徒完全不必去按照律

---

594 Hodge, *The Westminster Confession*, 248.

595 Donald L. Alexander, ed., *Christian Spirituality: Five Views of Sanctification* (Downers Grove, IL: InterVarsity Press, 1988).

法上的要求行事。」[596] 這種赤裸裸的反律法主義的主張使得基督徒成為「無法無天」之人，在道德生活上甚至比外邦人還不如！在第五章中考察上帝的律法在清教徒改革宗靈修學的地位和作用的時候，周必克博士一再強調：「律法是基督徒過感恩和順服生活的準則」；「作為上帝的僕人，國家官員在執行公職時，應當以上帝的律法為參照標準」；加爾文更是強調律法的積極功用，「就是律法作為規範和指南，可以激勵信徒更為殷勤地依靠和順服上帝」。因此，強調上帝所啟示的律法在基督徒生活中的積極功用，特別是教導性和規範性功用，乃是改革宗神學和靈修的主要特徵之一。

三、改革宗與清教徒靈修特色

清教徒靈修學所強調的是個人生命的改變，也就是「敬虔」。歐洲 16 世紀宗教改革時期，歐洲很多教會在神學認信和治理結構上已經成為改革宗教會，但信徒的生活並沒有隨著神學認信和治理結構的改變而馬上改變。這種生命的改變是需要一定時間和過程的，這在荷蘭被稱之為「第二次改革」。[597] 其實，也只有這樣深入的生命的改變，才是真正的深入的改革，也是目前華人教會和社會所一致需要的。

---

596 「仁教心學的博客」，http://blog.sina.com.cn/s/blog_b0709e9401016wk8.html。

597 參閱周比克：〈荷蘭第二次宗教改革〉，佈雷克：《基督徒理所當然的事奉——改革宗靈修系統神學》，王志勇譯，第一冊（美國：中國改革總出版社，2006 年）。

首先,改革宗和清教徒靈修所強調的是智慧的敬虔。在「第二次宗教改革」時期,神學家的關注是撰寫基督徒生活方面的參考書籍。他們雖然繼續注重純正的教義,但目的和重點則是造就聖徒敬虔的生活。他們工作的中心不是想方設法地改變教義,正如今天教會內外很多學者的「創新」一樣,而是千方百計地把教義實行在自己與他人的生活中。在這個時期,「改革宗經院主義」(Reformed Scholasticism)也開始興起。[598] 值得我們重視的是,在基督教理想的境界中,正統神學、經院方法與靈修工夫三者是結合在一起的。在中世紀最典型的就是湯瑪斯・阿奎那,他所著的《反異教徒大全》和《神學大全》乃是中世紀經院主義神學的巔峰之作,同時阿奎那本人也被後人譽為「靈修大師」。[599] 清教徒中那些傑出的神學家和牧者也都是靈修方面的大師,他們不僅是上帝的僕人,也是人「靈魂的醫生」,對於上帝的心意和人的心靈有著深刻的把握。周必克博士在本書第六章論及的愛梅思(William Ames,1576-1633 年)、第九章的布朗(John Brown,1727-1787 年)、第十章的波斯頓(Thomas Boston,1676-1732 年)、第十四章的提林克(Willem Teellink,1579-1629 年)、第十五章的威蘇

---

598 參考 Willem J. Van Asselt, *Introduction to Reformed Scholasticism*, trans. Albert Gootjes (Grand Rapids: Reformation Heritage Books, 2011);Carl R. Trueman and R. S. Clark, eds., *Protestant Scholasticism: Essays in Reassessment* (Carlisle, Cumbria: Paternoster Press, 1999); Richard A. Muller, *Post-Reformation Reformed Dogmatics: The Rise and Development of Reformed Orthodoxy, ca. 1520 to ca. 1725* (Grand Rapids: Baker, 2003).

599 See Jean-Pierre Torrell, *Saint Thomas Aquinas*, vol. 2, *Spiritual Master*, trans. Robert Royal (Washington, D.C.: The Catholic University Press, 2003).

斯（Herman Witsius，1636-1708 年）都是著名的融貫神學、哲學和靈修的經院主義神學大師。現代基督徒經常感到不解的是，如此內容沉重、充滿爭議的著述怎能促進敬虔的生活呢？在教會歷史上，關於基督徒的生活和靈修，始終有兩種截然相反的路徑，一是重智的路徑，注重敬虔的智慧，二是反知的路徑，強調個人的神祕經歷。[600] 清教徒的生活與靈修路徑所強調的就是敬虔的智慧和智慧的敬虔，這種「智慧」是以深刻地研讀聖經、深刻地認識上帝為根基的，同時也是以深刻的基督徒生活——也就是高尚的基督徒美德和卓越的善行——為特徵的。

其次，改革宗和清教徒靈修強調個人的責任。17 世紀清教徒神學家總是強調上帝的聖約是有條件的，1647 年通過的著名的清教徒神學巔峰之作《威斯敏斯德信條》第七章在論及「上帝與人所立的聖約」的時候明確強調：「上帝與人所設立的第一個聖約是行為之約，以完全和個人的順服為條件。」[601] 雖然耶穌基督已經為我們成全上帝的律法，但我們在上帝的聖約中仍然有我們自己當履行的責任，而聖經的主要教訓就是兩大部分：「人對上帝當信什麼，並且上帝要人當盡什麼責任。」[602] 假如我們沒有盡心地履行這些責任，就說明我們或者是根本就沒有蒙恩得救，或者我們的靈命冷淡、退後、怠惰。現代人常常對於上帝的主權和個人的責任產生爭議。但在清教徒神學中，並沒有把大量的精力用

---

600 參考劉錦昌：《基督信仰的靈修觀》（新竹：台灣基督長老教會聖經書院，2012 年）。
601 王志勇：《清教徒之約》（上海：三聯書店，2013 年），77 頁。
602 《威斯敏斯德小教理問答》，第 3 問，參見王志勇：《清教徒之約》，209 頁。

於爭論這樣的問題,他們把大量的精力用於闡述、遵行上帝的律法上。因此,在加爾文制定的《日內瓦教理問答》中,關於律法的論述佔到 27.1%的比例,在《海德堡教理問答》中佔到 18.6%的比例,而在《威斯敏斯德小教理問答》中則佔到 40%的比例。可見,清教徒何其重視遵守上帝的律法,何其重視盡個人當盡的責任,這是現代教會和神學所遠遠不及的。

第三,改革宗和清教徒靈修特別注重良心的問題,此處所涉及到的就是著名的「決疑論」(casuistry)的問題。「決疑論」是「良心的學問」(the discourse of conscience),[603] 實質上就是判斷術,就是以上帝所啓示的眞理和律法爲標準,針對個人所在的具體處境,對於自己本身的狀況和當採取的行爲作出道德與價值上的判斷和抉擇。[604] 可惜,很多時候,教會內外盛行的眞理上的相對主義和倫理上的反律主義使得人不再注重良心的問題,甚至使得人的良心變得一錢不值!周必克在第四章〈清教徒的默想實踐〉中引證清教徒斯文諾克(George Swinnock,1627-1673 年)的話,強調上帝賜給人「良心、聖經和自然這三本書」,基督徒必須好

---

603 Lowell Gallagher, *Medusa's Gaze: Casuistry and Conscience in the Renaissance* (Stanford, California: Stanford University Press, 1991), 3.

604 參考 Albert R. Jonsen and Stephen Toulmin, *The Abuse of Casuistry: A History of Moral Reasoning* (Berkeley: University of California Press, 1988); James F. Keenan, S. J. and Thomas A. Shannon, eds. *The Context of Casuistry* (Washington, D. C.: Georgetown University Press, 1995); Edmund Leites, ed., *Conscience and Casuistry in Early Modern Europe* (Cambridge: Cambridge University Press, 1988). 當今改革宗神學內部決疑術的精典作品是:John M. Frame, *The Doctrine of the Christian Life* (Philipsburg: P & R, 2008);Gary North, *Tools of Dominion: The Case Laws of Exodus* (Tyler, Texas: Institute for Christian Economics, 1990).

好地研究、保守自己的良心這本書。他在第六章〈愛梅思及其《神學精髓》〉中則明確地論及「決疑論」。

對於良心而言，有兩大問題，首要的問題就是我們自己到底是不是上帝的兒女？如何才能斷定自己是上帝的兒女？就是說，我們的心靈的狀況到底如何？周必克在本書 10 章所介紹的蘇格蘭神學家湯瑪斯・波士頓（Thomas Boston，1676-1632 年）所著的《人性四重境界》就是一本經典性的作品。[605] 他在這本書中把人心靈的狀態界定為四大境界：（1）「純真狀態」（the state of innocence）——這是指亞當和夏娃沒有墮落之前的處境。在這種處境中，人的自由意志既可以向善，也可以向惡；（2）「自然狀態」（the state of nature）——這是指墮落後亞當及其後裔所在的處境。在這種處境中，人的意志受到罪惡的轄制，既不能自由地歸向上帝，也不能行上帝所喜悅的善事；（3）「蒙恩狀態」（the state of grace）——這是指在基督裡重生得救之人所在的處境。在這種處境中，人的意志能夠自由地歸向上帝並行上帝所喜悅的善事，但仍然具有濫用自由意志的可能性和現實性；（4）「成全狀態」（the state of consummate happiness of misery）——這是指人最終得榮的狀態。在這種處境中，得榮之人得蒙上帝的保守，正如那些蒙保守永不墮落的善天使一樣，他們的意志永遠向善，永不會再墮落。

要斷定自己處於第三種狀態，也就是蒙恩狀態，就涉及得救的「確信」（the assurance of faith）。阿米念派強調得救是出於個

---

605 Thomas Boston, *Human Nature in its Fourfold State* (Philadelphia: Presbyterian Board of Publication, 1841).

人的意志的抉擇，所以這種得救始終都有喪失的可能性。因此，對於天主教、一般福音派等不同程度地受到阿米念派神學影響的教會和基督徒而言，得救的確信是根本不可能存在的。所以，他們在其神學和靈修中從不談及這種得救的確信。改革宗和清教徒神學強調上帝主權的揀選，強調得救完全是上帝的恩典，認爲耶穌基督的教訓非常明確，真正得救的人「永不滅亡」（約 10:28-29）。因此，得救的確信這一教義在改革宗神學和靈修中一直具有重要的地位。

當然，對於上帝的揀選，我們能夠達成確信；對於上帝的棄絕，我們卻無法達成確信，只要我們還在這個世界上，我們就仍然具有重生得救的可能性。荷蘭清教徒神學家提林克特別強調：「不管是對於別人，還是對於自己，我們都不可根據外在的東西來判斷我們自身或別人與上帝的關係；相反，我們應當根據我們對上帝的關係來判斷外在的東西，它們或者是上帝向我們施恩的標記，或者是上帝向我們顯明祂的震怒的記號。」[606]

只有當我們明白這一眞理的時候，我們才能把我們的中心從外在性的判斷轉向內在性的良心的省察。周必克博士 1988 年在費城威斯敏斯德神學院取得歷史神學博士時，所撰寫的論文就是

---

[606] William Teelinck, *The Ballance of the Sanctuaries, showing how we must behave ourselves when we see and behold the people of God in misery and oppression under the tyranny of their enemies* (London: I.D. for William Sheppard, 1621), p. 61. "We must not by outward things, which happen unto men, either ourselves or others, judge or censure our own or their state to God-ward; but on the contrary, by our state to God-ward, we must judge the state of such outward things, whether they be sent unto us as signs of God's grace, or of his wrath."

《尋求完全的確信：加爾文及其繼承者的遺產》。[607] 本書第八章也從歷史神學的角度考察了伯格斯對於基督徒得救的確信的論述，並在第十三章專章比較了英格蘭清教主義與荷蘭第二次宗教改革在確信方面的異同。

其次就是我們如何知道、判斷我們的行為和抉擇是否合乎上帝的旨意。17 世紀清教徒愛梅思特別撰寫了《良心的力量和良心之事》（*Conscience with the Power and Cases Thereof*）一書，此書成為基督教道德神學的里程碑，在同一個時代就出現了近二十個版本。愛梅思的論辯非常簡潔明瞭，正如周必克牧師在本書第六章所闡明的那樣：如何判定良心之事？「對這個問題的簡單回答是：可以通過對道德律的正確理解和應用來判定良心之事」。其實，這在 1563 年所制定的《海德堡教理問答》中已經有非常清楚的總結：「問 91：什麼是善事呢？答：唯獨那些出於真信心，並且是照著上帝的律法。目的是為了上帝的榮耀，並非基於我們自己的幻想或人的規條而行的事，才是善事。」

當然，清教徒神學還有其他重要特色，比如重視個人性、心靈性的歸正經歷，即「經歷性的敬虔」（experiential or experimental religion）；注重培養有自制、重聖潔的個人生活；同時，清教徒不僅注重個人的敬虔，也注重法治與憲政的社會次序。[608] 凡此種種，在此我們不能一一敘說。最終我們需要強調的就是，清教徒的靈修並不是中世紀天主教所注重的那種離家修行

---

607 Joel R. Beeke, *The Quest for Full Assurance: The Legacy of Calvin and His Successors* (Edinburgh: The Banner of Truth Trust, 1999).

608 A. S. P. Woodhouse, *Puritanism and Liberty*, 36-60; J. Sears McGee, *The Godly man in Stuart England* (New Haven, 1976).

的方式,而是在工作、婚姻、家庭、教會、社會各個領域中攻克己身、榮耀上帝的「在世聖徒」式的靈修。[609] 把個人對敬虔的追求與擔當社會責任結合在一起,乃是清教徒神學的精華所在。

　　清教徒尤其注重上帝的律法在基督徒靈修生活中的指導性、規範性的功用,而路德宗的靈修則很少與律法有關。清教徒把上帝的律法視為順服上帝的標準,而路德宗更多的是強調「對於被釘死在十字架上的基督的經歷」(experiencing the crucified Christ)。[610] 對於清教徒而言,系統神學就是系統的靈修,就是教導人全方位地認識上帝,榮耀上帝。因此,筆者把荷蘭清教徒神學家佈雷克的巨著譯為《基督徒理所當然的事奉——改革宗靈修系統神學》,[611] 目的就是為了糾正目前教會中盛行的神學與靈修分離,甚至對立的錯謬。

四、當今基督教的敗壞與出路

　　關於基督教的虛偽和敗壞,最起碼反映在以下幾個方面。首先,沒有多少牧師和基督徒真正重視聖經和神學,對於上帝的律法更是普遍抱有一種忽視與敵視的心態。諾勒在其考察中極其痛心地指出:「福音派思想的醜聞就是根本沒有多少福音派

---

609 See Leland Ryken, *Worldly Saints: The Puritans And They Really Were* (Grand Rapids: Zondervan, 1990).

610 Hall, *The Puritans*, p. 1196.

611 Wilhelmus a Bakel, *The Christian's Reasonable Service*, trans. Bartel Elshout (Ligonier, PA: Soli Deo Gloria Publications, 1992), 4 vols. 佈雷克:《基督徒理所當然的事奉——改革宗靈修系統神學》,王志勇、陳知剛、劉倫納譯(美國:中國改革宗出版社,2006 年)。

思想！」⁶¹² 魏樂思強調，在福音派神學中，眞理已經沒有任何位置，世俗化已經將 16 世紀以來那種以上帝爲中心、以律法爲標準的基督教基本框架吞噬殆盡，教會在神學、道德、靈修上都已經進入了全面失喪的階段。⁶¹³ 對於上帝所啓示的律法的忽視與敵視，已經使得傳統意義上以基督教爲框架的西方文明進入了全面性的衰退階段。⁶¹⁴

其次，教會內部從根本上缺乏耶穌基督所提倡的那種以愛爲本的師友關係，基督徒個人普遍缺乏深層的靈修經歷，基督徒在道德品格和生活上基本上與不信的人不分上下。因爲缺乏門徒培訓，基督教會屢屢成爲專制制度和暴君所使用的武器。⁶¹⁵ 因此，

---

612 Mark A. Noll, *The Scandal of the Evangelical Mind* (Grand Rapids: Eerdmans, 1994), 3.

613 See David F. Wells, *No Place for Truth or Whatever Happened to Evangelical Theology* (Grand Rapids: Eerdmans, 1993); *God in the Wasteland: The Reality of Truth in a World of Fading Dreams* (Grand Rapids: Eerdmans, 1994); *Losing Our Virtue: Why the Church Must Recover Its Moral Vision* (Grand Rapids: Eerdmans, 1998).

614 See Herman Doyewerd, *In the Twilight of Western Thought: Studies in the Pretended Autonomy of Philosophical Thoughts* (Nutley, New Jersey: The Craig Press, 1968); Harold J. Berman, *Faith and Order: The Reconciliation of Law and Religion* (Grand Rapids: Eerdmans, 2000); *Law and Revolution: The Formation of Western Legal Tradition* (Cambridge: Harvard University Press, 1983); R. J. Rushdoony, *The Institutes of Biblical Law* (The Presbyterian and Reformed Publishing Company, 1983).

615 See Robert P. Ericksen, *The Theologians Under Hitler* (New Haven—London: Yale University Press, 1985); Kevin P. Spicer，*Hitler's Priests: Catholic Clergy and National Socialism* (DeKalb, Illinois: Northern Illinois University Press, 2008).

潘霍華獻上自己的生命來強調「恩典和作門徒是不可分割的」。[616] 基督徒今日所強調的傳福音的「大使命」在實際生活中已經變成了「大抗命」![617] 因為「大使命」的中心不是簡單的「傳福音」，而是讓人成為耶穌基督的「門徒」；要使人成為耶穌基督的門徒，我們必須按照耶穌基督所解釋和遵行的那樣，把上帝的律法教導給上帝的子民；我們不僅要把上帝的律法教導給上帝的子民，更要以身作則，同時也使他們能夠遵行上帝的誡命，並且能夠甘心樂意地「教訓人遵行，他在天國要稱為大的」（太 5:19），這就是要使人由「門徒」成為「師傅」。使徒保羅明明地強調「看你們學習的工夫，本該作師傅」（來 5：12），但在今日宣教學中，竟然堂而皇之地強調：「耶穌的門徒不會畢業、升級為老師。」[618] 原因很簡單，不管他們已經受洗多長時間，不管他們已經給多少人傳福音，他們仍然只是「嬰孩」，因為他們不熟練上帝的律法中所顯明的那「仁義的道理」（來 5:13）。他們仍然是在跟著感覺走，仍然和世人一樣摸著石頭過河！因此，廢除死刑、贊同同性戀等等明確違背聖經啟示和上帝律法的主張，許多基督徒也是紛紛表示贊同，我們不得不感歎：「以色列人不信真上帝，沒有訓誨的祭司，也沒有律法，已經好久了。」（代下 15：3）

環顧全球，在教會生活中，天主教繼續堅持自己所主張的變

---

616 朋霍費爾：《作門徒的代價》，安希孟譯，（成都：四川人民出版社，2000 年），36 頁。

617 魏樂德：《靈性操練真諦》，文子梁、應仁祥譯（新北市：校園，2006 年），49 頁。

618 David J. Bosch：《更新變化的宣教：宣教神學的典範變遷》，白陳毓華譯（新北市：華神，1996 年），46 頁。

態的教皇無謬說、聖餐化質說和馬利亞童貞說;[619] 而抗議宗更是一盤散沙,不僅數典忘祖,拋棄一切教義的正傳,並且變本加厲地向世界看齊,使得教會向企業化發展,「人數倍增,奉獻上升」,成為很多傳道人的事奉目標,教會在不知不覺中成為一個想方設法地兜售宗教產品的據點。我們所面對的就是一個「沒有基督的基督教」![620] 這也是威斯敏斯德神學院創辦人梅欽所痛斥的「自由化」、「世俗化」的基督教。[621] 毫無疑問,基督教,最起碼目前版本的「基督教」,在西方社會中已經是處於深深的危機之中。改革宗清教徒靈修學能夠揭示這種危機,能夠為一切熱愛真理的人重新指明合乎聖經、合乎大公教會正傳的出路嗎?懇求上帝憐憫!

五、基督徒的靈修與華人社會的未來

要成為耶穌基督的精兵,要在這個競爭空前激烈和殘酷的世界上不但能夠立足,並且得勝得榮,我們必須穿戴上帝所賜給我們的全副軍裝。其中的關鍵就是靈修,就是孔子所說的「學而時習之」![622] 作為基督徒,我們不僅要把我們的信仰生活化,並且高標逸韻,不受任何世俗的影響和玷污,這就要求我們必須通過長期的持之以恆的艱苦卓絕的操練來攻克己身,培養內在的美

---

619 See *Catechism of the Catholic Church*, second edition (Washington, DC. United States Catholic Conference, 2000).
620 Michael Horton, *Christless Christianity* (Grand Rapids: Baker, 2008).
621 J. Gresham Machen, *Christianity and Liberalism* (Grand Rapids: Eerdmans, 1923, 2002).
622《論語・學而》。

德，養成良好的習慣，就必能戰無不勝，擔負起上帝賜給我們的時代使命。

對於華人教會而言，傳統華人教會強調靈修和生命，但這種靈修和生命往往不知不覺地帶有異教那種苦行主義和神祕主義的傾向；同時，很多受西方神學影響，甚至接受改革宗神學的人，強調神學教導和佈道，甚至開始強調教會的建制，開始建立長老制教會，但對個人的深度靈修始終強調不夠。清教徒神學不僅強調靈修，並且強調以上帝所啓示的聖約和律法爲靈修的基本框架和規範，這就使能夠幫助華人教會從根本上轉向智慧的敬虔和敬虔的智慧。中國老一代神學家賈玉銘強調說：「基督教的特點，乃注重心靈的內功，而不注重表面的儀式，……唯我基督教則專注靈內的重生成聖。即『裡面人』、屬靈人，如何長進，如何修養。其以道德眞理，僅顯於表面，見於外行者，必非眞基督徒。實行心靈的內功，即我基督教的優點，亦我中國教會，應有而必有的特行。」[623] 基督徒固然要有「內功」，但我們同樣需要上帝所啓示的外在的客觀的標準和框架。

對於華人社會而言，清教徒靈修學將使基督教在華人社會中成爲切實可行的生命之道。同時，對靈修的強調也爲塑造中國文化所提倡的「富貴不能淫，貧賤不能移，威武不能屈」的大丈夫品格提供了最基本的模式。[624] 要對付中國教會和社會在幾千年專制與暴政文化中所滋生的那種無恥、陰毒和兇殘，中國基督徒必須有全面、深度的靈修才能在品格上做好準備，迎接空前艱辛的

---

623 賈玉銘，《神道學（附篇）》（新北市：橄欖文化事業基金會，1996年），187-8頁。

624《孟子・滕文公下》。

挑戰：要面對幾千年專制與暴政文化下所滋生的那種荒誕、虛無和縱欲，中國基督徒必須通過持之以恆、艱苦卓絕的攻克己身所塑造的那種聖賢品格才能站立得住。

對於基督徒個人而言，合乎聖經的靈修乃是我們分別為聖的關鍵。只有在基督裡立志成聖，順服上帝的聖言，尤其是上帝的律法，我們才能不斷地克服酒癮、煙癮、賭癮、毒癮、性癮、網癮等各種罪癮，得享上帝在基督裡所賜給我們的豐盛的生命，完成上帝賜給我們的各項具體的託付。基督徒最自欺欺人的領域就是在分別為聖這一領域中，清教徒靈修學在華人社會的拓展關鍵在於培養在靈命上真正分別為聖的人。基督教在華人社會的紮根最重要的不在於傳講純正的教義，也不在於建立更多的教會，甚至也不在於基督教文化作品的大量出現，而是在於基督徒個人能夠自覺地建立深度靈修的習慣，從而成為真正的聖徒。沒有真正的靈修，就沒有真正的聖徒；沒有真正的聖徒，任何個人和教會都不過是「粉飾的墳墓，外面好看，裡面卻裝滿了死人的骨頭和一切的污穢」（太 23:27）。

從文化與國家重建的角度而言，靈修乃是文化和國家復興的關鍵。一切問題都是人的問題，人的問題是心靈的問題，心靈的問題既需要上帝從根本上改變人的心靈，也需要個人操練敬虔，攻克己身。保羅強調：「操練身體，益處還少；惟獨敬虔，凡事都有益處，因有今生和來生的應許。」（提前 4:8）基督徒的軟弱就是因為沒有持之以恆的深刻的靈修生活；教會的軟弱就是因為教會中充滿了不注重個人靈修的假冒為善的宗教人士；社會的軟弱就是因為民眾都不注重自身的修身養性，更沒有崇高的理想。如此一來就使得個人的素質無限下降，興盛的時候就放縱私欲，

遭難的時候就怨天尤人，從來沒有真正謙卑、感恩的生活。只有真正的聖徒才能改變世界。耶穌基督在大祭司的祈禱中強調：「求你用真理使他們成聖；你的道就是真理。你怎樣差我到世上，我也照樣差他們到世上。我為他們的緣故，自己分別為聖，叫他們也因真理成聖。」（約 17:17-19）基督徒的使命就是在這個世界上，而不應逃避世界；基督徒的責任就是在這個世界上分別為聖；分別為聖的途徑就是通過真理而成聖；要通過真理而成聖必須通過自覺的深度的靈修，才能把上帝的真理和恩典化為內在的美德和外在的善行。只有具有內在美德和外在善行的基督聖徒才能在文化和國家重建的過程中發揮真正的光與鹽的作用。

從牧會和宣教的角度而言，牧者的責任不僅僅是一般性的教導，而是確實通過言傳身教來造就門徒。這種言傳身教在很大方面就是靈修，就是教導基督徒如何行事為人與蒙召的恩相稱。這種教導不僅僅是教義性的教導，不僅僅是行為上的規範，更重要的是心靈和品格的塑造。這種心靈和品格的塑造需要通過艱苦卓絕的靈修的工夫來達成。只有經過默想、內觀、禁食、獨處等長期靈修的工夫，才能塑造那種泰山崩於前而色不改的大丈夫氣度。這個世界所需要的不是一般的基督徒，而是真正合乎上帝心意的聖徒與英雄式的基督門徒，這種門徒具有崇高的使命、精深的學識、高尚的品格、捨命的精神，只有這樣的門徒才能在這個世界上發揮中流砥柱的作用。聖經的權威、純正的教義、教會的藍圖，這一切最終的落實和體現關鍵在於教會成員的素質，而個人的靈修則是基督徒齊家治國平天下的最基本的起點，效法基督、治死老我乃是基督徒天天都需要面對的功課和挑戰。

✝
王志勇牧師事奉與著述簡介

　　現任美國改革宗長老會維吉尼亞主恩基督教會主任牧師、倫敦三一聖經公會編輯、雅和博研修院院長。學歷為中國政法大學學士，北京大學法學碩士，牛津大學訪問學者，美國加爾文神學院神學碩士，美國神職人員協會神學博士。研究領域為基督教哲學、神學與法學。1966 年生於中國大陸山東，1997 年在北京從律師業蒙召全職參加宣教與牧會事奉，2000 年在北京家庭教會改革宗長老會中按立為牧師。

2003年在北京創立「中國改革宗神學網站」（www.chinareformation.com），2010年在香港創辦「雅和博聖約書院」，2012年在美國創辦「雅和博研修院」，致力於研究和傳播以十七世紀英美清教徒神學為代表的古典改革宗神學，並結合歐美文化保守主義與中國傳統文化，宣導以「聖學為體，世學為用；仁教心學，法治德政」為範式、以「歸回聖經，訪問古道；通達時務，聖靈內證」為路徑、以「敬畏上帝，信靠基督；愛主愛人，守約守法」為導向的基督教世界觀與文明論，定志在各地推動建立經學、修道和牧靈三者合一的基督教研修院，促成華人教會與社會經悔改、和解與重建之道，由皇權專制為主導的醬缸文化轉向敬天愛人為特色的聖愛文明，被稱為「華人改革宗神學領軍人物」之一，並被評入2014年、2016年「年度百名華人公共知識分子」（政右經左版）。

主要譯著

1. 保羅・梅爾編譯：《約瑟夫著作精選》（北京：北京大學出版社，2004年）
2. 克羅尼：《天命與你》（台北：改革宗，2006年）
3. 加爾文：《敬虔生活原理》（北京：三聯，2012年）
4. 範泰爾：《普遍恩典與福音》（台北：改革宗，2012年）
5. 趙天恩：《普遍恩典簡論》（台北：改革宗，2012年）
6. 佈雷克：《理所當然的事奉》（北京：當代中國出版社，2014年）
7. 海倫堡：《基督教基要真理問答》（香港：雅和博聖約書院，2014年）

8. 克斯坦：《海德堡教理問答提要》釋義（香港：雅和博聖約書院，2014 年）

9. 文森特：《威斯敏斯德小教理問答》釋義（香港：雅和博聖約書院，2014 年）

10. 柏瑞特：《將人的心意奪回：基督教簡明護教學》（台北：改革宗，2014 年）

11.《使徒信經》簡釋（香港：雅和博聖約書院，2014 年）

12.《威斯敏斯德信條》譯注（香港：雅和博聖約書院，2014 年）

13.《威斯敏斯德小教理問答》譯注（香港：雅和博聖約書院，2014 年）

14.《威斯敏斯德大教理問答》譯注（香港：雅和博聖約書院，2014 年）

15.《比利時信條》譯注（香港：雅和博聖約書院，2014 年）

16.《海德堡教理問答》譯注（香港：雅和博聖約書院，2014 年）

17.《多特信條》譯注（香港：雅和博聖約書院，2014 年）

文集與專著

18.《基督徒生命重建七大習慣》（北京：中國改革宗書院，2002 年）

19.《清教徒之約》（上海：三聯，2012 年）

20.《中國改革與清教徒精神》（台北：基文社，2012 年）

21.《當代基督教聖約世界觀》（台北：基文社，2013 年）

22.《公義與慈愛彼此相親：寫給華人教會的公共神學》（新

北市：橄欖，2014 年）

23.《聖約經學與中國未來：清教徒精神與中國教會和社會的轉型》（新北市：橄欖，2015 年）

24.《聖經、聖靈與聖徒：三源合流與雅和博經學精華》（美國：潤邦，2016 年）

25.《基督教文明論》（台北：主流，2017 年）

26.《本於信，以至於信：我的信仰歷程與神學反思》（香港：德慧，2017 年）

27.《上帝、聖約與國度：三位一體與基督教文明論護教學》（新北市：橄欖，2019 年）

28.《美國以基督教立國：清教徒神學與英美保守主義建國二十五大原則》（台北：主流，2022 年）

29.《聖約文明論：改革宗正統神學與中國處境化》（美國：雅和博研修院，2022 年）。

30.《基督教文明保守主義》（台北：主流，2022 年）。

31.《三化異象與天國戰略：基督教改革宗神法聖約論超越批判哲學》（台北：主流，2024 年）。

LOGOS 系列 16
靜觀與心禱

作　　者：王志勇（Paul Wang）
策畫出版：美國雅和博研修院 https://www.ahavah-institute.org/
社　　長：鄭超睿
編　　輯：林明貞、朱素云
封面設計：張凌綺

出版發行：主流出版有限公司 Lordway Publishing Co., Ltd.
出 版 部：臺北市南京東路五段 389 巷 5 弄 5 號 1 樓
電　　話：(02) 2766-5440
傳　　眞：(02) 2761-3113
電子信箱：lord.way@msa.hinet.net
郵撥帳號：50027271
網　　址：www.lordway.com.tw

經　　銷：
紅螞蟻圖書有限公司
臺北市內湖區舊宗路二段 121 巷 19 號
電話：(02) 2795-3656　　傳眞：(02) 2795-4100

華宣出版有限公司
新北市中和區連城路 236 號 3 樓
電話：(02) 8228-1318　　傳眞：(02) 2221-9445

初版 1 刷：2025 年 7 月
書號：L2508
ISBN：978-626-99594-5-7（平裝）　　　　著作權所有 翻印必究

Printed in Taiwan

國家圖書館出版品預行編目資料

靜觀與心禱 / 王志勇(Paul Wang)著. -- 初版. --
臺北市 : 主流出版有限公司, 2025.07

面 ;　公分. --（Logos系列 ; 16）

ISBN 978-626-99594-5-7（平裝）

1.CST: 基督徒　2.CST: 靈修

244.93　　　　　　　　　　　114008697